새벽강단 6

예레미야 · 예레미야애가 · 에스겔 ·
다니엘 · 호세아 · 요엘 · 아모스 ·
오바댜 · 요나 · 미가 · 나훔 · 하박국 ·
스바냐 · 학개 · 스가랴 · 말라기

윤도중 목사 지음

예루살렘

들머리글

2001년 9월 11일, 이 날의 새벽은 아비규환의 새벽이었다.
긴급전화 119번, 미국은 911번.
미국이 중동 테러리스트의 각본에 따라 침략 당했다.
민간비행기 2대가 미국(경제)무역센타에 충돌후 승객 전원 사망하고, 국무성, 펜타콘 B/D 모두 크게 폭파 당했다.
끝으로 민간비행기 한 대는 미국의 펜텀 전투기의 요격을 받아 추락되어 탑승객 전원이 사망했다.
그리고 그 높은 무역센터 110층 빌딩 두 동이 주저앉았다.

바벨론, 중동지역의 난민 테러분자들이 힘의 상징인 미국을 자살폭탄 비행기로 공격을 하였다.
바벨론의 공격을 받은 예레미야의 시대.

왜 그랬을까?
새벽강단 5번의 머리글을 쓸 때는 이사를 하였다.
새벽강단 6번의 머리글을 쓸 때는 미국의 형편을 보았고, 내부로는 이삿짐을 풀었던 우리집에 도둑이 들어 온 집안을 쓰레기 더미로 만들어 놓았다. 그러니까 우리집도 도선생들의 테러(?)를 당한 셈이다.
아내의 충격, 나의 충격, 미국의 충격, 유족들의 충격이 동일한 느낌으로 슬퍼진다.

그 다음날 여전히 아내는 뛰는 가슴으로 또 새벽기도회를 갔다.
예레미야의 눈물이 마를 겨를도 없이 에스겔(하나님께서 강하게 하신다)의 폭발적인 강함이 혈기로 뭉쳐진다.
박살이 난 사건(겔 4:1-3), 궁핍, 머리털을 깎을 수밖에 없는 선지자의 심장이 에스겔의 뼈속 깊이 박동치고 메시아에 대한 소망을 에스겔 골짜기에서 일으켜 본다.
에스겔의 새벽녘에 거룩한 vision을 보게 될 것이다.

다니엘의 새벽은 금식으로, 절식으로 입맛을 잃은 포로 네 청년의 결연한 각오로 시작된다.
그 결연한 각오는 기도를 더욱 하게 되고, 타국에서 선교하는 선교사들의 활동영역과 정신상태를 대비하여 보도록 촉구하는 신음으로 이어진다.

주와 더불어 뭉쳐진 다니엘의 결연한 각오는 굶주린 사자도 막을 수 없었고, 원수와 같은 정치인들도 어찌할 수 없어서 4대 전제 공화국에 걸쳐 그의 뇌속에서 하나님의 계획들을 깨닫게 된다.

요즈음 우리 세광교회 식구들은 교회를 건축하고 있다.
그런데 여자 한 명이 교회 짓는 것들에 대하여 민원을 제기하고 그 주위 사람을 선동하여 계속적으로 방해를 하고 있다.
누가 세기말에 음녀노릇을 하는가?

호세아의 새벽은 음란한 여인을 이야기한다. 방탕하고 불성실한 여인과 그의 주변 백성들을 아직도 살려 주시는 뜻을 깨닫게 된다.

요엘의 새벽은 "너희는 이제라도 금식하여 울며 애통하고 마음을 다하여 내게로 돌아오라! 너희는 옷을 찢지 말고 마음을 찢고 너희 하나님 여호와께로 돌아올지어다"라고 외친다.

아모스의 법이 무엇인가? 아모스의 공의로운 신심(信心)이 사라지면서 조용한 선지자 오바댜의 경배함이 환경을 초월한 새벽기도의 잔잔한 습관을 예찬하게 하며 예루살렘의 새벽강단을 풍요한 심리로 그리워한다.

요나는 새벽부터 그 어디로 도망가는 비겁한 그리스도인을 만나게 한다. 아침 새벽부터 공원의 비둘기(요나)는 식사를 솔밭에서 즐기듯 집을 떠난 요나는 사명감을 여행으로 대신하지만 바다의 창조주 하나님은 그를 돌아서게 한다.

나훔의 새벽은 많은 위로를 얻게 한다.
왜냐하면 여호와 하나님의 성품을 만나게 되기 때문이다.
"여호와는 노하기를 더디하시며 권능이 크시며, …여호와는 선하시며 환난날에 산성이시라!"

하박국의 새벽은 가난한 이들의 노래를 듣게 한다.
"무성치 못하며… 없으며… 없을지라도… 나는 여호와를 인하여 즐거워하며 나의 구원의 하나님을 기뻐하리로다."

스바냐의 새벽은 숨은 뜻… 뜻 그림을 찾게 하는 새벽이다. 분명히 하나님의 뜻은 도래할 메시아의 소망을 돋보기로 찾게 한다.

학개의 새벽은 이제 작은 교회일지라도 하나님의 집을 지어야 된다는 목표의 태양을 보도록 광명한 비전을 보게 한다.

그리고 스가랴의 새벽은 미래에 이루어질 것들에 관하여 유채화를 그려나가는 캔버스를 만나고, 소박한 예수 그리스도의 나라가 시작될 것을 위로의 실체로 만나게 된다.

끝으로 말라기의 새벽은 하나님의 백성들을 향한 하나님의 인내심 많은 사랑으로 목욕하게 만든다. 하나님의 전적 간섭으로 그 백성들의 폭탄 테러와 같은 행위들이 불식당하게 되며, 하나님의 사자로서 심판이 있을 것을 예언하고 있다.

이제 구약의 종지부를 찍으며 하나님께서는 인간들의 위기관리능력을 평가하실 것이라고 믿는다. 나와 가족, 친족, 그리고 모든 교우들이 날마다 개혁의 의지로 번성하고 재건축 할 것을 기대한다.

2001년 중추절을 기다리며
예루살렘에서 윤도중 목사 올림

차 례

들머리글 / .... / 3

24·25번책 - **예레미야** - 52장 · **예레미야애가** - 5장

예레미야·예레미야애가를 열면서	/ 16
1장 / 내가 너를 세웠노라 · 렘 1:1~19 · 렘 1:5	/ 19
2장 / 신실하지 않은 이스라엘 · 렘 2:1~37 · 렘 2:7	/ 20
3장 / 진실한 회개 · 렘 3:1~24 · 렘 3:12	/ 21
4장 / 선지자의 탄식 · 렘 4:1~31 · 렘 4:19	/ 22
5장 / 심판받을 유다 백성 · 렘 5:1~31 · 렘 5:31	/ 23
6장 / 예루살렘 포위 예고 · 렘 6:1~30 · 렘 6:12~13	/ 24
7장 / 불순종과 형벌 · 렘 7:1~34 · 렘 7:26	/ 25
8장 / 유다가 받을 심판 · 렘 8:1~22 · 렘 8:3	/ 26
9장 / 범죄와 심판 · 렘 9:1~26 · 렘 9:24	/ 27
10장 / 우상숭배와 참예배 · 렘 10:1~25 · 렘 10:2	/ 28
11장 / 언약을 어긴 이스라엘 · 렘 11:1~23 · 렘 11:10	/ 29
12장 / 하나님의 슬픔 · 렘 12:1~17 · 렘 12:7	/ 30
13장 / 최후의 경고 · 렘 13:1~27 · 렘 13:11	/ 31
14장 / 재난을 당하는 유다 · 렘 14:1~22 · 렘 14:18	/ 32
15장 / 기도와 응답 · 렘 15:1~21 · 렘 15:20	/ 33
16장 / 내 이름이 여호와인줄 아는가? · 렘 16:1~21 · 렘 16:21	/ 34
17장 / 금강석 끝 철필로 기록된 죄 · 렘 17:1~27 · 렘 17:1	/ 35
18장 / 진흙이 토기장이 손에 있으니 · 렘 18:1~23 · 렘 18:6	/ 36
19장 / 뜻한 바가 아니니라 · 렘 19:1~15 · 렘 19:5	/ 37
20장 / 중심이 불붙는 것 같아서… · 렘 20:1~18 · 렘 20:9	/ 38
21장 / 생명의 길과 사망의 길 · 렘 21:1~24 · 렘 21:8	/ 39
22장 / 집을 허물어버린 유다의 왕들 · 렘 22:1~30 · 렘 22:6	/ 40
23장 / 천지에 충만하신 여호와 · 렘 23:1~40 · 렘 23:24	/ 41

차 례

24·25번책 — 예레미야 — 52장 · 예레미야애가 — 5장

장	제목	페이지
24장 / 처음 익은 듯한 좋은 무화과 · 렘 24 : 1~10 · 렘 24 : 2		/ 42
25장 / 칠십년 동안 섬기라 · 렘 25 : 1~38 · 렘 25 : 11		/ 43
26장 / 여호와의 이름 · 렘 26 : 1~24 · 렘 26 : 16		/ 44
27장 / 바벨론의 멍에 · 렘 27 : 1~22 · 렘 27 : 12		/ 45
28장 / 선지자 하나냐의 패역한 말 · 렘 28 : 1~17 · 렘 28 : 15		/ 46
29장 / 소망을 주려는 생각 · 렘 29 : 1~32 · 렘 29 : 11		/ 47
30장 / 모든 말을 책에 기록하라 · 렘 30 : 1~11 · 렘 30 : 2		/ 48
30장 / 말일에 그것을 깨달으라 · 렘 30 : 12~24 · 렘 30 : 24		/ 49
31장 / 여호와 하나님의 은사(恩賜) · 렘 31 : 1~40 · 렘 31 : 12		/ 50
32장 / 허락한 모든 복(福) · 렘 32 : 1~44 · 렘 32 : 42		/ 51
33장 / 일을 행하는 여호와 · 렘 33 : 1~26 · 렘 33 : 2		/ 52
34장 / 하나님의 언약을 범한 너희들 · 렘 34 : 1~22 · 렘 34 : 16		/ 53
35장 / 하나님께서 명한대로 준행한 가족 · 렘 35 : 1~19 · 렘 35 : 14		/ 54
36장 / 말씀을 불태운 왕 여호야김 · 렘 36 : 1~32 · 렘 36 : 23		/ 55
37장 / 예레미야의 기도와 탄원(嘆願) · 렘 37 : 1~21 · 렘 37 : 20		/ 56
38장 / 시드기야 왕과 예레미야의 대화록 · 렘 38 : 1~28 · 렘 38 : 17		/ 57
39장 / 선대(善待)받은 예레미야 선지자 · 렘 39 : 1~18 · 렘 39 : 11~12		/ 58
40장 / 섬기기를 두려워하지 말라 · 렘 40 : 1~16 · 렘 40 : 9		/ 59
41장 / 이스마엘이 벌인 살인극 · 렘 41 : 1~18 · 렘 41 : 2		/ 60
42장 / 우리의 마땅히 갈 길과 할 일 · 렘 42 : 1~22 · 렘 42 : 3		/ 61
43장 / 말씀을 불신(不信)한 사람들 · 렘 43 : 1~13 · 렘 43 : 4		/ 62
44장 / 우매한 여인들의 가증한 말들 · 렘 44 : 1~30 · 렘 44 : 18		/ 63
45장 / 기록자 바룩을 향한 예레미야의 사랑 · 렘 45 : 1~5 · 렘 45 : 5		/ 64
46장 / 시기(時期)를 잃어버린 왕 · 렘 46 : 1~28 · 렘 46 : 16~17		/ 65

차 례

24·25번책 - **예레미야** - 52장 · **예레미야애가** - 5장

47장 / 도와줄 자를 다 끊어 버리시는 날 · 렘 47:1~7 · 렘 47:4	/ 66
48장 / 여호와의 일을 태만히 하는 사람 · 렘 48:1~47 · 렘 48:10	/ 67
49장 / 재물을 의뢰하지 마라 · 렘 49:1~39 · 렘 49:4	/ 68
50장 / 목장으로 돌아오게 하리라 · 렘 50:1~20 · 렘 50:19	/ 69
50장 / 여호와를 향한 바벨론의 교만 · 렘 50:21~46 · 렘 50:29	/ 70
51장 / 여호와의 일을 선포하라 · 렘 51:1~32 · 렘 51:10	/ 71
51장 / 스스로 구원하라 · 렘 51:33~64 · 렘 51:45	/ 72
52장 / 모든 것의 끝을 생각하라 · 렘 52:1~34 · 렘 52:27	/ 73
1장 / 슬프다! 황폐한 예루살렘아… · 애 1:1~22 · 애 1:1	/ 74
2장 / 상처받은 인생들의 눈물 · 애 2:1~22 · 애 2:11	/ 75
3장 / 잠잠히 기다림이 좋다 · 애 3:1~39 · 애 3:26	/ 76
3장 / 마음과 손을 하나님께 들어라 · 애 3:40~66 · 애 3:41	/ 77
4장 / 헛된 도움을 원치 마라 · 애 4:1~22 · 애 4:17	/ 78
5장 / 우리의 날을 다시 새롭게 · 애 5:1~22 · 애 5:21	/ 79

26번책 - **에스겔** - 48장

에스겔을 열면서	/ 82
1장 / 에스겔에게 특별히… · 겔 1:1~28 · 겔 1:3	/ 85
2장 / 에스겔아 일어서라 · 겔 2:1~10 · 겔 2:1	/ 86
3장 / 내가 너와 말할 때에 · 겔 3:1~27 · 겔 3:27	/ 87
4장 / 에스겔의 상징예언 · 겔 4:1~17 · 겔 4:3	/ 88
5장 / 에스겔의 머리털과 수염 · 겔 5:1~17 · 겔 5:1	/ 89
6장 / 나를 여호와인 줄 알리라 · 겔 6:1~14 · 겔 6:14	/ 90
7장 / 끝이 나는 날 · 겔 7:1~27 · 겔 7:3	/ 91

차 례

26번책 － 에스겔 － 48장

장	제목	쪽
8장 / 에스겔이 본 죄의 목록 · 겔 8 : 1～18 · 겔 8 : 17		/ 92
9장 / 하나님의 안타까운 사랑 · 겔 9 : 1～11 · 겔 9 : 4		/ 93
10장 / 하나님의 영광이 머물 때 · 겔 10 : 1～22 · 겔 10 : 18～19		/ 94
11장 / 성신의 마음 부드러운 마음 · 겔 11 : 1～25 · 겔 11 : 19		/ 95
12장 / 이삿짐을 싸는 에스겔 · 겔 12 : 1～28 · 겔 12 : 4		/ 96
13장 / 우매(愚昧)한 선지자 · 겔 13 : 1～23 · 겔 13 : 3		/ 97
14장 / 하나님의 작정(作定) · 겔 14 : 1～23 · 겔 14 : 5		/ 98
15장 / 포도나무 인생 · 겔 15 : 1～8 · 겔 15 : 6		/ 99
16장 / 하나님께서 베푸신 은총 · 겔 16 : 1～63 · 겔 16 : 60		/ 100
17장 / 약속을 지키는 백향목 가족 · 겔 17 : 1～24 · 겔 17 : 22		/ 101
18장 / 마음과 영을 새롭게 · 겔 18 : 1～32 · 겔 18 : 31		/ 102
19장 / 유다 왕국의 몰락 노래 · 겔 19 : 1～14 · 겔 19 : 12		/ 103
20장 / 여호와의 이름을 위한 일 · 겔 20 : 1～49 · 겔 20 : 44		/ 104
21장 / 에스겔의 통곡 · 겔 21 : 1～32 · 겔 21 : 12		/ 105
22장 / 만국의 조롱거리 · 겔 22 : 1～31 · 겔 22 : 4		/ 106
23장 / 두 음녀 오홀라 오홀리바 · 겔 23 : 1～49 · 겔 23 : 4		/ 107
24장 / 하나님께서 생각하시는 자녀 · 겔 24 : 1～27 · 겔 24 : 25～26		/ 108
25장 / 원수를 갚으시는 하나님 · 겔 25 : 1～17 · 겔 25 : 17		/ 109
26장 / 두로의 사악한 이기심 · 겔 26 : 1～21 · 겔 26 : 2		/ 110
27장 / 두로의 재물에 대한 애가 · 겔 27 : 1～36 · 겔 27 : 33		/ 111
28장 / 두로 왕가의 몰락 · 겔 28 : 1～26 · 겔 28 : 17		/ 112
29장 / 애굽 왕가 바로의 몰락 · 겔 29 : 1～21 · 겔 29 : 12		/ 113
30장 / 구스 사람의 고민 · 겔 30 : 1～9 · 겔 30 : 9		/ 114
30장 / 애굽의 팔을 꺾으신 하나님 · 겔 30 : 10～25 · 겔 30 : 21		/ 115

차 례

26번책 – 에스겔 – 48장

31장 / 넘어진 나무 앗수르 · 겔 31:1~18 · 겔 31:12	/ 116
32장 / 무덤시장 애굽 · 겔 32:1~32 · 겔 32:20	/ 117
33장 / 파수꾼 에스겔의 할 일 · 겔 33:1~33 · 겔 33:7	/ 118
34장 / 좋은 꼴과 양(羊)을 찾으라 · 겔 34:1~31 · 겔 34:13	/ 119
35장 / 서로 왕래(往來)하라 · 겔 35:1~15 · 겔 35:7	/ 120
36장 / 이루어 주기를 하나님께 구하라 · 겔 36:1~38 · 겔 36:37	/ 121
37장 / 에스겔이 본 해골 골짜기 · 겔 37:1~28 · 겔 37:10	/ 122
38장 / 내 거룩함을 나타내라 · 겔 38:1~23 · 겔 38:16	/ 123
39장 / 내 거룩한 이름을 위하여 · 겔 39:1~29 · 겔 39:7	/ 124
40장 / 거룩한 성전을 살펴보라 · 겔 40:1~49 · 겔 40:4	/ 125
41장 / 골방기도를 하라 · 겔 41:1~26 · 겔 41:6	/ 126
42장 / 거룩한 것과 속된 것 · 겔 42:1~20 · 겔 42:20	/ 127
43장 / 성전에 가득한 하나님의 영광 · 겔 43:1~27 · 겔 43:5	/ 128
44장 / 하나님은 우리의 기업 · 겔 44:1~31 · 겔 44:28	/ 129
45장 / 거룩한 땅 · 겔 45:1~25 · 겔 45:1	/ 130
46장 / 거룩한 예배자의 시간 · 겔 46:1~24 · 겔 46:1	/ 131
47장 / 강물이 이르는 곳 · 겔 47:1~23 · 겔 47:9	/ 132
48장 / 거룩히 구별한 남아있는 땅 · 겔 48:1~35 · 겔 48:10	/ 133

27번책 – 다니엘 – 12장

다니엘을 열면서	/ 136
1장 / 하나님께서 뽑으신 네 소년 · 단 1:1~21 · 단 1:17	/ 139
2장 / 왕에게 전도하는 다니엘 · 단 2:1~49 · 단 2:47	/ 140
3장 / 풀무불과 신의 아들 · 단 3:1~30 · 단 3:25	/ 141

차 례

27번책 - 다니엘 - 12장

4장 / 느부갓네살 왕의 신앙고백 · 단 4:1~37 · 단 4:37	/ 142
5장 / 하나님의 글을 해독하라 · 단 5:1~31 · 단 5:5	/ 143
6장 / 다리오 왕을 굴복시킨 다니엘 · 단 6:1~28 · 단 6:27	/ 144
7장 / 네 짐승과 하나님의 심판보좌 · 단 7:1~28 · 단 7:17~18	/ 145
8장 / 뿔 염소와 뿔 양의 의미 · 단 8:1~27 · 단 8:20~21	/ 146
9장 / 다니엘의 기도 · 단 9:1~27 · 단 9:20	/ 147
10장 / 힛데겔 강변의 주님 · 단 10:1~21 · 단 10:4~5	/ 148
11장 / 권력과 땅의 무상함 · 단 11:1~27 · 단 11:4	/ 149
11장 / 도와줄 힘이 없는 권세의 신 · 단 11:28~45 · 단 12:45	/ 150
12장 / 많은 사람을 옳은 데로 인도하라 · 단 12:1~13 · 단 13:3	/ 151

28·29·30번책 - 호세아 - 14장 · 요엘 - 3장 · 아모스 - 9장

호세아 · 요엘 · 아모스를 열면서	/ 154
1장 / 여호와를 떠난 것이 행음(行淫) · 호 1:1~11 · 호 1:2	/ 157
2장 / 너는 내 백성이라 · 호 2:1~23 · 호 2:23	/ 158
3장 / 우리 가정에 없는 것을 찾으라 · 호 3:1~5 · 호 3:5	/ 159
4장 / 깨닫지 못하는 백성 · 호 4:1~19 · 호 4:6	/ 160
5장 / 하나님의 기다림 · 호 5:1~15 · 호 5:15	/ 161
6장 / 하나님의 바램 · 호 6:1~11 · 호 6:6	/ 162
7장 / 패망을 부르는 나라 · 호 7:1~16 · 호 7:13	/ 163
8장 / 하나님을 잊으려는 백성들 · 호 8:1~14 · 호 8:14	/ 164
9장 / 불신자처럼 뛰놀지 말라 · 호 9:1~17 · 호 9:1	/ 165
10장 / 두 마음의 묵은 땅을 파라 · 호 10:1~15 · 호 10:12	/ 166
11장 / 멍에를 벗기는 사랑의 줄 · 호 11:1~12 · 호 11:4	/ 167

차 례

28·29·30번책 - **호세아** - 14장 · **요엘** - 3장 · **아모스** - 9장

12장 / 여호와는 그의 기념 칭호 · 호 12 : 1~14 · 호 12 : 5	/ 168
13장 / 쉽게 사라지는 이슬 · 호 13 : 1~16 · 호 13 : 3	/ 169
14장 / 하나님께서 하실 일 · 호 14 : 1~9 · 호 14 : 4	/ 170
1장 / 여호와의 날이 오기 전에 · 욜 1 : 1~20 · 욜 1 : 15	/ 171
2장 / 마음을 찢어라 · 욜 2 : 1~32 · 욜 2 : 13	/ 172
3장 / 여호와는 백성의 피난처 · 욜 3 : 1~21 · 욜 3 : 16	/ 173
1장 / 드고아의 작은 선지자 아모스 · 암 1 : 1~15 · 암 1 : 2	/ 174
2장 / 서너 가지의 죄의 목록 · 암 2 : 1~16 · 암 2 : 12	/ 175
3장 / 너희만 알았나니… · 암 3 : 1~15 · 암 3 : 2	/ 176
4장 / 하나님 만나기를 예비하라 · 암 4 : 1~13 · 암 4 : 12	/ 177
5장 / 찾으라 그리하면 살리라 · 암 5 : 1~27 · 암 5 : 4	/ 178
6장 / 시온에서 안일(安逸)한 백성들 · 암 6 : 1~14 · 암 6 : 6	/ 179
7장 / 아모스의 환상과 그의 사명 · 암 7 : 1~17 · 암 7 : 15	/ 180
8장 / 말씀을 듣지 못한 기갈 · 암 8 : 1~14 · 암 8 : 11	/ 181
9장 / 무너진 천막을 일으키고 · 암 9 : 1~15 · 암 9 : 11	/ 182

31·32·33번책 - **오바댜** - 1장 · **요나** - 4장 · **미가** - 7장

오바댜 · 요나 · 미가를 열면서	/ 184
1장 / 중심(中心)의 교만이 패망의 원인 · 옵 1 : 1~21 · 옵 1 : 3	/ 187
1장 / 뜻대로 행하시는 하나님 · 욘 1 : 1~17 · 욘 1 : 14	/ 188
2장 / 요나의 회개하는 목소리 · 욘 2 : 1~10 · 욘 2 : 9	/ 189
3장 / 특별기도를 하라 · 욘 3 : 1~10 · 욘 3 : 8	/ 190
4장 / 하나님께서 아끼는 것들 · 욘 4 : 1~11 · 욘 4 : 11	/ 191
1장 / 허물과 수치를 가려라 · 미 1 : 1~16 · 미 1 : 5	/ 192

차 례

31·32·33번책 – **오바댜** – 1장 · **요나** – 4장 · **미가** – 7장

2장 / 이스라엘의 남은 양떼 · 미 2:1~13 · 미 2:12 / 193
3장 / 하나님의 공의(公義)를 잃지 말라 · 미 3:1~12 · 미 3:1 / 194
4장 / 여호와의 이름으로 모이라 · 미 4:1~13 · 미 4:2 / 195
5장 / 다스릴 자가 다시 오시는 날 · 미 5:1~15 · 미 5:2 / 196
6장 / 여호와께서 네게 구하시는 것 · 미 6:1~16 · 미 6:8 / 197
7장 / 사모(思慕)하는 처음 익은 무화과 · 미 7:1~20 · 미 7:1 / 198

34·35·36번책 – **나훔** – 3장 · **하박국** – 3장 · **스바냐** – 3장

나훔·하박국·스바냐를 열면서 / 200
1장 / 니느웨를 향한 하나님의 경고 · 나 1:1~15 · 나 1:2 / 203
2장 / 파괴되는 니느웨 성과 하나님의 원수 · 나 2:1~13 · 나 2:13 / 204
3장 / 강포가 떠나지 않은 니느웨 성 · 나 3:1~19 · 나 3:1 / 205
1장 / 하박국의 질문과 하나님의 답변 · 합 1:1~17 · 합 1:3 / 206
2장 / 의인은 그 믿음으로 살리라 · 합 2:1~20 · 합 2:4 / 207
3장 / 부흥을 위하여 기도하라 · 합 3:1~19 · 합 3:17~18 / 208
1장 / 진리의 나팔 · 습 1:1~18 · 습 1:15~16 / 209
2장 / 기쁨을 잃기 전에… · 습 2:1~15 · 습 2:3 / 210
3장 / 여호와의 이름 · 습 3:1~20 · 습 3:9 / 211

37·38·39번책 – **학개** – 2장 · **스가랴** – 14장 · **말라기** – 4장

학개·스가랴·말라기를 열면서 / 214
1장 / 여호와의 성전 · 학 1:1~15 · 학 1:8 / 217
2장 / 나중 영광 · 학 2:1~9 · 학 2:9 / 218
2장 / 우리가 받을 복 · 학 2:10~23 · 학 2:19 / 219

차 례

37·38·39번책 — **학개** — 2장 · **스가랴** — 14장 · **말라기** — 4장

1장 / 열조를 본받지 말라 · 슥 1:1~6 · 슥 1:4	/ 220
1장 / 홍마 탄 사람의 말씀 · 슥 1:7~17 · 슥 1:17	/ 221
1장 / 공장(工匠) 네 명의 환상 · 슥 1:18~21 · 슥 1:21	/ 222
2장 / 척량줄을 잡은 자의 환상 · 슥 2:1~13 · 슥 2:11	/ 223
3장 / 아름다운 옷을 입은 여호수아 · 슥 3:1~10 · 슥 3:4	/ 224
4장 / 순금 등대와 두 감람나무 · 슥 4:1~14 · 슥 4:10	/ 225
5장 / 날아가는 두루마리 · 슥 5:1~4 · 슥 5:3	/ 226
5장 / 에바 속의 두 여인과 그 의미 · 슥 5:5~11 · 슥 5:11	/ 227
6장 / 하늘의 네 병거(兵車)의 바람 · 슥 6:1~8 · 슥 6:5	/ 228
6장 / 상징적인 여호수아의 대관식 · 슥 6:9~15 · 슥 6:13	/ 229
7장 / 하나님을 위하여 금식하라 · 슥 7:1~14 · 슥 7:5	/ 230
8장 / 여호와께서 말씀하신 새 날 · 슥 8:1~23 · 슥 8:11~12	/ 231
9장 / 여호와를 우러러 보라 · 슥 9:1~8 · 슥 9:1	/ 232
9장 / 겸손과 화평의 왕 — 메시야 · 슥 9:9~17 · 슥 9:9	/ 233
10장 / 기쁨의 주가 되시는 참 목자 — 왕 · 슥 10:1~12 · 슥 10:7	/ 234
11장 / 오실 메시야의 목자 사역 · 슥 11:1~17 · 슥 11:7	/ 235
12장 / 간구하는 심령의 은총 · 슥 12:1~14 · 슥 12:10	/ 236
13장 / 사랑을 위한 정결한 믿음 · 슥 13:1~9 · 슥 13:9	/ 237
14장 / 천하의 왕이 다스릴 나라 · 슥 14:1~21 · 슥 14:9	/ 238
1장 / 내가 너희를 사랑하였노라 · 말 1:1~5 · 말 1:2	/ 239
1장 / 사랑을 잃었던 성직자들의 죄 · 말 1:6~14 · 말 1:13	/ 240
2장 / 사랑의 정도(正道)에서 떠난 사람들 · 말 2:1~9 · 말 2:9	/ 241
2장 / 여호와의 사랑하시는 그 성결 · 말 2:10~17 · 말 2:11	/ 242
3장 / 여호와를 사랑으로 섬겼는가? · 말 3:1~18 · 말 3:18	/ 243
4장 / 의로운 해 치료의 광선 예수여! · 말 4:1~6 · 말 4:2	/ 244

| 새벽강단 |—| 개 관 |—| 구약 5 |

24번책 – 예 레 미 야	1–52
25번책 – 예레미야애가	1–5
26번책 – 에 스 겔	1–48
27번책 – 다 니 엘	1–12
28번책 – 호 세 아	1–14
29번책 – 요 엘	1–3
30번책 – 아 모 스	1–9
31번책 – 오 바 댜	1–1
32번책 – 요 나	1–4
33번책 – 미 가	1–7
34번책 – 나 훔	1–3
35번책 – 하 박 국	1–3
36번책 – 스 바 냐	1–3
37번책 – 학 개	1–2
38번책 – 스 가 랴	1–14
39번책 – 말 라 기	1–4

예레미야·애가를 열면서

■ 예레미야의 명칭

예레미야서는 두려움과 소망에 관한 책, 시행된 심판에 관한 책입니다. 그리고 예레미야서는 '눈물의 선지자'라고 불리는 예레미야(아나돗 제사장 가문, 힐기야의 아들)의 이름을 따라 지은 것입니다. 히브리 성경에서는 '이르메야후' 또는 '이르메야'라고 합니다. 그 뜻은 '기초를 놓다', '여호와께서 세우셨다'입니다. 70인성경에서는 '예레미야스'라고 부릅니다.

■ 예레미야의 핵심사항

저　자　예레미야는 요시야 왕 13년(렘 1:2) 왕이 20여세 된 때, 그의 선지자로서의 사역을 시작했습니다. 본서 1:1절을 보면 "힐기야의 아들 예레미야의 말이라!"고 하였으며 36:1~4절에서도 예레미야가 저자임을 알려주고 있습니다.

기록연대　기록연대는 주전 628~580년 경입니다.

기록목적　예레미야서의 목적은 예레미야를 부르신 하나님의 뜻과 그의 사역에 깊은 관계가 있습니다. 예레미야를 부르신 뜻(소명)은 1:10절에 근거합니다. "내가 오늘날 너를 열방 만국위에 세우고, 너로 뽑으며 파괴하며 파멸하며 넘어뜨리며 건설하며 심게 하였느니라!" 따라서 본 예레미야서의 목적은 ①이스라엘을 향한 하나님의 진노와 심판 ②포로생활자들에게 권면과 격려 ③메시야의 예언(의로운 가지, 새로운 가지, 새로운 언약)을 알려 줍니다. 즉, 이스라엘 백성들의 포로 귀환 역사를 기대하는 메세지가 기록목적입니다.

■ 예레미야의 주제와 요해

예레미야서를 두려움과 소망에 관한 책이라는 이유는 심판에 대한 두려움과 구원(포로귀환)에 대한 소망이 있기 때문입니다. 예레미야서의 독특한 주제는 ①하나님께 대하여 그의 존재와 초월의 능력을 선하게 전달합니다.(야웨-생수의 근원(2:13), 토기장이(18:12), 이스라엘의 남편으로 비유함, 또는 아버지) ②성전 문의 설교(Tample Gate Message-7:~10::26:) 내용중에 세 가지 주의점 1) 백성들이 하나님께 나아갈 때는 회개를 가지고 갈 것-7:4, 2) 전적 복종-7:21, 3) 행할 것-8:8. ③예루살렘은 여호와의 보좌 ④이스라엘은 처음 열매, 택한 포도나무(2:21), 야웨의 사랑하시는 자(11:15, 12:7) 야웨의 기업(12:7~9) ⑤우상숭배의 죄 ⑥철저한 회개 ⑦메시야 예언-의로운 가지(23:5~7) 33:14~22, 가지, 새싹 우리의 의 ⑧새로운 언약입니다. 따라서 중심사상은 ①유다에 관한 심판과 위로 ②외국에 대한 예언을 베푸시는 야웨 하나님의 능력입니다.

* 예레미야는 40년간을 여호와께 신실하게 헌신했다. 그 기간 동안 백성들은 하나님의 경고를 무시하고 배척했으며, 예레미야를 핍박하기까지 했다. 선교는 인간적 기준으로 볼 때 실패로 끝난 듯 했다. 그의 사명은 하나님께로부터 온 것이었고 그 선포 또한 하나님의 기준에서 취해진 것이었기에 마침내 유다의 멸망과 회복이라는 구속사적 과정으로 그 궁극적 성취가 이루어진다.

■ 예레미야의 본론에 대하여

우리는 예레미야를 평가할 때 1) 젊어서 시작한 선지자 생활 2) 오랜 세월의 예언자 3) 책망의 선지자 4) 눈물의 선지자 5) 고난의 선지자 6) 메시야를 소망한 선지자라고 합니다. 예레미야는 유다 민족에게 외치기를 "백성들이여 포로와 재난을 당하지 않으려면 우상숭배의 죄로부터 돌아서고 야웨 하나님의 말씀을 순종하라!"고 하였습니다. 하지만 백성들의 자신의 고집대로 거역하였습니다. 그후 백성들은 포로가 되었습니다. 예레미야는 울면서 외치기를 "메시야를 통한 구원의 날이 오리니 하나님을 의지하라!"고 소망의 소식을 전합니다. 그러므로 본서는 책망의 소식을 전합니다. 본문의 내용을 크게 두가지로 분류하면 첫째, 유대인에 대한 예언내용(1:1~45:) 둘째, 외국인에 대한 예언내용(46:~52:34)입니다.

■ 예레미야의 개요

Ⅰ. 유다인에 대한 예언(1:1~45:)
 - 예레미야의 소명(부르심)과 그의 사명(1:1~19)
 - 범죄한 백성에 대한 메세지(2:1~25:38)
 - 예레미야 사역에 대한 유다인의 반응(26:1~45:5)

Ⅱ. 외국(열방)인들에 대한 하나님의 경고(예언)내용
 (46:~52:34)
 - 애굽, 블레셋, 모압에 대한 경고내용(46:1~48:47)
 - 암몬·에돔·다메섹·아라비아·엘람·바벨론의 심판내용
 (49:~51:64)
 - 예루살렘과 유다의 운명(52:1~34)

■ 예레미야의 핵심적 신앙교훈

사랑하는 형제여! 자매여! 예레미야서를 연구하시면서 무엇을 느끼셨습니까?
예레미야서의 은혜진주는 다음과 같이 정리됩니다. ①멸망당하는 자기 백성을 향하여 외쳐야 되는 선지자의 슬픈 심정 ②의로운 선지자를 죽이려고 발버둥치는 제사장들의 현실무사안일주의 근성 ③썩어 없어져야 될 우상숭배근성과 교만한 세월. ④흩어진 양떼, 목자 잃은 양떼를 보시면서 가슴 아파하셨던 하나님-야웨 ⑤택한 백성을 괴롭히고 사로잡은 나라마다 멸망을 당했다는 사실 ⑥절망 중에도 선지자를 통하여 희망의 메시야를 선포하도록 하신 하나님-야웨 ⑦선지자의 행위와 때의 징조로서 죄악을 피하도록 배려하시는 하나님-야웨, 그러므로 우리네 삶은 하나님께 감사해야 됩니다. 왜냐하면 우리는 그 당시의 참상 정도는 아니기 때문입니다. 부디 지혜로운 판단을 하여 선지자적 생각을 소유하십시오.

■ 예레미야 연대표 ■

B.C	
640	요시야의 유다왕 즉위/ 스바냐의 사역 시작
627	예레미야의 사역 시작(1:1)
612	힐기야의 율법책 발견
612	앗수르의 멸망/ 하박국의 사역 시작
609	요시야 왕의 전사
605	다니엘이 포로로 끌려감 (46:2)
601	애굽과의 재동맹 (22:13~17)
597	에스겔이 포로로 끌려감
593	에스겔의 예언 시작 (바벨론)
586	남왕국 유다의 함락/ 예레미야의 사역 종결 (39:1~18)
537	1차 귀환

찬송·270장　　　　말씀·렘 1:1-19　　　　년　월　일

내가 너를 세웠노라

> **오늘의 요절**　렘 1:5 ▷ 내가 너를 복중에 짓기 전에 너를 알았고 네가 태에서 나오기 전에 너를 구별하였고 너를 열방의 선지자로 세웠노라 하시기로

살핌
1. '나는 아이라'(6)라는 말의 뜻은 무엇입니까?
2. 유다가 하나님의 징계를 받았던 이유는 무엇입니까?(16)
3. 하나님의 약속은 무엇입니까?(8, 19)

사랑하는 성도 여러분! 예레미야 1장은 하나님께서 예레미야를 유다의 선지자로 부르시고 격려하신 것을 기록하였습니다. 사람마다 천성이 다르고, 하나님께서 부르시는 일꾼의 기질도 다양합니다. 예레미야는 천성적으로 부드럽고 점잖았으며 동정심(눈물)이 많은 사람이었습니다. 그러나 하나님께서 주신 심판의 말씀을 선포할 때 그는 매우 강인한 모습으로 나타나기도 합니다. 이처럼 타고난 온유한 성품으로 심판의 말씀을 선포해야 했기 때문에 그는 많은 심적 갈등을 느끼고 많이 울기도 했습니다.

묵상
첫째, 하나님께서 예레미야를 눈물의 선지자로 부르셨습니다(렘 1:1~10). 예레미야의 생애의 처음과 마지막에 대해서 아는 것은 거의 없습니다. 그의 아버지는 아나돗의 제사장 힐기야였습니다. 그는 성장과정부터 하나님의 사역을 감당할 준비를 하고 있었을 것입니다. 하나님의 말씀은 40여년 동안 예레미야에게 임했습니다. 하나님의 말씀이 자신에게 임했을 때 그는 자신이 그 사명을 감당하기에는 너무 부족하다는 것을 스스로 느꼈습니다. 그러나 하나님께서는 예레미야를 격려하시고 그와 함께하여 그를 도우시겠다고 약속하셨습니다. 둘째, 하나님은 두 가지 상한 심령의 환상을 보여주셨습니다(렘 1:11~17). 먼저 하나님께서는 살구나무를 예레미야에게 보여 주셨습니다(렘 1:11). 이스라엘의 살구나무는 겨울에도 성장하여 꽃을 피우기 때문에 쉬지 않고 성장하는 것을 상징합니다. 두번째 환상은 하나님의 진노와 관련된 환상입니다. 끓는 가마의 면(面)이 북에서부터 기울어진 것을 보았습니다. '끓었다'는 말은 그 도가 극심하고 맹렬하므로 모두 그 심판에서 피할 수 없을 것이라는 의미입니다.

적용
사랑하는 성도 여러분! 예레미야는 목이 곧은 백성을 향해 예언해야만 했습니다. 그는 실로 비극의 한가운데 서 있던 하나님의 사람이었습니다. 그러나 동시에 굽힐 줄 모르는 강인한 사람이요 희망의 사람이었습니다. 그러므로 오늘도 예레미야의 눈물비를 맞으면서 온 몸으로 영적 우산을 준비합시다. -아멘-

기도
우리 주 예수 그리스도여! 복음의 사역자들에게 담대함(엡 6:19)과 인내(약 1:4)와 새 힘(사 40:31)을 주시기를 간구하고 싶습니다. -아멘-

찬송 · 72 장   말씀 · 렘 2:1-37   년   월   일

신실하지 않은 이스라엘

오늘의 요절 렘 2:7 ▷ 내가 너희를 인도하여 기름진 땅에 들여 그 과실과 그 아름다운 것을 먹게 하였거늘 너희가 이리로 들어와서는 내 땅을 더럽히고 내 기업을 가증히 만들었으며

 1. 본 장(章)에서 중요하게 다루는 내용은 무엇입니까?
2. 소년 때의 우의(友誼)와 결혼 때의 사랑이란 무엇입니까?
3. 유다 백성은 왜 심판을 받게 되었습니까?

사랑하는 성도 여러분! 예레미야 2장은 타락한 유다 백성에 대한 하나님의 훈계를 기록하였습니다. 땀과 눈물과 피, 이 세 가지는 매우 귀하고 가치있는 것입니다. 그 중에서도 눈물은 희로애락의 정서와 동반되곤 합니다. 예레미야는 많은 눈물을 흘리며 하나님의 메시지를 전했습니다. 유다 백성이 범한 극악한 죄들을 목격하면서 그의 마음은 갈기갈기 찢어지는 듯 했습니다.

묵상 첫째, 유다 백성은 우상을 섬기고 타락했습니다(렘 2:4~8, 20렘 2:28). 예레미야가 속해 있던 시대는 진실로 비극이 절정에 달하고 있을 때였습니다. 그러나 예레미야는 그 비참한 상황 속에서도 소망을 버리지 않았습니다. 그는 하나님의 심판을 보면서도 하나님의 자비가 남아있음을 믿었습니다. 그는 언약의 백성이 갱신되어야 한다고 생각했습니다. 생명과 복의 근원이신 하나님을 떠난 그 백성들을 향해 선지자는 한 세기 이전에 이스라엘 왕국에 임했던 운명을 숙고할 것을 권고했습니다. 둘째, 유다 백성은 자신들의 죄를 인정하지 않았습니다(렘 2:29~37). 하나님께서는 유다 백성에게 우상숭배의 죄에 대해 징계를 내렸으나, 유다 백성은 그 징계에 대해 불만을 가졌습니다. 영적으로 우매한 그들은 참된 선지자들을 죽이기도 했습니다(렘 2:30). 그들은 죄를 범하고도 자신들에게는 죄가 전혀 없다고 말하는 과오를 범했습니다(렘 2:35). 이 때문에 그들은 심판을 받게 되었습니다. 또한 그들은 하나님을 의지하지 않고 인간을 의지하려 했기 때문에 실패하였습니다(렘 2:36, 37).

적용 사랑하는 성도 여러분! 선지자 호세아와 같은 예레미야도 하나님과 이스라엘의 관계를 결혼서약과 같은 것으로 말하고 있습니다. 예레미야는 이스라엘이 하나님의 신부로서 성별되어 있다는 것을 선언하였습니다. 이스라엘 백성은 그들의 첫사랑이신 하나님의 은혜를 완전히 잊어버렸습니다. 본래 유다는 훌륭한 포도나무였으나 지금은 썩은 나무가 되어버렸습니다. 그러므로 오늘도 신실한 성도의 삶을 배웁시다. -아멘-

기도 우리 주 예수 그리스도여! 하나님 말씀에 신실하게 응답하는 나라(계 11:15)와 교회(행 13:2), 가정(행 16:15)이 되도록 기도하고 싶습니다. -아멘-

찬송 · 466 장   말씀 · 렘 3:1-24   년   월   일

진실한 회개

오늘의 요절   렘 3:12 ▷ 너는 가서 북을 향하여 이 말을 선포하여 이르라 여호와께서 가라사대 배역한 이스라엘아 돌아오라 나의 노한 얼굴을 너희에게로 향하지 아니하리라 나는 긍휼이 있는 자라 노를 한 없이 품지 아니하느니라 여호와의 말이니라

1. 돌과 나무로 더불어 행음한다는 것은 무엇입니까?(9)
2. 하나님은 어떤 성품을 갖고 계십니까?(12)
3. 나는 강퍅한 마음을 갖고 있지 않습니까?(17)

사랑하는 성도 여러분! 예레미야 3장은 하나님께서 유다의 회개를 촉구하시는 것을 기록하였습니다. 주님 앞에서 자아가 깨어진 경험이 있는 사람마다 깊은 회개의 경험이 있습니다. 그것은 단순한 뉘우침이 아니라 전인격적인 갱신입니다. 참된 회개는 머리나 감정으로만 이루어지는 것이 아닙니다. 지·정·의 모두가 참된 회개의 요소입니다. 회개의 눈물은 귀합니다. 그러나 실천에 이르는 의지적 결단이 없다면 그것은 값싼 눈물이 됩니다.

첫째, 하나님은 회개하는 자를 용서할 준비가 되어 있으십니다(렘 3:1~5). 예레미야는 자기 백성의 뿌리 깊은 죄를 간음과 같다고 생각했습니다. 하나님의 백성은 영적인 음행을 범했습니다. 북왕국은 죄를 범하여 은총의 날을 잃어버리고 지금은 포로가 되어 버렸습니다. 그런데 그 형제 되는 유다도 북이스라엘의 전철을 밟고 있었습니다. 예레미야는 언약의 하나님께서 그 백성을 축복하시기 위해 찾고 계시다는 사실을 선포하였습니다. 하나님께서는 예레미야를 통해 그의 백성이 우상을 숭배하는 것을 멈추고 돌아올 것을 간곡히 호소하셨습니다. 그러나 유다는 회개하지 않았습니다(렘 3:6~10). 둘째, 유다가 회개하고 돌아온다면 그들은 축복을 받습니다(렘 3:11~19). 비록 그들이 불신앙과 배역의 백성이 되었다 할지라도 그들의 죄를 깨닫기만 한다면 다시 하나님의 은총의 품에 품어주실 것입니다. 그 때에 하나님은 거룩한 의사로서 그들의 건강을 회복시키실 것입니다. 하나님의 백성은 오직 하나님께로 돌아와서 참으로 회개할 때에만 안전을 누릴 수 있습니다. 하나님은 죄인의 솔직한 고백을 원하십니다(렘 3:21~25).

사랑하는 성도 여러분! 그토록 큰 죄를 범한(렘 2:20~25) 유다 백성을 용서하시고 축복까지 하시겠다는 하나님은 무한한 자비를 가지신 분이라는 것을 알 수 있습니다. 하나님은 상하고 통회하는 마음을 멸시하지 않으십니다. 그러므로 오늘도 하나님 앞에서 조심스럽게 거룩한 걸음을 옮깁시다. -아멘-

우리 주 예수 그리스도여! 하나님 앞에서(시 51:4) 깊은 회개(눅 5:8), 진실된 회개(눅 19:8)를 하고 싶습니다. -아멘-

| 찬송 · 461장 | 말씀 · 렘 4:1-31 | 년 월 일 |

선지자의 탄식

오늘의 요절 렘 4:19 ▷ 슬프고 아프다 내 마음 속이 아프고 내 마음이 답답하여 잠잠할 수 없으니 이는 나의 심령 네가 나팔소리와 전쟁의 경보를 들음이로다

1. 이스라엘 백성이 하나님께 돌아올 때 취해야 할 태도는 무엇입니까?(1)
2. 이스라엘 백성이 구원얻을 수 있는 방법은 무엇입니까?(14)
3. 예레미야의 슬픔은 어느 정도입니까?(19)

사랑하는 성도 여러분! 예레미야 4장은 회개하지 아니한 이스라엘이 받을 큰 화를 기록하였습니다. 하나님의 교회는 때때로 고난의 환경 가운데서 시련을 당했습니다. 그러나 그 고난은 교회를 무너뜨리지 못했습니다. 오히려 내부의 부패와 영적인 쇠퇴 때문에 교회는 큰 어려움을 당하여 왔습니다.

첫째, 하나님께서는 이스라엘의 내적 회개를 촉구하십니다(렘 4:1~4). 이스라엘은 하나님 앞에서 가증한 것을 버리고 하나님께로 돌아가야 합니다. 그들은 전에 섬기던 우상을 다시 섬기지 말아야 하고 마음에 그것을 두지 말아야 합니다. 묵은 땅을 가는 것은 마음을 부드럽게 하고 죄를 제거하는 것을 가리킵니다. 예레미야는 마음의 할례를 행하라고 권고합니다(렘 4:4). 마음의 가죽을 벤다는 것은 그 백성이 외식적이 아닌 참된 회개를 하고 하나님께로 돌아와 하나님께 속해야 할 것을 뜻하는 말입니다(욜 2:13). 그렇게 하지 않으면 하나님께서 불같이 분노를 발하시어 그들을 사르실 것입니다. 둘째, 예레미야는 회개치 아니한 이스라엘에게 미칠 큰 화를 슬퍼합니다(렘 4:19~31). 하나님의 백성의 죄악은 선지자에게 큰 고통을 주었습니다. 선지자의 창자가 뒤틀리고 그의 심장이 심하게 뛰었습니다. 선지자는 전쟁의 함성과 나팔소리를 들었습니다. 이제 재난에 재난이 꼬리를 물고 일어날 것입니다. 산과 언덕이 진동하고, 기름진 동산이 황무지가 될 것입니다. 주님의 진노 앞에 모든 성읍이 허물어져 버릴 것입니다. 회개하지 않은 결과는 참으로 비참합니다. 예레미야는 마치 해산하는 여인의 진통 소리를 듣는 것 같습니다.

사랑하는 성도 여러분! 티끌 같은 죄라도 능히 한 영혼을 지옥으로 끌어갈 수 있습니다. 그러나 태산 같은 죄라도 용서받을 수 있습니다. 하나님은 사랑이십니다. 그 사랑은 모든 불의와 죄악을 행하는 자에게 회개를 요청합니다. 회개만이 사는 길이기 때문입니다. 그러므로 오늘도 예레미야처럼 눈물을 흘리며 이 민족의 죄악을 슬퍼합시다. -아멘-

우리 주 예수 그리스도여! 중보기도 하는 깨어있는 믿음(단 6:10), 뜨거운 사랑(빌 1:4), 포기하지 않는 희망(벧전 1:3)을 갖고 싶습니다. -아멘-

찬송 · 301 장   말씀 · 렘 5:1-31   년 월 일

심판받을 유다 백성

오늘의 요절 렘 5 : 31 ▷ 선지자들은 거짓을 예언하며 제사장들은 자기 권력으로 다스리며 내 백성은 그것을 좋게 여기니 그 결국에는 너희가 어찌 하려느냐

살핌
1. 왜 선지자들을 바람이라고 했습니까?(13)
2. 유다 백성은 영적으로 어떻게 묘사되고 있습니까?(21)
3. 31절의 의미는 무엇입니까?

사랑하는 성도 여러분! 예레미야 5장은 하나님의 심판을 받을 수밖에 없는 유다 백성에 대해 기록하였습니다. 예레미야가 공적인 활동을 한 40여년간은 근동지방의 여러 국가들 사이에 치열한 투쟁이 벌어지고 있었습니다. 유다 백성은 이 투쟁의 소용돌이에 빠져 들어갔습니다. 왜냐하면 그들이 사는 지역은 비옥한 지역의 중심지였기 때문입니다. 팔레스틴은 마치 교량과 같이 남과 북을 이어주고 있었고, 동과 서를 상업적, 군사적으로 연결해 주었습니다.

묵상
첫째, 유다에는 한 사람의 의인도 없었습니다(렘 5 : 1~9). 하나님은 그의 백성 가운데서 정의와 진리를 구하고 있었습니다. 그러나 그들의 삶은 불의와 거짓으로 가득 찼습니다. 그들은 우상숭배와 간음죄를 범했습니다(렘 5 : 7, 8). 이러한 죄들 때문에 하나님은 유다를 징벌하실 것이라고 말씀하십니다. 하나님은 인간이 행한 범죄에 대해서 공의로 심판하시는 분입니다. 둘째, 유다 백성은 재난을 당합니다(렘 5 : 10~19). 하나님께서 먼 곳에서 한 민족을 데려다가 그들을 치실 것입니다. 그 민족은 강하고 모두 용사들입니다. 그들은 유다 백성이 거둔 곡식을 먹어 치웁니다. 그들은 유다의 아들과 딸들도 죽입니다. 그들은 양 떼와 소 떼도 잡아 먹고 포도와 무화과도 먹어 치울 것입니다. 그러나 유다 백성이 완전히 소멸되지는 않습니다(렘 5 : 18). 하나님은 그의 백성을 징계하는 중에도 사랑하시는 분입니다. 예레미야는 그 백성의 죄악의 책임을 주로 지도자들에게 돌렸습니다. 또한 백성들은 부패한 지도자들을 좋게 여겼습니다. 결국 그들의 운명은 이미 결정된 것이었습니다.

적용
사랑하는 성도 여러분! 예레미야는 하나님의 엄중한 심판을 예언했습니다. 그럼에도 불구하고 그는 하나님의 자비가 아직도 남아 있는 것을 보았습니다. 사랑의 하나님은 자기 백성이 타락하고 부패하는 것을 참고 보실 수 없습니다. 징계하시는 분의 손만 보는 자는 낙심합니다. 그러나 그 분의 마음을 읽는 성도는 소망을 잃지 않습니다. 그러므로 오늘도 두렵고 떨림으로 성도의 길로 행합시다. —아멘—

기도
우리 주 예수 그리스도여! 공의(눅 11 : 42)와 진리(잠 3 : 3)와 정직(왕상 3 : 6)의 삶을 살고 싶습니다. —아멘—

찬송 · 302장   말씀 · 렘 6:1-30   년 월 일

예루살렘 포위 예고

| 오늘의 요절 | 렘 6:12~13 ▷ 여호와께서 말씀하시되 내가 그 땅 거민에게 내 손을 펼 것인즉 그들의 집과 전지와 아내가 타인의 소유로 이전되리니 이는 그들이 가장 작은 자로부터 큰 자까지 다 탐남하며 선지자로부터 제사장까지 다 거짓을 행함이라 |

 1. 유다 백성의 악행은 어떠했습니까?(7)
2. 귀가 할례를 받지 못했다는 것은 무엇입니까?(10)
3. 한국 교회는 무엇을 회개해야 합니까?

사랑하는 성도 여러분! 예레미야 6장은 유다의 멸망에 관한 하나님의 말씀을 기록하였습니다. 예레미야가 활동한 시기는 구약시대 중 이스라엘이 가장 참혹하고도 광범위하게 시련을 당한 시기였습니다. 하나님은 예레미야를 통해 이스라엘 백성의 멸망을 예언하셨고, 또한 다시 회복시켜 주실 것을 약속해 주셨습니다. 이것은 하나님께서 그의 율법대로 집행하시는 공의의 하나님이며 그 가운데서라도 택한 백성을 인내로써 사랑하신다는 사실을 깨닫게 해 줍니다.

첫째, 북방에서 온 이방 군대가 유다를 유린합니다(렘 6:1~8). 예레미야는 다시 한번 북으로부터의 적의 공격을 묘사하고 있습니다. 그 침략자는 유다를 공격해서 성읍을 빼앗습니다. 피난민들은 예루살렘에서 안전을 찾지 못합니다. 예루살렘에서 들리는 것은 폭행과 파괴의 소리뿐입니다. 그 도성 안에서는 샘이 물을 솟구쳐 내듯이 죄악을 솟구쳐 내고 있습니다. 둘째, 유다 백성은 하나님의 경고를 무시하였습니다(렘 6:9~15). 농부가 포도나무에서 포도송이를 따듯이 적군이 이스라엘의 남은 자들을 샅샅이 뒤져서 끌어갈 것이라고 하나님은 경고하셨습니다. 그러나 그 백성은 하나님의 말씀을 비웃었습니다(렘 6:10). 유다 백성은 종교의식을 행할 때는 하나님의 이름을 불렀지만 그들의 실제 생활 가운데서는 하나님의 법도를 따라 살지 않았습니다. 당시에 선지자와 제사장까지도 모두 한결같이 백성을 속였습니다(렘 6:13). 그들은 그와같이 거짓된 일을 하고도 부끄러워하지 않았습니다.

사랑하는 성도 여러분! 유다 백성은 수차례에 걸쳐 자신들에게 선포된 죄를 회개하라는 경고의 말씀을 무시했습니다. 당시의 거짓 선지자들은 그들의 죄를 지적해 주지 않았습니다. 거짓 선지자들이 백성의 죄를 지적할 수 없었던 가장 큰 이유는 그들 스스로가 하나님과 무관하게 생활하며 죄를 즐기고 있었기 때문입니다. 그러므로 오늘도 하나님의 책망의 말씀을 단 마음으로 듣고 순종합시다. -아멘-

우리 주 예수 그리스도여! 모범(고전 11:1)과 가르침(딤후 4:2)과 섬김(롬 12:7)에 있어서 부족함이 없는 지도자가 되고 싶습니다. -아멘-

찬송 · 342 장   말씀 · 렘 7:1-34   년 월 일

불순종과 형벌

오늘의 요절 렘 7:26 ▷ 너희가 나를 청종치 아니하며 귀를 기울이지 아니하고 목을 굳게 하여 너희 열조보다 악을 더 행하였느니라

살핌
1. 유다 백성이 회개해야 할 네 가지 죄는 무엇입니까?
2. 회개치 않는 자들은 어떤 형벌을 받습니까?
3. 유다 백성이 성전에서 행한 범죄는 무엇입니까?

사랑하는 성도 여러분! 예레미야 7장은 계속해서 유다의 회개를 촉구하시는 하나님의 말씀을 기록하였습니다. 무신론자나 자연신론자는 이적(하나님의 초자연적 개입)이 자연법칙을 위반하는 것이므로 있을 수 없다고 말합니다. 그러나 성경의 하나님은 자연법칙을 만드신 분이므로 그 법칙을 깨뜨리지 않으면서도 이적을 행하실 수 있습니다. 동일한 하나님께서 영적인 법칙도 세우셨습니다. 영적인 법칙을 따르는 자는 범사에 복을 누립니다. 그러나 그 법칙을 무시하는 자는 불행을 자초합니다.

묵상 첫째, 진정한 회개를 가르쳐 줍니다(렘 7:1~7). 하나님께서 예레미야를 통해 유다 백성이 해야 할 참된 회개 네 가지를 말씀해 주셨습니다. 그들은 이웃끼리 서로 정직하게 살지 못했습니다. 그들은 나그네와 고아와 과부를 억압했습니다. 그들은 죄 없는 사람을 죽였습니다. 그들은 우상을 숭배했습니다(렘 7:5~6). 이 모든 것은 유다 백성이 하나님과 인간에 대해 범했던 죄들입니다. 이처럼 하나님의 영적 법칙(말씀)을 떠나버린 인간은 인간 상호간의 관계에도 큰 오점을 남깁니다. 둘째, 하나님께서는 유다 백성이 하나님의 성전을 도적의 굴혈로 만든 것을 보셨습니다. 그들은 하나님이 기뻐하시는 삶을 살지 못하면서 형식적으로 하나님께 예배드렸습니다. 심지어 그들은 하나님의 전을 더럽혔습니다(렘 7:30). 그들은 성전 사면 벽에 각종 곤충과 가증한 짐승을 그리고 성전으로 들어가는 문에 앉아 바벨론 신에게 경배하고, 성전 마당에서 하나님이 만드신 해, 달, 별에게 경배하였습니다(왕하 21:4, 5).

적용 사랑하는 성도 여러분! 불순종하는 자는 회개하고 순종하는 자가 되어야 합니다. 강퍅한 마음을 가진 자는 부드럽고 온유한 심령으로 변화되어야 합니다. 만일 죄인이 회개하지 않고 계속 불순종의 삶을 산다면 그의 몫은 재앙과 진노뿐입니다. 하나님은 오늘도 계속해서 죄인의 회개를 촉구하십니다. 어떤 의미에서 성도의 삶은 일평생 계속되는 회개의 삶입니다. 그러므로 오늘도 회개의 참 뜻을 되새기며 순종의 하루를 삽시다. ㅡ아멘ㅡ

기도 우리 주 예수 그리스도여! 하나님의 말씀의 책망(계 2:4)과 경계(딤후 4:2)와 가르침(행 5:42)에 귀기울이고 싶습니다. ㅡ아멘ㅡ

찬송·304장   말씀·렘 8:1-22   년 월 일

유다가 받을 심판

> **오늘의 요절** 렘 8:3 ▷ 이 악한 족속의 남아 있는 자, 무릇 내게 쫓겨나서 각처에 남아 있는 자가 사는 것보다 죽는 것을 원하리라 만군의 여호와의 말이니라

 1. '그 때'는 언제를 가리킵니까?(1)
2. 유다 백성은 하나님을 떠나 무엇을 고집하고 있었습니까?(5)
3. 선지자 예레미야는 왜 슬퍼했습니까?(18, 19)

사랑하는 성도 여러분! 예레미야 8장은 유다 백성이 받을 극심한 심판에 관하여 기록하였습니다. 만일 하나님께서 우리의 죄를 깨닫도록 어려움을 주실 때 깨닫지 못한다면 우리는 하나님의 은총을 누리지 못하는 자가 됩니다. 하나님께서 책망하시고 징계하실 때 우리는 하나님의 뜻을 바로 알아 참된 회개를 해야 합니다. 유다 백성은 예레미야를 통해 선포된 경고의 말씀을 무시했습니다. 결국 그들은 징계를 받아 심하게 고통받게 되었습니다. 그 고통은 너무 심한 것이어서 그들은 차라리 죽기를 바랄 정도였습니다(렘 8:3).

묵상 첫째, 유다는 하나님께로 돌아오지 않았습니다(렘 8:1~7). 유다는 끝까지 회개하지 않았으며 그 결과는 무서웠습니다. 바벨론 군대는 유다를 침략하여 그 백성을 살육했습니다. 그 군대는 묘지의 시신까지 끌어내어 모욕했습니다. 유다 백성은 회개하지 않은 결과로 흉측한 수치를 당하게 되었습니다. 그들은 거짓 것에 사로잡혀 하나님의 부르심에 응답하지 않았습니다(렘 8:5). 유다 백성은 하나님께 대하여 솔직하지 못했습니다. 하나님께 정직하지 못한 자는 하나님께 가까이 나아갈 수 없습니다(참고, 요 3:20). 둘째, 예레미야는 그 백성 때문에 눈물을 흘립니다(렘 8:18~22). 선지자 예레미야는 유다 백성의 불신앙 때문에 슬퍼하였습니다. 저들은 자신이 저지른 우상숭배의 죄는 전혀 뉘우치지도 않았습니다. 이것은 그들이 영적으로 어두운 상태에 있었음을 보여줍니다. 예레미야는 동족의 고통을 보면서 슬픔과 공포에 사로잡혔습니다. 동족이 징계를 받기 때문에 그의 마음도 상처를 입었습니다(렘 8:21).

적용 사랑하는 성도 여러분! 예레미야는 지도자로서 동족의 고난에 동참했습니다. 그의 눈에서는 밤낮, 하염없이 눈물이 흘러내렸습니다(렘 14:17). 왜냐하면 그 백성이 참혹하게 얻어맞아 죽을 지경에 이르렀기 때문입니다. 예레미야는 눈물을 흘리며 동족을 향해 하나님의 말씀을 전하고 또 전했습니다. 그러므로 오늘도 하나님이 세우신 사역자와 일꾼에게 순종하고 그 가르침을 경청합시다. －아멘－

기도 우리 주 예수 그리스도여! 한국교회와 그 지도자들을 위해 기도하고 싶습니다(살전 5:25). －아멘－

찬송 · 71장   말씀 · 렘 9:1-26   년 월 일

범죄와 심판

오늘의 요절 렘 9:24 ▷ 자랑하는 자는 이것으로 자랑할지니 곧 명철하여 나를 아는 것과 나 여호와는 인애와 공평과 정직을 땅에 행하는 자인줄 깨닫는 것이라 나는 이 일을 기뻐하노라 여호와의 말이니라

살핌
1. 왜 예레미야는 자기 백성을 떠나가고 싶은 심정이 있었습니까?(2)
2. 하나님께서는 유다 백성에게 무엇을 자랑하지 말라고 하셨습니까?(23)
3. 나는 무엇을 자랑합니까?

사랑하는 성도 여러분! 예레미야 9장은 하나님께 범죄하여 심판받는 유다에 관하여 기록하였습니다. 온갖 지식과 정보가 홍수처럼 범람하는 시대입니다. 이 세상을 살아가기 위해 무엇을 얼마나 알아야 할지 알 수 없습니다. 그러나 가장 고상한 지식은 하나님을 아는 지식입니다. 하나님을 아는 것이 지식과 지혜의 근본입니다.

묵상 첫째, 유다 백성은 무지(無知)의 혀로 범죄하였습니다(렘 9:1~9). 예레미야는 그 백성들이 당하게 될 분명한 멸망을 생각할 때에 밤이나 낮이나 눈물을 흘리지 않을 수 없었습니다. 그는 자기 주변에서 일어나는 여러 가지 반역과 불신을 보았습니다. 간음과 기만과 중상 그리고 거짓은 그의 이웃의 공통적인 죄악이었습니다. 이와같은 죄들은 그들이 하나님을 알지 못하였다는 분명한 증거였습니다. 그러나 예레미야는 그가 결코 그의 백성을 버릴 수 없다는 것을 알았습니다. 그는 조금도 뉘우침이 없이 강퍅한 자기 백성의 마음을 조금이라도 움직여 보려고 끊임없이 눈물을 흘리며 하나님의 말씀을 전했습니다. 둘째, 하나님을 알지 못하는 자는 멸망합니다(렘 9:23~26). 하나님께서는 유다 백성에게 그들의 지혜와 용맹과 부함을 자랑하지 말라고 하셨습니다. 하나님께서 이와같이 말씀하신 것은 그들이 그것들(지혜, 용맹, 부함)을 주신 분이 하나님이신 것을 잊고 도리어 그것들로 인해 교만해져서 하나님을 떠났기 때문입니다. 하나님께서는 유다 백성에게 하나님을 아는 것과 그분이 인애와 공평과 정직을 땅에 행하는 자인 줄 깨닫는 것을 자랑하라고 하셨습니다.

적용 사랑하는 성도 여러분! 하나님의 자녀들이 내세울 수 있는 것은 자기 자신이 아니라 이날까지 자기를 보호해 주신 하나님 한 분 밖에 없습니다. 하나님은 긍휼과 공평과 공의를 세상에서 실현하시는 분입니다. 이러한 하나님을 믿고 따르는 성도는 자기의 힘과 재산 혹은 지혜를 자랑하지 않습니다. 그는 참 하나님을 아는 지식으로 만족합니다. 그러므로 진리 지식으로 죄의 길을 떠나 순종의 삶을 삽시다. -아멘-

기도 우리 주 예수 그리스도여! 언제 어디서나 십자가 아래서 살며(요 19:25) 주님의 이름을 높이고(빌 2:9) 감사하고 싶습니다(골 3:16). -아멘-

찬송 · 372 장   말씀 · 렘 10 : 1-25   년 월 일

우상숭배와 참예배

오늘의 요절 렘 10 : 2 ▷ 여호와께서 이같이 말씀하시되 열방의 길을 배우지 말라 열방인은 하늘의 징조를 두려워하거니와 너희는 그것을 두려워 말라

살핌
1. 본장이 주는 교훈은 무엇입니까?
2. 열방의 길이란 무엇을 가리킵니까?(2)
3. 하나님의 능력을 나 자신의 말로 옮겨 보십시오(12, 13).

사랑하는 성도 여러분! 예레미야 10장은 참 하나님을 섬기지 않아 멸망당할 유다에 관하여 기록하였습니다. 우상들은 조각가가 새긴 것이요, 은장이가 만든 공예품입니다. 그것에다가 청색 옷과 자주색 옷을 걸쳐 놓은 것이니 모두가 솜씨 좋은 사람들이 만들어 놓은 것입니다(렘 10 : 9). 주님만이 살아계시는 하나님이시며 영원한 임금이십니다. 따라서 그분만이 예배를 받으시기에 합당합니다.

묵상
첫째, 우상숭배는 헛된 짓입니다(렘 10 : 1~5). 우상은 삼림에서 벤 나무를 공장(工匠)이 다듬어, 다시 은과 금으로 장식하고 못과 장도리로 고정시킨 것입니다(렘 10 : 3, 4). 또한 그것은 말도 못하고 걸어다니지 못하니 사람에게 아무런 영향을 주지 못합니다. 그렇기 때문에 하나님께서는 그것을 두려워하지 말라고 유다 백성에게 명령하셨습니다. 이와같이 헛된 우상에게 자신의 의지와 삶을 맡기는 자는 어리석은 자일 뿐 아니라 멸망받아 마땅한 자입니다. 둘째, 전능하신 하나님은 창조자이십니다(렘 10 : 6~16). 하나님은 위대하십니다. 주님의 이름은 크십니다. 하나님은 공경받아 마땅하신 분입니다. 하나님은 권능으로 땅을 만드시고 지혜로 땅덩어리를 고정시키셨습니다. 그가 호령을 하시면 번개가 일어나고 바람이 붑니다. 그는 구름을 명하시고 비가 내리게 하십니다(렘 10 : 12, 13). 그는 만물을 지으신 분입니다. 뿐만 아니라 하나님은 인생의 길을 지도하십니다(렘 10 : 23). 사람이 자기 운명의 주인이 아닙니다. 아무도 자기 삶을 조종하지 못합니다. 하나님은 인생의 걸음을 인도하십니다.

적용
사랑하는 성도 여러분! 우상을 섬기는 일은 거짓되고 헛된 일입니다. 오늘날 성도에게는 내면적인 우상이 있습니다. 정욕과 탐욕 그리고 권세욕의 우상이 있습니다. 이것을 버리지 않으면 하나님의 징계를 피할 수 없습니다. 유다 백성이 섬긴 우상은 그들이 멸망당하는 때에 아무 도움도 주지 못했습니다. 오직 살아계신 전능의 하나님만이 우리의 도움이 되십니다. 그러므로 하나님께 언제나 진정한 예배를 드립시다. —아멘—

기도
우리 주 예수 그리스도여! 성경(창 1 : 1)과 자연계(시 19 : 1)와 역사(시 90 : 2) 속에서 하나님의 능력을 보고 싶습니다. —아멘—

찬송 · 374 장   말씀 · 렘 11 : 1-23   년   월   일

언약을 어긴 이스라엘

| 오늘의 요절 | 렘 11 : 10 ▷ 그들이 내 말 듣기를 거절한 자기들의 선조의 죄악에 돌아가서 다른 신들을 좇아 섬겼은즉 이스라엘 집과 유다 집이 내가 그 열조와 맺은 언약을 파하였도다 |

1. 예레미야가 받은 언약의 내용은 무엇입니까?(4, 5)
2. 하나님께서 이스라엘의 열조에게 무엇을 약속하셨습니까?
3. 나는 하나님과 맺은 약속을 지킵니까?

사랑하는 성도 여러분! 예레미야 11장은 유다가 언약을 파괴하므로 심판을 받게 된다는 것을 기록하였습니다. 하나님께서 우리에게 은총을 베푸시기 위해 고안하신 많은 방편 가운데 한가지가 언약이었습니다. 하나님의 언약은 이스라엘에게만 국한된 것이 아니라 복음을 믿은 영적 이스라엘에게도 적용됩니다.

첫째, 하나님께서는 예레미야에게 언약의 말씀을 듣고 유다인과 예루살렘 거민에게 고하라고 말씀하셨습니다(렘 11 : 1~6). 그리고 이 언약을 따르지 않는 자는 저주를 받을 것이라고 덧붙이셨습니다. 예레미야가 받은 언약의 내용은, 하나님의 목소리를 청종하고 명령을 좇아 행하면 '너희는 내 백성이 되겠고 나는 너희 하나님이 되고 너희 열조에게 맹세한 약속의 땅을 주리라'는 것입니다. 이 언약은 출애굽 당시 시내산에서 이스라엘 백성과 맺은 언약을 가리킵니다. 이것은 하나님께서 아브라함과 맺으신 언약에까지 소급됩니다(창 17 : 7). 둘째, 유다는 하나님과 맺은 약속을 지키지 않았습니다(렘 11 : 7~8). 순종하라는 하나님의 명령에도 불구하고 유다 백성은 마음이 강퍅한 대로 행하였습니다. 그러므로 하나님께서 그 백성에게 재앙을 내리신다고 말씀하십니다(렘 11 : 10, 11). 왜냐하면 그들이 하나님 말씀 듣기를 거절한 선조들의 뒤를 따라 다른 신들을 섬겨 그들과 맺은 하나님의 언약을 파(破)하였기 때문입니다. 하나님과의 언약을 깨뜨린 행위는 출애굽 당시 시내산에서 금송아지 우상을 만들어 섬긴 것 등 그 예가 수없이 많습니다. 유다 백성은 하나님의 언약을 깨뜨렸고, 그 결과 심판을 받았습니다.

사랑하는 성도 여러분! 하나님의 백성이 겪은 이러한 일들을 기록한 것은 우리에게 교훈을 주려고 한 것입니다(롬 15 : 4). 이것은 마치 거울과 같습니다. 우리는 동일한 실수를 반복하지 말아야 합니다. 이것이 바로 역사를 돌이켜 봄으로 얻을 수 있는 유익입니다. 하나님의 백성으로서 유다가 경험한 실패는 오늘의 성도들을 위한 성공의 디딤돌이 될 수 있습니다. -아멘-

우리 주 예수 그리스도여! 하나님의 언약의 말씀에 의지하여 참 자유와 안식과 소망을 소유하고 싶습니다(출 34 : 27). -아멘-

찬송 · 364장   　말씀 · 렘 12 : 1-17   　년　월　일

하나님의 슬픔

오늘의 요절   렘 12 : 7 ▷ 내가 내 집을 버리며 내 산업을 내어던져 내 마음의 사랑하는 것을 그 대적의 손에 붙였노니

살핌
1. 예레미야는 악한 자들의 어떤 모습을 지적했습니까?(2)
2. 하나님은 악한 자들에 대해 왜 오래 참으십니까?
3. 나는 하나님의 말씀을 부지런히 배웁니까?(16)

사랑하는 성도 여러분! 예레미야 12장은 예레미야의 불평과 하나님의 응답을 기록하였습니다. 의인이 고난을 당하고 악인이 형통하는 것을 볼 때 우리는 의아해합니다. 예레미야도 심각한 고민에 빠졌습니다. 악인의 번영은 종종 하나님의 사람들을 당황하게 만듭니다. 예레미야의 경험과 비슷한 예는 시편 37편과 73편에서도 찾아볼 수 있습니다.

묵상
첫째, 예레미야는 악인이 형통한 이유를 묻습니다(렘 12 : 1~4). 예레미야는 하나님께 악한 자들이 멸망받지 않고 도리어 그들의 길이 형통한 이유를 묻습니다. 즉, 예레미야는 악인이 형통하며 패역한 자가 안락함을 누리는 것이 어떤 연고인지를 불평하였습니다. 그는 하나님께서 악인들을 심으셨기에 뿌리가 박히고 장성하여 열매를 맺었으나 오히려 악인들의 마음은 하나님으로부터 멀고 입으로만 하나님을 찾는다고 하였습니다. 예레미야는 여기서 하나님의 통치적 주권을 강조합니다. 그는 악인에 대한 심판을 요청합니다. 둘째, 하나님께서 거역한 유다 백성을 멸망시키실 것을 선포하십니다(렘 12 : 5~13). 하나님께서 악한 자들에 대해 오래 참으시지만 끝까지 그들이 회개치 않을 때는 결국 멸망케 하십니다. 하나님은 유다 민족과 예루살렘 성전을 대적의 손에 붙이셨습니다(7). '무늬있는 매'(9)는 우상을 받아들여 우상숭배 행위에 물든 유다 백성을 가리킵니다. 그들은 어떤 방법을 통해서도 길들일 수가 없었기 때문에 '무늬있는 매'라고 하였습니다. '많은 목자'(10)란 유다를 침략하여 진멸시킨 바벨론의 지도자들을 가리킵니다. 하나님은 그의 통치를 거부하는 자들에게 악한 통치자를 보내셔서 더 큰 고난을 당하게 하셨습니다.

적용
사랑하는 성도 여러분! 하나님께서 악한 자들을 즉시 벌하시지 않는 것은 그들이 회개하고 돌아오기를 기대하시기 때문입니다(벧후 3 : 9, 15). 그러나 하나님은 의로우신 분이시기 때문에 악인의 안락함을 끝까지 내버려 두지는 않으십니다. 그러므로 하나님의 의에 대한 신앙고백이 흔들리지 않도록 굳게 섭시다. ─아멘─

기도
우리 주 예수 그리스도여! 오래 참으시는 하나님의 깊으신 뜻을 묵상하고 싶습니다(롬 2 : 4). ─아멘─

찬송 · 332 장　　　　말씀 · 렘 13:1-27　　　　년　월　일

최후의 경고

오늘의 요절　렘 13:11 ▷ 나 여호와가 말하노라 띠가 사람의 허리에 속함 같이 내가 이스라엘 온 집과 유다 온 집으로 내게 속하게 하여 그들로 내 백성이 되게 하며 내 이름과 칭예와 영광이 되게 하려 하였으나 그들이 듣지 아니하였느니라

살핌
1. 하나님께서 예레미야에게 베띠를 사서 어떻게 하라고 명령하셨습니까?(1)
2. 하나님께서 술취함의 비유를 통해 주신 경고는 무엇입니까?(13, 14)
3. 예루살렘에 화가 미치는 원인이 무엇입니까?(27)

사랑하는 성도 여러분! 예레미야 13장은 유다 백성에게 주신 비유와 경고를 기록하였습니다. 하나님께서는 사랑하는 그의 백성이 진리를 떠나 살 때 회개를 촉구하십니다. 회개의 기회는 모든 사람에게 공평하게 주어집니다. 그러나 그 기회를 놓치는 자는 자신의 죄에 해당하는 징계와 형벌을 받습니다.

묵상
첫째, 하나님께서 유다의 멸망을 두 비유를 통하여 설명하십니다(렘 13:1~14). 먼저 베띠 사건이 나옵니다. 예레미야가 실제로 유브라데(Euphrates)까지 갈 이유가 없기 때문에 '베띠 사건'은 그가 계시로 받은 것이라고 볼 수 있습니다. 여기서 베띠는 유다 백성을 가리킵니다. 그 베띠를 허리에 두른다는 말은 하나님께서 유다 백성을 완전히 당신의 소유로 삼으시고 사랑하신다는 의미입니다. 또한 술취함의 비유를 통해 유다 백성에게 주신 경고는 유다 모든 백성이 서로 충돌하여 자멸하도록 하시겠다는 것입니다(렘 13:13, 14). 하나님께서 이같이 경고하시는 것은 그 백성들이 마치 술에 취한 자처럼 앞뒤를 구별하지 못한 채 계속해서 악한 죄를 반복했기 때문입니다. 둘째, 하나님께서 유다 백성의 회개를 촉구하십니다(렘 13:15~21). '귀를 기울일지어다'라는 말은 하나님께서 중요한 권면을 하시기 전에 유다 백성이 가져야 할 태도를 지시하신 말씀입니다. 흑암을 일으키신다는 것은(렘 13:16) 하나님께서 죄악의 길에서 돌이키지 않는 유다에게 재앙을 내리기 시작하심을 뜻합니다. 치마가 들리고 발뒤꿈치가 상한다는 것은(렘 13:22) 유다 백성이 심한 능욕을 받으며 맨발로 먼 길을 걸어 바벨론으로 사로잡혀 갈 것을 가리킵니다.

적용
사랑하는 성도 여러분! 유다 백성은 끝까지 회개하지 않았습니다. 포도주 병에 포도주가 차듯이(렘 13:12) 죄악이 관영하므로 하나님의 진노가 임하였습니다. 하나님께서 우리로 하여금 죄에서 벗어나도록 기회를 주실 때 우리는 그 은총의 기회를 놓치지 말아야 합니다. 그러므로 오늘도 겸손한 마음으로 하나님의 권고의 말씀에 귀를 기울입시다. —아멘—

기도
우리 주 예수 그리스도여! 깨어있는 마음(아 5:2), 밝은 눈(엡 1:18), 경청하는 귀(막 4:9)를 갖고 싶습니다. —아멘—

찬송 · 99장　　　　말씀 · 렘 14 : 1-22　　　　년　월　일

재난을 당하는 유다

> **오늘의 요절**　렘 14 : 18 ▷ 내가 들에 나간즉 칼에 죽은 자요 내가 성에 들어간즉 기근으로 병든 자며 선지자나 제사장이나 다 땅에 두루다니며 어찌할 바를 알지 못하는도다

살핌
1. 유다 땅에 임한 가뭄의 정도는 어떠했습니까?(1~6)
2. 거짓 선지자들은 어떤 자들입니까?(14)
3. 나는 민족을 위해 무엇을 기도합니까?

　사랑하는 성도 여러분! 예레미야 14장은 유다에 가뭄이 임하여 백성이 부르짖는 것을 기록하였습니다. 많은 사람들은 귀를 즐겁게 하는 말을 들으려고 합니다. 그들은 진리를 듣지 않고 허탄한 이야기에 귀를 기울입니다(딤후 4 : 3, 4). 그들은 책망과 경고의 말을 무시합니다. 당시에도 거짓 선지자들은 하나님의 심판을 부정하고 백성들의 귀만 달콤하게 하는 말로 거짓 예언을 하였습니다(렘 14 : 13).

　첫째, 유다에 극심한 가뭄이 임하였습니다(렘 14 : 1~6). 유다 땅에 임한 가뭄은 아주 심했습니다. 백성은 부르짖고(렘 14 : 2), 귀족의 하인들은 물을 구하러 우물에 가나 빈 그릇으로 돌아갔습니다. 가축은 먹을 물과 풀이 없어 고통당했습니다(렘 14 : 5, 6). 이 가뭄은 하나님의 징계였습니다. 하나님의 징계 방법은 매우 다양합니다. 둘째, 예레미야가 백성을 위해 기도했습니다(렘 14 : 7~9). '주의 이름을 위하여 일하소서'라는 말은 하나님께서 자비를 베풀어 주시기를 원하는 간구입니다. 즉 예레미야는 자기 백성의 죄를 대신 고백하고, 그들이 죄는 지었지만 자비를 베풀어 줄 것을 호소하면서 기도했습니다. 영적 지도자들은 자기 민족이 고난을 당할 때 자신을 포함한 백성이 지은 죄를 먼저 고백하고 하나님의 자비를 구합니다. 셋째, 예레미야가 두번째 기도를 드립니다(렘 14 : 19~22). 하나님께서는 유다 백성의 죄를 벌하시기로 결심하셨습니다(렘 14 : 10). 그래서 예레미야는 다시 기도드립니다. 먼저 자기 민족의 죄악을 대신 회개했는데(렘 14 : 20), 이것이 그가 자기 백성을 얼마나 사랑하는지를 보여 줍니다. 예레미야는 예루살렘이 원수의 손에 더럽혀지지 않도록 기도했습니다. 그는 하나님의 영광을 위해 기도한 것입니다.

적용　사랑하는 성도 여러분! 유다 백성은 거짓 선지자의 거짓 예언을 믿고 의지하다가 큰 재난을 겪게 되었습니다. 하나님의 말씀은 때때로 엄중하게 근신과 회개와 각성을 요구합니다. 성도는 깊은 참회의 눈물을 흘리며 하나님의 품에 안겨야 할 때가 있습니다. 이것이 사는 길이요 참 평안의 길입니다. 그러므로 오늘도 참된 회개운동을 합시다. ―아멘―

기도　우리 주 예수 그리스도여! 우리 민족 가운데 사랑(고전 13 : 13)과 공의(암 5 : 24)와 자유(갈 5 : 1)가 넘치기를 기도하고 싶습니다. ―아멘―

찬송 · 344 장   말씀 · 렘 15 : 1-21   년   월   일

기도와 응답

오늘의 요절   렘 15 : 20 ▷ 내가 너로 이 백성 앞에 견고한 놋 성벽이 되게 하리니 그들이 너를 칠지라도 이기지 못할 것은 내가 너와 함께하여 너를 구하여 건짐이니라 여호와의 말이니라

살핌
1. 예레미야가 그 마음에 기쁨과 즐거움을 가졌던 것은 무엇 때문입니까?(16)
2. 하나님께서 예레미야에게 주신 약속은 무엇입니까?(20, 21)
3. 최근에 내가 기도 응답을 받은 것은 무엇입니까?

사랑하는 성도 여러분! 예레미야 15장은 유다가 받을 심판과 예레미야가 받을 축복을 기록하였습니다. 교회 역사를 보면 하나님의 사람들은 기도 응답을 받은 분들이었습니다. 그들에게는 물질과 권세가 없어도, 하나님의 영적 부요하심을 믿고 의지하는 신앙이 있었기 때문에 승리의 삶을 살았습니다. 예레미야는 불행한 시대에 태어나 하나님의 일꾼으로서 그의 몫을 다하였습니다. 백성들은 그를 배척했습니다. 사람들은 그의 말에 귀를 기울이지 않았습니다.

묵상 첫째, 예레미야는 자신이 치욕당하는 것을 알아달라고 기도했습니다(렘 15 : 15). 이것은 예레미야가 심한 핍박을 받자 그 박해에서 벗어나도록 기도한 것을 가리킵니다. 예레미야는 하나님의 말씀으로부터 기쁨을 맛보았습니다(렘 15 : 16). 그는 박해자들의 위협 때문에 소명을 계속해서 감당하기 어려웠습니다. 그러나 하나님의 말씀이 주는 위로와 능력에 의지하여 그의 사명을 감당했습니다. 둘째, 하나님께서 예레미야를 위로하시고 권고하셨습니다(렘 15 : 19~21). 하나님은 예레미야를 강하게 하며 복을 주겠다고 약속하셨습니다(렘 15 : 11). 하나님은 예레미야에게 세 가지를 약속해 주셨습니다. ① 그가 백성 앞에서 견고한 놋성벽이 되는 것이고, ② 그를 치는 자들의 손이 이기지 못하게 함이고, ③ 하나님께서 그를 악한 자의 손에서 건져주시겠다는 약속입니다. 예레미야가 잠시 어려움을 겪으면서 마음이 흔들렸기 때문에(렘 15 : 18), 하나님께서 이와같은 위로와 격려의 말씀을 주신 것입니다.

적용 사랑하는 성도 여러분! 지도자는 외롭습니다. 하나님의 말씀을 이 세상에 선포하는 일은 외로운 사역일 수도 있습니다. 온갖 비방과 박해 때문에 하나님의 사람도 낙심과 좌절을 경험할 수 있습니다. 예레미야의 체험은 우리의 체험입니다. 그가 연약한 부분을 지닌 것처럼 우리에게도 부족한 부분이 있습니다. 오직 하나님만이 우리를 강하게 붙드시고 세우실 수 있습니다. 그러므로 오늘도 하나님께 우리의 연약함을 고백하고 하나님의 도우심을 구합시다. —아멘—

기도 우리 주 예수 그리스도여! 영적 침체에서 벗어나기 위해 기도할 때 속히 기도 응답을 받고 싶습니다(시 34 : 4). —아멘—

찬송 · 69 장   말씀 · 렘 16 : 1-21   년   월   일

내 이름이 여호와인줄 아는가?

| 오늘의 요절 | 렘 16 : 21 ▷ 여호와께서 가라사대 보라 이번에 그들에게 내 손과 내 능을 알려서 그들로 내 이름이 여호와인줄 알게 하리라

1. 하나님께서 하시려는 뜻은 무엇입니까?
2. 예레미야 선지자가 해야 될 일은 무엇입니까?
3. 왜 인생들이 손수건을 준비해야 합니까?

사랑하는 성도 여러분! 예레미야 16장은 유다에 임박한 재앙과 그 이유 및 하나님의 의지에 대하여 기록하였습니다. 어리석은 인생들이 의탁하는 힘, 권력은 한계를 줍니다. 그들의 안전보장은 이익이 우선입니다. 어리석은 인생들이 피할 곳은 타락의 온천이며, 술집이며, 탕녀의 골목입니다. 예레미야는 탄식의 눈물을 흘렸습니다. 그러나 그 눈물을… 닦아줄 말씀의 손수건이 있었습니다(렘 16 : 21).

첫째, 여호와의 이름은 준비된 사람에게 비추이는 빛입니다(렘 16 : 1~13). 인생들의 허무성은 신(神) 아닌 것들에 대하여 집착하였을 때 피어나는 연기 같습니다. 예레미야는 세 종류의 손수건을 준비하라는 여호와의 말씀을 들었습니다. ① 아내를 얻지 말 것(2), ② 상가(喪家)에 가지 말 것(5), ③ 잔치집에 가지 말 것(8)이었습니다. 이 말씀은 인생들이 시집가고 장가가는 일도 무익하며… 사람이 죽고, 잔치하는 일들이 다 허무해질 것을 예비하라는 손수건이었습니다. 그리고 인생들의 범죄 때문에 더이상의 은혜를 베풀지 않겠다는 하나님의 의지였습니다. 둘째, 여호와의 이름은 준비 안된 사람에게는 두려운 이름입니다(렘 16 : 14~21). 예레미야 선지자는 유다 백성들이 인생의 기본생활이 보장되지 않고, 다른 신에게와 우상 앞에 절하게 되는 처참한 비굴의 미래를 알게 되었습니다. 그럼에도 불구하고 여호와의 이름을 부르지 않는 백성들을 보면서 탄식의 눈물을 흘리며 재앙을 경고하였습니다. 마치 어부에게 잡힌 고기, 사냥군의 올무에 걸린 가슴작은 새들의 모습을 그리며… 가증한 위선자들과 종교가와 산업가를 향하여 경고하였습니다.

사랑하는 성도 여러분! 하나님의 이름을 망각하거나 망령되이 부르는 결과는 어두움이었습니다. 즉, 보장성 없는 미래, 한계성이 뚜렷한 힘의 현실을 믿었던 유다에게는 허무(虛無)하고 망탄(妄誕)하고 무익(無益)한 것이 찾아올 것입니다. 그러므로 오늘도 예수님의 이름을 찬양하고 여호와의 이름을 아는 일로 시간을 보냅시다(갈 4 : 8~11). -아멘-

우리 주 예수 그리스도여! 내 영혼이 벌거벗은 것같이(히 4 : 13), 죽은 것같이(약 2 : 26) 가책이 될 때 주 여호와의 이름을 부릅니다(사 55 : 6). -아멘-

찬송 · 87장   말씀 · 렘 17:1-27   년 월 일

금강석 끝 철필로 기록된 죄

[오늘의 요절] 렘 17:1 ▷ 유다의 죄는 금강석 끝 철필로 기록되되 그들의 마음판과 그들의 단 뿔에 새겨졌거늘

살핌 1. 하나님은 어떤 분입니까?
2. 예수님의 구속과 그의 은총을 유지하는 방법은 무엇입니까?
3. 마음의 청결함과 닦음의 경험은 어떻게 해야 합니까?

사랑하는 성도 여러분! 예레미야 17장은 지워질 수 없는 유다의 죄목과 안식일 성수에 대하여 기록하였습니다. 유다인들의 죄는 금강석 철필(鐵筆)로 기록되어 그들의 마음판과 그들의 단 뿔에 새겨졌다고 예레미야 선지자는 선언하였습니다. 우리들의 죄(罪-不信, 不義, 不法, 不善)는 어디에 기록되었을까요? 유다의 자녀들이 지은 죄의 증거물은 푸른 나무 곁의 단과, 아세라(女神)상에 놓인 재물들이었습니다.

묵상 첫째, 무릇 사람을 믿으며 혈육으로 권력을 삼고 마음으로 여호와에게서 떠난 죄(렘 17:5~18). 예레미야 선지자가 쓰린 마음으로 지적하는 죄는 하나님을 불경(不敬)하고, 불신한 죄였습니다. 그 죄는 저주였습니다. 그 저주는 행복없는 삶, 갈증난 세월을 걱정속에 사는 삶이었습니다(렘 17:6). 저주받은 인생의 경제는 불의의 치부(致富)이기에 중년에 비참한 궁핍생활을 하게 됩니다. 그러나 여호와를 의지하며 의뢰하는 축복받은 사람은 양심의 거울로 자기 폐부를 살피는 삶이 약속되었고, 생수의 근원이신 여호와의 곁에서 찬송으로 치병과 구원을 얻게 되는 삶을 누리게 될 것이라고 예레미야 선지자가 경고하였습니다. 둘째, 스스로 안식일을 범한 죄(렘 17:19~27). 유다인들은 예레미야의 권면에도 불구하고 안식일에 버젓이… 짐을 나르거나, 거래행위를 생존수단으로 삼았습니다. 이는 환경의 박해와 수치를 겪는 세월이라고… 변명하는 삶이었지만, 시대와 환경을 초월하신 여호와의 눈앞에서 용서될 수 없는 죄의 행위였습니다. 따라서 다윗의 후세 왕들과 방백들이 외침에 의하여 수욕을 당하고 예루살렘 성은 불타게 될 것이라고 강조하였습니다(렘 17:27).

적용 사랑하는 성도 여러분! 스스로 자기 양심을 학대하고 마비시키는 언어습관이 있습니다. 스스로 10계명을 어기고도… 아무런 거리낌을 받지 않는 화인(火印)맞은 양심도 있습니다. 그러나 만물보다 거짓되고 심히 부패된 마음을 스스로 깨닫는 참된 지혜의 인생도 있습니다. 오늘도 예수님의 십자가 앞에서 죄를 긁어내는 창작시간을 보냅시다. —아멘—

기도 우리 주 예수 그리스도여! 나를 살피며, 마음을 살피며(시 139:23), 죄를 서로 고하며 살고 싶습니다(약 5:16). —아멘—

찬송 · 80장   말씀 · 렘 18 : 1-23   년   월   일

진흙이 토기장이 손에 있으니

> **오늘의 요절** 렘 18 : 6 ▷ 나 여호와가 이르노라 이스라엘 족속아 이 토기장이의 하는것 같이 내가 능히 너희에게 행하지 못하겠느냐 이스라엘 족속아 진흙이 토기장이의 손에 있음 같이 너희가 내 손에 있느니라

살핌
1. 하나님께서 가르쳐준 인생의 본질은 무엇입니까?
2. 우리의 생각이 집중되지 않는 이유는 무엇입니까?
3. 예레미야의 저주기도에 대하여 어떻게 생각합니까?

사랑하는 성도 여러분! 예레미야 18장은 여호와께서 토기장이의 비유로 실증적인 인생의 본질을 가르친 내용에 대하여 기록하였습니다. 옹기장이의 옹고집, 작가의 직관력, 목회자의 사명을 이해하십니까? 그들은 진흙이 토기장이의 손에 있음 같이 왠지 모를 큰 힘에 사로잡히어 자신들의 사역을 끝까지 마무리합니다. 예레미야 선지자는 끊임없는 끈기와 고집스러움으로 자신을 음해하고, 주님께 대항하는 처녀 이스라엘의 가증한 일을 지적하였습니다(렘 18 : 13).

묵상
첫째, 진흙처럼 질퍽한 인생을 만드신 여호와(렘 18 : 1~12). 진흙에 물이 흐르고 윤기가 나는 세월은 인생의 청청(淸靑)한 시간입니다. 여호와께서 예레미야를 쟁이의 터전 - 토기장이의 집으로 보내었습니다. 그곳에서 인생의 쟁이 손, 깨진 옹기들, 만들다가 내던져지는 그릇, 토기장이의 손에 잡힌 잘된 그릇이 예레미야를 숙연하게 만들었습니다. 이것은 하나님께서 이스라엘을 잡으신 모습이요, 내팽개치는 인생이요, 버리시는 과정을 보여준 메시지였습니다. 그러므로 예레미야가 해야 할 일은 ① 여호와의 목소리를 청종하라고 권면하는 일과 ② 여호와의 재앙과 그 계책을 선포하여 인생들의 도모를 막는 일이었습니다(22). 둘째, 진흙들이 파 놓은 구덩이와 올무들(렘 18 : 13~23). 여호와 하나님의 처녀 이스라엘은 그들의 첫사랑 여호와를 잊고 허무한 것에 분향하며 길이 아닌 광야를 향하여 걸었습니다. 끝도 없는 죄의 사막에서 몰아치는 모래바람의 재앙을 두려워하지 않고, 말리는 예레미야 선지자도 죽이려는 음모와 구덩이와 계략의 올무를 놓았습니다(20). 따라서 예레미야 선지자는 그들을 용서하지 말라고 여호와께 청원하였습니다(23).

적용
사랑하는 성도 여러분! 진흙이 햇빛과 바람을 쐬면… 메마른 진흙은 어느새 가루가 되어 바람에 휘날립니다. 그러나 여호와의 생기와 생수이신 예수님을 만나면 메마른 틈새로 보혈이 흐르고 상처난 부분에 홍포의 은혜가 감싸질 것입니다. 그러므로 오늘도 예수님의 손에 잡혀 그의 작업에 순종하는 진흙이 됩시다. -아멘-

기도
우리 주 예수 그리스도여! 용서의 은총(막 11 : 25), 원수의 사랑(눅 6 : 35), 목마름의 기도(롬 12 : 20)를 드리고 싶습니다. -아멘-

찬송 · 494 장   말씀 · 렘 19:1-15   년   월   일

뜻한 바가 아니니라

오늘의 요절 렘 19:5 ▷ 또 그들이 바알을 위하여 산당을 건축하고 자기 아들들을 바알에게 번제로 불살라 드렸나니 이는 내가 명하거나 말하거나 뜻한 바가 아니니라

살핌
1. 하나님께서 재앙을 내리시는 뜻을 이해하십니까?
2. 예레미야의 심정을 묵상하십시오.
3. 인생들이 재앙을 당하는 이유는 무엇입니까?

사랑하는 성도 여러분! 예레미야 19장은 하나님의 뜻을 이해하지 못한 백성들에게 선언하는 힌놈의 골짜기 재앙에 대하여 기록하였습니다. 하나님과의 관계가 깨어지는 것은 두려운 느낌입니다. 그 두려움의 존재들은 하나님께서 명령하거나 말하거나 뜻해서 생긴 불안이 아니었습니다. 사람들이 하나님의 뜻한 바를 불이행하며 스스로 모욕적인 태도를 취하였다가 절망하는 불안이었습니다.

묵상 첫째, 힌놈의 골짜기에 재앙을 내리기로 결정하신 하나님의 뜻(렘 19:1~5).
하나님의 뜻을 알아차린 예레미야는 토기장이에게 오지병을 사들고 백성들의 우두머리를 힌놈의 골짜기로 집합시킨 후에, "보라! 여호와께서 이곳에 재앙을 내리리라"는 청천벽력 같은 선언을 하게 되었습니다. 인신제사를 드렸던 힌놈의 골짜기, 늘 악취가 나는 쓰레기 터, 우상숭배의 문화행사를 치루었던 살륙의 골짜기에 하나님의 재앙이 내릴 것이었습니다. 백성들은 인신제사와 사람을 불에 태워 드렸기에 마땅히 받게 되는 재앙이었습니다. 둘째, 힌놈의 골짜기에 내려지는 재앙의 내용들은 처절하였습니다(렘 19:6~15). 도벳이나 힌놈의 골짜기는 우상문화의 행사장이었습니다. 이제는 살륙의 피와 살이 타는 냄새가 자욱한 곳으로 지정되었습니다. 따라서 재앙은 전쟁과 기근으로 나타나게 될 것이었습니다. 칼에 맞아 죽은 시체를 공중의 새가 쪼아 먹고 썩은 시체를 땅의 벌레들이 갉아먹게 되었습니다. 그뿐 아니라 기근이 극심하여 곤핍한 나머지… 부모가 자기 아들과 딸을 잡아서 고기로 먹는 인육의 피가 튀기며 광기어린 눈으로 서로를 죽이려는 음심이 가득하게 될 것이었습니다(렘 19:9).

적용 사랑하는 성도 여러분! 하나님의 뜻이 무엇일까요, 예수님의 십자가 죽음이 뜻하는 핵심은 무엇일까요? 그것은 깨어진 오지병 같은 관계, 하나님과 인간의 관계가 회복되고 인생들이 하나님께 순복, 순종, 복종하는 것이 아닐까요? 오! 그러므로 오늘도 재앙의 날이 오기 전에 증인이 되어 시간의 순교자처럼 하나님의 뜻을 전달합시다. -아멘-

기도 우리 주 예수 그리스도여! 부름받은 에스더처럼(에 4:14), 파송되는 전도자처럼(마 10:16), 회복운동을 하고 싶습니다. -아멘-

찬송 · 451장   말씀 · 렘 20:1-18   년   월   일

중심이 불붙는 것 같아서…

오늘의 요절   렘 20:9 ▷ 내가 다시는 여호와를 선포하지 아니하며 그 이름으로 말하지 아니하리라 하면 나의 중심이 불 붙는 것 같아서 골수에 사무치니 답답하여 견딜 수 없나이다

  1. 하나님께서 행하신 일은 무엇입니까?
2. 예언자 예레미야를 핍박한 사람은 누구이며 왜 그랬을까요?
3. 어느 때에 전도하기가 싫어집니까?

사랑하는 성도 여러분! 예레미야 20장은 예레미야의 고행과 박해받는 생활속의 속 깊은 갈등에 대하여 기록하였습니다. 재앙을 선언한 예레미야는 많은 백성들에게 얄미운 존재가 되었습니다. 또는 헛소리하는 타락자… 정신병자 취급을 받았습니다. 그는 하나님을 위하여 제사장 임멜의 아들 바스훌(평화)에게 뺨과 온몸을 맞았으며 심지어 그의 손과 발은 착고(着錮)에 채워졌습니다(렘 20:2).

첫째, 박해를 받으면서도 예언하는 예레미야의 심정(렘 20:1~6). 바스훌은 성전의 질서를 유지하는 책임자였습니다(왕하 25:18). 그가 예레미야를 박해하였습니다. 따라서 여호와 하나님께서 선지자를 핍박한 그에게 저주를 내리었습니다. 그 저주는 재앙이며, 그는 재앙의 원인을 목격하는 증인이 되었습니다. 그러므로 예레미야는 두려운 사역자이며, 무서운 존재로 소문이 나게 되었습니다. 둘째, 예레미야의 답답함과 골수에 사무친 열정(렘 20:7~18). 악에 바친 인생들은 동물의 본능으로 그들의 혈기를 나타내는가 하면, 비열한 여우가 되어 뱀의 혀를 내밀면서 예레미야를 조롱하였습니다. 지극히 낙심한 예레미야는 치욕과 모욕스러움 속에서 고백을 하였습니다. "내가 다시는 여호와를 선포하지 아니하며 그 이름을 말하지 아니하리라!" 이런 갈등은 불이 나는 것 같고, 한(恨)스러움이 스며나옵니다. 예레미야는 비방과 고소속에서도 여호와를 찬양하며 크고 두려운 용사이신 여호와의 승리를 선언하였습니다(렘 20:11~13).

사랑하는 성도 여러분! 구원하시는 여호와를 찬양합시다. 중심(中心)의 열정(熱情)을 믿음의 그릇에 담아 기도의 열기로 끓게 합시다. 그의 삶이 비록 권면과 예언의 사역을 하는 입장이었지만 끝까지 인내하는 눈물을 흘렸습니다. "어찌하여 내가 태에서 나와서 고생과 슬픔을 보며 나의 날을 수욕으로 보내는고" 그러므로 오늘도 자기를 부인하고 십자가를 진 채로 주 예수님의 뜻을 실행합시다(마 10:22). ―아멘―

우리 주 예수 그리스도여! 잠잠한 심령으로(시 37:7), 생명의 면류관을 바라보며(약 1:12), 아버지의 약속을 기다리고 싶습니다(행 1:4). ―아멘―

찬송 · 402 장   말씀 · 렘 21:1-24   년   월   일

생명의 길과 사망의 길

| 오늘의 요절 | 렘 21 : 8 ▷ 여호와께서 가라사대 너는 또 이 백성에게 여호와께서 이같이 말씀하신다 하라 보라 내가 너희 앞에 생명의 길과 사망의 길을 두었노니

살핌
1. 하나님께서 나에게 무엇을 책망하십니까?
2. 시드기야의 심정을 이해하십니까?
3. 목사님의 댁을 자주 방문하십니까?

사랑하는 성도 여러분! 예레미야 21장은 예레미야 선지자가 시드기야 왕의 구원기도의 요구를 거절하며 다윗 왕가의 할 일에 대하여 기록하였습니다. 시드기야 왕은 자신의 정권이 불안해지자 예레미야 선지자를 찾아와 "바벨론 왕 느부갓네살이 우리를 청컨대 너는 우리를 위하여 여호와께 간구하라!"고 요청하였습니다. 혹시하는 마음으로(?) 찾아온 시드기야 왕은 하나님의 거절과 동시에 선지자의 거절을 당하였습니다.

묵상
첫째, 하나님의 거절은 사망(死亡)의 길(렘 21 : 1~7). 예배 불참, 기도회 불참, 하나님의 설교를 듣기 싫어했던 시드기야 왕과 바스훌, 스바냐에게 내린 징벌은 무엇일까요? 그것은 '하나님의 거절'이었습니다. 그뿐 아니라 이스라엘이 하나님의 규례와 법도, 그리고 계명의 어김은 사망의 길이 되었습니다. 따라서 그들은 바벨론 제국과 애굽과의 전투 때에 유다의 피해가 극심하게 될 것이며, 염병, 기근, 포로의 신세가 될 선언을 듣게 되었습니다. 이는 하나님의 경고와 거룩한 모임의 촉구에도 불구하고 스스로 자만하였던 결과였습니다(7). 둘째, 하나님의 긍휼은 생명(生命)의 길(렘 21 : 8~14). 하나님께서 인생들을 불쌍히 여기시고 긍휼로 세상의 민족들을 보셨을 때에 예수님을 구세주(그리스도)로 이 땅에 보내셨습니다. 그는 다윗 왕가의 뿌리요, 새순이며, 모든 인생의 아침빛이십니다. 따라서 하나님의 긍휼을 설명하는 모든 선지자들의 제안은 '생명의 길'이었습니다. 하나님께서는 생명의 길과 사망의 길을 만드시었습니다. 예루살렘 백성들의 고집스러운 거절은 죽음의 대기명령이었으며, 갈대아인에게 나가서 항복하는 자는 살 것이라는 말씀이었습니다. 자긍심 많은 인생들에게 하나님의 외면은 죽음의 길이며, 겸손의 실행자는 구원의 심판이었습니다.

적용
사랑하는 성도 여러분! 생명의 모임, 거룩한 은혜의 자리에 참여하는 시간을 투자합시다. 시드기야 왕의 뒤늦은 방문은 절망의 방문이었습니다. 그러므로 오늘도 예수님의 십자가를 묵상하면서 불쌍한 영혼을 압박하는 무리를 떠나 거룩한 영혼의 무리로 들어오라고 손짓합시다(요 10 : 1~19). —아멘—

기도
우리 주 예수 그리스도여! 모임을 외면치 않고(렘 21 : 7), 성실로 모이며(마 18 : 20), 거룩한 자리에 참석하고 싶습니다(요 20 : 19). —아멘—

찬송 · 521장   말씀 · 렘 22:1-30   년 월 일

집을 허물어버린 유다의 왕들

오늘의 요절 렘 22:6 ▷ 나 여호와가 유다 왕의 집에 대하여 이같이 말하노라 네가 내게 길르앗 같고 레바논의 꼭대기 같으나 내가 정녕히 너로 광야와 거민이 없는 성읍 만들 것이라

1. 하나님의 가정 교육 지침은 무엇입니까?
2. 집안이 수치를 당하는 대부분의 이유는 무엇입니까?
3. 나의 자녀들의 습관과 나의 습관의 공통점은 무엇입니까?

사랑하는 성도 여러분! 예레미야 22장은 예루살렘의 멸망원인과 여호아하스 왕위를 폐위시킨 여호야김의 악정(惡政)에 대하여 기록하였습니다. 힘겹게 애굽을 탈출한 이스라엘 민족이 하나님의 나라를 세웠습니다. 그들은 여호와만 섬기겠노라고 맹세하며 제단과 제물, 그리고 제사장을 세웠습니다. 윤택한 삶을 추구하는 것은 좋은데 … 이스라엘 왕들과 유다 왕들은 사치와 허욕으로 백성들을 다스렸습니다. 급기야는 하나님을 외면하고 그들의 모략으로 집을 세우려 하였습니다.

첫째, 유다의 집은 공평과 정의를 잃어버린 왕가였습니다(렘 22:1~12). 망각, 건망증, 분실, 잃어버림의 현대인처럼 그들─유다의 백성들과 요시야의 넷째 아들 여호아하스 왕은 여호와께서 소망하시는 섭리에 대하여 불청종하는 세월을 보내었습니다. 선지자 예레미야가 왕의 백성들에게 공평과 정의 압제에 대한 하나님의 말씀을 선포하여도 방관과 무관심을 보였습니다. 따라서 그들의 시간 속에는 하나님의 말씀을 진행하려는 의지의 시간이 없었고, 황무한 시간을 보내었습니다. 둘째, 유다 왕 여호야김의 집은 청종치 아니함이 습관된 왕가였습니다(렘 22:13~23). 이 집안은 사치와 허욕이 세습되어 광대한 집과 호화스러운 백향목 기둥을 세우고 회칠한 무덤의 색상을 칠하는 허세를 부렸습니다. 따라서 여호야김의 미래는 외침에 의하여 예루살렘 문밖에 던지우고 나귀같이 매장을 당하는 것이었습니다. 예레미야 선지자는 그의 죽음에 대하여 평하기를 어려서부터 하나님의 목소리를 청종하지 아니하는 습관 때문에 나라와 목자가 가련한 신세가 될 것이라고 말씀하였습니다.

사랑하는 성도 여러분! 여호야김의 아들 여호야긴─고니야 왕은 깨진 그릇과 같은 비천함을 당하게 되었습니다. 부모의 악습은 자녀에게 영향을 주었으며, 끝내는 자손이 끊어지고(無子) 평생에 형통의 복을 얻지 못하게 되었습니다. 그러므로 오늘도 자신의 믿음으로 집을 세우는 자세로 하루의 시간을 진행합시다(렘 22:30). ─아멘─

우리 주 예수 그리스도여! 주님의 총명을 그리워하는 집안(고전 2:13), 추한 과거를 버리는 집안(사 1:6)으로 만들고 싶습니다. ─아멘─

찬송·56장   말씀·렘 23:1-40   년 월 일

천지에 충만하신 여호와

오늘의 요절 렘 23:24 ▷ 나 여호와가 말하노라 사람이 내게 보이지 아니하려고 누가 자기를 은밀한 곳에 숨길 수 있겠느냐 나 여호와가 말하노라 나는 천지에 충만하지 아니하냐

살핌
1. 하나님께서 책망하시는 선지자·제사장들의 죄와 그 결과는 무엇입니까?
2. 예수님의 예언을 어떻게 표현하였습니까?
3. 나의 영원한 치욕과 영구한 수치와 죄는 고백하고 사유함 받았습니까?

사랑하는 성도 여러분! 예레미야 23장은 여호와께서 의로운 왕을 예비하실 섭리와 유다의 거짓 선지자들의 헛소리에 대하여 기록하였습니다. 어리석은 양떼들이 이단과 사이비 예언, 문화적인 이방신의 축제에 현혹되어 참 목자를 버리고 있는 안타까운 현상을 맞이합니다. 또는 양무리를 능욕하고 흩어버리며 자기 몸만 살찌우고, 목장을 사욕의 바벨탑으로 만드는 지도자들을 만나게 되는 주의 양떼들도 있습니다.

묵상
첫째, 성 삼위일체 하나님께서 세우실 한 의로운 가지이며 참 목자(렘 23:1~8). 그는 유다의 씨이며, 곧 우리 주 예수 그리스도에 대한 예언의 말씀입니다. 참 목자는 양무리를 흩지 아니하고, 생육과 번성을 위하여 지혜를 행사하십니다. 예레미야 선지자는 유다의 멸망을 예언한 것은 왕가의 몰락이었고, 백성들 중의 그루터기들은 한 의로운 가지이신, 왕 예수 그리스도(곧, 메시야)를 예비하신 하나님의 뜻을 예언하였습니다. 따라서 참 목자를 구원의 목자로 강조한 것이었습니다.
둘째, 성 삼위 하나님께서는 유다의 거짓 선지자들의 비행을 지적하였습니다(렘 23:1~22). 그들의 행음(行淫) 때문에 초장이 마르고, 그들의 사특함 때문에 양들은 흑암의 길과 미끄러운 골짜기를 지나게 되었습니다. 그들의 우매함 때문에 바알의 숭배방법으로 예언을 하며… 그들의 가증한 게으름과 나태함 때문에 양들에게 쑥과 독한 물을 마시우게 하였습니다. 심지어 그들은 하나님이 먼데 계시고, 꿈의 해몽으로 마음에 혼란을 주며 하나님의 이름을 잊게 만들었습니다(렘 23:32).

적용
사랑하는 성도 여러분! 왕가의 몰락은 사치와 허욕스러움이 원인이었습니다. 선지자와 제사장의 패역은 썩은 꼴, 쥐약의 제조행위와 같습니다. 무지한 백성들은 불신의 풍조가 풍물처럼… 풍향따라 살려는 망령의 기운이 살아 꿈틀거립니다. 엄중하신 여호와, 천지에 충만하신 여호와의 말씀을 먹지 않고… 세속의 풍류에 휘말렸으므로 마음이 닫혀지게 되었습니다. 그러므로 오늘도 잊지 못할 영구한 수치의 죄를 말씀으로 치유시킵시다. -아멘-

기도
우리 주 예수 그리스도여! 마음의 몰약(요 19:39), 영혼의 목욕(요 13:10)을 주의 목양터에서(겔 34:14) 하고 싶습니다. -아멘-

찬송 · 351 장   말씀 · 렘 24:1-10   년   월   일

처음 익은 듯한 좋은 무화과

> **오늘의 요절**   렘 24:2 ▷ 한 광주리에는 처음 익은 듯한 극히 좋은 무화과가 있고 한 광주리에는 악하여 먹을 수 없는 극히 악한 무화과가 있더라

살핌
1. 하나님께서 하시는 일은 무엇입니까??
2. 인생의 썩음을 어떻게 표현하시겠습니까?
3. 나는 선교를 하고 싶습니까?

사랑하는 성도 여러분! 예레미야 24장은 무화과 두 광주리의 비유 내용이며 포로귀환의 예언에 대하여 기록하였습니다. 하나님의 상을 기대하며 시간 계획을 알차게 꾸미셨습니까? 예레미야 선지자는 처음 익은듯한 극히 좋은 무화과 열매의 광주리를 아름답게 설명하였습니다. 그것은 포로된 자에게 옛 영적 회복을 선언하시는 하나님의 상급의 열매 광주리였습니다.

묵상
첫째, 포로귀환을 예언하는 극히 좋은 무화과나무의 열매(렘 24:1~7). 유다의 방백들, 목공들, 철공들은 예루살렘에서 바벨론으로 끌려갔습니다. 바벨론 왕 느부갓네살이 그들의 성읍을 건축하기 위하여 기능공들을 사로잡아 갔습니다. 이때 예레미야 선지자가 여호와의 이상을 여호와의 전(殿)에서 보았습니다. 쓸모있는 인생은 음식과 같고, 쓸모없는 인생은 썩은 과일과 같습니다. 그처럼 선지자 예레미야에게 하나님의 교훈을 가르쳐 준 것입니다. 갈대아인 바벨론에 보내진 기능인 그루터기들은 그곳에서도 하나님을 소개하는 직업 선교사들이었습니다. 둘째, 하나님의 복을 못받은 먹을 수 없는 악한 무화과나무(렘 24:8~10). 이스라엘의 조상들이 애굽에서 탈출하였는데 그 후손들과 왕들이 친애굽정책을 펼친다는 것은 하나님의 마음을 상하게 하는 원인이었습니다. 선지자 예레미야는 그동안 친애굽정책을 버리고 여호와의 뜻하신 대로 바벨론 제국의 요구에 순응하라고 강조하였습니다. 그러나 그들은 애굽을 의지하며 바벨론 대제국에 항거하였습니다. 그러므로 애굽으로 이민을 가거나 남아있는 백성들은 환난을 당하게 되었습니다. 또한 이민갔던 나라에서 유태인을 조롱하는 이방민족을 만나게 되었습니다.

적용
사랑하는 성도 여러분! 유태인들은 멸절되지 않았습니다. 하나님께서 마련하신 환경을 극복하려는 선교사들과 선교의 의지를 가진 백성들은 생명과 구원의 여정을 보내게 되었습니다. 그러므로 오늘도 환경을 탓하지 말고 선교의 환경으로 만듭시다(행 20:17~28). -아멘-

기도
우리 주 예수 그리스도여! 사명(행 20:24), 사역(고전 13:12), 사랑(요 3:16)을 담고 싶습니다. -아멘-

찬송 · 293 장　　　　말씀 · 렘 25 : 1-38　　　　년　월　일

칠십년 동안 섬기라

오늘의 요절　렘 25 : 11 ▷ 이 온 땅이 황폐하여 놀램이 될 것이며 이 나라들은 칠십년 동안 바벨론 왕을 섬기리라

살핌
1. 하나님의 성품을 발견하셨습니까?
2. 현대인들은 어떤 포로입니까?
3. 지도자들이 해야 할 일을 두가지로 압축하십시오.

사랑하는 성도 여러분! 예레미야 25장은 유다 백성들의 바벨론 포로기간(70년)과, 그 원인과 참상에 대하여 기록하였습니다. 하나님을 사랑하는 백성들이 이방인에게 복음, 메시지를 전달하려면 그들의 포로가 되어 그들을 섬기는 선교과정을 거치게 됩니다. 유다는 그 과정이 시작되었습니다.

묵상 첫째, 유다 백성들은 70년 동안 바벨론 왕을 섬기게 되었습니다(렘 25 : 1~11). 그 원인은 정치가의 부도덕성과 폭정 및 사치였으며, 선지자들의 거짓 예언과 사특한 궤술이었으며, 제사장들의 사교술과 우상문화와 접속시킨 예배(제사)행위였습니다. 주원인은 목자와 지도자들에게 있었습니다. 예레미야 선지자는 23년 동안의 회개촉구, 개혁촉구, 돌아섬의 촉구를 모든 왕들과 백성들에게 실시하였습니다. 그러나 그들은 끝내 청종치 않았습니다. 오히려 이방신을 섬기는 배역행위를 자행한 것도 큰 징벌의 이유가 되었습니다(렘 25 : 6~7). 둘째, 70년의 포로생활은 재앙과 진노의 세월이 되었습니다(렘 25 : 12~38). 이방인의 잔혹행위는 진노와 재앙의 술잔이었습니다. 그 술잔을 마신 민족들마다 비틀거리며, 미친짓을 서슴지 않았습니다. 그 잔을 마신 나라는 북방 원근의 모든 왕과 지면에 있는 세상의 모든 나라였습니다. 노략거리가 된 하나님의 백성들은 수치와 굴욕행위 속에서 하나님의 섭리를 향하여 부르짖었습니다. 그뿐 아니라 신실한 백성 앞에서 행해지는 제국주의의 겁탈행위, 권리를 빼앗긴 삶, 땅 없는 나그네의 밤이 그들을 괴롭혔으며… 추위와 굶주림의 생활이 연속되었을 것입니다(렘 25 : 32~34).

적용 사랑하는 성도 여러분! 하나님께는 할 말 없는 유다 백성들이 도피할 수 없는 처지가 되었습니다. 그 환경속에서도 하나님을 향한 섬김의 자세를 잃지 않으려는 경건한 백성들은 신앙의 행위를 계속하였습니다. 환경을 탓하며 과거를 잃어버린 불평소리를 쏟아내는 오늘의 그리스도인에게 큰 감화가 될 포로생활입니다. 그러므로 오늘도 예수님의 덕을 지체로서 드러내는 노력을 경주합시다. －아멘－

기도 우리 주 예수 그리스도여! 내게 구하는 자에게 주는 삶(마 5 : 42), 나누어 주는 섬김의 삶을 살고 싶습니다(히 13 : 16). －아멘－

찬송 · 255 장   말씀 · 렘 26 : 1-24   년 월 일

여호와의 이름

오늘의 요절 렘 26 : 16 ▷ 방백들과 모든 백성이 제사장들과 선지자들에게 이르되 이 사람이 우리 하나님 여호와의 이름을 의탁하고 우리에게 말하였으니 죽음이 부당하니라

1. 하나님의 선언 내용은 무엇입니까?
2. 하나님의 이름을 걸고 자신있게 하여도 실패하는 이유는 무엇일까요?
3. 내가 더욱 주의 이름을 부르는 이유는 무엇입니까?

사랑하는 성도 여러분! 예레미야 26장은 여호야김과 그 모든 방백들에게 심문받는 예레미야의 위기에 대하여 기록하였습니다. 썩은 구습의 물을 퍼올리는 것은 더러운 하수구 같은 과거를 떠올리는 현상과 같습니다. 예레미야 선지자의 강직하고 자애로운 태도에서 하나님 여호와의 뜻을 깨닫는 무리들이 있었습니다.

첫째, 죽음의 순간에 있을 때에도 여호와의 이름을 외친 예레미야 선지자(렘 26 : 1~19). 하나님의 말씀은 순전하여 빼거나 더할 수 없습니다. 예레미야 선지자가 전해야 할 메시지의 주제는 '세계 열방의 저주거리가 될 유다의 집'이었습니다. 이에 펄쩍 뛰는 백성들과 유다 방백들이 '예레미야의 죽음(사형)'에 대하여 갑론 을박하였습니다. 그의 죽음에 대하여 반대하는 자들의 핵심내용은 "이 사람이 우리 하나님 여호와의 이름을 의탁하고 우리에게 말하였으니 죽음이 부당하다(렘 26 : 16)"는 주장이었습니다. 그리고 예를 들기를 히스기야 시대의 모레셋 사람 '미가'의 활동을 말하였습니다. 둘째, 사반의 아들 아히감이 예레미야를 보호하였습니다(렘 26 : 20~24). 여호와의 이름을 의탁하고 예언한 선지자가 또 있었으니 그는 곧 기럇여아림 스마야의 아들 '우리야'입니다. 그러나 그는 죽음이 두려워 애굽으로 피신하여 목숨을 구하려 했었지만 그는 끝내 여호야김 왕의 칼에 죽음(순교)을 당하였습니다. 그의 비겁함은 끝까지 여호와의 이름을 의탁하지 않은 행동으로 취급되었습니다. 그러나 끝까지 여호와의 이름을 의탁하였던 예레미야 선지자는 아히감의 협력으로 사역을 계속하게 되는 여호와의 은총을 덧입었습니다.

사랑하는 성도 여러분! 하나님의 자비함은 영원한 생명의 약속입니다. 그러나 그의 자비가 끝나면 진노의 영원한 형벌입니다. 예수님은 우리의 구원자이십니다. 그의 이름, 그의 말씀, 그의 길을 걷는 자는 철저하게 예수(Jesus)의 이름을 의탁한 삶과 방법을 사용합니다. 그러므로 오늘도 부당한 대우 속에서도 예레미야의 사역의 자태를 잃지 맙시다. —아멘—

우리 주 예수 그리스도여! 앙망의 자세로(사 45 : 22, 23) 하나님의 이름을 부르며(빌 2 : 9) 세속에 무릎꿇지 않고 싶습니다. —아멘—

찬송 · 445 장   말씀 · 렘 27 : 1-22   년   월   일

바벨론의 멍에

> **오늘의 요절**   렘 27 : 12 ▷ 내가 이 모든 말씀대로 유다 왕 시드기야에게 고하여 가로되 왕과 백성은 목으로 바벨론 왕의 멍에를 메고 그와 그 백성을 섬기소서 그리하면 살리이다

살핌
1. 하나님의 명령 바벨론의 멍에는 무엇을 뜻합니까?
2. 나의 자존심, 독립심과 하나님의 뜻이 대치되어 있지 않습니까?
3. 내가 진정으로 섬겨야 할 분은 누구이며 왜 그래야만 합니까?

사랑하는 성도 여러분! 예레미야 27장은 유다 왕 시드기야 시대에 내려진 바벨론 멍에 줄(섬김)의 내용을 기록하였습니다. 세속에서 주의 일을 진행하는 사역을 멍에줄로 느끼십니까? 아니면 소명감도 떨어지고, 사명의 열기가 식어졌습니까? 자존심 많기로 소문난 유다 백성들이 할례 없는 바벨론 왕 느부갓네살을 섬기는 포로생활은 고역(苦役)이었습니다. 하나님은 예레미야 선지자에게 그것을 멍에줄로 표현하였습니다.

묵상 첫째, 섬김의 멍에줄(렘 27 : 1～11). 바벨론 왕의 섭정 아래 나라를 다스려야 하는 시드기야 왕과 그의 신하들은 늘 멍에와 같은 자존심이 꿈틀거렸습니다. 그래서 바벨론에 반기를 들 기회를… 역모를 꾸몄습니다. 하나님은 그 사실을 허락하지 않으셨습니다. 그리고, 바벨론 왕을 섬기는 것이 당연하며, 곧 '섬김'이 멍에줄이니 그것을 목에 메라고 말씀하셨습니다. 설령 거짓 선지자나 복술자, 꿈 해몽자, 요술객의 말을 듣게 되면 모두 죽을 것이라고 예레미야 선지자에게 강조하셨습니다(렘 27 : 8, 9). 둘째, 옮김과 보존의 멍에줄(렘 27 : 12～22). 예레미야 선지자는 시드기야 왕에게 "왕과 백성은 목으로 바벨론 왕의 멍에를 메고 그와 그 백성을 섬기소서"라고 청원의 예언을 시행하였습니다. 그리고 하나님의 말씀 곧, 거짓자들과 자기의 소견에 옳은대로 말하는 이들을 주의하라고 설명하였습니다. 또한 남아있는 성물의 기구가 옮김을 당하나 하나님의 보존(保存)아래 다시 돌아올 것을 예언하였습니다(렘 27 : 22).

적용 사랑하는 성도 여러분! 자존심의 멍에줄은 스스로 얽힌 실타래와 같습니다(렘 27 : 1～10). 시드기야 왕의 복권의식은 좋으나 그것이 하나님의 뜻이 아니라면 현명한 믿음의 예언자 예레미야의 충언을 가벼이 여기지 않았을 것입니다. 예수님은 섬김의 도리와 보존의 원리를 그의 십자가 안에서 말씀하셨습니다(마 20 : 28). 그러므로 오늘도 섬김의 멍에를 목에 걸고 스스로 십자가의 좁은 길을 걸읍시다(마 7 : 13～14). －아멘－

기도 우리 주 예수 그리스도여! 하만처럼 살지 않고(에 7 : 10), 섬기며, 일하며(약 5 : 16) 살고 싶습니다. －아멘－

찬송 · 240 장   말씀 · 렘 28 : 1-17   년 월 일

선지자 하나냐의 패역한 말

오늘의 요절 렘 28 : 15 ▷선지자 예레미야가 선지자 하나냐에게 이르되 하나냐여 들으라 여호와께서 너를 보내지 아니하셨거늘 네가 이 백성으로 거짓을 믿게 하는도다

살핌
1. 하나님께서 버리신 주의 일꾼들과 그 단체명을 아십니까?
2. 교회내에 침투된 거짓말은 어디에서 많이 파생될까요?
3. 예레미야와 하나냐의 입장을 이해하십니까?

사랑하는 성도 여러분! 예레미야 28장은 선지자 예레미야의 예언과 하나냐의 인간적인 거짓 예언의 패역함에 대하여 기록하였습니다. 예수님의 양보는 죽음이었고, 선지자 예레미야의 양보는 예언의 진실이었습니다. 특히 사울의 억지를 피해가는 다윗은 피난자의 삶과 고독한 나그네 생활이었습니다. 선지자 예레미야의 예언에 정면으로 도전한 또 다른 선동자(?)는 '하나냐'였습니다.

묵상 첫째, 하나냐의 예언은 하나 마나한 선동적 대모 외침(렘 28 : 1~11). 선지자의 예언은 생명의 미래를 말하고 선동자의 예언은 현재의 만족성 발언이었습니다. 하나냐는 시드기야 왕에 대한 충성심과 군중심리에 따라… "여러분 두 해가 차기 전에 바벨론 포로와 성물들이 돌아올 것입니다."라고 제사장들과 모든 백성들 앞에서 떠들었습니다. 그뿐 아니라 예언의 증표적 현장 멍에를 메고 사는 예레미야를 조롱하며 그의 목에서 멍에를 빼내고 꺾어 버렸던 만행대모를 하였습니다. 그는 하나님께 정면도전을 한 셈이 되었습니다. 둘째, 예레미야의 예언은 삶과 죽음의 선언적 예언(렘 28 : 12~17). 예레미야의 예언은 미래의 평화적 선언이었고 선동자 하나냐의 선동은 성급한 설익은 소리였습니다. 따라서 그는 하나님의 뜻을 완고하게 보이시는 쇳명에(힘든 섬김)를 깨닫지 못하였습니다. 그리고 그는 그 해 칠월에 죽었습니다. 예레미야 선지자는 하나냐의 거짓 선전에 대담한 반기를 들고 싸웠던 것입니다. 이 사건은… 혹시 전도하려고 거짓으로 증언하는(?) 무리와 교회들에게 비유될지 모르겠습니다.

적용 사랑하는 성도 여러분! 진리의 싸움은 교단을 분배하였고, 신비의 싸움은 '이단'의 사생아를 낳았습니다. 하나님께서 하시지도 않은 말씀을 그릇된 충정에 못이겨 자의(自意)로 증언할 때가 있습니다. 예수님의 피값으로 사신 교회는 진리의 기둥과 터입니다. 그러므로 오늘도 섬김의 쇳명에를 벗지 말고 세속의 방법들을 은혜의 봉지에 담아 버립시다. ―아멘―

기도 우리 주 예수 그리스도여! 겟세마네의 기도(마 26 : 36~46), 골고다의 기도(마 27 : 46)를 생각하며 예수의 일을 하고 싶습니다(행 28 : 23). ―아멘―

찬송 · 430장 　　　말씀 · 렘 29:1-32　　　년　월　일

소망을 주려는 생각

오늘의 요절　렘 29:11 ▷ 나 여호와가 말하노라 너희를 향한 나의 생각은 내가 아나니 재앙이 아니라 곧 평안이요 너희 장래에 소망을 주려는 생각이라

살핌
1. 하나님의 생각을 정리하십시오.
2. 하나님께서 싫어하시는 영매자들은 누구입니까?
3. 스마야의 행동에 어떤 문제가 있습니까?(24~27)

사랑하는 성도 여러분! 예레미야 29장은 예레미야가 하나님의 뜻을 적은 편지를 포로된 백성에게 보내었던 내용을 기록하였습니다. 우리를 향한 하나님의 생각은 무엇일까요? 하나님의 뜻이 담긴 편지는 재앙이 아니라 평안(平安)의 꽃가루이며, 하나님의 생각은 장래에 소망을 주시려는 생각입니다(렘 29:11). 따라서 기도와 찾음의 방법만이 하나님을 만나는 유일한 길이요, 진리요, 생명의 약속이라고 예레미야 선지자는 편지하였습니다.

묵상 첫째, 힘쓰고 위하여 기도하라(렘 29:1~14). 하나님께서 정하신 바벨론 포로기간은 70년이었습니다. 기나긴 세월 속에 지내는 포로들에게 띄울 편지 내용의 주제는 '주의 가정의 평안'이었습니다. 즉, 포로세대의 정착을 권면하였고, 결혼과 자녀양육을 권면하였습니다. 그의 편지는… 세월을 포기하듯이 생명도 포기할까 염려하여 헛된 유혹(점, 복술, 꿈)에 현혹되지 말라는 글이었습니다. 따라서 하나님께 평안을 기도하고 하나님의 만남과 무사귀환을 청원하자는 내용이었습니다. 둘째, 여호와의 말을 듣지 않은 스마야 선지자(렘 29:15~32). 그는 여호와의 말보다는 인생들의 편에서 본능대로 활동하였습니다. 마치 겟세마네 동산에서 잠자던 제자들처럼… 그도 포로들과 한패가 되어 선지자 예레미야의 글이나 반박하는 처세를 자행하였습니다. 따라서 그는 하나님의 징계로 말미암아 하나님의 선한 일 포로귀환의 기쁨을 나눌 수가 없게 되었습니다. 그뿐 아니라 그의 자손들도 그의 죄 때문에 징벌이 내려지게 되었습니다(렘 29:32).

적용 사랑하는 성도 여러분! 주(主)의 일의 다양성(교회 · 선교 · 구제 · 문화 등)을 인정하십니까? 포로생활 속에 섬김의 명에… 하나님의 생존하심과 그의 역사를 증거하는 일이 모든 사람에게 천국의 소망을 주려는 생각인줄 아십니까? 하나님의 선한 일은 선지자를 통한 하나님의 평안과 축복입니다. 그러므로 오늘도 예수님의 편지글들을 전도대상자에게 띄우십시오. -아멘-

기도 우리 주 예수 그리스도여! 부지런히 일을 찾으며, 일꾼을 만나며, 글을 쓰고, 큐티를 권면하고 싶습니다(사 50:4, 렘 29:11~14). -아멘-

찬송 · 66장   말씀 · 렘 30 : 1-11   년   월   일

모든 말을 책에 기록하라

| 오늘의 요절 | 렘 30 : 2 ▷ 이스라엘의 하나님 여호와께서 이같이 일러 가라사대 내가 네게 이른 모든 말을 책에 기록하라

살핌
1. 하나님의 명령은 무엇입니까?
2. 문서선교의 어려움을 이해하십니까?
3. 기록의 기쁨을 아십니까?

사랑하는 성도 여러분! 예레미야 30장 1절~11절은 유다의 회복에 대한 정확성을 위하여 기록하라는 하나님의 명령을 기록하였습니다. 문서선교 사역자들을 위하여 기도하시며, 기록된 말씀의 정확무오성을 신뢰하십니까? 하나님의 생각과 나의 생각을 함께 기록하는 묵상생활과 조용한 시간(Quiet Time)은 영적 추억의 한 쪽(page)과 같습니다. 예레미야는 기록의 선지자로서 그의 사명을 다하였습니다. 그가 그렇듯이… 성경의 기자들은 실행과 기록을 동시에 이루었다는 사실이 독자들에게 커다란 감화를 줍니다.

첫째, 기록하는 선지자 예레미야(렘 30 : 1~7). 하나님의 사람은 기록하는 거룩한 습성이 있으며 하나님의 가족은 거룩한 책과 경건서적을 흠모합니다. 하나님의 말씀은 어제나 오늘이나 영원토록 기록하고 보존시켜 후세에 널리 물려주는 역사의 산 증언서입니다. 특히 유다의 포로귀환 소식이 담긴 여호와의 메시지는 붓을 빨아가며 인쇄해야 합니다. 그 내용이 떨림, 평안, 두려움의 얼굴빛이 엇갈려도 기록하는 선지자는 그의 노트를 아끼지 않습니다. 따라서 그 노트는 환난의 날에 증거하는 간증이 되었습니다. 둘째, 섬김을 교육하는 선지자 예레미야(렘 30 : 8~11). 하나님의 교육은 섬김의 훈련, 선교의 훈련을 받고 난 후에 하나님을 섬기는 훈련과 다윗 왕가를 따르는 역사를 교육받게 될 것이었습니다. 그뿐 아니라 하나님은 구원과 태평과 안락의 과정도 설정하셨습니다. 열방의 진멸은 예정되었고 야곱의 백성들은 공도(公道)의 징계와 책망이 예비되었습니다. 즉, 하나님의 정의로움이 정확하게 펼쳐지게 되었습니다(렘 30 : 11).

적용 사랑하는 성도 여러분! 우리를 결코 무죄한 자로 여기지는 아니할 그 날, 그 날은 여호와의 날일 것입니다. 하늘 나라에 기록된 우리의 죄의 흔적들, 우리의 인생노트에 기록된 내 육의 생각들과 영혼의 묵념기록은 후손의 교육서가 될 것입니다(요 20 : 30~31). 그러므로 오늘도 설교와 영혼의 일기를 기록합시다. ―아멘―

기도 우리 주 예수 그리스도여! 기록증언(요 5 : 36), 음성증언(요 10 : 3), 행위의 증언(행 1 : 8)을 하고 싶습니다. ―아멘―

찬송 · 431 장   말씀 · 렘 30 : 12-24   년   월   일

말일에 그것을 깨달으라

> **오늘의 요절**   렘 30 : 24 ▷ 나 여호와의 진노는 내 마음의 뜻한 바를 행하여 이루기까지는 쉬지 아니하나니 너희가 말일에 그것을 깨달으리라

살핌
1. 하나님의 치료방법은 무엇입니까?
2. 유다의 포로기간은 하나님의 치료기간이라고 느끼십니까?
3. 하나님의 일을 할 수 있는 사람의 영적 자세는 무엇입니까?(22~24)

사랑하는 성도 여러분! 예레미야 30장 12절~24절은 상처난 인생을 치료하시는 하나님의 뜻을 깨달으라고 권면하는 내용을 기록하였습니다. 화인(火印)맞은 양심과 상처난 양심을 어떻게 회복시켜 볼 수 있습니까? 잃어버린 순결과 금이 간 관계는 하나님의 변론과 힘있는 치료의 영이 회복시키십니다. 약도 없는(?) 양심 치료약은 신약과 구약의 기록된 계시의 말씀이라고 믿습니까?

묵상
첫째, 하나님은 자기 백성을 치료하십니다(렘 30 : 12~17). 권리없는 피해자의 송사(訟事)를 변호하시는 주님이십니다. 중환자실에서 죽음을 선고받은 식물인간을 소생시키시며 헐벗은 상처를 붕대로 감아주시는 하나님이십니다. 허물이 크기에 잔학한 징계를 당하는 자기 백성에게 그의 긍휼심으로 눈물을 흘리시는 주님이십니다. 유다는 상처로… 고통으로… 죄악의 수다함으로… 약탈된 삶의 세월을 보내었습니다. 눈뜨고 볼 수 없는 비련처럼 가슴아픈 치료행위의 은혜를 주시는 분은 하나님이십니다(렘 30 : 17). 그것을 죽음에 이르러서야 깨닫는 것이 인생입니다. 둘째, 하나님은 뜻하신 바를 이루기까지 역사하십니다(렘 30 : 18~24). 여호와 하나님은 야곱의 장막들을 귀중히 여기시며, 그들의 감사찬미와 즐거움의 번성을 도우시는 분이십니다. 그분은 자기 백성의 죄를 기억하시지만, 그들의 비천함과 압박당함을 끝까지 보시지 않습니다. 그뿐 아니라 유다의 포로기간이 70년이면 반드시 그들을 본토로 보내며, 그들의 보호를 보장하십니다. 그리고 그들을 향하여 서투른 접근을 펼치는 이방의 군사정권을 철퇴로 처리하십니다. 그러므로 그의 백성들은 그들의 하나님이 여호와인줄 깨닫게 됩니다(렘 30 : 22).

적용
사랑하는 성도 여러분! 답답함과 현기증을 하나님께 호소하십니까? 심장의 두근거림, 우울증, 불면증, 의심증세와 불안요소를 우리 주 예수님께 고백하십니까? 죄의 문제는 죄를 짓고 난 후에 깨닫듯이… 하나님의 뜻도 끝날에… 말일에 깨닫게 됩니다. 그러므로 오늘도 하나님의 치료를 기대하면서 마무리합시다. —아멘—

기도
우리 주 예수 그리스도여! 한달 동안의 감사와(렘 30 : 19, 24), 말일의 번성과 후미진 축복을 받고 싶습니다(엡 2 : 8~9). —아멘—

찬송 · 338장   말씀 · 렘 31 : 1-40   년   월   일

여호와 하나님의 은사(恩賜)

| 오늘의 요절 | 렘 31 : 12 ▷ 그들이 와서 시온의 높은 곳에서 찬송하며 여호와의 은사 곧 곡식과 새 포도주와 기름과 어린 양의 떼와 소의 떼에 모일 것이라 그 심령은 물댄 동산 같겠고 다시는 근심이 없으리로다 할지어다

1. 하나님께서 이스라엘에게 말씀하신 약속은 무엇입니까?
2. 가슴에 묻어둘 수 없는 진리는 무엇입니까?
3. 내가 회복시키고 싶은 부분은 어디입니까?

사랑하는 성도 여러분! 예레미야 31장은 여호와 하나님께서 이스라엘을 회복시킨다는 언약과 그의 은사에 대하여 기록하였습니다. 하나님께 은사를 받은 자마다 그의 무궁한 사랑을 덧입고자 그의 인자한 인도를 따릅니다. 예레미야 선지자는 하나님의 말씀을 전할 때에 처녀 이스라엘에게 여호와의 은사를 다시 덧입으라고 권면하였습니다.

첫째, 여호와의 은사는 약속입니다(렘 31 : 1～17). 여호와의 은사는 빛없는 이들에게와 걷기에 불편한 이들에게 은혜이며 무궁한 사랑입니다. 그들을 회복시킨다는 '다시'의 약속은 낙심된 인생들을 일으키는 선동적 언어(煽動的言語)입니다(렘 31 : 6). 예레미야 선지자는 이스라엘에게 약속하시는 하나님의 속량(贖良)사역을 정리하여 주었습니다. 이스라엘의 남은 자(그루터기)를 구원해 줄 은사와 흩어진 양 무리들이 여호와의 목초지(시온)로 돌아올 것이라고 선언하였습니다. 그래서 그들은 울며… 찬양하며… 심령의 물 댄 동산으로 모이게 될 것이었습니다. 참으로 근심없는 세월을 기대해도 될 것이라고 전달하였습니다(렘 31 : 17). 둘째, 여호와의 은사는 용서와 번성에 대한 약속입니다(렘 31 : 18～40). 멍에에 익숙하지 못한 송아지같은 이들이 하나님께 징벌을 받습니다. 처녀 이스라엘이 세속에 눈길을 뺏기자 마땅히 걸어야 할 길을 탈선(脫線)하였습니다. 이에 예레미야 선지자는 안타까운 심정으로 여호와의 새 언약의 은사를 소개하였습니다. 즉, 피곤한 심령을… 슬픈 심령을… 훼파되고 전복된 삶의 터전을 새롭게 회복시킨다는 예언이었습니다(렘 31 : 33).

사랑하는 성도 여러분! 가슴에 묻어둘 수 없는 진리는 하나님, 곧 우리 주 예수 그리스도의 자상하신 긍휼의 사랑입니다. 주께서 인생들의 죄악을 사하시고 다시는 그 죄를 기억지 아니하십니다. 즉, 이스라엘 자손의 행한 일을 기억지 아니하시고 다 버리시고 새롭게 회복시키며 새롭게 성을 건축하신다는 약속입니다. 이것이 여호와의 은사입니다. 그러므로 오늘도 거룩한 모임을 사랑하는 심정으로 출발합시다. －아멘－

우리 주 예수 그리스도여! 약속하신 이의 일과(요 9 : 4), 섬기는 일과(수 24 : 15), 하나님의 뜻을 따르고 싶습니다(행 13 : 16). －아멘－

찬송 · 291 장   말씀 · 렘 32 : 1-44   년 월 일

허락한 모든 복(福)

| 오늘의 요절 | 렘 32 : 42 ▷ 나 여호와가 이같이 말하노라 내가 이 백성에게 이 큰 재앙을 내린 것 같이 허락한 모든 복을 그들에게 내리리라

1. 예레미야가 투옥된 이유는 무엇입니까?
2. 예레미야의 간구한 내용을 요약하십시오.
3. 예루살렘의 거민과 함께 내가 들어야 할 복의 소식은 무엇입니까?

사랑하는 성도 여러분! 예레미야 32장은 선지자의 투옥과 밭의 매매건, 그리고 선지자의 기도내용이 예언적으로 기록되었습니다. 바벨론 군대에 포위된 예루살렘 성안에서 예레미야 선지자는 유다 왕 시위대 뜰에 갇혔습니다. 그가 갇힌 죄목은 유다 왕가의 몰락과 바벨론에 잡혀갈 백성들에 대한 예언 활동이었습니다. 시드기야 왕의 심문 때에도 그 활동의 근거는 여호와 하나님의 말씀 때문이라고 강조하였습니다. 그리고 그는 그 내용을 비유하여 설명하였습니다(렘 32 : 7).

첫째, 예루살렘의 땅은 하나님께서 허락한 복이었습니다(렘 32 : 6~15). 땅을 차지하는 것은 온유의 복입니다(마 5 : 5). 선지자는 감옥에 있으면서도 가까운 친척 하나멜이 소유한 아나돗에 있는 밭을 샀습니다. 그는 그 밭이 곧 바벨론의 땅이 될 것이 뻔하여도 하나님의 명령대로 은 십칠 세겔을 주고 구입하였고 그 증서를 인봉하여 잘 간직하였습니다. 이러한 하나님의 비유는 다시 그 땅을 찾게 되리라는 예언의 실증이었습니다(렘 32 : 15). 둘째, 하나님께서 허락한 모든 복은 구원의 소식이었습니다(렘 32 : 16~44). 예레미야 선지자는 여호와께 큰 권능과 기사와 이적을 구하였습니다. 출애굽의 큰 기사처럼… 포위된 상태를 해체시켜 줄 것과 하나님께서 행할 수 있는 모든 은혜와 복을 간구하였습니다. 그리고 예루살렘의 거역과 반역의 우상숭배 행위를 자복하였고 하나님의 경고에 대하여 깊은 섭리를 깨닫기 원하였습니다. 그런 그의 간구에 하나님께서 응답하셨습니다. "내가 기쁨으로 그들에게 복을 주되 정녕히 나의 마음과 정신을 다하여 그들을 이 땅에 심으리라"(렘 32 : 41).

사랑하는 성도 여러분! 예루살렘이 갈대아인의 손에 붙인바 되어도 그들의 경제활동은 중단시키지 않을 것이라고 하나님은 약속하셨습니다. 생존위험이 크면 클수록 주께서 허락한 모든 복을 주시겠다고 약속하셨습니다(렘 32 : 42~44). 주의 징계는 우리의 유익을 위하여 행하시고 우리로 하여금 거룩하심에 참예케 하십니다(히 12 : 10). 그러므로 오늘도 돌아올 모든 복을 받읍시다(렘 32 : 44). -아멘-

우리 주 예수 그리스도여! 주의 연달(錬達, 히 12 : 11)과 동일한 고난을 통하여(벧전 5 : 9), 오직 위로부터의 지혜를 받고 싶습니다(약 5 : 17). -아멘-

찬송 · 543 장   말씀 · 렘 33 : 1-26   년   월   일

일을 행하는 여호와

오늘의 요절   렘 33 : 2 ▷ 일을 행하는 여호와, 그것을 지어 성취하는 여호와, 그 이름을 여호와라 하는 자가 이같이 이르노라

살핌
1. 예레미야의 환경은 어떻습니까?
2. 하나님의 확실한 약속내용 중에서 예수 그리스도와 관련된 예언 구절은?
3. 하나님의 크고 비밀한 일을 한마디로 말하면 무엇입니까?

사랑하는 성도 여러분! 예레미야 33장은 예레미야가 시위대 뜰에 갇혀있을 때 유대 재건을 약속하시는 여호와의 말씀이 재확인된 것을 기록하였습니다. 예레미야는 하나님의 일꾼이었습니다. 그는 시위대 뜰안에 갇혀 있으면서 해야 할 하나님의 일을 깨닫게 되었습니다. 왜냐하면 하나님 스스로를 소개하실 때 '일을 행하는 여호와, 그것을 성취(成就)하는 여호와'라고 말씀하셨습니다(렘 33 : 1~2).

묵상 첫째, 일을 행하시는 여호와께서 예레미야에게 '부르짖기'를 요구하셨습니다(렘 33 : 3~18). 하나님께서 행하시는 일에는 징계와 경고의 일도 있지만 우리가 알지 못하는 크고 비밀한 일도 있습니다. 이 크고 비밀한 일은 성(城)의 치료와 성민(城民)의 평강과 성스러운 성실의 풍성함이었습니다. 없던 것들이 다시 있고, 찬송이 다시 들리며, 처음과 같이 회복시킨다는 약속의 재천명이었습니다. 이 일은 하나님께서 공평과 정의로 실행할 모든 사람으로 하여금 '여호와는 우리의 의'라고 고백하도록 하시겠다는 뜻이 계셨습니다(렘 33 : 10~16). 그러므로 끝까지 기도하라는 것이었습니다. 둘째, 일을 행하시는 여호와께서는 메시야를 통하여 약속을 확증시킨다고 말씀하셨습니다(렘 33 : 19~26). 하나님의 약속은 왕권에 대한 언약과 제사장직에 대한 언약과, 선택의 언약에는 변함이 없으십니다. 포로기간안에는 그 약속이 파기된 것처럼 느낄 수 있으나 포로귀환의 기적을 통하여 신뢰하게 된다는 것이었습니다. 따라서 그리스도를 통한 언약의 확증을 깨닫게 될 것이며, 그의 긍휼있는 심판을 통하여 하나님께서 하시고자 하는 일을 성취하실 것이었습니다(렘 33 : 26).

적용 사랑하는 성도 여러분! 예수님의 탄생과 그의 사역을 통하여 하나님의 일 - 구속사역 - 은 확증되었으며, 이스라엘의 포로귀환을 통하여 언약의 일점일획도 이루셨습니다. 하나님의 일을 믿고 따르는 예레미야 선지자는 가장 위급한 상황하에서도 그의 일꾼이 되어 선포기능 사역과 실체의 훈련을 받았습니다. 그러므로 오늘도 환경을 초월한 일을 계속합시다. -아멘-

기도 우리 주 예수 그리스도여! 주의 일을 의심없이(마 14 : 31), 구별된 헌신자세(마 22 : 21)로 삭개오처럼 행하고 싶습니다(눅 19 : 1~10). -아멘-

찬송 · 523 장   말씀 · 렘 34 : 1-22   년 월 일

하나님의 언약을 범한 너희들

오늘의 요절 ┃ 렘 34 : 16 ▷ 너희가 뜻을 변하여 내 이름을 더럽히고 각기 놓아 그들의 마음대로 자유케 하였던 노비를 끌어다가 다시 너희에게 복종시켜서 너희 노비를 삼았도다

1. 시드기야의 운명직전에 행한 일은 무엇입니까?
2. 여호와의 이름을 망령되게 한 사람들의 운명은 무엇입니까?
3. 내가 지키지 못한 다짐은 무엇입니까?

사랑하는 성도 여러분! 예레미야 34장은 시드기야 왕의 운명과 자유의 언약을 범한 백성들의 배역 내용을 기록하였습니다. 바벨론 제국은 예루살렘과 그 모든 성읍을 공격하기 시작하였습니다. 이때 예레미야 선지자는 여호와의 말씀을 좀 더 구체적으로 적용, 예언하였습니다.

첫째, 여호와께서 바벨론을 징계의 도구로 사용하는 것을 보라고 예언하였습니다(렘 34 : 1~11). 실제로 전쟁의 상처는 죽음과 눈물과 파괴된 칼날상태였습니다(렘 34 : 5). 그러므로 예레미야 선지자는 시드기야 왕에게 하나님 앞에서 선한 일을 권면하였습니다. 이에 시드기야 왕은 예루살렘에 남아있는 모든 방백과 언약하고, 히브리의 모든 남녀 노비(노예)를 자유하게 하였고 다시는 그 동족 유다인으로 종을 삼지 못하게 하라고 선언하였습니다. 이 일은 하나님 앞에서 서약하고, 선언이 되어 실행되었음에도 불구하고 반역한 백성들이 있어서 다시 그들을 노예로 만들었습니다(렘 33 : 11). 둘째, 여호와의 이름을 망령되이 더럽힌 백성들에게 내린 하나님의 징계는 죽음이었고, 시체의 훼손이었습니다(렘 34 : 12~22). 하나님께서는 이스라엘 백성을 출애굽시키실 때 신명기 15 : 12절에 동족을 노비로 삼았을 경우에는 반드시 7년에는 안식을 주어 자유케 하라고 말씀하셨습니다. 그러나 현 시드기야 시대의 선조들은 하나님의 목전(目前)에서 듣지도… 귀를 기울이지도 않았습니다. 하물며 지금의 백성들은 하나님의 목전에서 그의 이름으로 맹약한 다음, 그 세대에 언약을 범한 것이었습니다. 따라서 그 죄인들에게 내린 형벌은 바벨론 제국의 전쟁속에 쓰러진 시체가 될 것이며, 그 시체는 동물들의 밥이 될 것이라는 재앙이었습니다(렘 34 : 20).

사랑하는 성도 여러분! 예수님의 자유선언은 완전한 안식입니다(막 2 : 28). 하나님께서는 이스라엘의 남은 노비들을 열방에 흩으셔서 자유케 하셨고, 바벨론 포로생활에서의 안식을 선언하셨습니다. 그러므로 오늘도, 하나님 앞에서의 약속이행은 목숨 다할 때까지 시행합시다. -아멘-

우리 주 예수 그리스도여! 약속의 씨(행 13 : 23)를 뿌리며, 사도 바울의 각오로(행 17 : 24) 주의 일을 하고 싶습니다(롬 9 : 8). -아멘-

찬송 · 506 장　　　　말씀 · 렘 35 : 1-19　　　년　월　일

하나님께서 명한대로 준행한 가족

오늘의 요절　렘 35 : 14 ▷ 레갑의 아들 요나답이 그 자손에게 포도주를 마시지 말라 한 그 명령은 실행되도다 그들은 그 선조의 명령을 순종하여 오늘까지 마시지 아니하거늘 내가 너희에게 말하고 부지런히 말하여도 너희는 나를 듣지 아니하도다

살핌
1. 레갑 가족은 어떤 규정을 지켰습니까?
2. 레갑 가족에게 내린 은혜와 복은 무엇입니까?
3. 나의 가족이 절제해야 할 요소와 부활시켜야 할 생활습관은 무엇입니까?

사랑하는 성도 여러분! 예레미야 35장은 여호야김 때에 일어난 레갑 족속의 모범스러운 순종내용과 유다인들의 불복종에 대하여 기록하였습니다. 레갑 가족은 하나님의 명령을 따르는 가족으로서의 전통을 지켰습니다. 이 가족은 모세의 장인 호밥과 관계가 있으며 친족이었습니다(삿 1 : 16, 삼상 15 : 6, 대상 2 : 55). 그의 선조 요나답은 그의 후손들에게 하나님의 구별된 가족(나실인)이 지켜야 할 생활규범을 잘 가르쳤습니다.

묵상 첫째, 레갑 가족의 스승은 요나답의 선조였습니다(렘 35 : 1~11). 레갑 가족의 옛 어른이 세워 놓고 가르친 규범은 하나님의 말씀에 그 뿌리를 두고 있었습니다. 즉, 하나님의 가족은 나실인의 계율에 따라서 포도주를 마시지 않습니다. 그리고 집도 짓지 않고 땅을 사거나 포도원도 재배하지 않습니다. 오직 가난한 사람처럼 장막에서 살았습니다. 그래서 레갑 가족은 선조 요나답이 명령한대로 다 지키고 살아 왔습니다. 이 가족은 노아의 가족과 같은 의지의 믿음을 가졌습니다. 둘째, 레갑 가족에게 내린 하나님의 축복이 있었습니다(렘 35 : 12~19). 하나님은 예레미야 선지자를 통하여 레갑 가족을 칭찬하셨습니다. 그러나 다른 이스라엘 백성들은 선지자를 통하여 하나님의 말씀을 부지런히 전하여도 듣지 않았습니다. 그들에게 행위와 습관을 고치라고 말하여도 듣지도 않았습니다. 레갑 자손은 주의 명령을 따르고 준행하였으나 백성들은 계속 패역한 우상을 섬기었습니다. 그러므로 그들에게는 재앙(포로, 죽음)이 찾아와서 그들의 대(代)가 끊기나 레갑 자손의 가족들은 하나님 앞에 영영히 끊어지지 않는 축복을 받게 되었습니다.

적용 사랑하는 성도 여러분! 하나님의 가족이 지켜야 할 규정이 있습니다. 하나님을 믿고, 예수님의 가르침과 성령님의 인도를 받는 가족은 다른 사람과 구별된 생활 습관이 있습니다. 그것은 주일성수, 11조생활, 전도생활, 술·담배를 끊고, 절제생활을 합니다. 그러므로 오늘도 레갑 가족의 모범처럼 끊을 일들을 정리합시다(딤전 4 : 6~10). －아멘－

기도 우리 주 예수 그리스도여! 주의 일에 힘쓰는 가족(고전 16 : 10), 무릎꿇는 가족이 되고 싶습니다(엡 3 : 14~19). －아멘－

찬송 · 71장   말씀 · 렘 36:1-32   년 월 일

말씀을 불태운 왕 여호야김

| 오늘의 요절 | 렘 36:23 ▷ 여후디가 삼편 사편을 낭독하면 왕이 소도로 그것을 연하여 베어 화로 불에 던져서 온 두루마리를 태웠더라

살핌
1. 예레미야의 환경을 말해 보십시오.
2. 바룩이 기록한 두루마리 말씀을 아십니까?
3. 유다 왕 여호야김이 말씀을 태운 이유는 무엇입니까?

사랑하는 성도 여러분! 예레미야 36장은 예레미야의 친족 바룩이 기록한 말씀을 불태운 패역한 왕 여호야김에 대하여 기록하였습니다. 성령이 성도들에게 메시지를 전달할 때 그 과정은 사람을 통하여 시행하십니다. 하나님의 말씀을 계시받은 예레미야는 감금된 몸이기에 말씀을 다 기록할 수 없었으나 그의 곁에는 바룩이 있었습니다.

첫째, 기록한 말씀을 전달해야 할 바룩의 사명은 읽어 주는 것이었습니다(렘 36:4~19). 바룩은 예레미야 선지자의 구전(口傳)대로 여호와께서 이르신 모든 말씀을 두루마리 책에 기록하였습니다. 그는 여호와의 집에서 약 1년여 동안 기록하였습니다. 그리고 요시야의 아들 여호야김의 오년 9월의 금식일에 사반의 아들 서기관 그마랴의 방에서 그 두루마리 말씀을 낭독하였습니다. 바룩이 낭독한 말씀을 미가야가 다른 방백들에게 전달하였습니다. 이에 방백들은 크게 감명을 받고 왕에게 전달하기로 합의하였습니다. 그런 후에 바룩은 숨었습니다(렘 36:19). 둘째, 여호와께 버림받은 왕 여호야김(렘 36:20~32). 두루마리 책에 관한 메시지를 들은 왕은 그것을 가져와서 읽도록 명령하였습니다. 그러나 왕은 다른 방백들처럼 끝까지 말씀을 듣지 않고, 비난하였고 그 말씀을 작은 칼로 찢었습니다. 그리고 그 말씀을 불에 태웠습니다. 하나님의 경고를 무시하였고 오히려 바룩과 예레미야를 경멸하였습니다. 이에 지각있는 세 명의 방백들이 만류함에도 불구하고 말씀의 사역자인 바룩과 예레미야를 잡아오라고 명령하였습니다(렘 36:26).

적용
사랑하는 성도 여러분! 유다 왕 여호야김은 여호와께 버림을 받습니다. 말씀을 거부한 왕의 가족 및 후손전체가 수난을 당하게 되는 징벌을 받습니다. 더불어 그가 죽은 뒤에는 시체도 버림을 당하는 재앙을 만나게 될 것이었습니다. 그런 반면에 여호와의 말씀은 다시 바룩이 더 많은 말씀들을 기록하여 전하였습니다. 그러므로 오늘도 여호와의 말씀 사역자들-기록자-출판자-전달자-듣는 자-들이 하나되어 주님의 의도를 깨달아 전달합시다(고전 2:4, 9~10). -아멘-

기도
우리 주 예수 그리스도여! 신령한 말씀의 일(고전 2:13)과 질그릇의 보배로운 일(고후 4:7~11)을 하고 싶습니다. -아멘-

찬송 · 443 장   말씀 · 렘 37 : 1-21   년   월   일

예레미야의 기도와 탄원(嘆願)

오늘의 요절   렘 37 : 20 ▷ 내 주 왕이여 이제 청컨대 나를 들으시며 나의 탄원을 받으사 나를 서기관 요나단의 집으로 돌려 보내지 마옵소서 내가 거기서 죽을까 두려워하나이다

살핌 1. 기도 요청을 한 시드기야의 뜻은 무엇입니까?
     2. 예레미야가 체포된 이유는 무엇입니까?
     3. 예레미야에 대한 시드기야 왕의 대우를 어떻게 느끼셨습니까?

사랑하는 성도 여러분! 예레미야 37장은 시드기야 왕의 때에 예레미야의 기도와 주변의 시샘으로 투옥되는 내용과 왕에 대한 탄원을 기록하였습니다. 요시야의 아들 시드기야가 여호야김의 아들 고니야를 대신하여 왕이 되었습니다. 그 왕과 세 차례의 대면에서도 하나님의 섭리와 그 예정을 설명한 예레미야의 가슴 속은 터질듯이 답답하였습니다.

묵상 첫째, 예레미야에게 기도를 요청한 사람들(렘 37 : 1~10). 시드기야 왕은 여호와의 뜻을 확실하게 알고 싶었습니다. 그는 예레미야의 말씀 전달보다는 기도요청을 하였고 그 뜻을 여후갈과 제사장 스바냐에게 전달하였습니다. 이 때 바로의 군대가 참전원정을 출발하였습니다. 그래서 갈대아인 바벨론의 군대가 예루살렘의 포위상태를 일시적으로 해제하였습니다. 그러나 예레미야의 기도 응답은 거꾸로였습니다. 애굽군대의 퇴각과 함께 갈대아인이 다시 와서 예루살렘 성(城)을 칠 것이라고 예언하는 내용이었습니다(렘 37 : 10). 둘째, 토굴 음실(陰室)에 갇힌 예레미야 선지자(렘 37 : 11~21). 예레미야의 체포는 갈대아인의 철수 때에 발생하였고 그 이유는 그가 갈대아인에게 투항하는 줄 오해하였기 때문이었습니다. 그는 예루살렘을 떠나 베냐민 성문에 도착하였으나 그 문지기의 두목 '이리야'가 그를 체포하였습니다. 그러므로 그는 매를 맞고 서기관 요나단의 집 토굴 음실에 갇혔습니다(렘 37 : 16). 그 후에 시드기야는 예레미야와 비밀 상담을 하였습니다. 그런 결과 시드기야 왕은 예레미야를 다시 서기관 요나단의 집으로 돌려보내지 아니하였습니다(렘 37 : 21).

적용 사랑하는 성도 여러분! 예레미야 선지자는 일순간의 현명한 판단을 했던 시드기야 왕의 호의를 받게 되었습니다. 그를 참으로 '주의 사자'로 대우하였습니다. 선지자의 탄원은 그의 마음을 녹이었습니다. 그래서 그는 선지자에게 매일 떡을 공양하였고, 시위대 뜰에서 지내도록 하였습니다. 빌라도의 판단보다는 현명한 처사였습니다. 그러므로 오늘도 주의 사역자의 입장을 고려해 봅시다(행 12 : 5). —아멘—

기도 우리 주 예수 그리스도여! 그리스도의 종처럼(고전 7 : 22~24), 하나님의 교회에서(딤전 3 : 15) 일하겠습니다(요일 3 : 16). —아멘—

찬송 · 365장   말씀 · 렘 38:1-28   년 월 일

시드기야 왕과 예레미야의 대화록

오늘의 요절 렘 38:17 ▷ 예레미야가 시드기야에게 이르되 만군의 하나님이신 이스라엘의 하나님 여호와께서 이같이 말씀하시되 네가 만일 바벨론 왕의 방백들에게 항복하면 네 생명이 살겠고 이 성이 불사름을 입지 아니하겠고 너와 네 가족이 살려니와

살핌
1. 예레미야가 진흙 구덩이 옥에 갇힌 이유는 무엇입니까?
2. 예레미야를 진흙 구덩이에서 구해준 사람은 누구입니까?
3. 시드기야 왕이 은밀하게 예레미야와 대화한 목적은 무엇입니까?

사랑하는 성도 여러분! 예레미야 38장은 구덩이에 갇힌 예레미야를 시드기야 왕이 구하고 그가 선지자와 맹약한 대화를 기록하였습니다. 주 예수 그리스도의 복음을 생명의 복음으로 믿는 자마다 여러 믿음의 고비를 당합니다. 예레미야 선지자는 시위대 뜰 안에 있으면서도 백성들에게 '갈대아인에게 항복하는 자는 살 것이라!'고 권면하였습니다. 이에 화가 난 방백들이(렘 38:4) 그를 왕의 아들 말기야의 진흙 구덩이에 가두었습니다(렘 38:6).

첫째, 환관(宦官) 에벳멜렉은 하나님께서 예비하신 천사였습니다(렘 38:7~13). 환관 에벳멜렉은 시드기야 왕의 마음을 설득하며 그의 구원을 요청하였습니다. 헝겊과 낡은 옷으로 엮은 생명줄을 만들어 진흙 구덩이에 있는 하나님의 선지자 예레미야를 구하였습니다. 그는 하나님께서 예비하신 구속의 줄이었습니다. 둘째, 시드기야 왕이 요청한 신앙상담은 생명의 연장시간이었습니다(렘 38:14~28). 시드기야 왕은 예레미야를 안전하게 보호하면서 왕의 근심을 고백하고 나라의 미래에 대하여 그에게 상담하였습니다. 이에 예레미야는 시드기야 왕이 갈대아 왕에게 항복할 것을 권유하였습니다. 그는 갈대아인의 조롱과 유다 방백들에 대한 두려움이 앞섰습니다. 그런 입장이었기에 이러지도 저러지도 못하며 시간을 보내었습니다. 그리고 그 신앙상담은 서로간에 비밀에 붙였습니다. 이에 방백들은 왕과 선지자의 은밀한 대화를 알아내려 했으나 단순한 증거로 그들의 호기심을 제외시켰습니다. 그러므로 선지자와의 상담내용은 영영히 지켜졌습니다(렘 38:26~28).

적용 사랑하는 성도 여러분! 어려운 일을 당할 때는 감사와 인내의 기도를 드립시다. 그리고 선지자처럼 말씀을 따라 생활의 처세술로 삼으며, 순종합시다. 또한 하나님께서 예비하신 사람과 그의 기회를 기다립시다(히 13:5~8). 그뿐 아니라 하나님 앞에서 맹약한 은밀한 일들은 끝까지 지킬 줄 아는 지조스러움도 갖춥시다. 그러므로 오늘도 솔직한 대화의 힘을 입읍시다. ―아멘―

기도 우리 주 예수 그리스도여! 동일한 주의 은혜(히 13:9)로 잠깐의 근심(벧전 1:6)을 이기고 싶습니다(벧전 4:12~13). ―아멘―

찬송·510장　　　말씀·렘 39:1-18　　　년　월　일

선대(善待) 받은 예레미야 선지자

오늘의 요절　렘 39:11~12 ▷ 바벨론 왕 느부갓네살이 예레미야에 대하여 시위대장 느부사라단에게 명하여 가로되 그를 데려다가 선대하고 해하지 말며 그가 네게 말하는 대로 행하라

살핌
1. 시드기야 왕의 운명을 비평하십시오.
2. 왜 바벨론 왕은 선지자 예레미야를 후대하였을까요?
3. 에벳멜렉의 공로는 무엇이기에 구원을 받습니까?

사랑하는 성도 여러분! 예레미야 39장은 예언대로 시드기야 왕 때 예루살렘 성이 함락되고 예레미야에 대한 느부갓네살 왕의 호의에 대하여 기록하였습니다. 시드기야의 구년 시월에 바벨론 왕 느부갓네살과 그의 군대가 예루살렘 성을 치더니 마침내 제 11년 4월 9일에 성이 함락되었습니다. 그리고 그들이 중문(中門)을 점령하였습니다. 이것은 하나님 여호와의 말씀대로 이루어진 역사였습니다(렘 39:3).

 첫째, 유다 왕 시드기야와 그의 방백들이 겪은 수모(렘 39:4~10). 유다 왕 시드기야와 그의 방백과 군사들은 야밤에 도망쳤습니다. 아라바까지 갔던 그들은 갈대아 군사들에게 여리고 평원에서 잡혔습니다. 바벨론 왕이 시드기야의 목전에서 그 아들들을 죽였고 귀인들도 죽였습니다. 그뿐 아니라 시드기야 왕의 눈을 빼서 소경을 만들고 흐르는 피와 함께 사슬에 결박당하였습니다. 왕의 집은 허물어졌습니다. 그러나 바벨론 왕에게 항복한 그루터기 백성들은 살았습니다. 그리고 아무 소유가 없는 빈민을 유다 땅에 남겨 두었습니다. 둘째, 바벨론 왕의 호의와 예레미야의 삶의 터전(렘 39:11~18). 바벨론 왕은 예레미야의 생명을 보장하였습니다. 왕은 그를 선대하고 선지자의 말하는 대로 행하라고 느부사라단 시위대장에게 명령하였습니다. 그리고 선지자를 후대한 환관 구스인 에벳멜렉도 구원의 약속말씀이 임하였습니다. 즉, 여호와 하나님께서 은혜를 베푸신 것입니다. 하나님의 선지자를 진흙 구덩이에서 건져낸 공로가 재앙의 날에 복이 되었고 생명을 얻은 것이었습니다.

적용 사랑하는 성도 여러분! 하나님 여호와께서 어떠한 환경을 주었는데 설혹 그 환경이 불신의 세계라고 할지라도 끝까지 선한 주의 백성이 됩시다. 열악한 위치에서 복음의 사역을 행하는 이들을 음양으로 도웁시다. 할 수만 있다면 하나님의 말씀이 쓰고, 힘들지라도 마음에 감동을 줄 때는 슬기를 다하여 순종합시다. 예레미야를 도왔던 에벳멜렉의 경우는 큰 교훈입니다. 시드기야와 그의 일행은 불순종의 산 표본이 되었습니다. 그러므로 오늘도 여호와의 구원을 과감하게 전달합시다. ─아멘─

기도 우리 주 예수 그리스도여! 주의 재림을 예비하는 심정으로 일하고(마 24:44), 제자 삼고 싶습니다(막 16:15, 20). ─아멘─

찬송 · 460 장   말씀 · 렘 40:1-16   년 월 일

섬기기를 두려워하지 말라

오늘의 요절 렘 40:9 ▷ 사반의 손자 아히감의 아들 그다랴가 그들과 그들의 사람들에게 맹세하며 가로되 너희는 갈대아인 섬기기를 두려워하지 말고 이 땅에 거하여 바벨론 왕을 섬기라 그리하면 너희에게 유익하리라

살핌
1. 예레미야가 남은 백성중에 살려는 뜻은 무엇입니까?
2. 그다랴의 할 일은 무엇입니까?
3. 그다랴의 적은 누구입니까?

사랑하는 성도 여러분! 예레미야 40장은 예레미야 선지자가 자유케 되었을 때 여호와의 말씀 곧 섬김의 명령을 기록하였습니다. 바벨론의 시위대장 느부사라단은 예레미야 선지자를 하나님의 종으로 생각하며 정중히 예우하였습니다. 예레미야도 잡혀 사슬로 잡혀가다가 시위대장이 그를 참된 선지자로 보았기에 먼저 투항한 그다랴의 곁으로 예레미야를 보냅니다. 이러한 그의 처사는 순전히 예레미야의 의견을 반영한 것이었습니다(렘 40:4).

묵상 첫째, 남아있는 유다 백성들과 함께 살게 되는 예레미야 선지자(렘 40:6~12). 예레미야 선지자는 눈물을 흘리며 아무 힘도 없는 빈민들과 함께 미스바에서 살게 되었습니다. 그곳에는 바벨론 왕이 사반의 손자요, 아히감의 아들 그다랴가 총독으로 남아있는 곳이었습니다. 그는 두가지 일을 맡아서 하게 되었습니다. ① 갈대아인들을 섬기는 일과 그 일을 설명하는 것이며, ② 그루터기 백성들의 곡식과 포도주와 기름을 모아 나누는 역할이었습니다. 예레미야는 그의 일을 돕는 하나님의 사자였습니다. 둘째, 그다랴를 반역하려는 음모의 구름들(렘 40:13~16). 암몬 자손의 왕 바알리스는 그다랴를 좋아하지 않았습니다. 그는 그다랴를 죽이려고 음모하였습니다. 이에 가레아의 아들 요하난이 그 비밀을 그다랴에게 전해 주었습니다. 그리고 그는 이스마엘을 죽여야 한다고 주장하였습니다. 그는 유다인의 흩어짐을 막으려고 충정을 보였습니다. 그러나 그다랴는 그의 뜻을 거절하였습니다(렘 40:16).

적용 사랑하는 성도 여러분! 처음에 세워지는 총독 정부는 가면을 쓴 이리 이스마엘도 있었습니다. 그것을 알지 못하는 그다랴는 지도력을 과신한 처세를 한 것입니다. 겸손한 태도와 신중한 경청의 습관을 망각한 지도자의 처세를 취한 것이었습니다. 예수님은 충성스러운 제자를 만들려고 베드로를 연단시키셨습니다. 우리의 믿음도 가끔씩 가면을 쓰려 합니다. 그러므로 오늘도 진정한 언어의 습관을 실행합시다. 그리고 섬김의 언어를 사용합시다. -아멘-

기도 우리 주 예수 그리스도여! 주의 계집종처럼(눅 1:38), 주의 뜻을 따르는 사도처럼(고전 1:1) 십자가의 도를 전하겠습니다(고전 1:23~24). -아멘-

| 찬송 · 449 장 | 말씀 · 렘 41 : 1-18 | 년   월   일 |

이스마엘이 벌인 살인극

오늘의 요절 렘 41 : 2 ▷ 느다냐의 아들 이스마엘과 그와 함께한 열 사람이 일어나서 바벨론 왕의 그 땅 총독으로 세운바 사반의 손자 아히감의 아들 그다랴를 칼로 쳐죽였고

살핌
1. 이스마엘의 성격을 비평하십시오.
2. 요하난의 길은 어디로 향해야 될까요?
3. 내가 가장 고민스러울 때에 나의 상담자는 누구입니까?

사랑하는 성도 여러분! 예레미야 41장은 피와 악행으로 얼룩진 장입니다. 그리고 이스마엘과 요하난의 행동을 기록하였습니다. 살인의 대참사들은 인생이 만든 재앙이었습니다. 예레미야 41장에는 세명의 인물이 등장하였습니다. 첫째는 그다랴 총독, 둘째는 살인자 이스마엘 장관, 셋째는 요하난입니다.

묵상 첫째, 살해당한 그다랴 총독(렘 41 : 1~3). 그다랴의 총감독-총독시절은 늘 불안한 정국이었습니다. 요하난의 충고는 이스마엘의 저의를 조심하라는 것이었습니다. 그러나 그다랴는 이스마엘이 초대한 미스바의 만찬 때에 자객 10명에게 비참하게 살해당하였습니다. 그와 함께 졸지에 살해당한 유대인과 갈대아 군사들도 있었습니다. 둘째, 살인자 이스마엘의 만행(렘 41 : 4~10). 이스마엘의 살해행각의 동기는 권력에 대한 탐욕이었습니다. 또는 그다랴를 이스라엘의 배역자로 여겼고, 그의 배후에는 암몬 자손의 왕 바알리스의 지령도 있었습니다. 그때에 80여명의 유다인은 슬픈 기색으로 수염을 깎고 예루살렘의 폐허에 대하여 애곡하러 왔습니다. 이스마엘은 이들까지도 영접하는 척 하다가 70명을 살해하고 나머지 10명에게는 뇌물을 받고 살려주었습니다. 그뿐 아니라 이스마엘 일행은 미스바에 남아있는 유다인들과 왕의 딸들을 그들의 포로로 잡아 암몬 자손의 왕에게로 출발하였습니다(렘 41 : 10). 셋째, 요하난의 두려운 길음(렘 41 : 11~18). 요하난은 가장 필요한 시기에 미스바에는 없었습니다. 그러나 이스마엘의 마각을 듣고 곧 그들 일행을 만나자 이스마엘이 잡은 포로들, 곧 유다인들은 요하난에게로 도망왔습니다. 그러므로 이스마엘의 잔당 8명은 암몬 자손에게로 갔고 요하난과 남은 유다 백성들은 갈대아 군사들에게 모든 책임을 뒤집어 쓸까(?) 염려하여 애굽으로 떠나려 하였습니다.

적용 사랑하는 성도 여러분! 요하난과 그의 일행은 어디로 가야 생명을 얻을까요? 참으로 난감한 요하난의 입장은 선지자 예레미야를 찾게 되었습니다. 사람은 반드시 난제가 찾아옵니다. 그러므로 오늘도 하나님의 신실한 종들에게 상담하며 하나님께 기도합시다. -아멘-

기도 우리 주 예수 그리스도여! 염려 없는 생활로(고전 7 : 32~ 33), 빛의 열매를 맺고 싶습니다(엡 5 : 8~14). -아멘-

찬송 · 487 장   말씀 · 렘 42 : 1-22   년   월   일

우리의 마땅히 갈 길과 할 일

오늘의 요절   렘 42 : 3 ▷ 당신의 하나님 여호와께서 우리의 마땅히 갈 길과 할 일을 보이시기를 원하나이다

살핌
1. 요하난과 그의 일행이 선지자 예레미야를 찾아온 이유는 무엇입니까?
2. 예레미야 선지자에게 응답된 하나님의 메시지는 무엇입니까?
3. 나의 양심이 주의 말씀을 듣고 행하려 할 때 어떤 장애의 습관이 있습니까?

사랑하는 성도 여러분! 예레미야 42장은 요하난과 그의 무리들이 선지자 예레미야에게 찾아와 상담하는 내용과 그의 지도를 기록하였습니다. 사욕(私欲)에 사로잡힌 사람은 그 누구의 권면도 따르지 않고 자기의 척도대로 행하다가 결국은 시행착오의 늪속에 빠집니다. 요하난과 모든 군대 장관들은 큰 자부터 작은 자까지 우리의 선지자 예레미야에게 찾아와 하나님께 기도하여 갈 길을 알려 달라고 청원하였습니다.

묵상
첫째, 하나님 여호와의 뜻을 묻는 예레미야 선지자(렘 42 : 2~6). 요하난과 그의 일행은 방향을 잃어버린 나그네들이었습니다. 그들도 하나님의 가족이었지만 신령한 일을 생각하는 선지자의 기도가 절실하였습니다. 이에 선지자는 불쌍한 그들의 미래를 생각하사 여호와께서 그들에게 응답하시는 내용을 다 숨김없이 알려주기로 약조하였습니다. 따라서 그들은 선지자에게 응답한 내용을 굳게 따르기로 하였습니다. 그들은 여호와의 목소리를 청종(聽從)하면 복이 있으리라는 자세였습니다. 둘째, 하나님 여호와의 응답 메시지를 전달하는 예레미야 선지자(렘 42 : 7~22). 하나님께 기도를 한 선지자 예레미야에게 10일 후에 여호와의 응답이 있었습니다. 선지자는 요하난의 일행을 불렀습니다. 그 응답의 내용은 ① 현재의 땅에 머물 것이며 ② 바벨론 왕을 두려워하지 말 것이며 ③ 하나님의 말씀을 순복(順服)할 것이었습니다. 그러므로 예레미야 선지자는 그들에게 애굽행을 고집(固執)스럽게 주장하면 재앙과 죽음의 칼이 뒤따를 것이라고 못박듯이 강조하였습니다.

적용
사랑하는 성도 여러분! 선지자의 확신있는 권면은 하나님의 가족들이 피할 길이었습니다. 그것은 애굽이 아닌 현재의 미스바에서 기도하는 길이었습니다. 그 길은 가증함과 놀램과 저주와 치욕거리를 보지 않는 방법이었습니다. 이 일을 순종하지 않는 남은 유다가족들이 된다면… 칼(죽음), 기근(배고픔), 염병(병마) 때문에 몰살할 것이었습니다. 그러므로 오늘도 하나님의 가족들은 기도의 응답 후에 모든 것을 결정하는 거룩하고 신령한 습관을 가집시다(딤후 2 : 20~26). —아멘—

기도
우리 주 예수 그리스도여! 영혼을 위한 경성(警醒, 히 13 : 16~17)과 선한 청지기 가족(벧전 4 : 7~11)이 되고 싶습니다. —아멘—

찬송 · 72 장   말씀 · 렘 43:1-13   년   월   일

말씀을 불신(不信)한 사람들

오늘의 요절 렘 43:4 ▷ 이에 가레아의 아들 요하난과 모든 군대장관과 모든 백성이 유다 땅에 거하라 하시는 여호와의 목소리를 청종치 아니하고

살핌
1. 성경에서 응답의 말씀을 거역한 대표자들을 아십니까?
2. 말씀의 고행(苦行)을 치르는 선지자의 심령은 어떠했을까요?
3. 나의 고집으로 주의 말씀을 역행한 일은 없습니까?

사랑하는 성도 여러분! 예레미야 43장은 예레미야가 기도하며 응답받은 말씀을 불신한 요하난과 그의 일행들의 애굽행에 대하여 기록하였습니다. 예레미야에게 응답된 하나님의 메시지는 듣는 자마다 반드시 실행하여야 되는 의무성이 있습니다. 그러나 하나님의 말씀을 전달하면 으레히 가라지같은 생각의 소유자들이 의미없는 반론과 불신의 꽃을 내밀 때가 찾아옵니다.

묵상 첫째, 애굽의 화려한 꽃을 선호하는 하나님의 남은 가족들이 있었습니다(렘 43:1~7). 호사야의 아들 아사랴와 가레아의 아들 요하난과 및 모든 교만한 무리들이 예레미야의 말씀에 반기를 들었습니다. 그들은 선지자의 만류를 그의 개인적인 의사(意思)로 취급하였고, 갈대아인에게 동조하는 협작꾼으로 몰아세웠습니다. 그들은 구체적으로 예레미야와 바룩(말씀 두루마리의 기록자)까지 포함하여 남은 하나님의 백성들을 끌고 애굽 땅 다바네스에 도착하였습니다. 이들의 행사는 하나님 말씀에 대한 모욕이며 조롱의 행위로 취급되어졌습니다. 둘째, 다바네스에 임하신 여호와의 말씀은 바벨론이 애굽을 정복하리라는 예고였습니다(렘 43:8~13). 흔히 고난의 바람을 피하여 안전하다 생각되는 곳으로 가면 된다고 생각합니다. 요하난의 일행이 바벨론을 피해 애굽으로 갔습니다. 그러나 하나님께서 사용하시는 고난의 채찍역할의 느부갓네살 왕은 애굽전역을 공격하여… 다바네스 땅에 큰 장막을 치게 될 것이었습니다. 하나님께서 그 증거로 예레미야에게 다바네스 바로의 집 어귀에 큰 돌을 놓고 표시하라고 말씀하셨습니다. 그리고 애굽의 우상들을 훼손시킬 것도 말씀하셨습니다.

적용 사랑하는 성도 여러분! 고난의 바람은 누가 불었을까요? 신앙의 꽃은 시련의 꽃입니다. 화려한 세속의 꽃은 불신의 꽃입니다. 넓고… 편하고… 안일한 방법으로 살려는 계획과 자극없는 무감의 세월은 하나님께서 싫어하십니다. 예수님의 남은 고난을 채우려는 바울의 기도를 기억합시다. 그러므로 오늘도 신행(信行)의 시간을 보냅시다. 절대로 외식하지 맙시다(마 23:27~28). -아멘-

기도 우리 주 예수 그리스도여! 믿음의 예물(마 23:16~22)과 폭풍후의 고적함(눅 8:22~25)을 깨닫고 싶습니다. -아멘-

찬송 · 355 장   말씀 · 렘 44 : 1-30   년   월   일

우매한 여인들의 가증한 말들

> **오늘의 요절**   렘 44 : 18 ▷ 우리가 하늘 여신에게 분향하고 그 앞에 전제 드리던 것을 폐한 후부터는 모든 것이 핍절하고 칼과 기근에 멸망을 당하였느니라 하며

살핌
1. 하나님께서 바라시는 여인상은 무엇일까요?
2. 유다의 유부녀들이 선지자에게 대항한 이유는 무엇입니까?
3. 나는 여인들의 사치와 우상숭배 및 세속적 치장을 어떻게 생각합니까?

사랑하는 성도 여러분! 예레미야 44장은 예레미야의 애굽재앙 선언에 대하여 정면으로 도전한 유다 여인들의 우상숭배 행위에 대하여 기록하였습니다. 하나님의 가족들이 하나님을 섬기지 않고 다른 우상에게 분향하고 그들의 제사장에게 아부하는 모습은 하나님을 격노하게 만드는 일입니다. 애굽재앙의 선언은 하나님의 선언이었습니다.

묵상 첫째, 하나님께서 애굽에 내리는 재앙의 이유들(렘 44 : 1~14). 하나님의 백성들, 곧 하나님의 가족들은 합력하여 여호와의 뜻을 받들어야 합니다. 그러나 유다의 남은 가족들은 선지자의 말을 듣지 않았습니다. 하나님의 노를 격동시키는 악행-우상숭배-도 거침없이 실행하였고, 하나님께서 미워하시는 가증한 일을 멈추지 않았습니다. 그들은 멸절(滅絕)을 스스로 원하듯 저주와 모욕거리만 찾아 행한 것입니다. 이들의 역행은 부녀자들과 옛 왕비들… 방백들의 유한마담행위 때문이었습니다. 둘째, 하나님의 가족들의 교만한 말과 유부녀들의 패역한 말들(렘 44 : 15~30). 하나님의 명령을 배반한 사람들은 조급하였습니다. 그들은 하늘의 여신에게 분향하려고 우상의 제물을 준비하였습니다. 이에 예레미야는 그들을 중심의 마음으로 설득하였습니다. "애굽 땅에서 사는 모든 유다여! 여호와의 말씀을 들으라!" 선지자는 그들에게 눈물과 애절한 호소로 퇴락한 심령을 향하여 소리쳤습니다. 하나님의 재앙은 변함없을 것이니 이제라도 돌아서라는 것이었습니다. 만일 유다의 유부녀들이 계속 우상숭배를 하면 그 결과는 죽음이라고 선언하였습니다. 또한 애굽 왕 바로 호브라는 시드기야 왕처럼 될 것이라고 예언하였습니다(렘 44 : 30).

적용 사랑하는 성도 여러분! 어리석음으로 배부른 유부녀와 여인들이 우리나라에도 있습니다. 그들의 패역함은 우리의 마음을 아프게 합니다. 유다의 유부녀들은 먼 훗날 치욕을 당하고 전쟁폭도들에게 폭행을 당하였습니다. 주님의 제자들은 죽음으로 예수님의 중보사역, 구원사역, 하나님의 나라에 대하여 설교하였습니다. 그러므로 오늘도 우리의 할 일은 우상숭배자들을 설득하는 것입니다(살후 3 : 6~15). -아멘-

기도 우리 주 예수 그리스도여! 규모있는 생활(살후 3 : 6)로 진리의 지식에 이르고 싶습니다(딤후 3 : 1~7). -아멘-

찬송 · 479 장   말씀 · 렘 45:1-5   년 월 일

기록자 바룩을 향한 예레미야의 사랑

오늘의 요절 렘 45:5 ▷ 네가 너를 위하여 대사를 경영하느냐 그것을 경영하지 말라 보라 내가 모든 육체에게 재앙을 내리리라 그러나 너의 가는 모든 곳에서는 내가 너로 생명 얻기를 노략물을 얻는 것 같게 하리라 여호와의 말이니라 하셨느니라

살핌
1. 바룩의 슬픔은 무엇일까요?
2. 하나님의 사랑과 예레미야의 깊은 사랑을 2가지로 요약하십시오.
3. 나는 교회일을 하다가 주의 사명을 실행하다가 낙심했었습니까?

사랑하는 성도 여러분! 예레미야 45장은 예레미야의 예언들을 기록하고 낭독했던 바룩의 위험을 염려하는 선지자의 심정을 기록하였습니다. 하나님의 선지자 예레미야는 세심한 사랑의 사람이었습니다. 그를 위하여 수고했던 바룩에게 예레미야 45장을 사용하였습니다. 이것은 기록자 바룩을 향한 예레미야의 사랑이며 하나님께서도 그의 업적과 공로를 후세에 전달하시려는 섭리의 은사였습니다.

 첫째, 바룩의 슬픔은 하나님의 슬픔, 그리고 예레미야의 아픔이었습니다(렘 45:3). 이스라엘의 하나님 여호와께서는 주의 일을 행하다가 겪는 수모를 다 아십니다. 그의 도피는 예언의 말씀을 기록하고 전달하는 이유 때문에 왕의 방백들에게 추격당하는 것이었습니다. 그런 일은 하나님의 섭리의 실행 때문에 겪는 인생의 낙심이었지만… 예레미야와 함께 애굽에서 고역을 치르는 바룩을 안타깝게 여기시는 하나님이십니다. 둘째, 하나님께서 바룩을 위로하는 소망을 주셨습니다(렘 45:4~5). 바룩의 근심은 죽음의 염려였습니다. 하나님께서는 선지자를 통하여 그를 위로하시고 소망을 주셨습니다. 심기도 하시고 뽑으시기도 하시는 하나님의 큰 일을 이해시켰습니다. 그리고 생명을 주신 하나님께서 바룩의 생명을 보호하시는 것이 마치 전쟁에서 노략물을 얻는 것처럼 쉬운 일임을 설득하였습니다. 하나님은 역사와 대사(大事)를 다루시고 이끌어 주십니다. 따라서 주의 일을 하는 동역자들은 염려를 다 주께 맡기는 기도를 합니다.

적용 사랑하는 성도 여러분! 하나님의 아들 예수 그리스도의 제자들의 출신성분을 아십니까? 주의 일을 하려고 몸부림치는 젊은이들의 찬양을 들으셨습니까? 하나님의 대사에 동참하십니까? 하나님의 경영은 전 우주적이며 모든 인류의 심리 속까지 포함된 줄 믿습니까? 바룩(?) 그의 미세한 고민까지도 배려하여 예레미야 45장을 기록하게 하신 하나님의 사랑과 보호를 잊지 맙시다. 그러므로 오늘도 디모데처럼… 루디아처럼… 빌립처럼 주의 일을 동역합시다(골 4:7~18). —아멘—

기도 우리 주 예수 그리스도여! 은혜의 소금생활(골 4:6)로, 바울의 두기고(엡 6:21~22)처럼 일하고 싶습니다. —아멘—

찬송 · 337장   말씀 · 렘 46:1-28   년   월   일

시기(時期)를 잃어버린 왕

| 오늘의 요절 | 렘 46:16~17 ▷ 이르되 일어나라 우리가 포악한 칼을 피하여 우리 민족에게로, 우리 고토로 돌아가자 하며 거기서 부르짖기를 애굽 왕 바로가 망하였도다 그가 시기를 잃었도다

1. 애굽의 죄는 무엇입니까?
2. 애굽을 향한 하나님의 채찍과 칼을 든 왕은 누구입니까?
3. 내가 주의 일을 할 시기는 언제입니까?

사랑하는 성도 여러분! 예레미야 46장은 애굽에 나타난 하나님의 심판과 이스라엘의 구원섭리에 대하여 기록하였습니다. 마땅히 열어야 할 문을 열듯이 하나님의 징벌은 애굽의 전역에 내려집니다. 모세의 시대보다도 더욱 확연하게 나타난 징벌은 여호야김 제4년에 계시되었습니다. 애굽은 요시야 왕을 살해한 죄목이 있었습니다.

묵상 첫째, 전쟁의 시기를 준비한 애굽 왕 바로느고의 죄에 대한 하나님의 형벌 (렘 46:3~12). 그들의 전쟁준비는 하나님의 사자 예레미야에게 조롱을 받습니다. 그는 애굽의 큰 방패와 작은 방패 및 기병의 투구에 대하여 헛된 일이라고 말씀하였습니다. 용맹스러운 용사의 발도 헛되며 대적에게 원수갚는 일들도 헛된 일이 될 것이라고 예언하였습니다. 부상당한 병사들에게 명약을 쓸지라도 무효(無效)하여 낫지 않을 것도 말씀하였습니다. 이토록 결론적으로 말씀하시는 이유는 하나님께서 바벨론 제국을 통하여 공격하실 것이기 때문이었습니다. 둘째, 회개하거나 돌아설 시기를 잃어버린 애굽 왕(렘 46:13~26). 다바네스에 피난온 남은 유다인들은 애굽은 안전하리라고 생각하였습니다. 그러나 하나님께서는 바벨론 왕 느부갓네살을 통하여 애굽을 공격하기로 예비하셨습니다. 그리고 그 참상을 선지자 예레미야에게 말씀하셨습니다. 애굽 전역이 포위될 것이며… 장사들이 칼에 쓰러지게 될 것이었습니다. 따라서 그제서야 유다 백성들은 우리 민족에게로 돌아가자! 우리의 고토(故土)로 돌아가자!고 우왕좌왕할 것을 말씀하셨습니다. 그들은 주저앉으며… "애굽 왕 바로가 망하였도다… 그가 시기를 잃었도다"라고 말할 것이었습니다.

적용 사랑하는 성도 여러분! 재난의 날은 벌받는 때입니다. 하나님을 의지하지 않는 사람들은 은총과 축복의 시기를 잃게 됩니다. 그러나 하나님께서는 그런 와중에서도 하나님의 선택한 백성들이 그의 말씀을 청종하면 두려움 속에서도 구원을 시킬 것입니다(렘 46:27). 꺼져가는 심지의 인생들도 완전히 멸망시키지 않습니다. 그러므로 오늘도 은혜받을 시기, 회개할 시기를 잃어버리지 맙시다. —아멘—

기도 우리 주 예수 그리스도여! 하나님 나라에 합당한 가족이 되어(눅 9:62) 처소의 은혜를 기다립니다(요 14:1~3). —아멘—

찬송 · 401장   말씀 · 렘 47 : 1-7   년   월   일

도와줄 자를 다 끊어 버리시는 날

오늘의 요절 렘 47 : 4 ▷ 이는 블레셋 사람을 진멸하시며 두로와 시돈에 남아 있는바 도와줄 자를 다 끊어버리시는 날이 이름이라 여호와께서 갑돌섬에 남아 있는 블레셋 사람을 멸하시리라

1. 위선자, 외식자 같은 형태의 사람을 성경에서 찾아 보십시오.
2. 블레셋이 망하는 이유는 무엇입니까?
3. 나의 위선과 외식의 염려는 어떤 종류의 줄입니까?

사랑하는 성도 여러분! 예레미야 47장은 블레셋의 멸망에 대한 예언 내용이 기록되었습니다. 예수님의 곁에 맴돌면서 비아냥거렸던 바리새인들, 제사장들, 서기관들의 행동은 애굽인들과 블레셋 백성들의 유형이었습니다. 그들은 유다의 백성들… 즉 이스라엘 백성들을 돕는 척하면서 그들을 올무로 엮었습니다.

첫째, 하나님께서는 갈대아의 칼을 가지고 유다 백성들이 의지하는 블레셋의 줄을 끊으실 것이었습니다(렘 47 : 2). 예레미야에게 임하신 여호와의 말씀은 하나님을 의지하지 않고 주변 열국을 의지하는 유다 · 이스라엘 민족을 책망하시는 내용이었습니다. 북방에서 일어난 물은 갈대아의 물이었습니다. 그 물이 홍수되듯 수많은 대군은 블레셋을 삼킬 것이었습니다. 수많은 말들과 말발굽 소리에 자식 돌볼 겨를도 찾지 못하게 될 블레셋의 운명은 애곡의 운명이었습니다. 둘째, 하나님께서 징벌하시는 날은 도와줄 자를 끊어버리는 날이었습니다(렘 47 : 3~7). 블레셋은 우방이 아니었습니다. 그들은 드로와 시돈 땅에서 기생하는 해충과 같은 존재들이었습니다. 따라서 징벌의 날에는 의존의 줄이 끊어지고 오직 여호와 하나님의 긍휼만이 생명의 줄이 될 것이었습니다. 여호와의 칼이 된 갈대아 대군은 모든 생의 곳곳을 삭발시키듯 휩쓸 것이며, 모든 평지의 먼지를 일으킬 것이었습니다. 따라서 하나님의 목적이 이루어질 때까지 쉼 없는 진멸작업이 된 것이었습니다.

사랑하는 성도 여러분! 블레셋의 위선은 진멸되었습니다. 애굽의 외식행위는 유다인들에게 큰 치욕을 겪게 하였습니다. 그들이 피할 산성이며, 피할 바위는 하나님께서 명하신 땅, 본토, 아비의 집이었습니다. 그곳에서 하나님을 경외할 때 주의 긍휼이 역사될 것이었습니다. 우리 주 예수님만이 우리의 구세주이십니다. 주님만이 우리의 살 길과 도와줄 십자가입니다. 그러므로 오늘도 외식하는 무리의 줄을 끊으시고 오히려 기도의 줄을 잡고 복음의 씨를 뿌립시다(막 4 : 26~29). -아멘-

우리 주 예수 그리스도여! 파견받은 제자처럼(막 6 : 7~13) 생활하며, 시험에 들지 않고 싶습니다(막 14 : 32~42). -아멘-

찬송 · 447장　　　　말씀 · 렘 48:1-47　　　년　월　일

여호와의 일을 태만히 하는 사람

| 오늘의 요절 | 렘 48:10 ▷ 여호와의 일을 태만히 하는 자는 저주를 받을 것이요 자기 칼을 금하여 피를 흘리지 아니하는 자도 저주를 당할 것이로다 |

 1. 하나님께서 모압을 징계하시는 이유 3가지를 정리하십시오.
2. 풍요로운 물질은 어떤 영적요소를 소멸시킵니까?
3. 나는 어느 때 하나님의 구원을 소망하고 열망합니까?

사랑하는 성도 여러분! 예레미야 48장은 모압에 대한 하나님의 징계를 그들의 교만과 자고와 오만한 산당제사에 근거한다고 기록하였습니다. 여호와의 일을 태만히 했던 사람들의 원인을 보면… 풍요의 사상과 자가당착의 이론에 빠져있는 나무를 만납니다. 하나님의 공동체-교인들은 풍성한 은혜를 사랑하고 풍요한 물질생활을 경계합니다.

첫째, 모압의 멸망이 예언되었습니다(렘 48:1~25). 모압을 징벌하시는 분은 하나님이셨습니다. 그들은 수치와 점령을 당할 것이며 긍휼이 없는 심판을 받게 되었습니다. 모압을 좋아하는 나라가 없으며 영아까지도 죽음을 당하게 될 것이었습니다. 그들은 스스로 만든 공작물(우상)을 사랑하고, 모든 제사장들과 방백들도 포로가 될 것이었습니다. 그들은 시련이 없었던 족속이었지만 이번의 시련은 용사도, 전사도 소용없는 도망자의 시련이 될 것이었습니다. 둘째, 모압의 멸망원인은 여호와의 일을 하지 않는 것이었습니다(렘 48:46~47). 일의 태만(怠慢)의 원인은 자만한 마음입니다. 하나님은 모압의 자고(自高)와 오만과 자긍과 마음의 거만에 대하여 갈급한 시련을 주실 것이었습니다. 즉, 가뭄과 기근과 전쟁의 소용돌이 바람을 부실 예정이었습니다. 특히 모압근동의 산당제사에 대하여 하나님의 분노가 있을 예정이었습니다. 그 표현을 강하게 말씀하시면서 많은 지도급의 인사들이 수염이 뽑히거나 도망치는 몰골이 될 것도 말씀하셨습니다. 그들의 두려움은 끊어지지 않고 마음을 둘 곳이 없어서 헤매는 들개 신세가 될 것도 예언하셨습니다.

사랑하는 성도 여러분! 일을 하지 않으면 망하고 병이 듭니다. 하나님의 가족이며, 그의 백성된 사람들은 주 예수님처럼 밤, 낮, 새벽을 가리지 않고 충성을 다합니다. 포로의 환경에서도 말씀을 선포한 예레미야 선지자, 감옥에 갇혔으면서도 복음의 기록편지를 쓰셨던 사도바울, 장사를 하면서도 주의 사역자를 돕던 자주 장사 루디아처럼 여호와! 곧 우리 주 예수 그리스도의 일을 합시다. 그러므로 오늘도 일을 통하여 교만의 탑을 허물어 버립시다. -아멘-

우리 주 예수 그리스도여! 예수의 좋은 군사(딤후 2:4~7) 되어 이단에 속한 사람을 권면하고 싶습니다(딛 3:8~11). -아멘-

찬송 · 397 장 　　　　　말씀 · 렘 49 : 1-39 　　　　　년　월　일

재물을 의뢰하지 마라

오늘의 요절　렘 49 : 4 ▷ 타락한 딸아 어찌하여 골짜기 곧 네 흐르는 골짜기로 자랑하느냐 네가 어찌하여 재물을 의뢰하여 말하기를 누가 내게 오리요 하느냐

살핌
1. 모압의 죄는 무엇입니까?
2. 에돔의 죄는 무엇입니까?
3. 다메섹의 죄는 무엇입니까?

사랑하는 성도 여러분! 예레미야 49장은 암몬 자손과 에돔, 다메섹에 대한 하나님의 징계 예고와 엘람에 대한 심판내용을 기록하였습니다. 하나님 나라의 일은 많은 물질을 필요로 할 때가 있습니다. 어느 누구든지 하나님의 백성들이 당하는 어려운 형편을 보고도 돌아보지 않으면 그것은 경건한 하나님의 가족이 아닙니다.

묵상 첫째, 모압의 죄는 욕심이었습니다(렘 49 : 1~6). 그들의 욕심은 '땅'이었습니다. 갓지파의 땅을 불법으로 차지한 죄는 커다란 민족적 죄였습니다. 하나님은 그의 후손들에게 물려지는 땅일지라도 반드시 정의와 공도(公道)로 심판하실 것이었습니다. 그들은 타락한 딸이었습니다. 그들이 의지한 것은 축적된 재물이었습니다. 재물 모으는 일만 자랑하는 그들의 욕심은 그의 후손이 포로가 되는 결과를 만들게 되었습니다. 둘째, 에돔의 죄는 긍휼없는 삶이었습니다(렘 49 : 7~22). 스스로 지혜롭다 여기는 사람들, 스스로 명철하다 여기는 에돔사람들의 죄는 가난한 자와 무식한 사람들에게 무관심한 죄였습니다. 포도나무의 열매를 남겨두는 긍휼도 없는 그들은 고아와 과부를 불쌍히 여기는 이웃사랑이 없었습니다. 여호와께서는 그들에게 동일한 세력이 아니라 더욱 지력이 강하고 군사력이 막강한 군대를 통하여 징벌하실 것을 예언하셨습니다. 그들은 연합전투세력에 의해 무너지고 바위틈 산꼭대기까지 점령을 당할 예정이었습니다. 하나님의 도모와 경영을 무관심하게 여긴 그들의 운명은 해산하는 여인의 고통처럼 신음과 비명을 지르게 될 것이었습니다(렘 49 : 22).

적용 사랑하는 성도 여러분! 다메섹의 죄는 가끔씩 이스라엘 근경을 침범한 죄입니다. 그들은 바벨론 군대의 움직임을 듣고 낙담할 것이며 피곤함과 떨림의 세월이 찾아올 것이었습니다. 찬송의 성읍, 하나님의 즐거운 성읍이 불에 탈 것이었습니다. 엘람의 성읍도 결국에는 징벌을 당하게 될 것이었습니다. 이토록 이스라엘 및 유다와 관련된 열국들이 하나님의 진노를 받게 되었습니다. 그러므로 오늘도 하나님의 가족들은 후손을 위하여 내핍, 근검, 절약, 긍휼의 생활을 합시다. ―아멘―

기도 우리 주 예수 그리스도여! 다른 사람의 일을 돌아보는 가족(빌 2 : 1~4)이 되어 위엣것을 찾겠습니다(골 3 : 1~4). ―아멘―

찬송·69장　　　말씀·렘 50:1-20　　　년　월　일

목장으로 돌아오게 하리라

오늘의 요절　렘 50:19 ▷ 이스라엘을 다시 그 목장으로 돌아오게 하리니 그가 갈멜과 바산에서 먹을 것이며 그 마음이 에브라임과 길르앗 산에서 만족하리라

　1. 바벨론의 멸망 원인은 무엇입니까?
　2. 하나님께서는 흩어진 백성을 어떤 가운데서 모으셨습니까?
　3. 내가 인도해야 할 하나님의 가족(양떼)은 어디 있을까요?

사랑하는 성도 여러분! 예레미야 50장 1~20절은 바벨론의 멸망예고와 유다 포로들을 귀향시키려는 하나님의 계획을 기록하였습니다. 공의(公義)로운 일을 실행할 날이… 결산할 날이 주일입니다. 일주일 전에 일어났던 세속의 생활이 주었던 상처를 주일의 말씀으로 치료받으십시오? 하나님은 공의의 실행자이시며 그의 목적이 이룰 때까지 과감한 진행을 하십니다. 사울을 쓰시다가 그를 버리신 것처럼… 바벨론도 하나님의 심판을 당하게 되었습니다.

묵상　첫째, 바벨론의 멸망은 흩어진 유다인의 귀환예정이었습니다(렘 50:1~10). 바벨론은 우상숭배가 심하였습니다. 그 우상의 이름은 벨(운명의 신)과 므로닥(主人의 신)이었습니다. 그들의 나라는 북방의 나라를 통하여 망하게 되었습니다. 그때에 유다 자손이 울며, 찬양하며 시온을 향하여 올 것이었습니다. 하나님은 잃어버린 양떼들을 삼지사방에서 불러 모으시고 그들이 쉴만한 곳으로 인도하시려는 계획을 세우신 것입니다. 그러므로 하나님께서는 의로운 처소이신 모든 열조상의 소망이 되십니다. 둘째, 바벨론의 멸망은 연합국에 의한 것이며 그날에는 흩어진 이스라엘 양떼를 목장으로 인도하실 것이었습니다(렘 50:11~20). 그 목초지는 에브라임과 길르앗 산이며, 갈멜과 바산이었습니다. 하나님은 그의 산업을 도로 찾으사 그의 양떼들에게 나누어 주실 것이었습니다. 따라서 그들은 다시 파종할 것이며 훼파된 성벽을 새롭게 보수(報讐)하실 것이었습니다. 그러므로 이스라엘과 유다의 백성들은 바벨론과 손을 끊으며 그곳에서의 안일함과 치욕의 세월을 말씀으로 씻어야 할 것이었습니다.

적용　사랑하는 성도 여러분! 하나님께서 회복하시는 은혜 속에는 완전한 사유의 선언이 담겨 있습니다. 남아서 이스라엘의 하나님을 사랑하고 그의 나라의 회복을 위하여 기도했던 자들이 민족간의 지었던 죄들을 용서하여 주실 것입니다. 우리 예수님을 믿는 자마다 그의 피 앞에서 죄를 고백합시다. 흩어진 마음을 가다듬고 하나님의 긍휼과 사랑을 소망합시다. ─아멘─

기도　우리 주 예수 그리스도여! 기쁨을 돕는 자(고후 1:23~24)가 되어 믿음의 표징이 되고 싶습니다(고후 12:12). ─아멘─

찬송 · 466 장   말씀 · 렘 50 : 21-46   년   월   일

여호와를 향한 바벨론의 교만

오늘의 요절   렘 50 : 29 ▷ 활 쏘는 자를 바벨론에 소집하라 무릇 활을 당기는 자여 그 사면으로 진을 치고 쳐서 피하는 자가 없게 하라 그 일한 대로 갚고 그 행한 대로 그에게 행하라 그가 이스라엘의 거룩한 자 여호와를 향하여 교만하였음이니라

살핌
1. 바벨론의 비유 가축은 무엇입니까?
2. 바벨론의 멸망 원인은 무엇입니까?
3. 바벨론을 해체할 세력은 어느 방향의 무엇이었습니까?

사랑하는 성도 여러분! 예레미야 50장 21~46절은 바벨론의 교만함과 거룩한 백성들을 업신여긴 죄를 여호와께서 징벌할 내용을 기록하였습니다. 바벨론 제국은 하늘 높은 줄 모르는 대제국이었습니다. 따라서 왕과 그의 족속들은 거룩하고 착하게 살려는 백성들을 조롱하거나 업신여겼습니다. 이것이 바벨론의 교만성이었습니다.

 첫째, 바벨론은 여호와의 백성들과 다투었습니다(렘 50 : 21~32). 하나님을 믿는 무리들의 어려움을 고소해 하며, 그들의 신앙행위를 업신여기는 것은 하나님과 다투겠다는 표현이었습니다. 그들의 신(神)과 이스라엘 · 유다의 신(神)을 비교하거나 그 능력의 역사를 의지대로 시험하였습니다. 하나님께서는 그들을 교만한 죄목으로 처리하실 예정이었습니다. 즉, 연합전투세력은 바벨론을 꺾어 버리었고 그들의 인생과 모든 가축 및 성읍이 불에 탈 예정이었습니다. 둘째, 바벨론을 향한 여호와의 도모와 경영은 여호와의 뜻이었습니다(렘 50 : 33~46). 한때는 갈대아인-바벨론 제국은 여호와께서 세계의 몽둥이로 사용하셨으나 포로로 잡혀간 유다 자손을 학대(虐待)하고 놓아 주지 않았기에 그들을 버리기로 계획하신 것이었습니다. 포로로 잡혀온 유다와 이스라엘 백성들은 그들의 고통을 그들의 구속자이신 여호와께 아뢰었습니다. 따라서 하나님의 은혜는 기도에 있으니 그들의 기도는 본향을 향하여 돌아가는 회개였습니다. 그러므로 북방 세계의 민족들과 여러 나라가 동시에 바벨론 제국의 해체작전을 감행하게 된 것입니다.

적용 사랑하는 성도 여러분! 칼을 자랑하는 바벨론은 칼에 망하고(렘 50 : 36), 호화로운 문화와 문물을 자랑하였지만 가뭄으로 황폐하였습니다. 설상가상 연합전투 세력은 바벨론 왕의 간담을 서늘하게 만들었습니다. 이토록 여호와의 뜻은 오묘합니다. 어린 양떼를 돌보시는 이스라엘의 목자는 늘 구속자이시며 구원의 하나님이셨습니다. 우리 주 예수 그리스도께서 말씀하신 양(羊)의 문(門)이십니다. 그러므로 오늘도 믿음으로 하나되는 일에 협력합시다. -아멘-

기도 우리 주 예수 그리스도여! 주님의 심복이 되어(몬 1 : 12~16), 믿음의 실상이 되고 싶습니다(히 11 : 1~3). -아멘-

| 찬송 · 428 장 | 말씀 · 렘 51 : 1-32 | 년   월   일 |

여호와의 일을 선포하라

오늘의 요절 렘 51 : 10 ▷ 여호와께서 우리 의를 드러 내셨으니 오라 시온에서 우리 하나님 여호와의 일을 선포하자

 1. 바벨론에게 행하신 여호와의 일은 무엇입니까?
2. 바벨론의 기세는 사울의 기백과 같습니까?
3. 내가 이 세상에서 헛되다고 생각되는 일은 무엇입니까?

사랑하는 성도 여러분! 예레미야 51장 1~32절은 하나님 여호와께서 만물을 다스리시며 그의 일을 나타내신 것과 바벨론의 운명에 대한 것을 기록하였습니다. 바벨론 멸망의 일은 인생으로는 하기 어려운 것 같습니다. 왜냐하면 바벨론 제국은 부강과 번영의 상징인 금잔이었으며, 황금성(사 14 : 4)과 금머리(단 2 : 38)와 같은 나라였기 때문입니다. 그럴지라도 여호와께서 그 땅을 진멸시켰습니다.

묵상 첫째, 여호와의 수중(手中)에 있을 때의 바벨론은 금잔의 환경이었습니다(렘 51 : 5~15). 바벨론은 졸지에 넘어져 파멸되는 나라였습니다. 그들이 거룩하신 자를 거역한 죄가 영영한 상처를 입게 될 것이었습니다. 하늘과 땅에 편만한 상처가 우리의 가슴을 여미게 하며, 여호와의 의가 역사되었던 때를 우리는 여호와의 일로 선포해야 될 것입니다. 여호와의 성벽을 허물었던 그들은 자국의 성벽을 지켜도 소용이 없었습니다. 재물을 갈취하던 그 나라는 재물의 탐욕이 한계에 이르러 그것 때문에 목숨을 잃었던 것입니다. 마치 버려진 술잔처럼…. 둘째, 바벨론의 경비는 헛것을 지켰습니다(렘 51 : 16~32). 여호와의 일은 권능으로 땅을 지으신 것이며 그의 지혜로 세계를 세우셨습니다. 그 명철들로 하늘들을 펴신 역사입니다. 그는 물과 하늘과 구름과 번개와 바람을 만드시었습니다. 그러나 바벨론의 인생들은 우준하고 무식하였습니다. 그들이 만든 금장색 신상과 우상 때문에 헛된 생기를 바치고, 망령되이 만든 것을 헛되이 지켰습니다. 그러므로 그들은 여호와의 철퇴를 맞았습니다. 남녀노소 모두가 황무지 인생이 되었습니다.

적용 사랑하는 성도 여러분! 바벨론의 망함은 순식간이었습니다. 땅의 황폐함과 살기운을 잃어버린 모습은 처참한 것이었습니다. 오직 두려움, 정적이 감도는 곳에 들짐승만 득실거리는 땅이 되었던 것입니다. 참으로 하나님께서 하시는 일을 그 어느 누가 감히 거역하거나 따지고 대들 수 있습니까? 그러므로 오늘도 우리의 가슴에 받은 은혜의 일들을 가족끼리 이야기하여 봅시다(계 22 : 10~15). -아멘-

기도 우리 주 예수 그리스도여! 낮음의 자랑(약 1 : 9)이 있으며 긍휼을 행하는 가족이 되고 싶습니다(약 2 : 13). -아멘-

| 찬송·184장 | 말씀·렘 51:33-64 | 년 월 일 |

스스로 구원하라

오늘의 요절 렘 51:45 ▷ 나의 백성아 너희는 그 중에서 나와 각기 나 여호와의 진노에서 스스로 구원하라

1. 용기의 정의를 내려 보십시오.
2. 인과응보를 믿습니까?
3. 내가 살아온 역사를 재정리할수 있습니까?

사랑하는 성도 여러분! 예레미야 51장 33~64절은 바벨론에 임할 여호와의 진노시에 유다의 스스로의 구원활동에 대한 권면 내용을 기록하였습니다. 사랑하는 하나님께서 이스라엘 백성에게 주실 은사중에 첫것은 강한 심장이었습니다. 환난을 당하나 강하고 담대한 사람이 스스로를 구원하는 용력이 됩니다. 바벨론은 타작마당처럼 아수라장이었습니다. 시온의 백성들이 늘 기도하는 내용이 응답되었기에 바벨론은 이리와 늑대의 거리가 되었던 것입니다.

첫째, 바벨론의 마지막 만찬장은 영원히 잠들 처소였습니다(렘 51:33~44). 인생들은 내일 망할 줄도 모르면서 쾌락의 연회를 배설하였습니다. 그들이 잔혹스럽게 끌고온 어린 양같은 민족들에게서 얻은 노략물을 계산하였던 것처럼… 하나님도 그들을 도수장으로 끌고 가실 예정이었습니다. 바다에서 노략했던 물건을 계수할 때 그들도 먼 훗날에는 마른 땅에서 바다의 두려움을 느끼게 될 것이었습니다. 둘째, 스스로 구원받은 백성들은 마음을 겁약(怯弱)하게 먹지 말아야 합니다(렘 51:45~64). 들리는 풍설(風說)에도 두려워 말 것이며 강포(强暴)한 상황에서도 하나님의 경영과 도모의 뜻을 헤아려야 합니다. 이스라엘을 살륙했던 바벨론의 군사가 눈 앞에 엎드려져도 여호와를 생각하며 예루살렘을 마음에 두어야 스스로 구원을 기다리게 될 것이었습니다. 그들의 신상(神像)이 무너지고 큰 파멸과 곡성이 하늘을 찌른다 해도 보복의 하나님 여호와께 기도해야 할 것입니다.

사랑하는 성도 여러분! 나라의 흥망성쇠를 기록하는 사람은 역사의식과 민족의식이 뚜렷합니다. 선지자 예레미야는 바벨론 멸망의 상세한 기록을 스라야 시종장에게 읽도록 명령하였습니다. 패망에 대한 기록은 돌에 매어달렸고 유유히 흐르는 유브라데 하수가에 흘러들었습니다. 이제 바벨론의 역사는 침륜(沈淪)당하여 다시는 일어나지 못하고 쇠패(衰敗)되었습니다. 스스로 구원할 수 없는 나라였습니다. 그러므로 오늘도 우리를 구원하시는 예수님의 말씀을 읽으며 연구합시다. -아멘-

우리 주 예수 그리스도여! 불의의 삶을 사랑하지 않고(벧후 3:13~16), 거룩한 명령을 따르고 싶습니다(히 6:1~8). -아멘-

찬송 · 333 장   말씀 · 렘 52 : 1-34   년 월 일

모든 것의 끝을 생각하라

오늘의 요절 렘 52 : 27 ▷ 바벨론 왕이 히맛 땅 립나에서 다 쳐죽였더라 이와 같이 유다가 사로잡혀 본토에서 떠났더라

살핌
1. 나의 소명과 사명은 무엇입니까?
2. 예레미야의 소명과 사명수행을 어떻게 느끼셨습니까?
3. 내가 뿌리는 믿음의 씨는 기도, 눈물, 찬양, 헌신, 봉사, 자비입니까?

사랑하는 성도 여러분! 예레미야 52장은 예루살렘의 함락과 시드기야 왕의 최후 및 백성들의 포로됨, 그리고 바벨론의 약탈과 만행에 대하여 기록하였습니다. 예레미야의 소명과 사명은 처절한 환경의 연속으로 이어져 왔습니다. 복중에 짓기 전에 예비된 그의 사역은 눈물로 얼룩진 종말론적 삶이었습니다. 예레미야는 자신이 예언했던 예루살렘의 함락의 사실과 포로된 백성들의 비참함을 실제로 보았습니다.

 첫째, 함락된 예루살렘 성과 눈이 뽑힌 시드기야 왕의 신세(렘 52 : 1~11). 시드기야가 왕위에 오를 때 그의 나이 21세였습니다. 그가 십일년을 치리하였으니 그의 나이 32세가 되었습니다. 그는 여호야김의 악한 행위를 본받았으므로 여호와께서 보시기에 악한 왕으로 정평이 났습니다. 시드기야가 바벨론 왕을 배반하였으므로 그는 느부갓네살 왕의 포위속에 있다가 결국에는 예루살렘 성을 빼앗기었습니다. 그래서 그는 왕으로서 수치의 눈을 뽑히게 되고 쇠사슬에 결박을 당한 것이었습니다. 그리고 죽는 날까지 옥살이를 하였습니다. 둘째, 바벨론의 약탈과 만행으로 포로신세가 된 백성들(렘 52 : 12~30). 이스라엘의 총 4600여명이 바벨론의 포로가 되었습니다. 이처럼 큰 인구가 노예처럼 이동되었습니다. 따라서 예루살렘의 시온에 그리고 미스바에 남아있는 사람들은 군사통제 속에서 살았습니다. 그들은 모두 빈천(貧賤)한 포도원지기와 농부들이었습니다. 기능 있고, 학식 있으며, 외모가 남다른 사람들은 모두 포로가 되었습니다. 그뿐 아니라 바벨론 도둑들은 하나님의 성전 기물들과 왕궁의 보물까지도 다 떼어 바벨론으로 가져갔습니다.

적용 사랑하는 성도 여러분! 마지막까지 항거하다 잡힌 군사와 장관들은 모두 즉시 죽임을 당하였습니다. 오직 대국(大國)의 법도와 규례를 따르는 자만이 살아남게 된 것입니다. 그 속에서 유다 왕 여호야긴이 풀려나와서 그는 왕의 대우를 받았습니다. 우리는 끝날을 생각합니다. 예수님께서 오실 날을 생각합니다. 그러므로 오늘도 하루의 삶을 겨자씨 시간으로 믿음의 나무를 심읍시다. —아멘—

기도 우리 주 예수 그리스도여! 알파와 오메가의 삶과(계 1 : 8) 종말론적 자세를 지키고 싶습니다(계 22 : 16). —아멘—

찬송 · 343 장   말씀 · 애 1:1-22   년   월   일

슬프다! 황폐한 예루살렘아…

오늘의 요절 애 1 : 1 ▷ 슬프다 이 성이여 본래는 거민이 많더니 이제는 어찌 그리 적막히 앉았는고 본래는 열국 중에 크던 자가 이제는 과부 같고 본래는 열방 중에 공주 되었던 자가 이제는 조공 드리는 자가 되었도다

1. 예루살렘의 슬픔은 누구의 슬픔이었습니까?
2. 여호와의 행사는 모두 의로우십니까?
3. 나의 탄식과 마음의 곤비함과 피로의 원인은 무엇입니까?

사랑하는 성도 여러분! 예레미야애가 1장은 예레미야 선지자가 황폐한 예루살렘을 보며 탄식하고 하나님께 청원하는 내용을 기록하였습니다. 경건한 그리스도인들이 카타콤의 고난 속에서도 그들의 믿음을 지켰듯이 예레미야 선지자는 황폐한 예루살렘을 보면서 슬픔의 노래를 신앙으로 지었습니다. 어찌하여(Ecah) 이 슬픈 노래가 작품이 되었는지 하나님의 가슴을 열어 보여주는 말씀의 노래입니다.

묵상 첫째, 예레미야는 예루살렘이 당한 참극을 노래로 표현하였습니다(애 1 : 1~11). 전쟁세대들은 전쟁전을 평화시대라고 말합니다. 그 평화시절에는 백성들의 왕래가 있었습니다. 그러나 지금 전쟁의 흉악이 몰고 간 뒤에는 파괴의 흔적만 남았습니다. 이제는 나라가 과부같으며, 위로받기를 거절하여 외로운 눈물광야만 보였습니다. 도로는 처량한 처녀같으며, 제사장들은 탄식으로 고개를 떨구고 어린 자식들은 끌려 갔으니 황적한 집안에 바람만 차고 갔습니다. 비천한 몸이 되어 주의 날이 조롱을 받았습니다. 먹을 것을 얻으려고 보물을 식물처럼 여겼습니다. 이러한 참상은 우리의 6·25 전쟁을 연상하면 될까요? 둘째, 여호와께 돌아 보옵소서! 기도하는 예레미야 선지자(애 1 : 12~22). 근심의 날은 여호와께서 진노하신 날이었고, 종일토록 고독한 곤비함이 멍에처럼 느껴던 날이었습니다. 용사들은 죄악의 멍에 사슬에 묶여 끌리어 갔으니 예레미야는 울 수밖에 없었습니다. 사면의 적이 두려움을 몰고 왔으며 사기꾼들만 들끓는 시온의 거리가 되었습니다. 이에 선지자는 여호와께 돌아 보옵소서 탄식하였고, 환난의 마음이 괴롭고 아파서 위로받을 길이 없었습니다.

적용 사랑하는 성도 여러분! 주께서 반포하신 날은 예레미야의 가슴이 찢어지는 날이었습니다. 비록 죄악 때문에 당하는 백성들의 고통을 차마 볼 수 없기에 곤비한 마음으로 탄식을 노래한 것이었습니다. 그러므로 예레미야의 눈물은 담을 길이 없었던 것입니다. 하나님의 마음도 이와 같았을까요? 오늘도 나라의 국방을 위해 수고하시는 분들을 위하여 기도합시다. ―아멘―

기도 우리 주 예수 그리스도여! 스데반의 순교를 기억하고(행 7 : 54~60), 바울의 눈물로(행 20 : 19) 살고 싶습니다. ―아멘―

찬송·275장　　　말씀·애 2:1-22　　　년　월　일

상처받은 인생들의 눈물

오늘의 요절　애 2:11 ▷ 내 눈이 눈물에 상하며 내 창자가 끊으며 내 간이 땅에 쏟아졌으니 이는 처녀 내 백성이 패망하여 어린 자녀와 젖먹는 아이들이 성읍 길거리에 혼미함이로다

1. 하나님의 심정을 이해하시겠습니까?
2. 예레미야가 가장 가슴아파했던 참상은 무엇일까요?
3. 나의 눈물기도가 필요한 곳은 어디입니까?

사랑하는 성도 여러분! 예레미야애가 2장은 전쟁이 할퀴고 간 상처의 잔학함과 여호와의 감찰을 청원하는 내용에 대하여 기록하였습니다. 예레미야 선지자는 시온성에 내린 하나님의 진노를 눈물로 그렸습니다. 이스라엘의 뿔과 같은 용기가 사라진 세태를 보면서… 불타는 시온 성을 바라본 것입니다.

묵상　첫째, 처녀 시온의 슬픈 사연(애 2:1~10). 이스라엘 전역이 삼킨바 되어 잔해가 쓰레기 같았기 때문에 선지자는 울었습니다. 주께서 성막을 허무시도록 하시니 그 옛날 어렵던 시절을 그리며 슬며시 우는 것입니다. 어떻게 마련한 집인데… 어떻게 세운 공회의 처소인데… 버려진 쓰레기가 되었을까요? 여호와께서 자기 백성을 버리시고, 자기의 제단을 허무시며, 시온의 성(城)을 허무셨으니 얼마나 가슴이 아프셨겠습니까? 그렇게 위용스럽던 장로들이 뒤늦게 선지자의 메시지를 떠올리며 굵은 베를 입었으니 이것도 산 자의 축복이었습니다. 둘째, 예레미야는 밤 초경에 상처받은 인생들을 위하여 눈물로 기도하였습니다(애 2:11~22). 죽은 어머니의 젖을 빨고 젖 나오기를 기다리다 지친 아이들은 기근으로 죽었습니다. 그 옛날 명성있던 거리가 악취의 거리로 변하고 파리 떼가 들끓었습니다. 부모잃은 고아들이 거리를 헤매니 선지자는 밤새 기도하기로 작정하며 눈물로 참회하였습니다. 이토록 혹독한 징계가 그 언제 있었는지 감히 여쭈었던 것입니다. 굶주림에 지친 여인들이 자기 자식을 잡아 먹으니 이런 비정이 어디에 있었겠습니까? 제사장들과 선지자들이 하나님의 성소에서 살륙을 당하였으니 선지자 예레미야의 입은 닫힐 줄 모르는 탄원이 되었습니다.

적용　사랑하는 성도 여러분! 소말리아의 기근 상태, 우간다의 에이즈 공포와 고아들이 있습니다. 성(性)을 사랑한 죄가 참변을 낳았고, 성(城)을 자랑한 시온이 조롱을 당하고 훼파되었습니다. 노인도… 소년도 죽어갔습니다. 이제 남은 것은 생존본능 뿐입니다. 그러므로 오늘도 상처받은 인생들의 눈물을 닦아주는 예수님의 손수건이 됩시다. －아멘－

기도　우리 주 예수 그리스도여! 그리스도인의 덕을 세우고, 타인의 유익을 위하며 살고 싶습니다(고전 10:23~33). －아멘－

찬송·68장   말씀·애 3:1-39   년   월   일

잠잠히 기다림이 좋다

오늘의 요절 애 3:26 ▷ 사람이 여호와의 구원을 바라고 잠잠히 기다림이 좋도다

1. 예레미야의 세월을 어떻게 생각하십니까?
2. 예레미야가 기다리는 것은 무엇입니까?
3. 주님께서 기뻐하시지 않는 일은 무엇입니까?

사랑하는 성도 여러분! 예레미야애가 3장 1~39절은 비탄에 빠진 선지자가 여호와의 구원을 기다리자는 권면에 대하여 기록하였습니다. 예레미야 선지자가 메야 할 멍에는 그의 입에 쓴 담즙을 삼키는 것이었으며 반들 반들한 조약돌 같은 인생살이였습니다. 그리고 결국에는 죽기 전에 재를 뒤집어 쓴 현실을 보고 비탄에 빠진 것이었습니다. 그럼에도 불구하고 그는 하나님의 생사화복(生死禍福)의 은혜를 기다렸습니다.

첫째, 예레미야의 비탄섞인 푸념소리(애 3:1~18). 이세상 어느 누구에게나 찾아오는 고난이 있습니다. 예레미야가 겪는 고난은 앞 일을 너무 빨리 아는 고난이며 그 일이 정작 닥치면 함께 겪는 고난이었습니다. 그것은 이중고였으며, 그는 선지자로서 나중 일을 생각하는 소망의 고난자였습니다. 그러니 그는 기다림을 가장 좋은 은혜로 깨달은 것입니다. 그가 비탄에 빠져서 매맞는 입장에서 이야기하였습니다. 종일토록 살 가죽과 뼈의 아픔은 몸살이었습니다. 그가 겪는 고난 속에서 기도를 하여도 응답이 되지 않는 느낌에 조약돌 담을 생각하였고 세인들의 조롱 소리에 재를 뒤집어 쓴 심정이었습니다. 둘째, 예레미야의 고초와 재난(애 3:19~39). 그의 세월은 쑥을 씹는 시간이었고 쓴 담즙을 삼키는 시간이었습니다. 그러나 그는 낙심되는 일을 소망으로 생각하였습니다. 왜냐하면 그의 소망 속에는 하나님의 무궁하신 자비와 긍휼이 새롭게 펼쳐지기를 바랬던 것입니다. 그는 조급하지 않고 기다리자고 다짐하였습니다. 그는 이런 멍에의 시간도 젊을 때 가능하다고 생각했으며 주님도 자기의 멍에를 함께 담당하셨다고 확신하였습니다.

사랑하는 성도 여러분! 예레미야는 하나님께서도 인생들이 고생하며 근심하게 하시는 것이 본심(本心)이 아니라고 믿었습니다. 더욱이 갇힌 자의 모습, 억울한 재판결과 등은 주의 기쁨이 될 수 없다고 생각하였습니다. 모든 일은 주의 명령 안에서 이루어집니다. 생사화복의 주님께서 벌을 내리시는 것은 죄의 결과입니다. 그러므로 오늘도 통회하는 심정으로 주의 뜻을 기다리며 찬양시간을 만듭시다. -아멘-

우리 주 예수 그리스도여! 바울의 미련함을 깨달으며(고전 4:6~13), 비방도 참고 은혜를 기다리겠습니다(애 3:25~26). -아멘-

찬송 · 237장   말씀 · 애 3 : 40-66   년 월 일

마음과 손을 하나님께 들어라

오늘의 요절 애 3 : 41 ▷ 마음과 손을 아울러 하늘에 계신 하나님께 들자

살핌
1. 예레미야의 주장은 무엇입니까?
2. 어느 때까지 기도해야 합니까?
3. 나의 기도생활은 어떤 규칙을 세웠습니까?

사랑하는 성도 여러분! 예레미야애가 3장 40~66절은 스스로의 행위와 범죄의 패역함을 살펴보고 하나님의 소망을 기대하자는 내용을 기록하였습니다. 변명을 고백으로 바꾸는 비결은 기도생활입니다. 이러한 기도는 하나님께 항복하는 것입니다. 마음과 손을 드는 것은 체면·지위·나이에 관계없이 자기포기의 표현이며 가장 겸손한 자기 성찰의 행위입니다.

묵상
첫째, 예레미야가 든 마음과 손(애 3 : 40~54). 예레미야가 지금까지의 행위를 돌이켜 보고 하늘에 계신 하나님께 마음에 물들은 패역함을 고백하였습니다. 그가 손으로 참여했던 순간들을 털어놓았습니다. 다른 사람들은 이런 비참한 상황에서 무슨 기도가 올라가며 응답이 되겠느냐?고 반문할 수 있지만 선지자는 대적과 두려움을 이기는 방법은 '기도'라는 확신이 있었습니다. 따라서 그의 눈물기도는 쉬지 않았고 여호와의 감찰을 기다리는 심정으로 낱낱이 현 상황을 기도하였습니다. 둘째, 예레미야가 부른 주의 이름과 찬양(애 3 : 55~66). 선지자는 억울하게 진흙 구덩이 옥에 빠진 경우가 있었습니다. 그는 그 속에서도 주님께 기도하였고 주님의 이름을 높이 부르며 찬양하였습니다. 그는 주의 응답을 구덩이에서 받았습니다. "두려워 말라" 그렇습니다. 예레미야 선지자처럼 원통하고 억울한 일이 있다고 탄식하는 것은 좋지 않습니다. 하나님의 사람은 모함과 해로운 위기 속에서도 하나님의 감찰과 보수하심을 믿습니다. 잔혹한 입술들이 핍박의 침을 튀기며 채찍질하여도 예수님은 참으셨습니다. 선지자는 찬양하였습니다. "나의 노래하는 것을 주여 보옵소서!"

적용
사랑하는 성도 여러분! 비탄에 빠져서 기도를 잃어버린 환경이 예레미야 세대와 같습니까? 그래도 기도합시다. 잠시 받는 고난도 시간이 지나면 우리를 미소짓게 하는 바람이 찾아옵니다. 조급한 마음으로 자기 감정의 실타래를 얽지 맙시다. 하나님 곧 우리 주 예수께서 우리의 죄를 담당하신 것처럼 우리의 염려를 담당하셨습니다. 그러므로 오늘도 하나님의 은혜를 기다리는 기도로 시간을 보냅시다. —아멘—

기도
우리 주 예수 그리스도여! 소망을 주께 두고(애 3 : 18), 기다리는 영혼이 되어(애 3 : 25) 나를 살펴 봅니다(애 3 : 40). —아멘—

찬송 · 514 장   　　말씀 · 애 4 : 1-22   　　년　월　일

헛된 도움을 원치 마라

오늘의 요절　애 4 : 17 ▷ 우리가 헛되이 도움을 바라므로 우리 눈이 상함이여 우리를 구원치 못할 나라를 바라보고 바라보았도다

살핌
1. 예루살렘 성의 생활습관을 아십니까?
2. 목사님의 설교에 깊은 관심을 갖습니까?
3. 나는 예수 그리스도의 주장을 압니까?

사랑하는 성도 여러분! 예레미야애가 4장은 죄악의 열매와 헛된 도움을 요청했던 자책과 선지자의 권면을 외면했던 내용에 대하여 기록하였습니다. 돕는 은사를 받은 사람은 친절합니다. 하나님의 가족은 하나님께 도움을 요청합니다. 그리고 예수님의 무한하신 응답과 천사의 협력을 믿습니다. 그뿐 아니라 우리의 실수와 고백까지도 성령님은 불로 지져주십니다(사 6 : 6~7).

묵상 첫째, 빛을 잃어버린 사람들(애 4 : 1~16). 찬란했던 영광과 호화스러운 생활기구들이 성전에 가득했던 시절은 과거가 되었습니다. 하나님의 가족들이 세속의 금을 사랑하고 쌓아올린 성터를 자랑하며 흙으로 만든 질그릇에 금도금을 칭찬하면 안됩니다. 그것은 하나님께서 주신 영광의 빛을 잃어버리는 어리석음의 시간낭비였습니다. 예루살렘은 다 무너졌고 금그릇, 은그릇 등 귀하게 여기는 것은 모두 도둑을 맞았습니다. 거리에는 어미잃은 젖먹이가 기어다니며 쓰레기통에서 먹을 것을 찾으며, 용사가 피묻은 얼굴로 소경되어 흙먼지 속을 방황하였습니다. 빛을 잃은 자는 진노의 암흑에서 살 수밖에 없습니다. 둘째, 구원하지 못할 이웃나라를 바라본 사람들(애 4 : 17~22). 귀가 막히고 눈이 감긴 사람들은 여호와께서 보내신 선지자의 음성을 거부하였습니다. 온 몸으로 재앙을 예고하여도 그들은 외면하였습니다. 그들은 외방의 침입이 있을 때나 우려가 있을 때에 기도하는 하나님의 백성이 되지 않고 더 큰 막강한 군대나라를 찾아갔습니다. 조공을 바치고 아부하며, 심지어는 그들이 섬기는 우상 앞에 절하고 제단에 분향을 서슴지 않았습니다.

적용 사랑하는 성도 여러분! 인생들은 자기 함정에 빠집니다. 자기 이성의 주장에 빠집니다. 그들의 행위는 더러운데 그들의 입은 옳게 표현하는 양심을 가졌습니다. 하지만 더욱 중요한 것은 단 한사람의 의인이었던 선지자의 경고를 듣지 않았습니다. 그런 결과 헛된 도움을 요청했던 무리들에게 죄악과 허물의 형벌이 내린 것이었습니다. 그러므로 오늘도 하나님의 도움을 사랑합시다. -아멘-

기도 우리 주 예수 그리스도여! 그리스도의 남은 고난을 생각하고(골 1 : 24), 부끄러운 말을 버리고 싶습니다(골 3 : 8). -아멘-

찬송 · 363장　　　　말씀 · 애 5:1-22　　　　년　월　일

우리의 날을 다시 새롭게

오늘의 요절　애 5:21 ▷ 여호와여 우리를 주께로 돌이키소서 그리하시면 우리가 주께로 돌아가겠사오니 우리의 날을 다시 새롭게 하사 옛적 같게 하옵소서

살핌　1. 예레미야서와 애가의 느낌을 적어 보십시오.
　　　2. 하나님께 소망을 적으십시오. 응답해 주실 것을 믿습니다.
　　　3. 나의 죄를 용서하신 주님께 무엇으로 보답하시겠습니까?

사랑하는 성도 여러분! 예레미야애가 5장은 예레미야 선지자의 애절한 회복의 기도와 여호와의 영원한 주권역사를 찬양하는 내용을 기록하였습니다. 고난의 선지자… 눈물의 선지자… 먼지 속에 피어났던 의의 꽃이었던 예레미야 선지자는 예레미야 애가 5장을 통하여 '기도하는 모습'을 보여 주었습니다.

묵상　첫째, 오호라 범죄함을 고백하옵니다(애 5:1~18). 면류관을 잃어버린 인생들은 범죄함을 고백하였습니다. 선지자 예레미야는 영화의 면류관을 잃어버린 원인을 '죄' 때문이라고 통곡하였습니다. 그는 잃어버린 기업, 빼앗긴 집, 잃어버린 것이 너무 많은 것도 '죄' 때문이라고 오열하였습니다. 고아의 문제, 열조의 범죄 때문에 죄과를 당한 인생들의 탄식은 '믿음'이 없었기 때문이라고 애송하였습니다. 선지자 그의 눈 앞에서 갓난 아기가 먹을 것을 찾으며… 부녀가 폭도들에게 폭행을 당하고 우리의 딸이 강간을 당할 때 선지자는 울 수밖에 없었습니다. 힘도 없고, 막을 수도 없는 무능함 때문에 원통해서 그는 울었습니다. 누가 예레미야 선지자의 눈물을 닦아 주며 함께 울겠습니까? 둘째, 우리의 날을 다시 새롭게 하사 옛적같게 하옵소서!(애 5:19) 오 우리의 선지자는 흐르는 눈물과 오열로 주의 영원함을 찬양합니다. ♪주님은 세세무궁토록 이스라엘과 우리를 다스릴 것을 믿습니다. 이 처절한 인생들을 영영히 버리지는 않으시겠지요? 오 우리 인생들을 잊으신 것은 아니겠지요? 이제 이 종 예레미야는 주께로 돌아가겠나이다. 죽음을 눈 앞에 두고 간구합니다. 우리의 날을 다시 새롭게 하사 옛적처럼 천국의 은혜를 누리게 하소서!♬

적용　사랑하는 성도 여러분! 예레미야의 눈물을 닦아주실 분은 우리 주 예수님이십니다. 우리의 아픔과 질고를 아시는 분도 예수님 뿐이십니다. 우리의 억울함도… 애절한 모습도 주 예수님께서 보시고 계십니다. 우리는 이 땅을 떠나면 우리의 눈물을 씻어주실 예수님과 함께 예레미야가 소망했던 우리의 날을 다시 새롭게 맞이할 것입니다. 그러므로 오늘도 무릎 꿇고 회개기도를 합시다(계 21:4). —아멘—

기도　우리 주 예수 그리스도여! 회개합니다(계 22:14). 그리고 진실로 속히 오시옵소서. 아멘. —아멘—

| 새벽강단 | 개 관 | 구약 5 |

24번책 - 예레미야	1-52
25번책 - 예레미야애가	1-5
26번책 - 에스겔	**1-48**
27번책 - 다니엘	1-12
28번책 - 호세아	1-14
29번책 - 요엘	1-3
30번책 - 아모스	1-9
31번책 - 오바댜	1-1
32번책 - 요나	1-4
33번책 - 미가	1-7
34번책 - 나훔	1-3
35번책 - 하박국	1-3
36번책 - 스바냐	1-3
37번책 - 학개	1-2
38번책 - 스가랴	1-14
39번책 - 말라기	1-4

에스겔을 열면서

■ 에스겔의 명칭

에스겔서는 이스라엘의 영광의 상실과 회복에 관한 책입니다. 또한 위로와 책망이 곁들여 있는 책입니다. 히브리어 성경은 에스겔서의 주인공 이름을 따라 '예헤즈겔'이라고 하였습니다. 에스겔의 뜻은 '하나님이여 강하게 하소서!(may God make me strong)'입니다. 그리고 헬라어 성경은 '예제키엘'입니다. 본서는 환상과 계시의 내용이 많습니다.

■ 에스겔의 핵심사항

저 자 저자는 에스겔입니다. 그는 제사장 출신의 선지자로써 두번이나 언급될 때 특이한 것은 인자(人子)로 표현된 것입니다. 기록이 질서정연하여 단일 저작임을 알려주고 있으며 내용의 흐름이 생기가 돌고 있습니다.

기록연대 에스겔의 사역기간(B.C 593~570)후 약 주전 565년 경에 기록되었다고 봅니다.

기록목적 에스겔서의 기록목적은 '패망과 위로'입니다. 포로가 된 유다인들에게 포로가 된 이유를 ①자신들의 죄 때문이며 ②돌이키지 않았기 때문이라고 합니다. 그리고 온후한 마음문을 열도록 상실된 영광을 회복하라는 소망의 메세지를 전달하려고 기록하였습니다.

■ 에스겔의 주제와 요해

에스겔서의 내용을 세가지 주제로 분류하여 보면 ①에스겔의 소명과 그의 임무 ②유다와 열방의 국가들에 내린 하나님의 징계 ③이스라엘의 회복입니다. 이와 같은 내용과 주제속에 흐르는 중심사상은 ①시·공간을 초월하여 존재하시는 하나님 ②하나님께 대한 예배의식의 신령함, 그리고 ③죄에 대한 개인적 책임과 이스라엘 전체의 범죄사상 ④종말의 회복 ⑤예언자의 위치는 파수꾼입니다.

■ 에스겔의 본론에 대하여

예루살렘 멸망 전의 에스겔의 예언은 세속적인 신앙생활을

---

* 특별한 사람 에스겔은 특별한 방법으로 예언을 하였다. 에스겔은 온 몸을 묶인 채로… 하나님의 말씀을 온 몸으로 전하였다. 그가 전하는 예루살렘과 유다의 멸망은 단적으로 표현해 볼 때 우상숭배와 음행이라고 한다. 하나님의 자비로운 은혜에 기대하기 보다는 애굽과의 동맹유지에 더욱 혈안이 된 왕가들이 동시에 몰락되고 그 주변 국가까지 몰락하는 그림을 보여주고 있다.

하는 백성들에게 회개를 촉구하는 내용이었습니다. 특별히 하나님께서 이스라엘 백성을 버리신 이유와 그들이 하나님께 돌아오는 방법에 대하여 알려주고 있습니다. 우리는 에스겔 내용을 세가지로 분류하여 살펴 보겠습니다. 첫째, 에스겔의 소명과 유다에 임할 심판(1:1~24:27) 둘째, 유다 원수들에게 임할 심판(25:1~32:32) 셋째, 이스라엘의 새로운 회복(33:1~48:35).

■ 에스겔의 개요

Ⅰ. 에스겔의 소명과 유다에 임할 심판(1:1~24:27)
  - 에스겔의 소명(부르심)과 그의 사명(1:1~3:27)
  - 유다에 임할 심판에 대한 4가지 상징과 2가지 메세지 내용(4:1~7:27)
  - 심판에 대한 상징과 비유들(8:1~24:27)

Ⅱ. 유다 원수들에게 임할 심판(25:1~32:32)

Ⅲ. 이스라엘의 새로운 회복(33:1~48:35)

■ 에스겔의 핵심적 신앙교훈

에스겔서의 절정은 37장입니다. 마른뼈 같은 이스라엘을 성령님의 능력으로 회복시키시고 새 성전에서 새 마음으로 새롭게 예배드릴 꿈을 줍니다. 성전문에서 흐르는 생명수는 새로운 능력과 소생과 삶을 주시는 약속이며 새로운 성곽은 예수 그리스도께서 회복시킬 진정한 성곽입니다. 따라서 에스겔서는 절망으로 시작하여 새로운 소망과 회복으로 끝이 나며 여호와께서 늘 함께 계심을 가르치고 있습니다. 징계받는 이스라엘을 통하여 은혜 받아야 할 핵심적 교훈을 정리하면 다음과 같습니다.

①에스겔이 소명을 받고 하나님의 명령을 수행하는 순종심을 배워야 하고(상징적 행위-터럭을 깎는 등, 이사행위) ②하나님을 배반한 결과는 포로신세를 면할 길 없음 ③우상숭배는 영적 간음행위 ④성령님은 죽은 뼈들도 사용하신다 ⑤새로운 성전, 새로운 땅, 새로운 예배를 소망해야 됨 ⑥하나님이 언제나 함께 하심 ⑦타락된 믿음을 회복시켜야 함

■ 에스겔 연대표 ■

B.C	
627	예레미야의 사역 시작(유다)
605	다니엘이 포로로 끌려감(1차 포로)
597	에스겔이 포로로 끌려감(2차 포로)
593	에스겔의 사역 시작(1:1, 2)
586	예루살렘 함락
570	에스겔의 사역 종결
539	고레스의 바벨론 함락
537	1차 귀환

찬송 · 355 장   말씀 · 겔 1:1-28   년   월   일

에스겔에게 특별히…

오늘의 요절   겔 1:3 ▷ 갈대아 땅 그발강 가에서 여호와의 말씀이 부시의 아들 제사장 나 에스겔에게 특별히 임하고 여호와의 권능이 내 위에 있으니라

살핌
1. 에스겔이 본 환상을 세가지로 정리하십시오.
2. 어떤 일을 통하여 하나님의 특별한 일꾼이 되고 싶습니까?
3. 나의 영혼이 번쩍 띠는 성경구절은 몇절입니까?

사랑하는 성도 여러분! 에스겔 1장은 갈대아 땅 그발 강가에서 에스겔에게 특별히 임한 여호와의 권능과 이상에 대하여 기록하였습니다. 에스겔은 열린 하늘을 보았고, 하나님의 이상을 보았습니다. 그는 사독 계열의 제사장 부시의 아들 에스겔이었으나 특별한 은혜의 체험후에 하나님의 예언자로 바뀐 인물이었습니다.

묵상 첫째, 하나님께서 보여주신 특별한 환상(겔 1:4~14). 하나님께서 보여주시는 환상은 꿈이 아닌 현실이었습니다. 천사들의 권능과 위엄이 깃든 불이 나른한 포로생활의 눈을 뜨게 만들었습니다. 시공간을 초월하여 움직이는 그들의 활동을 에스겔이 목격한 것이었습니다. 그들의 모습은 특별하였습니다. 사람의 얼굴, 사자의 얼굴, 소의 얼굴, 독수리의 얼굴이 인간의 상상을 초월하였고(겔 1:10), 그들의 활동이 횃불과 같고 빠름에 에스겔은 놀랐습니다. 그는 하나님께서 사용하시는 천사들의 능력에 깊은 감동을 받게 되었습니다(겔 1:14). 즉, 초월한 신속성과 능력이 에스겔에게 강한 충격을 준 환상이 되었습니다. 둘째, 하나님께서 보여주신 여호와의 보좌와 그 영광(겔 1:15~28). 누구든지 볼 수 있는 하늘의 수레와 궁창의 찬란한 화음의 소리를 듣지 못하였습니다. 이사야가 본 보좌(사 6:1~8)를 에스겔도 포로생활 중에 본 것입니다. 하늘의 수레는 바벨론의 수레보다 더욱 힘이 있어 보였고 생물의 신(神)이 바퀴에 있는 것 같았습니다. 그리고 하나님의 보좌는 언제나 충만한 은혜와 하늘의 군대가 호위하고 있음을 에스겔은 깨달은 것입니다(겔 1:21, 25).

적용 사랑하는 성도 여러분! 하나님께 특별한 일꾼이 됩시다. 천사들처럼, 불병거처럼… 하나님의 군대처럼 특별한 소속감을 긍정합시다. 하나님의 형상과 여호와의 영광은 사람의 모양과 같습니다(겔 1:26). 예수님을 만난 사람들마다 하나님을 본 것과 같고 그의 은혜를 체험한 사람들마다 천사처럼, 수레처럼, 군대처럼 일을 합니다(행 9:4, 계 4:3). 그러므로 오늘도 하나님의 특별한 은혜를 발견하는 시간을 만듭시다. -아멘-

기도 우리 주 예수 그리스도여! 특별한 일꾼(겔 1:10), 특별한 말씀(계 4:8), 특별한 봉사를 하고 싶습니다(행 2:43~47). -아멘-

찬송 · 514장　　말씀 · 겔 2:1-10　　년　월　일

에스겔아 일어서라

오늘의 요절　겔 2:1 ▷ 그가 내게 이르시되 인자야 일어서라 내가 네게 말하리라 하시며

살핌
1. 누가 일어서야 합니까?
2. 우리가 상대해야 될 인물들의 성격은 어떻습니까?
3. 에스겔의 할 일과 나의 할 일은 무엇이며 언제 해야 됩니까?

사랑하는 성도 여러분! 에스겔 2장은 하나님의 예언자로 부름을 받은 에스겔의 할 일에 대하여 기록하였습니다. 에스겔은 하늘의 일꾼(천사), 하나님의 수레, 하나님의 궁창과 보좌 및 그 형상을 보고 영혼의 눈이 번쩍 빛났습니다. 그에게 임한 하나님의 음성은 많은 물소리와 같고 화음(和音)이 있는 간단한 소리였습니다.

묵상 첫째, 인자(人子)야 일어서라(겔 2:1~4). 주저앉은 백성들, 할 일을 잃어버린 지배계급의 사람들, 소망을 논하기에는 기회를 잃은 무리들이 비굴한 삶의 포로들이었습니다. 하나님께서는 에스겔에게 하늘의 이상을 보여 주시고, 하늘의 신(神)을 그에게 부어 주셨습니다. 그리고 그가 할 일을 정리하여 설명하셨습니다. 그도 천사들처럼 하나님의 일을 하게 된 순간이었습니다. 그는 패역한 백성, 하나님을 배반하는 백성, 얼굴이 뻔뻔하고 마음이 강퍅(剛愎)한 백성들에게 '주 여호와의 말씀'을 전하는 사명을 받았습니다. 둘째, 인자(人子) 에스겔이 찾아갈 사람(겔 2:5~10). 패역한 족속은 범죄한 사람이며 하나님의 말씀을 듣지 않는 고집의 사람들이었습니다. 따라서 하나님은 에스겔의 예언 방법에 대하여 구체적으로 말씀하셨습니다. 그것은 그들이 '듣든지 아니 듣든지' 선지자의 사역을 행하는 것이었습니다. 그를 환영하지 않는 환경은 가시와 찔레와 전갈 가운데였습니다. 그뿐 아니라 반격하는 인생들의 말은 험악한 패설이 될 것이며 두려운 존재로 상대가 될 것이었습니다. 그럴지라도 에스겔은 강하고 담대하게 하나님의 말씀을 전하기 위하여 일어서야 되었습니다.

적용 사랑하는 성도 여러분! 하나님께서는 에스겔에게 말씀을 먹는 의식을 치룰 예정이셨습니다. 그가 먹을 말씀은 달콤한 뉴스가 아니었고, 애가(哀歌)와 애곡(哀哭)과 재앙(災殃)의 내용이었습니다. 하나님의 일을 하도록 부름받은 에스겔에게는 거부권이 없었습니다. 오직 스랍들처럼, 수레처럼, 나팔처럼 여호와의 말씀을 순종하는 축복만 남게 되었습니다. 그러므로 오늘도 예수님의 백성된 크리스천으로서의 소명(召命)을 자각하고 거룩한 모임을 지속시킵시다. －아멘－

기도 우리 주 예수 그리스도여! 그리스도의 일(빌 2:8)을 따르며, 거역한 일을 (히 12:3) 회개하고 싶습니다. －아멘－

찬송 · 238 장　　　　말씀 · 겔 3 : 1-27　　　　년　　월　　일

내가 너와 말할 때에

오늘의 요점　겔 3 : 27 ▷ 그러나 내가 너와 말할 때에 네 입을 열리니 너는 그들에게 이르기를 주 여호와의 말씀이 이러하시다 하라 들을 자는 들을 것이요 듣기 싫은 자는 듣지 아니하리니 그들은 패역한 족속임이니라

　1. 내가 읽어야 할 하나님의 말씀은 무엇입니까?
　　2. 에스겔이 왜 의분을 느꼈으며… 그를 7일동안 침묵시키셨을까요?
　　3. 에스겔이 말할 때는 언제이며 나는 언제 말씀을 전해야 합니까?

사랑하는 성도 여러분! 에스겔 3장은 하나님과 함께 사명을 감당할 에스겔이 말씀을 먹고, 벙어리가 되어 묵상하는 과정을 기록하였습니다. 에스겔의 인생시간 중에서 하나님과의 대화시간이 은혜와 행복의 시간이었고 가장 달콤한 시간이었습니다. 그는 하나님의 말씀을 먹었습니다. 그가 먹은 말씀은 창자와 뱃속 깊이 감동을 주었습니다. 충만한 말씀이 그를 용기있게 만들었고, 달콤한 꿀맛을 느끼게 하였습니다.

묵상 첫째, 하나님의 말씀을 먹은 결과(겔 3 : 4~15). 그 결과는 하나님께 대한 충성심이 발동되며 죄 지은 백성들에 대한 의분이 일어납니다. 에스겔은 심각하고 진지한 말씀의 얼굴로 변모되었고, 백성들의 패역한 언행심사에 대하여 놀랐습니다. 듣지 아니할 백성을 향하여 사역해야 할 에스겔의 이마는 금강석처럼 빛났고 총명이 생동하였습니다. 주의 신이 그를 들어올려 데리고 다니실 때 그의 닫힌 입술은 스랍들의 대합창소리에 닫힐 줄 몰랐고 백성들의 찬양과 비교할 때 의분을 느꼈으나 성신은 그를 은혜로 감싸 주었습니다. 그리고 그는 그발 강가에 내려와서 7일동안 침묵의 시간을 보냈습니다. 둘째, 하나님의 말씀이 응답될 때(겔 3 : 16~27). 에스겔은 파숫꾼이 되었습니다. 파숫꾼이 된 그에게 하나님께서 권한을 주셨습니다. 그것은 생명과 죽음의 권세였습니다. 또한 백성들을 깨우쳐야 할 사명도 주셨습니다. 죽음을 다하여 수행하여야 할 생명의 일이었습니다(겔 3 : 22). 그의 몸은 여호와의 영광을 본 몸이 되었고 그의 입은 여호와께서 말씀할 때에 벌려야 하는 거룩한 입술이 되었습니다. 그는 하나님께서 말씀하시기 전에는 벙어리에 불과하였습니다. 그러나 하나님께서 그와 함께 말씀하실 때에 그의 입술은 열리게 되었습니다.

적용 사랑하는 성도 여러분! 하나님의 말씀의 힘은 생명이었습니다. 그리고 그의 말씀을 전할 때는 그 결과에 대하여 인간적으로 계산해서는 안됩니다. "들은 자는 들을 것이요, 듣기 싫은 자는 듣지 아니하리니… 그들은 패역한 족속이라!(겔 3 : 27)" 그러므로 하나님과 함께 복음을 전하는 예수님의 파숫꾼이 됩시다. -아멘-

기도 우리 주 예수 그리스도여! 세례 요한 회개선언(마 3 : 2)을 이해하고, 복음 전할 때와 대상을 찾고 싶습니다(마 4 : 17, 19). -아멘-

찬송 · 215 장   말씀 · 겔 4:1-17   년 월 일

에스겔의 상징예언

오늘의 요절 겔 4:3 ▷ 또 전철을 가져다가 너와 성읍 사이에 두어 철성을 삼고 성을 향하여 에워싸는 것처럼 에워싸라 이것이 이스라엘 족속에게 징조가 되리라

 1. 에스겔이 해야 할 4가지 상징행위는 무엇입니까?
2. 에스겔의 탄식은 어떤 이유 때문입니까?
3. 에스겔의 해야 할 일에 대하여 나는 어떻게 느꼈습니까?

사랑하는 성도 여러분! 에스겔 4장은 에스겔이 예언을 침묵의 시위로 하며 실행과 실물상징으로 하였음을 기록하였습니다. 에스겔은 벙어리(침묵)예언을 몸으로 보여주어야 했습니다. 그에게 언어행동을 하도록 하나님의 명령이 내려졌습니다. 그의 이상한 행동은 심판에 대한 의미와 그 기간 및 상태를 상징하는 것이었습니다.

묵상 첫째, 포위당한 예루살렘의 징조(겔 4:1~8). 예루살렘의 포위상징은 고통의 그림이었습니다. 박석(흙벽돌)의 그림과 운제(망대)의 조형, 공격형의 무기 공성퇴 및 철성(鐵城)의 상징이었습니다. 하나님께서는 포위당한 예루살렘의 죄악 된 햇수를 날수로 계산하셨습니다. 그러므로 에스겔을 꽁꽁 묶으신 다음 좌로(북이스라엘) 390일을 눕게 하는 것과 우편(남 유다쪽)으로 40일을 눕게 하였습니다. 그 기간은 430년으로 예언되니 이스라엘의 죄악된 년수였습니다. 특히 팔을 걷고 예언하는 것은 임박한 상태를 의미하였습니다. 둘째, 에스겔의 상징행위의 식생활(겔 4:9~17). 에스겔은 꽁꽁 묶인 채로 식사를 해야 되었습니다. 즉, 누워서 식사를 하고, 물도 일정한 양을 정하여 놓고 마셔야 했습니다(겔 4:11). 그뿐 아니라 가장 역겨운 일, 즉 땔감이 없어 인분불-쇠똥으로 대치함-을 피워서 떡을 먹어야 되는 기근을 예언해야 했습니다. 이러한 상징적인 큰 의미는 떡과 물이 결핍하여 답답한 세월이 찾아 온다는 것입니다. 에스겔의 상징실행은 매우 고통스러운 시간이었습니다. 또한 역겨운 시간이었습니다. 에스겔의 사역은 '오호라' 탄식의 시간이었습니다.

적용 사랑하는 성도 여러분! 에스겔의 입장은 어떠했을까요? 말못하는 심정, 꽁꽁 묶인 심정, 인분불로 떡을 만들어 먹어야 하는 심정은 역겨운 포로생활이었을 것입니다. 하나님께서는 범죄한 기간을 계산하셨습니다. 430년간의 범죄결과는 포로생활이었습니다. 그러므로 오늘의 우리에게도 말씀의 징조를 발견하는 안목을 키워야 할 것입니다. 말씀의 상징되는 의미를 관찰하고 해석하려는 탐구력을 계발시켜야 할 것입니다. 오늘도 결핍의 원인을 탐방, 탐구, 탐색으로 알아봅시다. -아멘-

기도 우리 주 예수 그리스도여! 은사 받은대로 일하고(롬 12:8), 쓴 뿌리가 난 이웃을 돌아보고 싶습니다(히 12:15). -아멘-

찬송 · 259장   말씀 · 겔 5:1-17   년 월 일

에스겔의 머리털과 수염

오늘의 요절 겔 5:1 ▷ 인자야 너는 날카로운 칼을 취하여 삭도를 삼아 네 머리털과 수염을 깎아서 저울에 달아 나누었다가

살핌
1. 하나님께서는 에스겔의 무엇을 사용하셨습니까?
2. 에스겔의 마음을 읽어 보십시오.
3. 하나님께서 나에게 명령하시는 말씀은 무엇입니까?

사랑하는 성도 여러분! 에스겔 5장은 에스겔의 머리털과 수염의 수난을 상징으로 이스라엘 백성들의 죽음에 대하여 예고하였습니다. 에스겔은 이스라엘을 대표한 고난과 수난의 예언자였습니다. 흔히 지저분하게 느끼는 머리털도 하나님께서는 세신 바 되었고, 그의 수염까지도 하나님의 저울에 달리게 되었습니다.

첫째, 머리털과 수염을 깎아라(겔 5:1~12). 유대인에게 있어서 머리털과 수염은 권위의 상징이었습니다. 그러나 그 반대로 수염과 머리털의 깎임은 수치의 상징이었습니다. 하나님께서는 에스겔의 모든 머리털과 수염을 깎은 다음에 저울에 정확히 $1/3$ 씩 나누어 달라고 하셨습니다. 그 중에 $1/3$ 은 성읍 안에서 불사르고, $1/3$ 은 성읍 사방에서 칼로 치고, $1/3$ 은 바람에 흩어 날리라고 명령하셨습니다. 끝으로 조금 남은 것은 불에 태우라고 말씀하셨습니다. 이 상징은 비참한 죽음과 흩어진 포로들의 삶을 단적으로 말씀하시는 것이었습니다. 즉, 성읍 안에서는 인육(사람고기)을 먹었으며, 온역의 전염병이 돌았고 죽음의 시장이 벌어졌습니다. 둘째, 선지자의 메시지 열심은 하나님의 열심(겔 5:13~17). 선지자들의 재앙예언, 축복선언은 하나님의 열심있는 말씀이었습니다. 듣지 않는 자들에게도 열심으로 예언하셨고, 피할 길을 듣는 자에게 가르쳐 주셨습니다. 그럼에도 불구하고 이스라엘은 하나님의 열심으로 보낸 선지자를 거역하였고, 오히려 조롱과 핍박을 하였습니다. 따라서 그들의 죄에 대한 형벌과 가증한 행위에 대한 징계는 기근과 온역과 살륙을 당하는 내용이었습니다.

적용 사랑하는 성도 여러분! 하나님의 일을 하려면 수난을 겪게 마련입니다. 육체의 모양과 심리의 분함도 어우러집니다. 에스겔은 하나님의 불을 대신하여 수염과 머리털이 깎이었습니다. 그렇습니다. 우리의 온 몸을 통하여 하나님의 기쁨이 된다면 수염과 머리털이라도 잘라야 합니다. 온 몸을 묶고 예언하라면 예언해야 됩니다. 에스겔은 스스로를 수난의 종으로 훈련시키셨습니다. 그러므로 이제는 예수님만을 위하여 남은 시간과 생애를 주와 함께 걸어갑시다. —아멘—

우리 주 예수 그리스도여! 허다한 믿음의 증인 대열에(히 12:1), 동일한 고난의 대열에(벧전 5:9) 참여하고 싶습니다. —아멘—

찬송 · 479장   말씀 · 겔 6:1-14   년 월 일

나를 여호와인 줄 알리라

오늘의 요절 겔 6:14 ▷ 내가 내 손을 그들의 위에 펴서 그 거하는 온 땅 곧 광야에서부터 디블라까지 처량하고 황무하게 하리니 그들이 나를 여호와인 줄 알리라

살핌
1. 하나님께서는 왜 산들에게 예언하라고 하셨습니까?
2. 산당의 죄악은 지금도 우리나라에서 진행됩니까?
3. 오늘 반드시… 나는 누구를 소개하고 주장해야 합니까?

사랑하는 성도 여러분! 에스겔 6장은 이스라엘의 산을 향하여 산당제거와 우상의 멸망소식에 대하여 기록하였습니다. 울창한 숲과 흐르는 계곡의 물을 더럽힌 이스라엘은 심판의 대상이었습니다. 자연을 훼손시켜서 우상의 제단을 만들고 나무를 깎아 태양상(太陽像)을 만든 죄는 하나님의 존재와 그의 능력을 무시하는 처사가 되었습니다. 따라서 하나님께서는 에스겔에게 산들을 향하여 예언할 것을 명령하셨습니다.

  첫째, 산하(山河)의 주인은 여호와 능력의 하나님(겔 6:1~10). 작은 산과 시내와 골짜기는 하나님의 선하신 뜻으로 창조되었습니다. 산들은 여호와의 말씀을 메아리치게 하는 스피커였습니다. 그러나 이스라엘은 하나님의 장엄한 뜻을 소리지르지 못하게 산을 훼파하고 산당을 지었고 사방에 우상을 세워 놓았습니다. 그러므로 하나님의 심판과 죽음의 선고를 받게 되었습니다. 그곳이 살륙의 장소가 되며, 해골이 굴러다닐 장소이며, 사막이 될 곳이었습니다. 이로써 인생들의 음란하고 가증한 일을 모래밭처럼 만들려는 계획이셨습니다. 먼 훗날 역사가는 '여호와의 능력과 그 존재'에 대하여 증명할 것도 말씀하셨습니다. 둘째, 손뼉을 치며 발을 구르며 예언할 에스겔 선지자(겔 6:11~14). 말 못하는(벙어리) 가슴을 이해하시겠습니까? 산을 바라보고 침묵으로 예언해야 할 답답함이 상상되십니까? 손뼉을 치고 발을 구를지라도 여호와 하나님을 증거해야 될 에스겔의 가슴은 처절하였습니다. 필경(결국)에는 칼과 기근과 온역에 망하고 무성한 숲속의 시체를 생각할 때 답답한 노릇이었습니다(겔 6:12).

적용 사랑하는 성도 여러분! 인생들에게 여호와 하나님께서 하신 일과 하시는 일, 그리고 하실 일에 대하여 소개하는 사역이 순조롭지는 않습니다. 노래를 하여도… 외쳐도… 글로 써도… 연극을 보여 주어도… 봉사와 희생을 하여도… 산과 시내가 모래땅이 되는 황무한 시대를 예고하여도 믿으려 하지 않습니다. 그래도 우리들은 여호와의 존재와 그의 심판과 능력을 주 예수님과 더불어 증거해야 합니다. 그러므로 오늘도 에스겔의 심정으로 일생의 결국을 인생들에게 소개합시다. —아멘—

기도 우리 주 예수 그리스도여! 사마리아의 문둥이처럼(눅 17:16), 삭개오처럼(눅 19:5) 주님을 영접하게 만들고 싶습니다. —아멘—

찬송 · 313 장   말씀 · 겔 7:1-27   년   월   일

끝이 나는 날

오늘의 요절 겔 7:3 ▷ 이제는 네게 끝이 이르렀나니 내가 내 진노를 네게 발하여 네 행위를 국문하고 너의 모든 가증한 일을 보응하리라

살핌 1. 여호와의 위엄을 확인해 본 경험이 있습니까?
2. 재앙과 같은 사건을 읽거나 들은 경험이 있습니까?
3. 내가 가장 두려워하는 날은 언제입니까?

사랑하는 성도 여러분! 에스겔 7장은 하나님의 심판을 실행하는 선포의 날은 전쟁의 참상이라고 소개하는 내용을 기록하였습니다. 알파와 오메가의 하나님, 처음과 나중의 하나님께서는 이스라엘의 끝날을 선포하셨습니다. 하나님의 뜻을 먼저 알게 된 에스겔은 이스라엘의 끝날 상태를 놀람과 떨림으로 받아들였습니다.

묵상 첫째, 우상숭배와 함께 멸망당하는 날(겔 7:5~13). 임박한 재앙은 비상(非常)한 날이었습니다. 그날은 요란스럽고 혼비백산하는 날이며, 긍휼함이 사라진 날이었습니다. 즉, 바벨론의 공격은 여호와를 대신하여 치는 날이며 죄악의 몽둥이로 매를 맞는 본능의 보존을 위하여 분주한 날이었습니다. 이러한 난리북새통에는 재물(財物)도, 아름다움도 헛되어 살려는 본능의 아비규환이 벌어질 것이었습니다. 이러한 전적 원인은 우상숭배와 양심의 퇴폐행위와 죄의 누적이었습니다. 둘째, 묵시와 율법, 그리고 모략이 없어지는 날(겔 7:14~27). 재앙의 칼이 움직이는 날은 죽음과 기근과, 포로생활이 시작되는 날이었습니다. 그날에는 비둘기처럼 슬피 울며 움직일 용기가 사라진 낙담의 시간이 찾아올 것입니다. 그들이 꾸몄던 화려한 장식은 가증한 우상과 미운 물건과 함께 오물을 뒤집어 쓸 것이었습니다. 노략과 약탈 및 방화가 일어나고 은밀한 처소에서 백주의 폭행 강간이 벌어질 것이었습니다. 결국 살아남은 사람은 쇠고랑에 묶이고 성소는 더럽힘의 발자욱이 남는 날이 끝날입니다. 선지자의 묵시도 사라지고, 제사장의 율법도 무색하며, 장로들의 모략의 경영도 사라지게 되는 날이 끝날입니다.

적용 사랑하는 성도 여러분! 하나님께서는 선악간에 행위대로 심판하실 것을 예고하셨습니다. 그리고 죄악대로 심문받고 떨 것을 선언하셨습니다. 그리고 하나님 앞에서의 시작은 끝날을 염두에 두어야 할 것입니다. 오늘도 이스라엘과 같은 범주의 사람들을 만나서 끝날까지 함께 계시는 예수님의 행적을 전파합시다(마 22:29~32). -아멘-

기도 우리 주 예수 그리스도여! 하루의 걸음을 주장하시고(시 37:23), 스스로 조심의 날을 갖고 싶습니다(눅 21:34). -아멘-

찬송 · 412 장   말씀 · 겔 8:1-18   년   월   일

에스겔이 본 죄의 목록

오늘의 요절 겔 8 : 17 ▷ 또 내게 이르시되 인자야 네가 보았느냐 유다 족속이 여기서 행한 가증한 일을 적다 하겠느냐 그들이 강포로 이 땅에 채우고 또 다시 내 노를 격동하고 심지어 나무가지를 그 코에 두었느니라

 1. 예루살렘과 그 백성들이 범한 죄의 동기는 무엇일까요?
2. 주의 손에 이끌리면 어떤 일이 발생될까요?
3. 에스겔이 본 가증한 죄의 목록과 현대에서도 이어지는 일이 있습니까?

사랑하는 성도 여러분! 에스겔 8장은 에스겔이 주의 손에 이끌리어 바라본 예루살렘의 죄들에 대하여 기록하였습니다. 하나님의 영광은 광채이며 신비한 힘으로 느껴지는 감동입니다. 그의 힘에 이끌림을 받은 에스겔은 천사들처럼 시공간을 초월하며 동시에 여러 곳의 죄악 장면들을 보게 되었습니다.

묵상 첫째, 투기의 우상숭배(겔 8 : 1~6). 마음에 질투를 격발시키는 문화행위는 우상숭배와 같습니다. 이스라엘은 아세라상(여신)과 바알상(남신)의 신접행위(sex형태)를 참관하던 것이 이제는 진행자가 되었습니다. 따라서 사람들로 하여금 그것을 흠모하게 만들었습니다. 둘째, 장로들의 은밀한 동물숭배(겔 8 : 7~12). 70인 장로들은 은밀한 동물우상숭배 및 화상(그림)숭배를 자행하였습니다. 그들은 각양 곤충과 가증한 짐승과 이스라엘의 모든 우상을 사면 벽에 그려놓고 우상의 방 안 어두운 가운데서 제사를 치루는 것이었습니다. 셋째, 여인들의 담무스 애곡 행위(겔 8 : 14~15). 바벨론의 자연신이었던 담무스는 늘 슬프고 우는 장면의 형상이었습니다. 이 우상을 놓고 우는 이스라엘 여인들이 담무스신(봄, 가을의 신)을 대신한 제사장들과 혼음하며… 다른 여인들은 또 눈물을 뿌리는 가증스러운 일을 에스겔이 본 것이었습니다. 넷째, 동방태양숭배(겔 8 : 16~18). 여호와의 제단 안뜰에서는 여호와의 전을 등지고 낯을 동쪽으로 향하여 태양에 경배하고 있었습니다. 이 장면을 본 에스겔은 할 말을 잃었습니다. 심지어 코카인을 흡입하는 듯한 나무까지 보게 되었습니다(겔 8 : 17).

적용 사랑하는 성도 여러분! 우리도 주의 손에 이끌리어 온 세상 구석구석을 살필 수 있다면 에스겔이 본 죄악의 장면이 변모되어 전수된 사실을 깨닫게 될 것입니다. 하나님께서는 선언하셨습니다. 그 선언은 죄인 된 그들에게 분노로 갚으시며, 긍휼을 베풀지도 않을 것이며 혹… 기도할지라도 응답하지 않겠다는 내용이었습니다. 그러므로 오늘도 문화를 가장한 뉴에이지의 세력, 종교문화 형태를 조심스럽게 피하고 TV에서 자행되는 간접적 우상문화행사와 영화의 유혹에서 벗어납시다. —아멘—

기도 우리 주 예수 그리스도여! 눈을 주께로(시 123 : 2), 발을 성전으로(잠 4 : 27), 낙심을 주께로 돌리고 싶습니다(살후 3 : 13). —아멘—

찬송 · 539장   말씀 · 겔 9:1-11   년 월 일

하나님의 안타까운 사랑

오늘의 요절 겔 9:4 ▷ 이르시되 너는 예루살렘 성읍 중에 순행하여 그 가운데서 행하는 모든 가증한 일로 인하여 탄식하며 우는 자의 이마에 표하라 하시고

살핌
1. 에스겔은 왜 놀랐을까요?
2. 서기관과 먹그릇이 뜻하는 의미는 무엇입니까?
3. 내가 홀로 기도하면 어떤 생명이 구원받을까요?

사랑하는 성도 여러분! 에스겔 9장은 예루살렘의 가증한 범죄자들을 학살해야 하는 하나님의 안타까운 사랑과 에스겔의 탄식 눈물을 기록하였습니다. 선지자의 외침도 이해타산으로 돌려버리는 습관의 장로들과 백성들을 만나 보셨습니까? 그들에게 임하는 징벌은 사형이었습니다. 에스겔이 그 임무를 담당한 천사들을 보았을 때에 어떠한 탄식이 앞섰을까요? 하나님께서 인간에게 심판과 구원의 행위에서 나타나는 사랑의 탄식(파토스) 현상이 나타났습니다.

묵상 첫째, 안타까운 공의의 집행자들(겔 9:1~8). 에스겔은 살륙하는 기계를 들고 나타난 여섯 천사를 보았습니다. 그중에 하나는 백성들의 가증한 죄를 탄식하며 우는 자들의 이마에 특별한 표시를 하는 임무를 맡았습니다(겔 9:3~4). 안타까운 공의의 집행자들은 성읍을 순례하며 죄지은 자들을 가차없이 죽이는 준비를 하였습니다. 집행의 방법과 대상은 엄격하였습니다. 긍휼없이 남녀노소가 다 해당되는 처형이었습니다. 그러므로 성전은 시체 쓰레기로 가득하였고 에스겔은 탄식의 의의를 주께 아뢰었습니다. 둘째, 홀로 탄식하는 에스겔의 기도소리(겔 9:9~11). 그의 소리는 '오호라'였습니다. 그의 요청은 남은 자의 구원이었습니다. 그의 바람은 이스라엘 땅을 외면하지 말아 달라는 애원이었습니다. 이에 하나님께서 '행위대로 갚으리라'는 선언으로 응답하셨습니다. 그러는 와중에서도 하나님의 안타까운 사랑의 성품에 호소했던 홀로 우는 자들에게 특별한 표시의 실행자-천사가 하나님께 보고를 하였습니다. "내게 명하신 대로 내가 준행하였나이다."

적용 사랑하는 성도 여러분! 하나님의 일에 반역이나 항의는 있을 수 없습니다. 하나님의 공의는 절대순종입니다. 따라서 여섯 관할 천사도 즉각적으로 준행한 것입니다. 그러므로 오늘도 하나님의 안타까운 공의의 사랑을 받기 원한다면 선지자의 외침과 같은 주의 목사들… 성경책의 외침을 외면하지 맙시다. 자세히 주의하여 주의 뜻을 실행합시다. 그것도 구체적으로 순위를 정하여 진행합시다. -아멘-

기도 우리 주 예수 그리스도여! 염려없는 주의 일(마 6:27~30), 돌아봄의 메시지를 듣고 싶습니다(눅 1:26~80). -아멘-

찬송 · 345장   말씀 · 겔 10:1-22   년   월   일

하나님의 영광이 머물 때

오늘의 요절 겔 10:18~19 ▷ 여호와의 영광이 성전 문지방을 떠나서 그룹들 위에 머무르니 그룹들이 날개를 들고 내 목전에 땅에서 올라가는데 그들이 나갈 때에 바퀴도 그 곁에서 함께 하더라 그들이 여호와의 전으로 들어가는 동문에 머물고 이스라엘 하나님의 영광이 그 위에 덮였더라

살핌
1. 하나님의 영광이란 무엇을 뜻합니까?
2. 에스겔이 느낀 하나님의 생각은 무엇입니까?
3. 우리 가정에 하나님의 영광의 빛이 머물고 있습니까?

사랑하는 성도 여러분! 에스겔 10장은 여호와 하나님의 영광이 머묾과 떠남의 순간에 대하여 기록하였습니다. 하나님의 가족들은 하나님의 영광을 위하여 예배를 드립니다. 하나님의 영광이 머물거나 내려오시기를 사랑하기에 찬양과 경배를 주께 돌립니다. 에스겔은 궁창에 남보석같은 빛-곧 보좌의 형상같은 광채를 보았습니다. 그의 영광이 머무는 광경은 영화로운 광채 그대로였습니다.

묵상 첫째, 하나님의 영화로운 광채와 스랍들(겔 10:1~14). 여호와의 영광이 그룹에서 올라 성전 문지방에 임할 때 구름과 영화로운 광채가 성전에 가득하였습니다. 전능하신 하나님의 명령은 스랍들이 영화롭고 신속하게 진행되었습니다. 그룹들의 손은 사람의 손 같았고 뜨거운 숯불을 집어도 무방한 연단한 쇠였습니다. 그룹들은 사방으로 향하여 있었지만 항상 보좌를 중심으로 움직이는 수레바퀴였습니다. 둘째, 성전 문지방을 떠나는 여호와의 영광(겔 10:15~22). 하나님의 가족들은 여호와의 영광을 사모해야 되는 이유를 본문에서 깨닫게 됩니다. 하나님의 영광이 움직이는 곳에 그룹들의 날개는 바삐 움직였고 발과 같은 바퀴도 항상 움직였습니다. 에스겔은 그발 강가에서 보았던 하나님의 아래에 있던 생물 그룹을 보았습니다. 따라서 하나님과 항상 함께 있는 그들이 부러운 것입니다. 즉, 하나님의 영광이 성전을 떠나면 수종들던 천사들도 떠나게 되니 하나님의 영광이 머물게 되기를 소망하는 에스겔은 매우 아쉬운 것이었습니다.

적용 사랑하는 성도 여러분! 교회의 거룩성은 성도의 은혜입니다. 교회의 청결은 하나님의 영광의 빛을 유지시키며 존재하게 만드는 소망입니다. 그리고 교회의 활동은 스랍들의 연합된 날개와 수레바퀴같은 하나님 중심의 사역입니다. 그러므로 하나님의 영광의 광채가 머물고 있음을 깨닫게 됩니다. 교회도 그리스도의 몸 된 지체입니다. 이 지체가 그리스도 예수님과 함께 있을 때는 가정과 교회가 그의 영광에 동참하는 때입니다. 그러므로 오늘도 바쁘게 할 일들을 정리합시다. -아멘-

기도 우리 주 예수 그리스도여! 끊을 수 없는 사랑의 줄로(롬 8:35), 살리는 생명의 사역을 하고 싶습니다(요 6:63). -아멘-

찬송 · 57 장   말씀 · 겔 11 : 1-25   년   월   일

성신의 마음 부드러운 마음

| 오늘의 요절 | 겔 11 : 19 ▷ 내가 그들에게 일치한 마음을 주고 그 속에 새 신을 주며 그 몸에서 굳은 마음을 제하고 부드러운 마음을 주어서

살핌
1. 방백들이 회의의 요점은 무엇입니까?
2. 하나님의 선물은 무엇입니까?
3. 나의 성격상의 결점은 무엇이며 어떻게 고치면 좋겠습니까?

사랑하는 성도 여러분! 에스겔 11장은 방백들의 불의한 안일함과 성신의 은혜인 부드럽고 일치된 마음의 회복에 대하여 기록하였습니다. 상냥한 음성과 깜찍한 부드러움이 깃든 사람을 만나서 대화하는 것은 즐거움 중에 큰 즐거운 순간입니다. 시끄럽고 퉁명한 사람과의 대화에서는 사특함과 분열된 생각을 발견하게 됩니다. 에스겔은 주의 손에 이끌리어 방백들의 회의장면을 보게 되었습니다.

묵상 첫째, 방백회의 내용(겔 11 : 1~13). 회의에 참가한 방백들은 불의한 생각과 악한 살인 음모의 죄를 짜내고 있었습니다. 소위 경영의 합리화란 명분하에 전개되는 경영자의 철면피한 방법처럼, 방백들은 방심한 태도로 나라의 운영에 대하여 말하였습니다. 즉, 멸망을 직감하지 않고 나태한 마음으로 국민들의 형편을 도외시하였습니다. 그런 결과는 성읍 전체를 시체를 굽는 가마로 만들게 되었습니다. 기근이 심하여 인육의 시장이 열린다는 것은 험악한 환경이 온다는 뜻이었습니다. 이에 에스겔은 또 다시 탄식하게 되었습니다(겔 11 : 13). 둘째, 성신의 마음은 부드럽고 일치된 마음(겔 11 : 14~25). 주께서 이스라엘의 남은 자를 열방으로 흩으셨으나 그곳에서도 늘 성소가 되시어 성신의 마음을 주시겠다는 말씀을 하셨습니다. 그리고 흩어진 백성들이 열방에서 거룩한 성소를 꾸미라고 당부하셨습니다. 따라서 그 곳에서는 가증한 물건을 제하여 버리고 하나된 마음으로 굳어진 심령을 버리라고 말씀하셨습니다. 즉, 심령들에게 새 신을 주며 부드러운 마음을 주어서 하나님의 백성으로서 지켜야 할 본분을 다하라는 말씀을 하셨습니다(겔 11 : 19~20).

적용 사랑하는 성도 여러분! 어느 곳이든 하나님의 선물을 사모하고 그 선물의 뜻을 삶에 적용해야 합니다. 에스겔은 하나님의 새소식과 방백들의 가증스러운 회의 내용을 전하였다고 기록하였습니다(겔 11 : 25). 하나님의 성령을 받은 사람마다 부드러운 마음으로 일치된 하나님의 뜻을 옮기려 합니다. 그러므로 오늘도 분열의 생각과 개인적인 사유로 전체의 마음이 굳어지지 않도록 주의합시다. ―아멘―

기도 우리 주 예수 그리스도여! 육체의 생각으로 일하지 않고(갈 6 : 8), 믿음의 건축을 하고 싶습니다(유 1 : 20). ―아멘―

찬송 · 271 장   말씀 · 겔 12 : 1-28   년 월 일

이삿짐을 싸는 에스겔

오늘의 요절 겔 12 : 4 ▷ 너는 낮에 그 목전에서 네 행구를 밖으로 내기를 이사하는 행구 같이 하고 저물 때에 너는 그 목전에서 밖으로 나가기를 포로되어 가는 자 같이 하라

살핌
1. 에스겔이 무엇을 절제하고 이삿짐을 꾸렸을까요?
2. 에스겔의 행동에 대하여 어떻게 생각하십니까?(그 당시와 오늘을 비교)
3. 나의 이삿짐은 기도후에 응답받은 후에 꾸리고 전도와 관계가 있을까요?

사랑하는 성도 여러분! 에스겔 12장은 하나님의 명령으로 이삿짐 행구의 상징적 예언과 예조를 조롱하는 무리들에 대하여 기록하였습니다. 새집으로 갈 때는 좋은 이삿짐이지만 포로생활의 시범적인 이삿짐 행구는 참으로 한심스러울 것입니다. 하나님께서는 에스겔에게 패역한 백성들을 깨닫게 하기 위하여 이삿짐을 싸서 옮기는 예조를 보이라고 말씀하시었습니다.

묵상 첫째, 시드기야 왕의 포로생활 예언(겔 12 : 1~16). 하나님께서는 에스겔에게 백성들의 포로생활을 예고하는 상징적 행위 – 이삿짐 – 운반 작업을 시키셨습니다. 따라서 에스겔은 밤중에 성벽을 뚫고 짐들을 어깨에 메고 나갔습니다. 백성들은 그에게 질문을 하였습니다. 이때의 대답은 죽음의 선언이었습니다. 수치로 얼굴을 가린 시드기야 왕이 살아 돌아오지 못한다는 선언이었습니다. 그러므로 선지자의 행위가 역사적으로 사실이며… 하나님의 명령이었음을 백성들이 깨닫게 하려는 목적의 옮김 작업이었습니다. 둘째, 에스겔의 행동을 조롱하는 무리들(겔 12 : 17~28). 에스겔은 그의 짐 운반 행위에 메마른 심령으로 조소를 보내었던 무리에게 다음의 선언을 하였습니다. 그것은 머지 않아서 떨면서 물을 마시고 두려워하면서 음식을 먹을 것이었습니다. 또한 땅은 황폐해졌으므로 기근이 가중되고 결국에는 하나님의 징벌이었다고 고백하게 될 것이라고 에스겔이 예언하였습니다. 그래도 속담처럼 모든 묵시(默示)가 응험(應驗)이 없다고 단언하면 그 말도 수치를 느끼게 될 것이라고 선언하였습니다.

적용 사랑하는 성도 여러분! 에스겔의 행동은 정상적인 생활의 모습은 아니었습니다. 평범한 이해의 차원에서 납득이 가지 않는 특별한 이사 행렬과 침묵시위였습니다. 그것을 조롱하거나… 지금의 일이 아니라고 안위하는 무리들(겔 12 : 26~28)에게는 반드시 여호와의 단호함을 깨닫게 하였습니다. 예수님의 재림을 기다리지 않거나 더디 오산다는 가정하에 태만함을 갖는다면 하나님의 노를 자극하게 됩니다. 그러므로 오늘도 하나님의 사역자들에게 조소를 보내지 맙시다. —아멘—

기도 우리 주 예수 그리스도여! 곤고한 마음으로 주께 의뢰하고(삼하 22 : 28), 경제문제도 주께 의뢰하고 싶습니다(전 11 : 6). —아멘—

찬송 · 379 장   말씀 · 겔 13:1-23   년 월 일

우매(愚昧)한 선지자

오늘의 요절 겔 13:3 ▷ 주 여호와의 말씀에 본 것이 없이 자기 심령을 따라 예언하는 우매한 선지자에게 화가 있을진저

살핌
1. 누가 황무지에 있는 여우 같습니까?
2. 거짓 선지자의 종말은 어떻습니까?
3. 점쟁이, 관상쟁이가 많이 모인 지역은 어디이며 가 본 경험이 있습니까?

사랑하는 성도 여러분! 에스겔 13장은 자기 마음대로 말씀을 무시하고 예언하는 우매한 선지자와 부녀의 점치는 행위에 대하여 기록하였습니다. 하나님께서는 진리의 말씀을 옮겨 적거나 행동으로 보여주는 선지자를 우롱하거나 경원시하는 거짓 선지자들을 경멸하셨습니다. 그들은 매우 간결한 생각으로 하나님의 오묘함을 해석하였습니다.

묵상 첫째, 거짓 예언자의 특징과 우매한 선지자의 특징(겔 13:1~16). 올바른 예언자의 특징은 고난입니다. 참된 선지자의 생각은 하나님의 말씀입니다. 그러나 거짓 예언자는 마음에서 나는 대로 편한 목소리로 말합니다. 또는 우매한 선지자의 특징은 본 것도 없이 상상하여 말하고 말씀의 근거도 없이 허탄한 묵시와 점괘를 말합니다. 이러한 우매자들은 백성들에게 마음의 회침을 부추기고 위기의식도 불어넣지 않습니다. 그리고 평강이 없는 세월의 때에도 평강이 있다고 말하는 위로와 아첨의 행위를 주업으로 삼습니다. 따라서 하나님께서는 그들을 폭풍같은 진노로 훼멸시킬 것을 선언하셨습니다. 둘째, 거짓 점쟁이 부녀 선지자들의 결론(겔 13:17~23). 에스겔은 자기 마음에 떠오르는 심리로 예언하는 부녀 선지자들을 책망하게 되었습니다. 그녀들은 야릇한 수건으로 영혼을 사냥하는 거짓 부녀였습니다. 그녀들은 거짓말을 지어서 죽지 아니할 영혼을 죽이고, 살지 못할 영혼을 살린다고 술수를 내었습니다. 그뿐 아니라 의인의 마음을 슬프게 하며 미궁한 손으로 궤술을 부리었습니다.

적용 사랑하는 성도 여러분! 요즈음도 가난한 지역과 부유한 지역에는 늘 점쟁이와 미신 섬기는 부녀들이 몰려 다닙니다. 혼란한 마음의 때(입시, 취업, 사업, 불임)에 특별한 점을 본다고 설쳐대는 점쟁이들을 만나게 되며 광고지를 봅니다. 에스겔의 할 일은 여호와의 위엄과 이들에게 내려질 징벌의 예언이었습니다. 그들을 거짓과 우매한 선지자들, 그리고 부녀들의 술수에서 벗어나게 해야 하는 사명이었습니다. 그러므로 오늘도 사이비 이단에 빠진 무리들과 거짓 점쟁이들에게 현혹 당하는 이유를 돌아 봅시다. -아멘-

기도 우리 주 예수 그리스도여! 정직한 삶(엡 4:25), 마귀와 대적하는 삶(엡 4:27), 경건의 비밀을 깨닫고 싶습니다(딤전 3:15~16). -아멘-

찬송·167장　　　　　말씀·겔 14:1-23　　　　　년　월　일

하나님의 작정(作定)

오늘의 요절　겔 14:5 ▷ 이는 이스라엘 족속이 다 그 우상으로 인하여 나를 배반하였으므로 내가 그들의 마음에 먹은 대로 그들을 잡으려 함이니라

1. 하나님의 작정이란 어떤 의미입니까?
2. 이중인격적 생활의 장로는 왜 선지자에게 찾아왔습니까?
3. 나의 고민, 고통, 고난, 고립의 원인은 무엇입니까?

사랑하는 성도 여러분! 에스겔 14장은 우상숭배자들에 대한 하나님의 정죄와 나라가 범한 죄의 징벌 작정을 막을 자가 없음에 대하여 기록하였습니다. 에스겔을 찾아온 장로들은 우상숭배자였으며 우상의 물건들을 은닉한 장본인들이었습니다. 하나님께서는 에스겔에게 그들의 속셈을 알려 주셨습니다.

묵상 첫째, 하나님의 작정은 우상숭배자들의 척결과 정죄(겔 14:6~11). 선지자 에스겔의 활동을 은근히 훼방하려는 장로 두 사람은 가증한 우상의 얼굴로(약 4:8) 선지자의 실수를 찾아내거나 말의 올가미를 준비하였습니다. 그러나 하나님께서는 에스겔에게 말씀을 주셨습니다. "너희는 마음을 돌이켜 우상을 떠나고 얼굴을 돌이켜 모든 가증한 것을 떠나라(겔 14:6)." 그리고 여전히 우상을 섬기면서도 선지자에게 물으려 할 때는 하나님께서 직접 정죄하고 오히려 속담거리가 되게 하시겠다고 말씀하셨습니다. 또한 선지자가 미혹되면 동일한 범죄자로 정죄하시겠다고 선언하셨습니다. 둘째, 하나님의 작정은 막을 의인이 없습니다(겔 14:12~23). 하나님께서 범죄한 자기 백성들과 나라에게 선언한 재앙은 어느 누구도 막을 수 없습니다. 하나님의 아들 예수님 외에는… 노아, 다니엘, 욥이 그 무리 중에 있을지라도 그들만 생명을 건지고 그들의 가족까지도 죽음을 면하기 어렵습니다. 하나님께서는 양식을 끊어 기근을 작정하셨고, 칼과 온역과 사나운 짐승의 재앙을 예비하셨습니다. 그러므로 엄정하시고 엄위하신 여호와인 줄 깨닫게 됩니다.

적용 사랑하는 성도 여러분! 하나님의 뜻은 그의 나라의 확장과 그의 선하신 의가 이루어지는 것입니다(마 6:33). 주께서는 그 뜻을 재앙보다는 순종의 상황 하에 진행되는 것을 좋아하십니다(겔 16:23). 그리고 하나님께서는 재앙의 작정도 … 포로생활의 허락도 무고(無故)히 하시지 않습니다. 반드시 고통에는 인생들의 허탄한 욕심과 욕망과 욕정의 무절제가 큰 원인이 되었습니다. 그러므로 오늘도 모든 고난에 대하여 예수님의 위로와 그의 뜻을 따라서 위로받읍시다. －아멘－

기도 우리 주 예수 그리스도여! 남은 은혜의 가족과(겔 14:22), 함께 사는 가족이 되고 싶습니다(신 6:7). －아멘－

찬송 · 327장   　　말씀 · 겔 15 : 1-8   　　년　월　일

포도나무 인생

| 오늘의 요절 |　겔 15 : 6 ▷ 그러므로 주 여호와 내가 말하노라 내가 수풀 가운데 포도나무를 불에 던질 화목이 되게 한 것같이 내가 예루살렘 거민도 그같이 할지라

살핌
1. 포도나무 인생론을 이해하시겠습니까?
2. 불에 던져질 미래의 포도나무 가지는 누구입니까?
3. 나는 어떤 의무를 이행하고 있으며… 예수님의 열매를 맺었다고 생각합니까?

사랑하는 성도 여러분! 에스겔 15장은 하나님께서 이스라엘 나라를 포도나무로 비유하시고 그 용도와 가지에 대하여 말씀하신 내용을 기록하였습니다. 하나님께서 '포도나무'의 비유로 예루살렘의 멸망을 말씀하셨습니다. 포도나무의 상징은 이스라엘입니다. 포도나무 열매는 백성들이며 포도원의 주인은 하나님이십니다 (렘 2 : 21, 요 15 :).

첫째, 포도나무 가지가 나은 것은 무엇이랴? (겔 15 : 1~3). 하나님께서는 에스겔과 우리 모두에게 포도나무 가지의 효용성에 대하여 말씀하셨습니다. 포도나무가 모든 나무보다 나은 것이 무엇이랴?는 질문입니다. 즉, 포도나무 가지를 가지고 무엇을 제조(製造)도 할 수 없으며 그릇을 걸 못도 만들 수 없다는 뜻이었습니다. 그뿐 아니라 포도나무를 심으신 하나님께서는 연약하고 쓸모없는 인생이지만 사랑하셨다는 의미를 에스겔에게 가르치신 것이었습니다. 둘째, 열매없는 포도나무의 앞날은 무엇이랴? (겔 15 : 4~8) 하나님께서는 열매없이 병이 든 나무를 불에 태우시기로 작정하셨다고 에스겔에게 말씀하셨습니다. 땔감으로도 적합하지 않을 포도나무가 불에 던져질 미래가 놓여 있었습니다. 하나님께서는 에스겔에게 불에 탄 포도나무는 더욱 쓸모 없음을 말씀하셨습니다. 전쟁의 화재 속에서 불에 타 죽을 예루살렘의 백성을 상상해야 되는 에스겔의 심정과 하나님께서 그렇게 단행하셔야 하는 뼈아픈 고심을 서로 의논하신 것입니다.

적용
사랑하는 성도 여러분! 우리는 포도나무 되신 예수님의 가지입니다. 우리가 그 가지에 붙어있지 아니하면 저절로 열매를 맺을 수는 없습니다. 아궁이에 던져질 들풀도 하나님의 관리와 섭리하에 불에 탑니다 (마 6 : 30). 하물며… 그의 나라 백성들을 징계하시는 하나님의 아픈 사랑을 이해하시겠습니까? 여호와 하나님의 살아계심과 그의 다스림과 작정을 무시하는 불신(不信)의 무리들에게 불에 그을릴 미래가 있는데… 우리가 외면할 수 있을까요? (요 15 : 6) 그러므로 에스겔의 심정으로 하나님의 뜻을 돌아봅시다 (겔 15 : 8). －아멘－

기도
우리 주 예수 그리스도여! 우리의 걸음도 (시 37 : 23), 우리의 양식도 (잠 30 : 8), 기도하며 구하고 싶습니다 (빌 4 : 6). －아멘－

찬송 · 206 장   말씀 · 겔 16 : 1-63   년   월   일

하나님께서 베푸신 은총

> 오늘의 요절   겔 16 : 60 ▷ 그러나 내가 너의 어렸을 때에 너와 세운 언약을 기억하고 너와 영원한 언약을 세우리라

살핌
1. 하나님의 성품을 어떻게 이해하십니까?
2. '음행'에 대하여 하고 싶은 말이 있습니까?
3. 나의 심성과 육체는 음란하지 않습니까?

사랑하는 성도 여러분! 에스겔 16장은 비참한 이스라엘의 태동부터 하나님께서 베푸신 은총에 대한 변절과 음행 및 그 결과에 대하여 적나라하게 기록하였습니다. 인생의 근본을 아시는 하나님께서 이스라엘의 출발을 말씀하셨습니다. 주께서는 이스라엘의 패역함을 음행하는 부녀와 창기보다 못한 저속한 배반의 나라로 지명하셨습니다.

첫째, 구원부터 시작하여 왕후의 위치까지 인도하신 하나님의 은총(겔 16 : 1 ~14). 버려진 사생아와 같은 인생은 피투성이가 된 상태였습니다. 벌거벗은 어린 이스라엘을 하나님의 사랑으로 옷입히고 물로 씻기시고 기름을 발라주시었습니다. 그리고 주께서는 그를 아름답게 장식하여 영화의 면류관을 드높이게 하셨습니다(에스더와 이스라엘의 초기 왕정시대). 둘째, 화려함을 믿고 명성으로 행음하는 이방 문화와의 교류(겔 16 : 15~43). 이스라엘이 우상을 섬기는 나라와의 문화교류는 백성들을 육체적으로 혼음하게 만들었고 영적으로는 우상행위를 하게 되었습니다. 하나님께서는 이러한 우상과 행음의 행위가 전무후무(前無後無)하다고 말씀하셨습니다. 하나님께서 주신 은, 금, 재산, 명성으로 온갖 나라의 우상과 남정네들과 심한 행음을 자행하였다고 대노하셨습니다. 그 행음의 나라는 애굽의 남자 우상, 블레셋 여자, 장사치 갈대아(바벨론)인 이었습니다. 연약한 포도나무같은 여인의 나라 이스라엘이 온갖 색(色)스러운 화려함으로 행음하였고, 심지어 자녀들까지 우상의 제물로 불에 태웠으니 하나님께서도 동일한 보응을 하시겠다고 말씀하셨습니다(그 이하는 성경을 참조).

적용
사랑하는 성도 여러분! 소돔과 사마리아의 죄보다 더욱 심한 이스라엘의 음행과 우상숭배를 잊어서는 안됩니다. 주께서는 참회하고 돌아설… 상처받은 백성들에게 수치와 벌거벗은 하체를 은혜의 옷으로 가리워 줄 것도 약속하셨습니다(신약시대). 그 귀한 구속의 언약, 영원한 언약은 오늘의 우리에게도 동일하게 적용됩니다. 그러므로 오늘도 구원받은 첫 순결함을 말씀으로 유지시키며 부끄러운 세속 문화에 익숙하거나 노련하지 맙시다. －아멘－

기도
우리 주 예수 그리스도여! 방황한 삶을 정리하듯(눅 21 : 34) 착한 일을 시작하고 싶습니다(빌 1 : 6). －아멘－

찬송 · 95 장 　　　　　말씀 · 겔 17 : 1-24 　　　　　년　월　일

약속을 지키는 백향목 가족

오늘의 요절　겔 17 : 22 ▷ 나 주 여호와가 말하노라 내가 또 백향목 꼭대기에서 높은 가지를 취하여 심으리라 내가 그 높은 새 가지 끝에서 연한 가지를 꺾어 놓고 빼어난 산에 심되

살핌
1. 두 독수리와 헌 백향목은 누구를 뜻합니까?
2. 시드기야 왕과 같은 정책을 입안하고 훗날 비참해진 대통령은 누구입니까?
3. 나는 법질서와 약속에 대하여 어떻게 이행해야 된다고 생각합니까?

사랑하는 성도 여러분! 에스겔 17장은 독수리와 포도나무와 백향목에 대한 비유로서 언약의 지킴을 강조하는 내용이 기록되었습니다. 자녀나 벗들과의 언약도 반드시 지켜야 신용과 의뢰의 탑을 세울 수 있습니다. 배반과 음행으로 망신창이가 된 이스라엘은 또 다른 멸망의 원인이 있었습니다. 그것은 맹세와 약속의 배반이었습니다.

묵상 첫째, 독수리와 포도나무의 비유(겔 17 : 1~21). 하나님께서는 유다 왕 시드기야의 정치적 윤리와 인간성의 모순을 지적하시려고 독수리와 포도나무의 비유를 말씀하셨습니다. 에스겔이 왕의 배반이 곧 나라의 배반이며 하나님께 대한 배반행위가 되었음을 알게 된 비유였습니다. 유다 왕 시드기야는 바벨론(독수리) 느부갓네살 왕과 동맹관계를 맺었습니다. 이른바 상호불가침 조약과도 같은 성격의 조약이었습니다. 그러나 바벨론의 내정간섭 때문에 유다 왕은 애굽 왕 바로-호브라와 새로운 이중협약(원조)을 약속하였습니다. 이러한 사항을 하나님께서 두 독수리가 심은 백향목(시드기야)이나 포도나무가 잘 자라고 뿌리를 통하여 열매가 맺을 수 있겠느냐?고 비유하셨습니다. 둘째, 백향목 가지의 비유(겔 17 : 22~24). 하나님께서는 두 독수리의 보호도 소용없다고 말씀하셨습니다. 오직 하나님께서 백향목의 새로운 가지(새 왕→예수님)를 이스라엘의 높은 산에 심으신다는 뜻을 비유로 설명하셨습니다. 그 가지는 약속의 가지이며 열매를 맺는 가지입니다. 큰 나무로 자랄 것이며 새들과 그늘이 있게 될 것이라고 말씀하셨습니다(막 4 : 30~32). 신약의 예수님께서 말씀하신 겨자씨 비유와 그 의미를 같이하신 말씀입니다.

적용 사랑하는 성도 여러분! 경제적인 문제나 국방적인 문제로 두 독수리를 의지한 시드기야 왕의 신세는 처참할 정도로 퇴락되었습니다. 약속을 이중으로 맺은 그는 양쪽으로부터 버림을 받았고, 국민들은 커다란 재앙의 죽음을 치르게 되었습니다. 더욱이 하나님의 사랑과 은총을 무시한 죄는 칼과 죽음, 온역과 국문의 과정을 낳았습니다. 그러므로 오늘도 약속을 지키며 은혜를 배반하지 맙시다. -아멘-

기도 우리 주 예수 그리스도여! 심음과 거둠의 원리(막 4 : 30~32), 언약과 배반의 고통(시 103 : 2)을 잊지 않겠습니다. -아멘-

찬송 · 58장   말씀 · 겔 18 : 1-32   년 월 일

마음과 영을 새롭게

오늘의 요절 겔 18 : 31 ▷ 너희는 범한 모든 죄악을 버리고 마음과 영을 새롭게 할지어다 이스라엘 족속아 너희가 어찌하여 죽고자 하느냐

1. 옛 이스라엘의 범죄와 현대인의 범죄가 같습니까?
2. 하나님의 공평하심을 어떻게 증명하시겠습니까?
3. 나의 선행보다는 악행이 더 많으니 새롭게 해야 할 필요성을 느낍니까?

사랑하는 성도 여러분! 에스겔 18장은 하나님께 대한 항의 속담과 그 속담의 어리석음에 대하여 기록하였습니다. 하나님께서는 개인의 죄와 그에 따른 심판의 정당함을 선언하셨습니다. 아들의 고통이 아비의 죄에 있다고 항의하는 포로들에게 개인적 범죄유형을 소개하였습니다. 그리고 모든 영혼이 하나님께 속해 있다고 말씀하셨습니다. 그 중에서 범죄하는 영혼은 반드시 죽으리라는 말씀도 하셨습니다(겔 18 : 4, 롬 6 : 23).

묵상 첫째, 마음과 육체 또는 영혼을 더럽힌 사람들의 미래(겔 18 : 4~20). **죄지은** 아비의 아들에게서 선인과 선행의 행함이 있음에도 불구하고 하나님께서 그를 죽이시겠느냐?라는 질문이 있었습니다. 하나님의 대답은 그 아들이 우상을 금하고, 간음하지 않고, 인권모독이나, 이자돈 때문에 가난한 자를 학대하지 않았으면 그 영혼은 산다는 결론이었습니다. 즉, 자식의 범죄유형이 하나님의 말씀의 범례에 들지 아니하면 그는 정녕코 산다는 선언이었습니다(겔 18 : 17~18). 둘째, 돌이켜 회개하는 영혼들의 미래(겔 18 : 21~32). 죄의 삯은 사망입니다(롬 6 : 23). 그러나 주께서는 죄인이 죄악에서 돌이켜 하나님의 율례와 법도와 규례의 의를 행하면 정녕 살 수 있다고 선언하셨습니다. 그뿐 아니라 하나님께서는 악인의 죽는 것을 기뻐하시지 않습니다. 오히려 그 악인이 악행에서 돌이켜 떠나서 사는 것을 기뻐하십니다. 이와 같은 자유와 사죄 선언은 회개에 따른 공평의 선언이었습니다(겔 18 : 25). 따라서 인간의 심사(心思)가 공평치 아니하고 스스로 하나님의 곁을 떠나서 헤아리는 그 행위가 하나님의 심판주제가 된다는 말씀을 하셨습니다(겔 18 : 29).

적용 사랑하는 성도 여러분! 하나님은 "너희는 돌이켜 회개하고 모든 죄에서 떠나라"고 선언하시었습니다. 거룩한 주일예배의 참된 의미가 여기에 있습니다. 참회의 과정없이 예배의 메시지를 듣는 것은 하나님께 새로움을 기대하는 제사가 아닙니다. '마음과 영을 새롭게 하라'는 제2차 권면은 모든 그의 백성들을 살리시는 생명의 말씀이며 참 만나입니다. 그러므로 오늘도 새로운 기쁨의 은혜를 나눕시다. ―아멘―

기도 우리 주 예수 그리스도여! 정한 마음으로 찬양하고(시 108 : 1~2), 우리의 눈을 열고 싶습니다(시 119 : 18). ―아멘―

찬송 · 277 장   말씀 · 겔 19:1-14   년 월 일

유다 왕국의 몰락 노래

오늘의 요절 겔 19:12 ▷ 분노 중에 뽑혀서 땅에 던짐을 당하매 그 실과는 동풍에 마르고 그 건강한 가지들은 꺾이고 말라 불에 탔더니

살핌
1. 사자로 표현된 인물의 정책을 아십니까?
2. 나라의 장관, 회사이사진, 학교경영진은 하나님을 의식한 법 진행을 할까요?
3. 나의 가계(家計)는 어떻게 사용됩니까?

사랑하는 성도 여러분! 에스겔 19장은 유다 왕가의 몰락에 대하여 슬픈 노래로 부르는 애가(哀歌)에 대하여 기록하였습니다. 아브라함의 심지는 유다의 젊은 사자에 의해 보호받았는데… 이제는 사자를 기른 하나님에게 사자의 포학으로 나라가 망했습니다. 즉, 왕가의 몰락은 사자(왕) 역할을 했던 이스라엘 방백들의 부실경영 때문이었습니다.

묵상
첫째, 유다 왕국은 암사자(겔 19:1~9). 백성들을 다스리려는 유다 왕국의 사자는 백성들을 폭도와 채찍으로 다스렸습니다. 유다 왕가는 하나님의 법도와 법칙을 가르치기 보다는 인본주의와 개인적인 우상숭배 제도를 도입시켰습니다. 왕들은 하나님 중심주의가 아니고… 하나님을 제일로 아는 소망을 끊어버리고 애굽나라와 바벨론 대제국을 동경하도록 정책을 시행하였습니다. 따라서 세속문화의 탐닉으로 성(城)은 음란의 기운이 감돌았고, 끝내는 시드기야 왕가와 여호야김의 말로를 보게 된 것이었습니다(렘 22:19). 둘째, 유다 왕국의 한 때 영화는 포도나무(겔 19:10~14). 유다 왕가는 다윗, 솔로몬, 요시야 왕 등 훌륭한 정치 지도자가 탄생되었습니다. 그때는 물가에 심긴 포도나무 같았고, 물이 많아서 실과와 가지가 무성했습니다. 그의 방백들도 건강한 가지 같고 뛰어났습니다. 그러나 이제는 주의 분노를 당하여 뽑힌 나무, 불에 탄 나무가 되었으니 그곳이 메마른 광야 같이 되었습니다(겔 19:13). 따라서 옛시절이나 후회하고 슬픈 노래를 부르니 참 애처로운 애가(哀歌)였습니다.

적용
사랑하는 성도 여러분! 섰다 하는 사람 넘어질까 조심하고… 다 됐다 하는 순간에 무너지는 탑을 기억하십시다. 유다의 왕가는 몰락했어도… 하나님의 나라와 그의 왕국은 영원한 백향목이며 총천연색의 보석궁입니다. 에스겔이 본 여호와의 영광이 남보석 같고 그 빛의 밝기가 찬란하다고 말씀하였습니다. 백성들이 훌륭한 정치인을 만나는 것도 큰 복입니다. 그러므로 오늘도 나라의 안전과 경영과 가정의 경영을… 사회의 회의를 예수님과 함께 의논하여 기도 후에 진행합시다. -아멘-

기도
우리 주 예수 그리스도여! 은혜를 베풀며(시 112:5), 요동 없는 경영(시 62:2)을 이루어 나가고 싶습니다(사 28:16). -아멘-

찬송·313장   말씀·겔 20:1-49   년 월 일

여호와의 이름을 위한 일

오늘의 요절 겔 20:44 ▷ 이스라엘 족속아 내가 너희의 악한 길과 더러운 행위대로 하지 아니하고 내 이름을 위하여 행한 후에야 너희가 나를 여호와인 줄 알리라 나 주 여호와의 말이니라 하셨다 하라

1. 이스라엘의 역사와 우리 민족의 역사를 비교해 보십시오.
2. 이스라엘이 중요시하는 이름과 우리의 '이름 석자 의식'은 맥락이 같습니까?
3. 내가 열심으로 사는 이유는 누구의 이름 때문입니까?

사랑하는 성도 여러분! 에스겔 20장은 하나님을 거역하고 그의 이름을 더럽히려 했던 과거 역사의 전철에 대하여 기록하였습니다. 하나님의 도움은 그의 영화로운 이름으로 시작됩니다. 하나님의 일은 인간이 인간의 지·정·의를 사용하는 연습이 될 수 없습니다. 하나님의 일은 생명을 다루는 일입니다. 따라서 그의 이름을 위하여 '목적의 어긋남'이 없이 최선의 정직과 정열을 바쳐야 합니다.

묵상 첫째, 이스라엘에 대한 하나님의 열정(겔 20:1~32). 에스겔에게 찾아온 장로들은 하나님의 뜻을 전달받게 되었습니다. 이스라엘은 열방 위에 세워진 선민이었고 여호와의 영광을 위하여 택정함을 입었습니다. 그들이 노예로 있을 때 구원하셨고, 가증한 우상을 섬길 때에도 여호와의 이름 때문에 주께서는 스스로 구원사역을 진행하셨습니다. 광야의 시절에도 물론이거니와 가나안 땅에서도 안식일의 표징을 무시하였고 심지어 패역한 음란을 일삼는 우상을 섬긴 상태라 할찌라도… 하나님은 그들을 사랑하시고 열정으로 선지자들을 보내셨습니다. 둘째, 이스라엘의 범죄에 대한 하나님의 심판 열정(겔 20:33~49). 하나님의 선한 열정은 공의의 열정과 분노로 바뀌었습니다. 하나님의 능하신 손과 팔로 분노를 쏟아 이스라엘로 하여금 여호와의 위엄을 만방에 알리셨습니다. 따라서 열국이 이스라엘을 침공하였고, 우상을 섬기려는 백성들을 우상을 숭배하는 나라로 흩으셨고, 그들을 열국으로 보내셨습니다. 그곳에서 새 예루살렘의 소망을 품도록 새로운 요구를 하시게 된 것입니다(겔 20:40).

적용 사랑하는 성도 여러분! 하나님의 선하신 뜻과 그의 은총을 무시하거나 방관하는 일은 스스로를 파멸시키는 계기가 될 것입니다. 하나님의 새 예루살렘에 대한 소망이 없이 이 땅의 현실에 방임된 시간을 보낸다면… 하나님의 나라에서 예물을 드리지 못하게 됩니다. 이제 산들에게 외치는 에스겔처럼 누워서라도 외쳐야 합니다. '여호와의 말씀과 불의 심판'을 여호와께서 시행하실 것이라고 외쳐야 합니다. 그러므로 오늘도 여호와의 이름을 위한 예수 천당을 외쳐 봅시다. —아멘—

기도 우리 주 예수 그리스도여! 주의 은혜와 이름을 부한 자에게(딤전 6:17), 장래의 터를 소개하고 싶습니다(딤전 6:19). —아멘—

찬송 · 167장   말씀 · 겔 21 : 1-32   년   월   일

에스겔의 통곡

오늘의 요절 겔 21 : 12 ▷ 인자야 너는 부르짖어 슬피 울지어다 이것이 내 백성에게 임하며 이스라엘 모든 방백에게 임함이로다 그들과 내 백성이 함께 칼에 붙인바 되었으니 너는 네 넓적다리를 칠지어다

살핌
1. 에스겔의 탄식 비유를 세 가지로 정리해 보십시오.
2. 에스겔의 제스츄어를 흉내낼 수 있습니까?
3. 우리가 기도해 주어야 할 간절한 기도의 대상은 누구입니까?

사랑하는 성도 여러분! 에스겔 21장은 하나님의 명령으로 땅을 치며 통곡하는 에스겔의 소리가 있으며 심판의 실행직전에 대하여 기록하였습니다. 소경 바디매오의 소리(막 10 : 46~52)…, 혈루증 여인의 신음소리(눅 8 : 43)…, 수로보니게의 애절한 도움의 요청소리(막 7 : 26)를 이해하십니까? 우리 주 하나님, 곧 예수 그리스도께서는 그들의 소리를 이해하실 뿐만 아니라 치료까지 해 주셨습니다.

 첫째, 에스겔의 슬픈 탄식은 민족을 위한 통곡이었습니다(겔 21 : 1~27). 그의 얼굴은 예루살렘을 향하였고 성소를 향하여 소리내어 울었습니다. 하나님께서 그에게 땅바닥을 치며 혈기있는 자의 죽음을 예고하라고 말씀하셨습니다. 그는 탄식하되 허리가 끊어지는 듯이 혈기있는 자의 목전(目前)에서 재앙이 임박했음을 경고하기 위하여 울었습니다. 그는 번쩍이는 마광의 칼을 보고 기운이 빠졌고, 모든 무릎이 물과 같이 허물거렸습니다. 하나님께서는 에스겔에게 넓적다리를 치며 손뼉을 치며 안타까운 예언을 행하라고 말씀하셨습니다. 왜냐하면 왕권이 허물어지고 토성이 무너지고, 시체 위에 시체가 쌓일 날이 이르렀기 때문입니다. 둘째, 에스겔의 눈물은 살육의 칼 바벨론의 무차별 살해행위 때문에 흘리는 눈물이었습니다(겔 21 : 28~32). 이미 살육의 칼은 칼집에서 뽑혔고, 바벨론 왕의 공격명령은 시작되었습니다. 그런데 그 빠르기가 번개같고 멸절될 때까지 칼집에 꽂지 않았던 칼이 되었습니다. 이와 함께 불은 불대로… 짐승은 짐승들대로 아비규환을 만들 그 날이 피의 날이었기에 에스겔은 탄식의 눈물을 흘린 것입니다.

적용 사랑하는 성도 여러분! 에스겔의 통곡은 예언의 통곡이었습니다. 그의 눈물은 예레미야의 눈물처럼 민족을 향한 간곡의 눈물이었습니다. 우리는 어느 누구를 위하여 흘려야 할 눈물을 가지고 있습니다. 편안하고 느긋하게 복음의 소식을 전할 수는 없습니다. 그러므로 오늘도 기도해 주어야 할 대상을 주께서 지명하실 때 허리힘을 다하여 기도해 줍시다. ─아멘─

기도 우리 주 예수 그리스도여! 엘리야의 기도(왕하 18 :), 예레미야의 섞인 히스기야와 이사야의 기도를 하고 싶습니다(대하 32 : 20~21). ─아멘─

찬송 · 168 장   말씀 · 겔 22:1-31   년   월   일

만국의 조롱거리

오늘의 요절 겔 22:4 ▷ 네가 흘린 피로 인하여 죄가 있고 네가 만든 우상으로 인하여 스스로 더럽혔으니 네 날이 가까웠고 네 년한이 찼도다 그러므로 내가 너로 이방의 능욕을 받으며 만국의 조롱거리가 되게 하였노라

살핌
1. 예루살렘의 사회적 범죄, 한국의 범죄와 같은 사건은 어떤 사건입니까?
2. 지도층은 어디입니까? 지도층을 인정해야 합니까?
3. 나는 하나님의 정죄는 성역이 없다고 생각합니까?(교회내의 개혁운동)

사랑하는 성도 여러분! 에스겔 22장은 예루살렘에 대한 죄상이 기록되었는데 그 죄의 유형이 찌끼와 같고 조롱거리였음을 기록하였습니다. 인생들의 사랑의 방법이 거룩하지 못할 경우가 허다합니다. 늘 사랑하면 육체적인 사랑만을 추구하게 됩니다. 이스라엘의 죄상은 전세계적으로 유명한 음란함이었습니다. 이러한 말씀을 기록하였던 에스겔은 하도 답답하여 한숨과 손뼉만 쳤던 것 같습니다.

묵상
첫째, 살인죄와 우상행위 및 음란행위가 만국의 조롱거리였습니다(겔 22:1~22). 하나님의 백성들에게 가중처벌사항인 죄들을 크게 나누면 ①불효 ②인격모독 ③불경 ④근친상간 ⑤경제착취의 행위들이었습니다. 따라서 에스겔은 마음의 의를 잃어 버렸고… 열국의 목전(目前)에서 수치스러운 심문을 생각할 때 한심하였을 것입니다. 이제 이스라엘 족속은 하나님의 연단과 죄의 찌끼에 대한 결과를 당하게 되었습니다. 그러므로 여호와의 분노를 뒤집어 쓰게 되었습니다. 둘째, 선지자와 제사장들과 방백들의 죄는 만국의 조롱거리였습니다(겔 22:23~31). 거룩한 백성들의 지도자 그룹인 선지자와 제사장들, 그리고 방백들의 죄는 정결하지 못한 신앙 양심 때문에 생존본능의 죄로 정죄되었습니다. 선지자들은 예배를 핑계삼아 사람의 영혼을 우롱하였고, 헌금과 보물을 착취하였습니다. 제사장들은 율법과 성물을 더럽혔고 부정함과 정결함의 분별력까지도 잃었습니다. 따라서 백성들의 안식일 범죄도 다스리지 못하였습니다. 방백들은 불의의 이득을 취하였고 피흘리는 것을 대수롭지 않게 여겼던 것이었습니다. 심지어 선지자들은 그네들을 위하여 허탄한 이상과 복술을 말하였고, 여호와께서 말씀하시지도 않았는데… 하나님 여호와의 말이라고 떠들었습니다.

적용
사랑하는 성도 여러분! 거룩함과 겸손함과 겸허한 자기 낮춤이 사라지고 이기성과 본능의 지도력은 언젠가는 수치를 당하게 마련입니다. 이스라엘은 외세의 침략에 의하여 그들의 죄악이 만천하에 공개되었고, 보응의 수욕과 수치를 받게 되었습니다. 그러므로 오늘도 교회내의 죄성을 찾아 연합하여 회개합시다. —아멘—

기도
우리 주 예수 그리스도여! 개혁된 교인의 모습(삼상 2:8), 잃어버린 양떼의 상처를 감싸고 싶습니다(요 10:1~5). —아멘—

찬송 · 227 장　　　말씀 · 겔 23 : 1-49　　　년　월　일

두 음녀 오홀라 오홀리바

오늘의 요절　겔 23 : 4 ▷ 그 이름이 형은 오홀라요 아우는 오홀리바라 그들이 내게 속하여 자녀를 낳았나니 그 이름으로 말하면 오홀라는 사마리아요 오홀리바는 예루살렘이니라

 1. 고대와 현대의 음녀의 특징을 정리하여 보십시오.
2. 우상과 TV스타, 연예인, 유명인, 귀인들의 음란은 어떻게 나타납니까?
3. 내가 경계해야 될 음란문화는 무엇이고 세속화현상은 무엇입니까?

사랑하는 성도 여러분! 에스겔 23장은 한 여인에게서 나온 자매 - 오홀라와 오홀리바의 음행에 대하여 적나라하게 기록하였습니다. 에스겔은 차마 입에 올리기가 부끄러운 내용의 사건을 적나라하게 기록하였습니다. 두 여인은 사마리아와 예루살렘을 은유하는 오홀라(그녀의 장막)와 오홀리바(나의 장막이 그녀에게 있다)를 뜻하였습니다.

묵상 첫째, 오홀라와 오홀리바의 행음(겔 23 : 4~35). 음녀의 특징은 연애부터 나타났습니다. 하나님의 백성들이 세속적 문화에 마음과 눈을 빼앗기고 그녀들의 육체까지도 세속의 멋에 바쳐졌습니다. 오홀라 음녀는 앗수르 제국을 사모하였고, 그곳의 옷과 방백과 감독 및 준수한 소년들(용사, 말타는 자)을 우상처럼 좋아하였습니다. 그뿐 아니라 애굽문화에 매혹되어 그녀들의 침상을 더럽혔습니다. 그들은 말과 같은 정욕의 사람처럼 보였고, 귀인처럼 보였으며, 유명한 사람들이었습니다. 둘째, 두 음녀의 음란한 화장이 수치의 징벌로 나타났습니다(겔 23 : 36~49). 두 음녀들은 이웃이었고 자매였음에도 서로 똑같거나 언니쪽이 더욱 음란하였습니다. 그들은 외국인들과 지껄였고, 혼음하였으며, 유혹의 파티를 열고 취하였습니다. 즉, 이방신의 축제때마다 유다와 이스라엘 여인들이 음행을 피차 즐겼다는 말씀이었습니다. 따라서 하나님께서는 그녀들이 상대했던 용사들이 그녀들을 배반하고 칼로 음녀를 죽이고 수치와 약탈자로 바뀌게 하였습니다. 그러므로 이 소식을 듣는 모든 여인들이 경성하여 모든 음행을 본받지 못하게 하시었습니다.

적용 사랑하는 성도 여러분! 요즈음도 많은 부녀들이 유명한 사람을 선호하고, 퇴폐업소와 호텔이 늘어나는 것이 사실입니다. 우리가 진정으로 바라는 기독교 문화에 교회의 역할이 시급합니다. 학문과 온갖 종교들이 유일한 기독교의 구원관을 세속문화형태로 전락시키려고 노력합니다. 이것은 음행이 됩니다. 탐심과 우상숭배는 음욕의 출발입니다. 그러므로 오늘도 기독교의 문화사역(출판, 미술, 음악, 연극, 방송 등) 종사자를 위로합시다. -아멘-

기도 우리 주 예수 그리스도여! 참된 선교활동(겔 23 : 49), 한 주님을 섬기고 싶습니다(눅 16 : 13). -아멘-

찬송 · 395 장   말씀 · 겔 24:1-27   년 월 일

하나님께서 생각하시는 자녀

오늘의 요절 겔 24:25~26 ▷ 인자야 내가 그 힘과 그 즐거워하는 영광과 그 눈의 기뻐하는 것과 그 마음의 간절히 생각하는 자녀를 제하는 날 곧 그 날에 도피한 자가 네게 나아와서 네 귀에 그 일을 들리지 아니하겠느냐

살핌
1. 하나님의 양떼가 당하는 수난을 오늘에 비교한다면 어떤 내용이 있습니까?
2. 침략자로 지목되는 나라와 그 나라의 음란함의 정도치는 몇일까요?
3. 나의 자녀들을 건전하게 양육하려면 어떤 가정환경을 꾸며야 합니까?

사랑하는 성도 여러분! 에스겔 24장은 하나님께서 에스겔에게 예루살렘이 겪을 비극적인 장면들에 대하여 말씀하신 것을 기록하였습니다. 무엇이든지 마지막은 겸손과 겸손의 노래를 부르게 만듭니다. 마치 장례의 날에 장례 찬송을 부르듯 에스겔은 겸허하게 하나님의 생각을 수용하였습니다.

묵상 첫째, 비극에 출현한 하나님의 양떼들이 있었습니다(겔 24:1~14). 침략자들은 하나님의 양떼 중에서 신실하고 토실해 보이는 양을 골라서 가마솥에 삶아내는 것도 모자라 양의 뼈와 피까지 짜내었습니다. 온 가마솥이 피국물이었고 살해의 현장에는 핏자욱으로 고통의 비극 현장을 재현시켰습니다. 그속에서 할 말을 잃어버린 부모들과 버려진 자녀들이 스스로의 곤혹스러움에 지쳐 쓰러졌습니다. 따라서 하나님의 정한 마음을 받아들이려 하지도 않고 허탈한 눈으로 바라볼 뿐이었습니다. 둘째, 부모들이 가장 귀하게 생각되는 것이 없앰을 당하였습니다(겔 24:15~27). 에스겔이 기뻐하는 믿음의 사람들도 동일한 고난의 대열에 서 있었습니다. 그러나 그들 중에서 하나님께서 생각하시는 자녀들은 패역한 침략자들에게 내어줄 수밖에 없었습니다. 백성들 중에 아끼는 자녀들과 재산은 흩어짐과 죽임을 당하였습니다. 따라서 에스겔 선지자는 슬퍼할 수도 없고 울 수도 없으며, 기뻐할 수도 없었습니다. 그저 종용히 탄식하며 넋을 잃은 모습이었습니다. 참으로 이스라엘은 세력의 영광인 성소를 잃었고, 기쁜 마음의 좌소였던 자녀들이 버려진 식물이 되었습니다.

적용 사랑하는 성도 여러분! 하나님께서 생각하시는 자녀는 생명이 보존되어 포로가 되었고 예루살렘의 그루터기 백성들 무리속에서 살게 하셨습니다. 그러나 사람들이 아끼고 즐거워하는 영광과 그 음란의 눈이 기뻐하는 것들과 마음에 간절히 생각하는 자녀들은 모두 죽임을 당하였습니다. 즉, 하나님 중심의 생각이 아닌 사람의 생각에 귀한 자녀들은 심판의 열풍이 지나간 상징의 고아가 되었거나 죽임을 당한 것이었습니다. 그러므로 나의 자녀들도… 성장도 하나님께 모두 의뢰합시다. —아멘—

기도 우리 주 예수 그리스도여! 양떼의 형편을 살피고(잠 27:23), 영화로운 주의 자녀가 되고 싶습니다(요 3:16, 17:4). —아멘—

찬송 · 72 장   말씀 · 겔 25:1-17   년   월   일

원수를 갚으시는 하나님

| 오늘의 요절 | 겔 25:17 ▷ 분노의 책벌로 내 원수를 그들에게 크게 갚으리라 내가 그들에게 원수를 갚은즉 그들이 나를 여호와인줄 알리라 하시니라

1. 이스라엘의 비극을 조롱한 나라의 운명은 무엇입니까?
2. 하나님의 원수는 어떤 개념일까요?
3. 내가 기도와 물심양면으로 신경을 써야 할 사람과 단체는 어디입니까?

사랑하는 성도 여러분! 에스겔 25장은 이스라엘의 징계와 징벌을 조롱하였던 암몬, 모압, 에돔, 블레셋 족속에 대한 진멸에 대하여 기록하였습니다. 하나님의 백성들이 그들의 죄 때문에 징벌을 받을 때에 이스라엘 땅에 대하여 손뼉을 치며 발을 구르며 마음을 다하여 멸시하며 즐거워했던 이방인들이 있었습니다. 그 나라들은 암몬과 모압과 에돔 및 블레셋 족속이었습니다. 따라서 그들도 하나님의 원수가 되어 하나님의 심판과 멸망의 선언을 듣게 되었습니다.

묵상 첫째, 에스겔 선지자는 암몬 족속에 대하여 하나님의 원수갚음을 선언하였습니다(겔 25:1~7). 그는 주 여호와의 이름으로 그들의 비인도적, 비인격적 처세에 대하여 징계를 선언하였습니다. 즉, 이스라엘의 고통때에 '아하 좋도다'라고 했으니 주께서 암몬 족속에게 벌을 내리시었습니다. 따라서 그들은 동방제국에 귀속되게 되었습니다. 그러므로 그들도 동일한 고통과 난리를 겪게 되었습니다. 둘째, 모압, 에돔, 블레셋 족속에 대한 하나님의 징계(겔 25:8~17). 이스라엘에 위치한 세 악한 나라가 하나님께 정죄를 받습니다. 그들도 암몬과 같은 범죄(형제나라 및 이웃나라의 멸시행위)였기 때문에 동방제국과 아라비아 제국에 흡수될 예언이 선언되었습니다. 특히 블레셋 족속은 옛적부터 하나님의 나라를 미워하였으므로 그들도 갈대아 제국의 말발굽 아래 짓밟히게 되었습니다(렘 47: 참조). 따라서 블레셋의 땅도 황폐하여질 것이며 소수 백성들이 여호와의 징계인 줄 깨닫게 될 것도 예언하였습니다. 즉, 이스라엘의 원수를 갈대아 제국이 손이 되어 갚게 된다는 예언이었습니다.

적용 사랑하는 성도 여러분! 이스라엘의 징계와 비극을 박장대소하거나 농담에 사용했던 모압, 에돔, 암몬, 블레셋은 하나님의 심판을 모면하지 못하였습니다. 그들의 나라는 예언되었던 바 모두 황폐한 나라가 되었습니다. 그러므로 오늘도 우리는 하나님의 창조된 나라의 민족들을 이기적으로 이해해선 아니될 것입니다(시 41:1). 다만 하나님의 사명을 이해하는 민족들이 될 것을 중보기도해야 합니다. -아멘-

기도 우리 주 예수 그리스도여! 빈약한 형제와 이웃을 돌아보고(시 41:1), 이웃의 걱정을 함께 나누고 싶습니다(잠 3:28). -아멘-

찬송 · 362 장   말씀 · 겔 26:1-21   년 월 일

두로의 사악한 이기심

오늘의 요절 겔 26 : 2 ▷ 인자야 두로가 예루살렘을 쳐서 이르기를 아하 좋다 만민의 문이 깨어져서 내게로 돌아왔도다 그가 황무하였으니 내가 충만함을 얻으리라 하였도다

1. 두로의 멸망 원인은 무엇입니까?
2. 해변국가와 섬나라의 경제는 어떻습니까?
3. 우리의 도움을 필요로 하는 이웃나라는 어디입니까?

사랑하는 성도 여러분! 에스겔 26장은 예루살렘의 무너짐을 기회로 삼아 부와 명성을 얻으려는 기회주의 제국에 대한 예언이 기록되었습니다. 두로는 상업중심지로 부요한 나라인데 예루살렘의 형편을 장사의 기회로 삼았습니다. 또한 두로는 '예루살렘의 문객들'이 두로의 문으로 오는 것을 환영하며… 이해없는 뱃속을 채웠습니다.

첫째, 파탄을 기회삼고 장사한 두로(겔 26 : 1~14). 부도난 기업, 가난해진 나라는 장사의 선전용으로 삼아서는 아니될 것입니다. 예루살렘을 동정하기보다는 경멸하거나 조롱하는 행위는 모압과 다를바 없었습니다. 따라서 그에 대한 동정심 없는 재앙이 선포되었습니다. 즉, 파도의 흉용과 제국의 침략입니다. 그러므로 두로의 딸들이 수치를 겪고 성(城)들이 무너지게 될 것이었습니다. 나라 전체가 완전히 쑥대밭이 되거나 말간 반석이 될 예언이 선포되었습니다. 둘째, 두로의 멸망 소식은 주변국가의 두려움(겔 26 : 15~21). 두로의 패망과 함께 떠도는 소문은 섬이 흔들거리는 진동이었습니다. 바다의 모든 왕은 조복을 입게 될 것이며 유명한 해변들이 두로의 결국을 보고 놀라게 될 것이었습니다. 따라서 옛적의 영화에 대한 미련을 슬픈 노래로 지어 부를 수밖에 없도록 만들 심판의 예언이 이루어졌습니다. 그러므로 그 나라는 사라지고 먼 훗날 다시 찾아도 흔적이 묘연해질 것이 예언되었습니다. 이토록 한 나라의 패망 소식을… 기회주의로 삼는 상업성 사특함이나 한 기업의 패망을 기회삼아 약취하는 부정 부패자들의 흔적도 사라질 것입니다.

사랑하는 성도 여러분! 두로는 바닷물의 범람과 더불어 침몰한 배의 신세가 되었습니다. 한 나라의 흥망성쇠가 하나님의 뜻안에 있음을 깨닫게 하는 사건이었습니다. 또한 이웃나라의 형편을 고려하여 동정과 도움의 정책도 필요함을 교훈하고 있습니다. 상업성이 짙은 나라는 두로의 섬나라가 될 것입니다. 오직 거룩한 하나님의 대명령 ―이웃사랑― (고후 1 : 4)의 실천자의 영혼만이 예수님의 참 제자가 될 것입니다. 그러므로 오늘도 짐을 서로 지는 구체적인 나눔을 전화해 봅시다. ―아멘―

우리 주 예수 그리스도여! 함께 학대받는 마음(히 13 : 3), 함께 선을 행하는 자세로(약 2 : 8) 사역하고 싶습니다. ―아멘―

찬송 · 492 장   말씀 · 겔 27 : 1-36   년 월 일

두로의 재물에 대한 애가

오늘의 요절 겔 27 : 33 ▷ 네 물품을 바다로 실어 낼 때에 네가 여러 백성을 풍족하게 하였음이여 네 재물과 무역품이 많으므로 세상 열왕을 풍부케 하였었도다

살핌
1. 두로시대의 형편은 어떠했습니까?
2. 그런데 왜 하나님의 징계로 패망을 했을까요?
3. 나의 환경이 풍요로워서 신앙이 답보상태가 되지는 않았나 점검해 봅시다.

사랑하는 성도 여러분! 에스겔 27장은 두로에 대한 애가이며 그의 부와 멸망의 슬픈 조소를 기록하였습니다. 교만한 두로는 완전한 아름다움에 도취된 미너스타와 같았습니다. 그들의 환경이 바다와 더불어 절경이었고 관광과 무역으로 커다란 흑자를 내었던 도시였습니다. 그러나 지금은 소도시가 되었고 이곳 저곳에 영화의 상징이었던 기둥만이 나뒹굴고 있습니다.

묵상 첫째, 더듬어 볼 화려한 두로의 생활(겔 27 : 1~25). 두로는 조선업이 발달되었고, 아름다운 유람선이 많이 건조되었습니다. 박사와 노인의 지혜가 우월했고 손으로 만드는 것의 기술이 능하였습니다. 그 나라의 국방은 돈으로 산 외국의 용병이 많았고 아름다움에 매우 예민한 백성들이었기에 낙천적이었습니다. 또한 그들에게는 여러 항구가 있으므로 무역업이 흥왕하였고 각종 물품과 곡물 및 천들이 교환되는 상업의 중심지였습니다. 따라서 경제적 화폐가치가 높은 나라였습니다. 그런 나라가 망하였습니다. 둘째, 주인잃고, 배 잃은 뱃사공들(겔 27 : 26~36). 뱃사공이 주인을 잃었습니다. 사공이 삿대를 파도속에 잃어버렸고 패망하는 날 바다 가운데 빠져 죽었습니다. 그중에 살아남은 사공들과 선장은 두로의 한 때를 슬프게 노래하고 두로같이 쓸쓸한 나라가 어디 있느냐고 탄식하게 되었습니다. 따라서 그들의 열성어린 물품 운반이 헛일이 되었고 허탈한 죽음의 기운만 느끼게 되었습니다. 함께 탔던 승객이 고기밥이 되고 함께 실었던 물질의 풍요도 바다의 파도와 함께 사라졌습니다. 그러므로 열국의 상선과 상인들의 비웃음거리가 되었고 교훈과 경계의 이야기거리가 되었습니다.

적용 사랑하는 성도 여러분! 물욕에 대한 욕심을 절제하거나 없애야 됩니다. 하나님의 백성이 풍요의 유혹과 그 풍조에 휩싸이면 진노의 파도를 만나게 됩니다. 욕심있는 언어와 이기심있는 이해타산적 행위는 하나님의 저울에 올라가게 됩니다. 믿음의 경주는 '앞km'만 있습니다. 그러므로 오늘도 참된 사업, 학문, 진리전달에 총력을 기울이어 하나님의 사랑바람을 호흡합시다. -아멘-

기도 우리 주 예수 그리스도여! 형편의 자족을 배우며(빌 4 : 11~42), 돈을 사랑하고 싶지 않습니다(히 13 : 5). -아멘-

찬송 · 513 장   말씀 · 겔 28 : 1-26   년   월   일

두로 왕가의 몰락

오늘의 요절 겔 28 : 17 ▷ 네가 아름다우므로 마음이 교만하였으며 네가 영화로우므로 네 지혜를 더럽혔음이여 내가 너를 땅에 던져 열왕 앞에 두어 그들의 구경거리가 되게 하였도다

1. 두로 왕의 교만과 현대의 재벌, 부정축재자의 생활을 비교해 봅시다.
2. 에스겔은 거드름 피우는 부요한 인생의 종말을 어떻게 그려내고 있습니까?
3. 내가 가난함으로 예수의 좋은 군사되어 위로받을 수 있는 이유는 무엇입니까?

사랑하는 성도 여러분! 에스겔 28장은 두로 왕의 거드름에 대한 하나님의 심판선언을 전해야 하는 에스겔의 사역을 기록하였습니다. 하나님께서는 인생들의 머리털까지 세신 바 되시기에 하나님의 허락이 없이는 터럭 하나도 상할 수 없습니다(눅 21 : 18). 그러나 하나님의 마음에 어긋나는 사람은 왕이라 할지라도 그 왕가의 패가로 만드십니다. 따라서 하나님의 마음을 인생의 반석으로 여겨야 할 것입니다(롬 14 : 18).

첫째, 두로 왕가의 몰락 원인(겔 28 : 1~19). 두로 왕은 지상천국을 꿈꾸는 왕이었습니다. 그의 마음이 교만하여 말하기를 '나는 신(神)이라' '내가 하나님의 자리 바다 중심(中心)에 앉았다'고 소문내었습니다. 그의 지혜는 다니엘보다 못하고 장사함으로서 필요한 재물의 덧셈, 뺄셈의 수리에 밝은 자였습니다. 따라서 하나님께서는 느부갓네살 왕 13년 포위공격 때에 구덩이에 빠져 죽게 했습니다. 결국, 두로는 알렉산더 대정복 때에 왕가가 완전히 몰락했습니다. 둘째, 잃어버린 연안의 지배권(겔 28 : 20~26). 두로와 시돈은 바벨론의 느부갓네살의 공략 때에 완전히 지배권을 잃었습니다. 그 때문에 도시에는 염병이 돌았고 고통의 가시와 찔레의 찔림이 계속되었습니다. 즉, 13년간의 포위공격 때문에 물자공급도 중단되었고 더욱이 하나님의 엄위하신 심판이 두로와 시돈의 거드름과 교만을 패망시켰습니다. 두로 왕가는 해상의 지배권을 잃었으므로 뱃사람은 실업자가 되었고 백성들은 전쟁의 장기전에 실의를 잃었습니다. 그러므로 나라의 경제는 곧 몰락되었습니다(잠 3 : 30).

사랑하는 성도 여러분! 하나님 앞에서 겸손합시다. 두로 왕가는 몰락되었고 계속 외세의 지배권에서 벗어나지 못한 도시가 되었습니다. 그러나 하나님께서 에스겔 선지자에게 두로의 애가를 지으라고 하셨습니다. 두로와 시돈 땅에서 하나님의 위엄이 증거되었고 돌아온 포로들에 의하여 살 소망이 있었기 때문이었습니다. 그리고 훗날 사도 바울이 머물며 복음을 전했던 곳이 두로지방이었습니다(행 21 : 3~7). 그러므로 오늘도 예수의 군사되어 끊임없는 교만한 세력을 공격합시다. -아멘-

우리 주 예수 그리스도여! 하나님의 얼굴을 찾으며(시 27 : 8), 능력의 장중에 잡히고 싶습니다(빌 4 : 13). -아멘-

찬송 · 487 장   말씀 · 겔 29 : 1-21   년   월   일

애굽 왕가 바로의 몰락

오늘의 요절   겔 29 : 12 ▷ 내가 애굽 땅으로 황무한 열국 같이 황무하게 하며 애굽 성읍도 사막이 된 열국의 성읍 같이 사십년 동안 황무하게 하고 애굽 사람들은 각국 가운데로 흩으며 열방 가운데로 헤치리라

살핌
1. 애굽 왕의 자긍심에 대하여 비평해 보십시오.
2. 애굽 왕의 가장 큰 죄는 무엇입니까?
3. 나는 나라의 흥망성쇠가 경제 또는 국방에 달려 있다고 생각합니까?

사랑하는 성도 여러분! 에스겔 29장은 애굽 왕가에 대한 몰락을 에스겔이 예언하는 내용을 기록하였습니다. 삶의 행동철학을 성경말씀 위에 두려고 기도하십니까? 그리고 그 어떤 죄악도 성경에 근거하여 주장할 수 없게 만드시는지요? 특히 부정직한 심성을 말씀으로 이겨냅시다. 에스겔의 낯은 애굽으로 향하여 외쳤습니다. 하나님의 나라 이스라엘과 유다를 조롱하던 애굽은 하나님의 멸망예언으로 그 결과를 알게 되었습니다.

묵상
첫째, 하나님 없는 바로 왕의 삶(겔 29 : 1~7). 하나님의 존재를 무시하고 살아가는 삶은 하나님 없는 삶입니다. 바로 왕은 그의 왕궁과 연못, 동물, 자연이 모두 자신을 위하여 존재하는 것처럼 착각하였습니다. 즉, 하나님의 창조를 무시하였고 옛 전설을 중요시하는 범신론자였습니다. 따라서 하나님의 징계는 물고기의 핍절과 흉년으로 나타났습니다. 그러므로 바로 왕의 체면과 그 명성은 찢어진 어깨같고 부러진 허리같을 것을 선언하셨습니다. 둘째, 열국을 다스리지 못할 바로의 권세(겔 29 : 8~16). 모든 나라들이 그 왕을 섬기려 합니다. 그 왕은 하나님을 섬겨야 됩니다. 그러나 바로 왕은 하나님의 사람, 땅, 짐승, 자연까지도 '자기의 것'이라고 자긍하였습니다. 그런 자긍의 나라가 바사제국(페르시아) 건설 때에 침략받음으로 그 세력이 아주 미약해졌습니다. 그 지경이 황무해지고 군대는 허약해졌습니다. 따라서 스스로를 강대국으로 자처하지 못하고 수수께끼와 같은 나라가 되었습니다. 그러나 이스라엘의 회복 때에 약간의 회복이 될 것이 예언되었습니다(겔 29 : 13~16).

적용
사랑하는 성도 여러분! 인생의 영혼과 온 우주만물은 다 주의 것입니다. 인생의 마음은 여러 갈래인 것 같으나 그 걸음을 인도하시는 분은 하나님이십니다. 따라서 느부갓네살이 두로 지방과의 오랜 전투에서 발생한 손실을 애굽에서 회복시켰습니다. 즉, 애굽의 재물과 곡식을 빼앗았던 것이었습니다. 그러한 명령의 마음먹기는 하나님의 작정이셨습니다. 그러므로 오늘도 하나님의 징벌과 파멸 및 새로운 회복의 선언을 역사를 통하여 간증합시다. －아멘－

기도
우리 주 예수 그리스도여! 구원을 바라며(사 12 : 2), 영적 예배의 삶을 드리며 살고 싶습니다(롬 12 : 1). －아멘－

찬송 · 369 장   말씀 · 겔 30:1-9   년 월 일

구스 사람의 고민

> **오늘의 요절** 겔 30:9 ▷ 그 날에 사자들이 내 앞에서 배로 나아가서 염려 없는 구스 사람을 두렵게 하리니 애굽의 재앙의 날과 같이 그들에게도 심한 근심이 있으리라 이것이 오리로다

1. 왜 울고 기도해야 하는지 깨달으십니까?
2. 근심과 염려의 대부분의 성격은 무엇입니까?
3. 내가 울며 근심하며 기도하면 하나님의 생존을 더욱 생생하게 느낍니까?

사랑하는 성도 여러분! 에스겔 30장은 구스의 심한 기근을 예고하는 에스겔의 예언과 애굽의 재앙에 대하여 기록하였습니다. 구스 사람의 태평세월도 느부갓네살 왕과 애굽의 바로 왕과의 전투 때문에 기근이 찾아오고 온 국민이 불안에 떨게 되었습니다. 이러한 경우를 보면 하나님의 사람들은 사도 바울의 권면처럼 순복해야 될 것입니다(딤전 2:1~2).

묵상 첫째, 고민이 있을 때 통곡하라(겔 30:1~5). 에스겔은 고민이 되는 사건을 만났을 때 하나님의 가르침대로 통곡하라 말씀하였습니다. 통곡의 날은 재앙의 날이 오기 전에… 여호와의 심판의 날이 오기 전에 통곡하라고 말씀하였습니다. 또한 희망이 없어 보이는 깜깜한 구름의 날… 살륙의 칼과 시체의 악취가 나기 전에 통곡의 기도를 하라는 말씀이었습니다. 예루살렘을 향하여 우셨던 예수님처럼… 이 땅의 가난한 자, 집 없는 자, 투옥된 자, 억울한 양심수, 알콜 중독자, 마약 중독자, 에이즈 환자, 학대 속에 있는 어린이, 가정의 아내 및 버림받은 여인들을 생각하며 울어야 합니다(롬 12:15). 둘째, 여호와인 줄 깨닫고 통곡하라(겔 30:6~9). 하나님께서 일하셨던 사실은 예수 그리스도의 행적에 더욱 자세하게 기록되었고(복음서), 성령의 활동을 구체적으로 증언하는 사도행전은 하나님의 뜻을 피부적으로 느끼게 합니다. 애굽 땅이나 구스 땅이 에스겔의 예언대로 느부갓네살의 대정복 때에 망하였습니다. 그들의 교만한 권세도 낮아졌고 황무한 모래밭이 된 땅에서 앞날을 걱정하게 되었습니다. 따라서 애굽과 동맹관계에 있던 주변 국가들도 연쇄적 파멸의 구름이 끼었습니다.

적용 사랑하는 성도 여러분! 요즈음의 고민은 어떤 염려의 색상입니까? 염려없는 구스 사람도 애굽의 재앙이 큰 근심이 되었습니다. 태평성대의 나라들도 기근에 시달리는 환경을 보면(러시아) 여호와의 진행하심을 보고 감격하여 울어야 할 것입니다. 그러므로 오늘도 여호와의 손길을 느낄 때 하나님의 뜻을 준행하여 근심스러움을 예방합시다(히 10:36). -아멘-

기도 우리 주 예수 그리스도여! 고생의 날이 오기 전에 기도하고(욥 30:25), 주의 기도를 하겠습니다(마 6:9~13, 눅 11:2~4). -아멘-

찬송 · 362장　　　　말씀 · 겔 30:10-25　　　　년　월　일

애굽의 팔을 꺾으신 하나님

오늘의 요절　겔 30:21 ▷ 인자야 내가 애굽 왕 바로의 팔을 꺾었더니 칼을 잡을 힘이 있도록 그것을 그저 싸매지도 못하였고 약을 붙여 싸매지도 못하였느니라

살핌
1. 하나님의 손에 대하여 아는대로 기록하십시오.
2. 애굽 왕의 신세를 시적으로 표현해 보십시오.
3. 우리 가족들이 감사해야 할 것과 회개할 예물은 무엇인지 발견하십시오.

사랑하는 성도 여러분! 에스겔 30:10~25절은 하나님께서 애굽 왕 바로와 느부갓네살 왕의 전투에서 애굽 왕을 패배하게 하셨음을 기록하였습니다. 애굽 왕은 외교에 능통하였습니다. 그들은 대제국을 꿈꾸는 몽상을 인간관계 속에서 찾으려고 그들의 팔을 내밀고 협약하였습니다. 그들은 하나님의 존재를 억지로 무시하려고 애를 썼습니다. 그런 결과는 하나님의 징벌의 손에 매를 맞게 되었습니다.

묵상　첫째, 바벨론 왕 느부갓네살의 손으로 애굽 무리를 끊으신 하나님(겔 30:10~19). 바벨론의 군대는 강하고 포학한 정예부대였습니다. 그들은 어마어마한 대군이었습니다. 그들이 일으킨 흙먼지는 태풍과도 같으며, 가는 곳마다 애굽의 모든 신상(神像)과 우상이 넘어지고 훼파되었습니다. 이러한 태풍은 여호와의 진노였습니다. 애굽의 견고한 성(城)들도 하나님의 손에 붙잡힌 느부갓네살의 공격을 방어할 수 없었습니다. 따라서 온 국민들은 어리석은 왕의 정치 때문에 모래 무덤 신세가 되었습니다. 둘째, 바벨론 왕의 팔은 들어주고 바로의 팔은 떨어뜨린 하나님(겔 30:20~26). 하나님께서 드셨던 모세의 팔은 승리의 팔이었습니다. 하나님의 손에 닿은 환자와 난치병은 깨끗함을 얻습니다. 그처럼 느부갓네살의 승리는 하나님의 도움의 손길이 있었습니다. 즉, 하나님께서 바로의 팔을 꺾으셨기에… 전투의욕이 사라지고 점진적으로 기운을 잃은 바로는 항복의 팔을 들게 되었습니다. 그러므로 애굽의 민족들은 열방 가운데 포로로 잡혀가고 흩어진 모래먼지가 되었습니다. 따라서 고통의 메아리는 사막을 통과하고 상한 자의 신음소리는 사막의 모래 땅으로 스며들었습니다.

적용　사랑하는 성도 여러분! 하나님의 손에 잡힌 가족은 하나님의 드높은 은혜를 알게 되며 감사하게 됩니다. 흩어진 가족이 된 애굽의 가족들, 멸망한 왕가의 공주와 왕자들이 처량한 승냥이 신세가 되고 광야의 들개 신세가 되었습니다(겔 30:26). 그러므로 오늘도 가정에서 감사의 찬양과 예물을 준비하여 마음과 뜻과 정성을 다하여 드립시다(골 3:17). -아멘-

기도　우리 주 예수 그리스도여! 은혜를 깊이 아는 가족(눅 6:35), 겸손한 감사의 가정이 되고 싶습니다(잠 21:11). -아멘-

찬송 · 347 장   말씀 · 겔 31 : 1-18   년 월 일

넘어진 나무 앗수르

오늘의 요절 겔 31 : 12 ▷ 열국의 강포한 다른 민족이 그를 찍어 버렸으므로 그 가는 가지가 산과 모든 골짜기에 떨어졌고 그 굵은 가지가 그 땅 모든 물 가에 꺾어졌으며 세상 모든 백성이 그를 버리고 그 그늘 아래서 떠나매

살핌
1. 왜 앗수르 제국을 백향목으로 비유하였을까요?(3, 9)
2. 교만의 상징은 어떻게 표현되었습니까?(10, 13)
3. 누가 멸망의 나무와 함께 쓰러지며 음부에 내려갑니까?(17)

사랑하는 성도 여러분! 에스겔 31장은 앗수르 제국의 몰락을 넘어진 나무로 비유하여 설명되었음을 기록하였습니다. 높은 이상도, 드넓은 안전함도 겸손을 잃어버리면 넘어진 나무 앗수르 제국과 같을 것입니다. 권세의 덧없음이 실감나는 것은 그렇게 위엄(威嚴)이 있었던 대제국이 넘어진 나무로 예언되었기 때문입니다.

묵상 첫째, 번영과 영화의 상징 백향목(겔 31 : 1~9). 백향목과 같은 앗수르 사람들의 안정된 삶이 영화의 모습이었습니다. 그들은 시냇가에 심기워져 있었기에 깊은 물을 근거로 가지를 뻗고 싶은 데로 아름다운 모양을 내었습니다. 무성한 가지가 뻗어나가듯 다른 열국들의 투기(妬忌) 대상이 되었습니다. 그리고 바벨론의 톱이 그 나무를 자르려고 톱날을 갈았습니다. 백향목의 우월감이 안일함을 주었기에 전투력이 상실되었습니다. 둘째, 넘어진 나무 위에 새로운 둥지를 트는 작은 새들(겔 31 : 10~18). 번영과 권세의 자랑은 넘어짐의 앞잡이가 됩니다. 애굽의 자랑과 앗수르의 자랑은 바벨론의 수치를 뒤집어 썼습니다. 여호와 하나님께서는 교만한 마음의 나무를 뿌리째 뽑으셨습니다. 그리고 그들을 지하의 인생으로 만드시고 번영의 교만이 쇠잔하게 심판하셨습니다. 인생들마다 에덴 동산의 화려함과 풍요로움을 누리려 하나 끝내는 덧없음을 깨닫게 만드시는 하나님의 능하신 팔 앞에서 겸손의 노래를 불러야 합니다.

적용 사랑하는 성도 여러분! 애굽의 문명과 그 문화는 이방신과 우상, 그리고 인본주의였습니다. 더욱이 앗수르 제국의 군국주의는 인권을 유린하고 하나님의 존재에까지 물고 들어가는 동물적인 야욕이 패망의 화살을 맞았습니다. 우리의 야망, 야욕, 야심이 어느 하늘까지 올라가고 있습니까? 아니면 얼마나 가지(여러가지 일을 뜻함) 많은 것을 자랑하려고 분주하며 아등바등 살아갑니까? 뿌리 뽑힌 강가의 나무와 산중의 고목나무의 허망함을 보셨습니까? 이제 겸허한 자세로 예수님의 십자가 나무 아래서 하나님의 임재를 경험합시다. 그러므로 오늘도 주의 겸손을 여린 마음으로 보듬어 봅시다. -아멘-

기도 우리 주 예수 그리스도여! 영광의 광채와(히 1 : 3), 하늘에 속한 신령한 겸손의 복을 받고 싶습니다(엡 1 : 3). -아멘-

찬송 · 91 장   말씀 · 겔 32 : 1-32   년   월   일

무덤시장 애굽

| 오늘의 요절 | 겔 32 : 20 ▷ 그들이 살륙 당한 자 중에 엎드러질 것임이여 그는 칼에 붙인바 되었은즉 그와 그 모든 무리를 끌지어다

살핌
1. 애굽의 바로의 교만은 어떤 동물로 상징되었습니까?(2)
2. 애굽의 멸망 상태를 대표하는 구절은 어디입니까?(22~33)
3. 애굽과 함께 망할 나라는 어느 나라입니까?(26, 29)

사랑하는 성도 여러분! 에스겔 32장은 애굽 왕 바로의 패망과 더불어 무덤에 누울 무리에 대한 애가(哀歌)를 기록하였습니다. 앗수르의 패망과 더불어 애굽의 멸망이 예고되는 문 앞에서 우리가 불러야 할 애가는 무엇일까요? 힘과 큰 입 그리고 긴 꼬리를 자랑하는 악어의 나라 애굽도 하나님의 징계를 받습니다. 던져진 몸뚱이가 썩어지고 소문을 그럴싸하게 내었던 위풍을 타고 새들이 날아와 악어의 고기를 먹습니다.

묵상 첫째, 무덤 문 앞에서 부를 노래(겔 32 : 1~16). 하나님께서 쳐놓은 죽음의 그물을 빠져나갈 위인이 없습니다. 하나님의 징계 그물 앞에서 불러야 할 노래는 회개의 찬송입니다. 바벨론 제국의 포위공격은 하나님의 그물이었고 그 안에서 죽을 수밖에 없는 처지의 인생들은 옛날의 죄악을 돌아보며 애조띤 음성으로 번뇌의 노래를 불러야 합니다. 바벨론의 칼 앞에서 눈물의 춤을 추어야 하고 황무해진 들판을 보면서 하나님 여호와의 생존하심을 두려워해야 합니다. 이것이 여인의 한(恨) 소리요, 후회의 춤이며 노래일 것입니다. 둘째, 사면에 세워질 애굽인의 무덤들(겔 32 : 17~32). 무덤은 인생의 허무요, 무덤은 영화의 허무요, 무덤은 자랑의 헛됨을 상징합니다. 아름다움의 극치도… 용사와 강한 표상도 뒹구는 모래알갱이가 되었음을 상징하는 무덤 앞에서 하나님의 엄위하심과 인생의 한계를 깊이 번뇌하게 합니다. 애굽 전역은 시체시장이요, 냄새나는 오물 투성이요, 살 타는 냄새에 짐승들이 표효하였습니다. 침상의 육욕이 비참하듯 생존의 아비규환 속에 널푸러진 시체를 탐식하는 배고픈 짐승들은 살륙자의 동역을 하였습니다(겔 32 : 26).

적용 사랑하는 성도 여러분! 해 저물기 전에 회개의 찬송을 합시다. 눈 어둡기 전에 주의 말씀을 찬양합시다. 침샘이 마르기 전에 주의 행하심을 칭찬합시다. 애굽의 무덤시장에서 우리가 사지 말아야 할 것들을 분별합시다. 머리 둘 곳 없으셨던 예수님을 생각합시다. 하늘에 머리를 두고 다닐 때 인생의 한계를 감사합시다. 그러므로 오늘도 무덤 문 앞에서의 생활을 합시다. —아멘—

기도 우리 주 예수 그리스도여! 구원을 등한히 여기지 않고(히 2 : 3), 은혜의 풍성함을 찬송하고 싶습니다(엡 1 : 7). —아멘—

찬송 · 55 장   말씀 · 겔 33 : 1-33   년   월   일

파수꾼 에스겔의 할 일

오늘의 요절 겔 33 : 7 ▷ 인자야 내가 너로 이스라엘 족속의 파숫군을 삼음이 이와 같으니라 그런즉 너는 내 입의 말을 듣고 나를 대신하여 그들에게 경고 할지어다

 1. 파수꾼이 할 일은 무엇입니까?(7, 30)
2. 가장 의로운 일이란 무엇입니까?(12)
3. 설교를 듣는 태도와 실행의 형편을 고백하십시오.(31~32)

사랑하는 성도 여러분! 에스겔 33장은 파수꾼 에스겔에게 내려진 경고의 책임과 그 의의에 대하여 기록하였습니다. 직업을 잃은 이들을 위하여 기도하십니까? 일을 사랑하는 에스겔에게 하나님께서 자상한 음성으로 파수꾼이 할 일을 정리하여 주셨습니다. 하나님의 징계 소식을 전할 파수꾼으로 선택된 에스겔은 하나님의 거룩한 봉사(diakonia)의 부르심을 입었습니다.

첫째, 경고의 의무(겔 33 : 1~20). 파수꾼은 경계, 경비, 경고의 의무가 있습니다. 국방의 경계, 재난의 경비, 난리의 경고를 해야되는 사명자입니다. 하나님께서는 이 사역을 소홀히 할 경우에 그 책임은 파수꾼에게 있다고 말씀하셨습니다. 만일 백성들이 파수꾼의 경고에도 불구하고 돌이키거나 뉘우치는 기색이 없는 상태로 재앙을 만나면… 구원의 대열에 포함될 수 없다고 말씀하셨습니다. 따라서 파수꾼은 악인에게는 재앙의 경고를 의로운 의인에게는 범죄 예방의 경고를 의로운 사역으로 드러내야 합니다. 둘째, 선지적 설교의 의무(겔 33 : 21~33). 설교를 듣기는 좋아하나 행하기를 싫어하는 백성들에게 파수꾼은 선지자의 설교를 계속합니다. 피 있는 고기를 먹으며 우상들에게 한 눈을 팔고 칼을 믿고 가증한 일을 하는 백성들에게 설교를 해야 합니다. 포로기간 중에도 이웃과 더불어 행음하고 그곳에서 안주하려는 백성들에게 죽음과 온역의 설교를 합니다. 그들이 가증한 일을 경험하고 재앙의 쓴 먼지를 뒤집어 쓴 후에 선지자의 말씀이 여호와의 말씀이었음을 깨닫게 합니다.

사랑하는 성도 여러분! 설교를 들으나 행치 아니하고, 사랑을 말하나 마음은 이욕을 찾는 인생들에게 하나님의 경고를 합시다. 설교자를 음악이나 고운 음성으로 노래하는 자처럼 취급하는 무리들에게 끊임없이 설교해야 합니다. 우리는 그리스도의 제자이며 복음의 심부름꾼이며, 신앙을 지키는 파수꾼입니다. 그러므로 오늘도 설교자의 역할, 복음 전도자의 역할을 신중하게 묵상하여 봅시다. 에스겔과 요한의 심정을 뒤돌아보며 오늘의 청중들을 살펴봅시다. ―아멘―

우리 주 예수 그리스도여! 부르심의 소망과 그 영광을 깨닫고(엡 1 : 18), 하나님의 일에 깊은 관심을 갖고 싶습니다(히 2 : 17). ―아멘―

찬송 · 442장   말씀 · 겔 34:1-31   년 월 일

좋은 꼴과 양(羊)을 찾으라

오늘의 요절 겔 34:13 ▷ 내가 그것들을 만민 중에서 끌어내며 열방 중에서 모아 그 본토로 데리고 가서 이스라엘 산 위에와 시냇가에와 그 땅 모든 거주지에서 먹이되 좋은 꼴로 먹이고

살핌
1. 이스라엘 목자들이 책망받는 이유는 무엇입니까?(2~4)
2. 진정으로 양들이 찾는 것은 무엇일까요?(14~16)
3. 포로귀환의 확실함과 메시야의 예언 구절은 어디입니까?(17, 23, 30)

사랑하는 성도 여러분! 에스겔 34장은 하나님께서 이스라엘의 목자들(정치, 경제, 종교)에게 태만함과 무관심을 책망하시고 메시야에 대한 약속 내용을 기록하였습니다. 선한 목자는 좋은 꼴과 양을 찾습니다(요 10:10). 그러나 이스라엘의 목자들(정치, 경제, 종교 등)의 태만함과 방관은 커다란 죄악이 되었습니다. 따라서 하나님께서는 그들의 노략과 강포함 때문에 흩어진 양떼의 책임을 물었습니다(겔 34:1~6).

 첫째, 양무리를 찾으시어 좋은 꼴로 먹이시겠다는 하나님(겔 34:7~16). 양무리가 흩어지고 허기진 것은 좋은 꼴을 찾지 않는 목자 때문이며, 목자로서의 제 역할을 하지 않았기 때문입니다. 즉, 열방의 포로가 된 양들을 돌아보지 아니하는 옛 목자들은 끝까지 그들의 사명을 감당하지 않았습니다. 그러나 살아계신 우리의 참 목자는 그들을 열방의 고토에서 불러 모아 그의 공의로운 목자 사역을 계속하시겠다고 선언하셨습니다. 그런 하나님의 긍휼의 언약은 상처받고 쫓기며 병든 심령에게 역사되어 살진 꼴, 좋은 꼴을 약속하셨습니다. 둘째, 남은 양떼들에게 예언된 메시야(겔 34:17~31). 메시야는 하나님께서 보내시는 참 목자이십니다(겔 34:23). 메시야는 양과 양의 사이에서 수양과 수염소의 사이에서 심판하실 주로 오십니다. 또한 좋은 꼴, 남은 꼴, 마실 물을 작은 일로 여긴 것도 모자라 발로 더럽힌 무리들을 심판하실 것입니다. 하나님께서 세우신 참 목자는 하나님의 보호 아래 구원의 주로 오실 것입니다. 이는 다윗의 후손이신 예수님을 예언한 내용이었습니다. "내 종 다윗은 그들 중에 왕이 되리라"(겔 34:24).

적용 사랑하는 성도 여러분! 메시야는 화평의 언약이시며 완전한 보호의 목자이십니다. 그의 도움은 사계절이며, 조산의 즐거움을 노래하도록 멍엣목을 꺾어 주십니다. 따라서 다시는 이방인의 노략거리가 되지 아니하고 평안을 보장하십니다. 그러므로 메시야는 모든 양떼들에게 하나님을 알게 하며 하나님의 백성인 줄 알게 할 것입니다. 오늘도 참 목자이신 예수님의 음성을 찬미합시다(요 10:10). ─아멘─

기도 우리 주 예수 그리스도여! 참 목자의 길을 따르며(요 10:10), 좋은 꼴의 말씀을 늘 먹고 싶습니다(겔 34:14). ─아멘─

| 찬송 · 233 장 | 말씀 · 겔 35 : 1-15 | 년 월 일 |

서로 왕래(往來)하라

오늘의 요절 겔 35 : 7 ▷ 내가 세일산으로 놀라움과 황무지가 되게 하여 그 위에 왕래하는 자를 다 끊을지라

살핌
1. 우리 가족의 한(恨)은 있습니까? 있다면 무엇입니까?(5)
2. 손님 오는 것을 싫어합니까?(7)
3. 손님 대접으로 축복받은 성경(현실)인물은 누구입니까?

사랑하는 성도 여러분! 에스겔 35장은 이스라엘에게 한(恨)을 품은 에돔이 서로 왕래가 없듯이 멸망후에 그 지경이 될 것에 대하여 기록하였습니다. 하나님께서는 에돔 족속에게 진노하셨습니다. 그들에게 화를 내리시고 황무한 대지(大地)를 허락하시는 이유는 이웃 나라와 같은 이스라엘에게 한(恨)을 품고 미워하였기 때문이었습니다. 에서의 후손들이 야곱의 후손들을 미워한 것이 죄가 되었습니다.

 첫째, 미움은 왕래의 다리를 끊는 죄(겔 35 : 1~9). 하나님의 미움대상은 우상입니다. 사람의 미움대상은 질투입니다. 이스라엘의 성읍이 곤경을 겪을 때 에돔의 족속이 돕기는 커녕… 미움의 한풀이로 피난가는 백성들을 칼로 쳐죽였습니다. 그들은 피를 보며 한을 풀었고 피를 통하여 원수 갚음을 시도하였습니다. 그러므로 그에 따른 하나님의 공의는 세일산 에돔 땅에 내리었고 그 결과는 황무지와 인적없는 폐허도시가 되었습니다. 참으로… 사람의 발길이 끊어질 것은 고독의 형벌이었습니다. 둘째, 이웃의 장래는 서로 왕래하는 복(겔 35 : 10~15). 이웃의 기업과 그 장래는 서로 왕래할 때 복이 됩니다. 손님 없는 집, 기업, 거래는 복이 없는 표입니다. 하나님께서 이스라엘의 환난에 대하여 무관한 듯 지내었던 에돔 땅의 백성들에게 내린 벌은 황무한 기업이었습니다. 그런 심사는 하나님의 심문조건이 되었습니다. 따라서 온 땅이 즐거워할 때에 그 땅에 왕래할 사람이 없게 될 뿐만 아니라 먼지만 자욱한 도시로 전락될 것입니다.

적용 사랑하는 성도 여러분! 하나님의 공의로움을 찬송합시다. 그리고 내 이웃의 아픔이 메아리치거나 정보가 입력될 때 방관하거나 먼 데 소식처럼 여기지 맙시다. 또한 여호와께서 이웃을 다루시는 섭리를 에돔 땅에 내린 형벌과 왕래의 은혜와 함께 묵상합시다. 하나님의 신비로운 방문이 느껴지는 것은 이웃의 심방과 손님입니다. 그러므로 오늘도 친족간의 왕래와 어려움과 즐거움을 함께 나눌 예수님과 함께합시다. —아멘—

기도 우리 주 예수 그리스도여! 심방과(겔 35 : 7) 믿음의 선물을(엡 2 : 8), 형제들에게 간증하고 싶습니다(히 2 : 12). —아멘—

찬송 · 189장   말씀 · 겔 36:1-38   년   월   일

이루어 주기를 하나님께 구하라

오늘의 요절 겔 36:37 ▷ 나 주 여호와가 말하노라 그래도 이스라엘 족속이 이와 같이 자기들에게 이루어 주기를 내게 구하여야 할지라 내가 그들의 인수로 양떼 같이 많아지게 하되

살핌
1. 하나님과 그의 백성을 멸시한 재앙은 무엇입니까?(5, 7)
2. 하나님의 함께(임마누엘)는 어떤 결과가 약속됩니까?(9~11)
3. 이름 값대로 살려면 내게 무엇이 필요합니까?(26, 27)

사랑하는 성도 여러분! 에스겔 36장은 하나님께서 이스라엘의 회복을 새 영으로 채우시고 백성들에게 그날까지 기도하라는 권면의 내용을 기록하였습니다. 열국에서 비방을 받게 된 이스라엘의 수치는 하나님의 회복선언으로 가려질 것이었습니다. 이스라엘에 대한 하나님의 돌이킴은 회복의 약속이며 새로운 영의 선물이었습니다.

첫째, 무엇이든 하나님의 아들 예수의 이름으로 구하라(겔 36:1~23). 이스라엘의 환난에 대하여 기도해 주는 이방인은 없었습니다. 오히려 심히 즐거워하는 마음과 멸시하는 심령의 소유자들이 수욕을 주었고 말거리로 시간을 보내었습니다. 하나님께서는 그들에게 (四面) 같은 수욕을 내리시겠다고 약속하시었습니다. 이제 돌이키신 하나님께서 '함께'의 은혜와 '처음보다 낫게 되리라'는 약속을 주셨습니다(겔 36:11). 비록 그들의 행위가 월경중에 있는 여인의 부정함과 같지만 여호와의 거룩한 이름으로… 그의 거룩함 때문에 회복을 약속하신 것입니다. 따라서 주의 이름으로 은혜를 구해야 합니다. 둘째, 회복이 이루어질 때까지 구하라(겔 36:24~38). 더러움을 벗어내거나 정결한 심령을 치료시키는 맑은 물은 기도입니다. 이스라엘에게 새 영을 부어주시고, 새 마음을 주시는 하나님의 목적은 인생들의 굳은 마음을 제거하시고 하나님의 율례와 법도를 가르치기 위함이었습니다. 따라서 주의 백성들이 옛 우상문화를 스스로 미워하며 거부할 때 황폐한 성읍이 주는 교훈을 깨달으라는 뜻이었습니다. 그리고 그의 뜻이 이루어질 때까지 기도해야 합니다.

적용 사랑하는 성도 여러분! 하나님의 거룩한 이름은 이스라엘 백성들의 죄악 때문에 이방인들의 서투른 논평의 대상이 되었습니다. 또한 우상문화에 휩싸이는 수욕의 굴레에서도 하나님의 거룩한 사역은 진행되었습니다. 하나님은 스스로 하나님의 큰 이름을 거룩하게 하시며 또한 새로운 영을 맑은 물처럼 공급하여 주십니다. 이스라엘의 회복이 하나님의 선언이라면… 기도는 그리스도인의 의무입니다. 그러므로 오늘도 영혼의 고통과 번뇌의 소리를 참 목자이신 예수님께 기도합시다. —아멘—

기도 우리 주 예수 그리스도여! 성도의 권한으로(엡 2:19), 담대함의 기도를 하고 싶습니다(히 3:6) —아멘—

찬송 · 369장　　　　말씀 · 겔 37 : 1-28　　　년　월　일

에스겔이 본 해골 골짜기

오늘의 요절 　겔 37 : 10 ▷ 이에 내가 그 명대로 대언하였더니 생기가 그들에게 들어가매 그들이 곧 살아 일어서서 서는데 극히 큰 군대더라

1. 하나님께서 보여주신 에스겔 골짜기 부활사건을 믿습니까?(10)
2. 믿음의 군대는 어떤 목적으로 조직될까요?(17, 요 5 : 29)
3. 나는 용서의 마음이 부족하다고 생각됩니까?

사랑하는 성도 여러분! 에스겔 37장은 유명한 골짜기 환상으로서 죽음에서의 부활을 생생하게 기록하였습니다. 에스겔은 여호와의 권능을 힘입고 해골 골짜기로 갔습니다. 죽어 흐트러진 뼈들을 보면서 여호와의 말씀을 대언(代言)하니 뼈들이 새로이 결합되고 살이 입혀지고 힘줄이 다시 생겨나는 부활의 예언이 이루어졌습니다(겔 37 : 6).

첫째, 멸절의 하나님, 소망의 하나님(겔 37 : 7~14). 해골 골짜기의 뼈들은 이스라엘을 멸절시킨 하나님을 깨닫게 하였고, 죽은 뼈가 살아나는 역사는 소망의 하나님을 깨닫게 하였습니다. 이 역사는 생기없는 인생들에게 산 소망을 주신 부활의 은혜가 그림그려져 있습니다. 첨단과학도 이 엄청난 하나님의 힘을 깨달을 수가 없는 부활은 오직 믿음으로만 이해되는 하나님의 신(神)의 역사입니다. 즉 죽음, 무덤의 권세를 다스리시고 죽은 소망을 산 소망으로 바꾸는 하나님의 섭리를 깨닫는 역사입니다. 둘째, 하나되기를 원하시는 하나님(겔 37 : 15~28). 도무지 하나될 수 없을 때 주 예수 그리스도의 산 소망-부활-의 믿음으로 하나됩시다. 하나님께서는 유다와 이스라엘을 하나되게 하시려고 부활의 은혜를 설명하신 것이었습니다. 그리고 부러진 막대기와 같고 뼈들과 같은 인생들이지만 하나님의 사랑 안에서 정결하게 되기를 소원하셨습니다. 그들은 우상과 가증한 죄 때문에 분열되었고 언약을 파기하고 율법과 율례와 법도를 어기었으므로 분열된 죽은 뼈들이었습니다. 그러한 유다와 이스라엘에게 새로운 화평의 언약을 세워서 영원한 언약이 되게 하신 것이었습니다.

사랑하는 성도 여러분! 부활이시요, 생명이신 예수님을 믿으십니까? 부활의 신비를 믿는 사람마다 그의 언약 안에서 하나되기를 소망해야 합니다. 하나되기에는 많은 장애조건을 가진 인생들입니다. 그러나 모든 열국이 여호와의 말씀 안에서 주 안에서 연합될 수 있는 요건이 있으니… 그것은 부활의 소망입니다. 그러므로 하나되는 것에 장애가 되는 이해를 초월하여 거룩하신 하나님의 명령-하나되라-를 순종합시다. -아멘-

우리 주 예수 그리스도여! 용납하며 하나되고(엡 4 : 3), 순종의 안식을 받고 싶습니다(히 3 : 18). -아멘-

찬송 · 391 장   말씀 · 겔 38 : 1-23   년   월   일

내 거룩함을 나타내라

| 오늘의 요절 | 겔 38 : 16 ▷ 구름이 땅에 덮임 같이 내 백성 이스라엘을 치러 오리라 곡아 끝날에 내가 너를 이끌어다가 내 땅을 치게 하리니 이는 내가 너로 말미암아 이방 사람의 목전에서 내 거룩함을 나타내어 그들로 다 나를 알게 하려 함이니라

1. 곡의 세력은 어떤 세력이며 목적은 무엇입니까?(2, 12, 13)
2. 어떻게 하나님의 거룩함을 나타낼 수 있을까요?(16, 20~23)
3. 나에게서 불경건한 요소는 무엇입니까?

사랑하는 성도 여러분! 에스겔 38장은 곡(연합전투세력)에 대한 승리 내용과 그 속에 나타내실 하나님의 거룩함을 기록하였습니다. 홀로 믿음의 견고함과 주일의 경건을 유지하려면 사탄의 연합전투세력을 조심해야 할 것입니다. 그러나 실상 홀로 싸우는 것 같지만 하나님께서 그의 거룩함을 나타내시기 위하여 싸우고 계신다는 은혜를 깨닫습니다. 에스겔에게 보여주신 마곡 땅의 곡과 로스 메섹 두발 연합전투세력은 하나님의 손 안에 있음을 알게 됩니다. 그것은 곧, '곡의 멸망'입니다.

묵상 첫째, 믿음의 연합이 아닌 연합은 진멸됩니다(겔 38 : 1~16). 하나님의 거룩함은 믿음의 연합에서 나타났습니다. 그러나 불신의 연합은 떨어진 병기와 화살이며 매장되는 시체의 모임에 불과하였습니다. 따라서 그들의 연합은 하나님의 일시적인 도구였으므로 영원한 이스라엘의 연합에 들 수 없었습니다. 오직 이스라엘의 믿음은 그들의 세력 앞에서도 거룩함을 잃지 않은 연합이었습니다. 둘째, 믿음의 연합을 공격하는 것은 자멸을 부르는 부정한 행위입니다(겔 38 : 17~23). '곡의 연합세력'이 이스라엘을 치러 오는 행위는 하나님의 분노를 자극시키는 부정행위였습니다. 그들이 이스라엘을 공격해 올 때 하나님의 노는 지진으로 나타나고 자연재해가 곡의 부대를 놀라게 할 것이었습니다. 전염병이 나돌고(온역), 우박덩이가 그들에게 떨어질 것이며 폭우와 유황이 비내리듯 재앙의 징조가 만연할 것이었습니다. 따라서 하나님께서는 그들의 눈에 하나님의 존대함과 거룩함을 깨닫게 하실 것이었습니다.

적용 사랑하는 성도 여러분! 곡의 연합은 부정한 동기의 연합세력이었습니다. 이욕과 탐욕의 목적으로 결성된 한시적인 하나였습니다. 하나님께서는 거룩한 일을 하시는 거룩전투의 하나님이십니다. 그리고 하나님의 나라 곧, 이스라엘을 보호하시는 유일하신 하나님이십니다. 따라서 그분이 귀중하게 여기시는 경건의 날, 거룩의 날을 섬깁시다. 그러므로 오늘도 세속의 세력과 같은 하나의 요소를 제거하고 오직 거룩한 단체가 됩시다. 그리하여 여호와의 세력인 줄을 만방에 알립시다. ―아멘―

기도 우리 주 예수 그리스도여! 속 사람을 강건하게(엡 3 : 16), 경건의 말씀 운동에 동참하고 싶습니다(히 4 : 12). ―아멘―

찬송 · 332 장   말씀 · 겔 39 : 1-29   년 월 일

내 거룩한 이름을 위하여

오늘의 요절 겔 39 : 7 ▷ 내가 내 거룩한 이름을 내 백성 이스라엘 가운데 알게 하여 다시는 내 거룩한 이름을 더럽히지 않게 하리니 열국이 나를 여호와 곧 이스라엘의 거룩한 자인줄 알리라 하셨다 하라

1. 곡의 연합세력의 병력규모는 어떻게 알 수 있습니까?(9)
2. 포로귀환의 의미는 무엇입니까?(겔 39 : 25)
3. 나는 하나님의 이름, 예수님의 이름, 성령의 이름뜻을 얼마나 알고 있나요?

사랑하는 성도 여러분! 에스겔 39장은 곡과 마곡의 완전한 멸망 예고와 거룩한 하나님의 성호의 은혜와 긍휼이 기록되었습니다. 동기가 불순한 세력 – 곡의 멸망은 여호와의 거룩한 이름을 위하여 이루어질 예언이었습니다. 그들의 자만함, 세속적인 야욕은 하나님 여호와의 기물에 있었고 성물(聖物)에 있었습니다.

첫째, 더럽힐 수 없는 하나님의 이름과 그 백성들(겔 39 : 1~20). 곡의 멸망은 반드시 이루어졌습니다. 하나님의 이름은 '거룩'입니다. 이스라엘은 부정한 인생들과 한가지로 더럽혀진 이름을 소유하였습니다. 곡의 전투세력은 하나님의 백성을 야유하였기에 곧… 하나님께 그 이름을 야유한 것이 되었습니다. 열국은 여호와의 거룩함에 조소를 보내었습니다. 따라서 하나님께서는 그들의 병기와 창을 모두 빼앗아 7년 동안의 연료(땔감)로 사용하신다고 선언하셨습니다(겔 39 : 9). 따라서 거룩의 지름길은 태움입니다. 둘째, 거룩한 이름을 위한 하나님의 열심(겔 39 : 21~29). 하나님의 백성들이 하나님을 위하여 행한 것은 죄뿐입니다. 그러나 하나님께서 그의 백성을 위하여 하신 거룩함의 열심은 너무 많았습니다. 출애굽 사건부터 포로귀환 등 이루 다 말할 수 없는 일들을 행하셨습니다. 그의 백성들에게 평안과 긍휼을 베푸시고 죄의 용서를 가르치신 참 하나님이셨습니다. 그럼에도 불구하고 열심 없는 백성들은 늘 불평과 게으름으로 여호와 하나님의 이름을 더럽히는 불순종을 자행하였습니다. 백성들은 열국에서도 여호와의 이름을 위해 싸우지 않았지만 하나님께서는 자기 이름을 위하여 열심으로 거룩함을 나타내셨습니다.

사랑하는 성도 여러분! 죄인들의 스스럼 없는 부끄러운 행위까지도 긍휼로 가리우시고 오직 하나님의 신을 부어 주시며 모든 민족 앞에 그의 거룩한 이름을 나타내시는 열심을 깨닫습니까? 예수님은 그의 온 몸을 산 제사로 드리었는데 오늘의 기독교인은 그의 이름을 어떻게 자랑하고 그의 영광을 찬양하겠습니까? 그러므로 오늘도 스스로 열심을 품고 주님의 이름을 높입시다(롬 2 : 1, 11). – 아멘 –

우리 주 예수 그리스도여! 장성한 분량의 믿음을 목적하고(엡 4 : 13), 아름다운 그리스도인의 직분을 감당하고 싶습니다(히 6 : 11~12). – 아멘 –

찬송 · 362 장   말씀 · 겔 40 : 1-49   년   월   일

거룩한 성전을 살펴보라

| 오늘의 요절 | 겔 40 : 4 ▷ 그 사람이 내게 이르되 인자야 내가 네게 보이는 그것을 눈으로 보고 귀로 들으며 네 마음으로 생각할지어다 내가 이것을 네게 보이려고 이리로 데리고 왔나니 너는 본 것을 다 이스라엘 족속에게 고할지어다 하더라

살핌 1. 성전 설계의 섬세함을 어떻게 느끼셨습니까?
2. 하나님의 설계가 상상을 초월함과 그 구조의 오묘함을 느끼셨습니까?
3. 나는 왜 교회에 관심이 없습니까?

사랑하는 성도 여러분! 에스겔 40장은 새 성전에 대한 환상과 그 내용의 세심한 부분에 대하여 기록하였습니다. 포로귀환을 앞둔 선지자의 희망은 새로 단장된 성전의 환상을 눈으로 보고 귀로 들으며… 마음으로 생각하였습니다. 하나님께서는 에스겔에게 새 성전의 모든 부분을 자세하고 친절하게 안내하시며 그 본 것을 이스라엘 족속에게 전하라고 말씀하셨습니다(겔 40 : 4).

묵상 첫째, 성전의 뜰과 문(겔 40 : 5~47). 성전 뜰은 바깥뜰과 안뜰로 구성되어 있었습니다. 그리고 바깥뜰의 세 문과 안뜰의 세 문으로 구성되어 있었습니다. 여덟 계단을 오르면 높이가 점점 높아지며 거룩한 은혜가 내리는 곳이었습니다. 방마다의 구조와 바다 모든 부분에서부터 은혜의 문으로 구성되었습니다. 이토록 하나님의 설계와 조직적인 준비가 성전의 구조에서 나타난 것입니다. 참으로 하나님의 섬세하심은 성전 바깥뜰로부터 시작하여 안뜰의 문을 통과하고 방문마다 은혜가 짜여 있었습니다. 우리의 교회문은 어떤가요? 둘째, 성전 본관(겔 40 : 48~49). 하나님께서는 에스겔에게 성전 본관을 보게 하셨습니다. 올라가는 층계마다 규격이 되어 있었고 양편에 세워진 기둥은 믿음의 대들보와 같았습니다. 하나님께서 성전 본관의 은혜로운 장면을 보게 하신 이유는 무엇일까요? 에스겔 역시 포로귀환 후의 허물어진 성전의 비젼(vision) 보다, 소망보다 잘 다듬어진 여호와의 성전을 꿈꾸게 했던 친절한 은혜였습니다.

적용 사랑하는 성도 여러분! 에스겔의 심정으로 성전의 구석구석을 바깥부터 안으로 들어오는 부분들을 자세하게 살펴 보십시오. 에스겔의 감격스러운 감탄사가 나옵니까? 교회의 크기, 성전의 크기와 관계없이 청결한 상태를 유지해야 될 것입니다. 그리고 사랑과 정성의 친절이 표현된 장식이야말로 보는 성도들로 하여금 은혜가 될 것입니다. 그러나 보이지 않는 성도의 내부심리도 성전입니다. 그러므로 오늘 성전을 깨끗하게 유지합시다(고전 6 : 19~20). ―아멘―

기도 우리 주 예수 그리스도여! 나의 몸이 향기로운 제물이 되어(엡 5 : 2) 주의 성전에서 주를 기쁘시게 섬기고 싶습니다(엡 5 : 10, 히 6 : 13~15). ―아멘―

찬송 · 27 장   말씀 · 겔 41 : 1-26   년   월   일

골방기도를 하라

> **오늘의 요절** 겔 41 : 6 ▷ 골방은 삼층인데 골방 위에 골방이 있어 모두 삼십이라 그 삼면 골방이 전 벽 밖으로 그 벽에 의지하였고 전 벽 속은 범하지 아니하였으며

살핌
1. 골방의 구조에 대하여 아십니까?(6)
2. 성전 무늬의 깊은 의미는 무엇입니까?(18~19)
3. 내가 은밀하게 찾는 기도실은 어디이며 규격과 디자인은 어떻습니까?

사랑하는 성도 여러분! 에스겔 41장은 거룩한 골방기도 처소와 그 구조에 대하여 기록하였습니다. 에스겔은 뜰을 살펴본 후에 거룩한 성소에 도착하였습니다. 오직 제사장만 살펴볼 수 있었던 하나님의 성소에 도착한 것이었습니다. 그리고 하나님의 지성소(스랍들과 하나님의 법궤가 모셔진 곳)를 측량할 수 있는 은총을 받았습니다(겔 41 : 4).

묵상 첫째, 인생들에게 필요한 골방(겔 41 : 5~11). 은밀하고 조용한 골방은 기도의 충동을 줍니다. 성전 삼면에 골방이 있었습니다. 골방의 수는 모두 30개로서 3층의 구조로 이루어졌습니다. 성전 외벽에 얹혀진 골방은 모든 인생들의 심리를 반영해 주는 요소의 방과 같았습니다. 가끔씩 찾아오는 환경의 심리활동이 기도의 방에서 이루어져 정화의 과정과 새로 단장된 모습으로 나갔으면 합니다. 둘째, 인생들에게 필요한 성전의 무늬와 두 얼굴의 의미(겔 41 : 12~26). 서편 뒷뜰은 하나님의 전에 익숙하지 않은 이들을 위한 교육관 같은 건물이 세워져 있었습니다. 그리고 성소의 건물장식은 안쪽 벽이 천정부터 바닥까지 그룹들과 종려나무로 새겨져 있는 무늬 벽이었습니다. 먼저 그룹의 형상이 하나는 사람의 얼굴이었으니 이는 지혜를 상징하였습니다. 그리고 어린 사자의 얼굴은 용맹한 이상을 뜻하였습니다. 그 얼굴 형상은 모두 종려나무를 바라보니 승리와 하늘의 영광을 그리워하는 인생의 참 목적을 뜻하였습니다. 지혜와 용기를 그리고 승리를 사랑하는 인생들이 골방의 기도를 가르치고 있습니다.

적용 사랑하는 성도 여러분! 성전의 창은 하늘을 향한 인생의 마음을 상징합니다. 문설주마다 구원의 의미가 조각되었고 문짝과 판자마다 하나님의 깊으신 구원섭리가 새겨져 있었습니다(겔 41 : 26). 우리는 성전의 축복과 은혜를 사모하는 열정이 남아 있습니까? 골방기도를 자원하며 가끔씩 하나님과 나만의 대화를 하고싶어 찬송을 흥얼거리며 성경책을 찾으십니까? 바쁜 인생일지라도 골방기도를 잊어서는 아니될 것입니다. 그러므로 오늘도 시간의 단절을 느끼는 기도실을 찾읍시다. -아멘-

기도 우리 주 예수 그리스도여! 영혼의 휘장을 치고(히 6 : 19) 주의 사랑을 측량하고 싶습니다(엡 3 : 18~19). -아멘-

찬송·40장　　　말씀·겔 42:1-20　　　년　월　일

거룩한 것과 속된 것

오늘의 요절　겔 42:20 ▷ 그가 이와 같이 그 사방을 척량하니 그 사방 담 안 마당의 장과 광이 오백척씩이라 그 담은 거룩한 것과 속된 것을 구별하는 것이더라

살핌
1. 집안 분위기와 영적인 사역은 관계가 있다고 봅니까?(6)
2. 교회 갈 때의 복장과 평상복이 구별되어 있습니까?(14)
3. 나의 양심에 걸리지 않는다고 소홀하게 취급한 사건… 사람이 있습니까?

사랑하는 성도 여러분! 에스겔 42장은 성전내의 안뜰과 각 방의 소재 및 그 역할에 대하여 기록하였습니다. 혼란과 혼돈의 문화와 장소에 살면서 한가한 시골을 향수하지 않으십니까? 문득 도란도란 이야기를 나누는 시골의 사랑방이 그립지 않으십니까? 하나님께서는 선지자를 데리고 긴 성전의 순례를 계속하고 있었습니다. 선지자는 북편 뜰의 시작부터 이루어진 또 다른 방들을 살펴보았습니다(겔 42:1).

묵상 첫째, 혼돈에서 벗어나고 싶은 마음의 뜰과 방들(겔 42:1~14). 하나님의 성소의 방들은 넓고도 길고도 오묘하게 꾸며져 있었습니다. 좁은 방, 넓은 방마다 의미가 있었으니 거룩함과 부정함을 나누고, 기다림과 조급함의 어우러진 모습이 분리된 모습을 살펴보았습니다. 들어갔던 문이 다르고, 나오는 문이 다른 거룩의 통로가 우리로 하여금 혼돈된 문에서의 자유함을 알려주었습니다. 마음의 뜰안이 있듯이 성전 뜰안의 고요함을 제사장들의 의복 보관방에서 엿볼 수 있었습니다. 참으로 준비된 제사장들의 헌신을 발견하였습니다(겔 42:14). 둘째, 거룩한 것과 부정한 것을 구별하는 방(겔 42:15~20). 우리의 마음 방이 복잡하지만 부정한 것과 속된 것을 구별하는 양심의 방이 있습니다. 그러하듯 드넓은 광(창고) 속에서 거룩한 것과 속된 것을 구별하였던 은혜를 발견하였습니다. 이곳에서 우리네 양심의 방을 넓혀야겠다는 결단을 하였습니다. 좁디 좁은 양심의 사람들에게는 부정한 것이 더 많으며 거룩한 것을 구별하기에는 너무 좁고 협착한 마음의 쏨쏨이가 될 것입니다(겔 42:20).

적용 사랑하는 성도 여러분! 좁혀진 양심의 방에서 거룩한 십자가를 발견하셨습니까? 그리스도의 보혈이 담긴 말씀의 귀절을 찾으셨습니까? 분별되지 않은 교회의 예배시간, 구별된 삶을 살지 않는 교인들의 삶에서 넓은 양심의 방이 필요할 것입니다. 그곳은 교회의 범위이며 성역의 거리입니다. 오가는 교통의 거리가 성전의 뜰안일 수 있습니다. 그러므로 오늘도 교회를 갈 때마다… 새로운 거래를 개설할 때마다… 새 단계와 장르에 귀속될 때 양심을 넓혀달라고 하나님께 기도합시다. ㅡ아멘ㅡ

기도 우리 주 예수 그리스도여! 멜기세덱의 은혜와(히 7:1~3), 새 심령으로 자유롭고 싶습니다(엡 4:23~24). ㅡ아멘ㅡ

찬송 · 375장 　　　　　말씀 · 겔 43:1-27 　　　　　년　　월　　일

성전에 가득한 하나님의 영광

오늘의 요절　겔 43:5 ▷ 성신이 나를 들어 데리고 안 뜰에 들어 가시기로 내가 보니 여호와의 영광이 전에 가득하더라

살핌
1. 에스겔이 들은 하나님의 음성과 땅의 현상은 어떻게 나타났습니까?(2)
2. 하나님의 메시지 핵심내용 두 가지는 무엇입니까?(7~9)
3. 일년 중 가장 즐거운 날은 어느 때입니까?(27)

사랑하는 성도 여러분! 에스겔 43장은 성전에 가득한 하나님의 영광과 그의 약속 및 제단 쌓는 법에 대하여 기록하였습니다. 하나님의 음성이 늘 설교를 통하여… 복음의 대화를 통하여 계시된다고 믿습니까? 옳습니다. 말씀의 능력과 깊은 생명의 소리는 구원의 열정을 소유한 당신에게 들릴 것입니다. 에스겔은 하나님의 영광을 목격한 참 목격자였습니다.

 첫째, 하나님의 음성(겔 43:1~12). 하나님의 영광을 사모하면 그의 음성을 듣게 됩니다. 에스겔은 동편으로부터 들리는 하나님의 음성을 들었습니다. 그 소리는 많은 물소리와 같고 그 영광은 찬란한 빛의 소리였습니다. 그리고 성신(聖神)에 감동된 에스겔은 하나님의 영광이 가득찬 성전에서 설교를 들었습니다. 그 내용은 하나님의 발이 머무는 이스라엘이 음난하였으며 거룩한 이름을 더럽혔으나 그 모든 것들을 없애버린다는 말씀이었습니다. 따라서 에스겔은 하나님의 일을 하라는 은혜의 음성을 들었습니다. 둘째, 제단에서의 일(겔 43:13~27). 하나님의 영광이 머무는 제단에서는 오직 예배와 섬김의 내용이 반복되어야 합니다. 제단의 일은 영광의 일이며, 제단을 측량하거나 제단을 만드는 일은 하나님께 영광을 돌리는 은사입니다. 에스겔은 제단을 측량하였고, 그 제단 곁에서 해야할 일들을 하나님께로부터 직접 배웠습니다. 이것은 모세에게 가르쳐준 은혜요, 영광이었습니다. 에스겔은 7일 동안의 일과 제8일의 감사제를 배웠습니다. 중요한 것은 이 일을 가르치신 하나님께서 직접 말씀하신 "그리하면 너희를 즐겁게 받으리라(겔 43:27)."는 음성이었습니다.

적용 사랑하는 성도 여러분! 성경을 열어볼 때 하나님의 음성이 들려옵니다. 그분의 말씀의 능력은 우리의 제단(교회) 일들을 기쁘게 여기시며 그 앞에서 배우려는 모든 인생들을 기쁘게 여기십니다(엡 5:10). 이 즐거운 영광, 이 성전에서 계시(啓示)되는 말씀을 입체적으로 받드는 출발은 분명한 영광의 목격입니다. 그러므로 오늘도 하나님의 약속있는 말씀을 열어 보시고… 받들어 봅시다. ―아멘―

기도 우리 주 예수 그리스도여! 합당한 기쁨의 열매를(골 1:10), 신령한 복종의 찬미를 드리고 싶습니다(엡 5:19~20). ―아멘―

찬송 · 51장　　　말씀 · 겔 44:1-31　　　년　월　일

하나님은 우리의 기업

오늘의 요절　겔 44:28 ▷ 그들은 기업이 있으리니 내가 곧 그 기업이라 너희는 이스라엘 가운데서 그들에게 산업을 주지 말라 나는 그 산업이 됨이니라

　1. 하나님께서 싫어하셨던 이스라엘의 가증한 일은 무엇입니까?(6~7)
2. 제사장의 기업은 누구이며 그 기업인이 해야 할 일은 무엇입니까?(20~28)
3. 내 집에 복이 임하도록 하려면 어떻게 해야 합니까?

사랑하는 성도 여러분! 에스겔 44장은 하나님의 제사장들과 수종드는 자들의 규범과 그 사례에 대하여 기록하였습니다. 하나님은 우리 인생들의 기업이십니다. 하나님의 축복의 문을 여는 방법은 가족끼리 모여서 하나님께 예배드리고, 옹기종기 하나님의 일을 의논하는 가족회의가 있습니다. 참으로 그의 기업이 되는 지름길입니다.

묵상 첫째, 하나님께서 맡겨주신 일(겔 44:1~14). 에스겔에게 맡겨진 일이 있고, 가족들에게, 우리 나라에게 맡겨진 하나님의 일이 있습니다. 에스겔이 본 문은 동향한 문이었습니다. 그 문은 닫혀진 문이며 함부로 열 수 없는 문이었습니다. 우리의 마음의 문도 세속을 향한 문이었습니다. 그 문을 함부로 열어서는 아니될 것입니다. 하나님께서 맡겨주신 문은 가증한 일을 하기 위하여 출입하는 문이 아닙니다(겔 44:5~6). 일문은 오직 하나님께서 맡겨주신 일만을 위하여 출입(出入)해야 되는 문으로 통과해야 하며 지켜야 할 것입니다(요 10:1~3). 둘째, 기업은 집에 복이 임하는 통로의 일(겔 44:15~31). 제사장들의 의무는 제사를 준비하고 드리는 일입니다. 이것이 제사장들의 기업이요, 거룩한 일입니다. 그뿐 아니라 거룩한 제물과 부정한 제물을 분별하는 일도 제사의 수종드는 자들이 해야 할 의무입니다. 특히 외모의 정결, 결혼의 거룩성, 재판의 공정성, 하나님의 규례교육 등은 제사장의 큰 일이었습니다. 따라서 제사장에게는 산업을 줄 수 없으며 오직 하나님께서 그들의 기업이 되시었습니다(겔 44:28). 그러므로 하나님의 일이 복이 임하는 통로입니다(겔 44:30).

적용 사랑하는 성도 여러분! 예배는 하나님의 복이 임하는 시간이며 하나님께서 기뻐 흠향하시는 그 일을 좋아하는 모든 성도들이 기업의 자랑이 됩니다. 즉, 하나님의 자랑거리(욥의 경우)입니다. 예배드리는 자의 삶은 부정할 수 없으며, 음란할 수 없으며 오직 청결한 삶의 분력이 높아질 것입니다. 예수님께서 드린 단번의 제사는 십자가의 예배였습니다. 그의 제물 되심은 인류의 구원을 약속하시는 예배였습니다. 그러므로 오늘도 우리의 예배적 삶은 생명의 기업을 살리는 것입니다. －아멘－

기도 우리 주 예수 그리스도여! 가정과 부부의 은혜로(엡 5:29), 언약의 기업인(히 7:22)이 되고 싶습니다. －아멘－

| 찬송·69장 | 말씀·겔 45:1-25 | 년 월 일 |

거룩한 땅

오늘의 요절 겔 45:1 ▷ 너희는 제비 뽑아 땅을 나누어 기업을 삼을 때에 한 구역을 거룩한 땅으로 삼아 여호와께 예물로 드릴지니 그 장은 이만 오천척이요 광은 일만척이라 그 구역 안 전부가 거룩하리라

1. 구별된 땅, 성역화 된 곳은 어디입니까?(2~3)
2. 치리자의 큰 실책은 무엇입니까?(9)
3. 나라의 어려움은 누구의 책임입니까?

사랑하는 성도 여러분! 에스겔 45장은 거룩한 땅의 제사생활과 그 공의로운 삶의 예물과 절기에 대하여 기록하였습니다. 구별해야 할 사람과 땅과 물건이 있습니다. 하나님께서는 에스겔에게 포로귀환 후에 분배되어질 땅의 분할원칙을 가르쳐 주셨습니다. 그 방법은 제비 뽑는 것이며 하나님의 구별된 말씀에 기초하였습니다(겔 45:1).

묵상 첫째, 여호와께 예물을 드리는 거룩한 구역(겔 45:1~12). 어디에서 예물을 드리는가 하는 것이 매우 중요합니다. 하나님께서 거룩한 구역을 설정하셨습니다. 그 구역은 제사의 구역이며, 레위인(제사장 집안)의 생활처소이며, 왕의 구역이었습니다. 여호와께 가까이 나아와 성소에서 수종드는 구역은 거룩히 구별하도록 되어 있습니다. 특히 왕의 구역을 설정해 준 이유는 왕의 특권으로 백성들의 땅을 차지할 수 없다는 것이었습니다(겔 45:8). 하나님 여호와께서는 치리자(治理者)들의 강포와 겁탈을 경계하시고 공평(公平)과 공의(公義)를 강조하셨습니다(겔 45:9).
둘째, 마땅히 드릴 예물(겔 45:13~25). 여호와 하나님께 드릴 예물의 규정을 무시하는 것은 하나님을 향한 반항과 같습니다. 하나님께서는 예물의 할분률을 적용하셨습니다. 즉, 몇분일까지 정하시고 절기도 정하셨습니다. 특히 신분에 따라서 드려야 할 예물의 규모까지도 정하셨습니다. 또한 시간의 정확성까지도 정하시었고 순번차까지 말씀하셨습니다. 따라서 예물의 규정은 량, 신분, 시간, 일정, 규모의 횟수를 염두에 두어야 할 것이었습니다(겔 45:13, 17, 21, 25).

적용 사랑하는 성도 여러분! 모든 백성은 예물을 준비하였습니다. 곡식은 1/60, 기름은 1/100, 200마리당 1마리의 양, 왕의 예물, 정월초하루, 7일간, 각 절기(유월절, 초막절 등)의 예물은 반드시 드려야 했습니다. 거룩한 땅에서 드리는 거룩한 예물은 하나님께서 기뻐 받으시는 방법이었습니다. 그러므로 오늘도 구별된 삶을 위하여 교회와 헌금, 그리고 구별된 장소의 생활과 인간관계를 설정합시다. 그리고 예수님의 풍요로운 은혜를 체험합시다. -아멘-

기도 우리 주 예수 그리스도여! 순종의 성실함을 주시고(엡 6:5), 새 언약의 피흘림을 깨닫고 싶습니다(히 8:8, 9:22). -아멘-

찬송 · 11 장   말씀 · 겔 46 : 1-24   년 월 일

거룩한 예배자의 시간

오늘의 요절 겔 46 : 1 ▷ 나 주 여호와가 말하노라 안 뜰 동향한 문을 일하는 육일 동안에는 닫되 안식일에는 열며 월삭에도 열고

살핌
1. 동향문은 언제 열릴 수 있습니까?(1, 2, 12)
2. 하나님께서는 왕의 땅에 대하여 어떻게 말씀하셨습니까?(16~18)
3. 나는 예배시간과 횟수에 대하여 어떤 생각을 가지고 있습니까?

사랑하는 성도 여러분! 에스겔 46장은 예배(제사)에 대한 규례와 왕의 기업정리 요령과 제물조리 규정을 기록하였습니다. 개인 예배로부터 모든 위정자의 단체에까지 예배의 시작을 가르치는 장면이 에스겔서 46장에 나타났습니다. 하나님의 성소에서 드려졌던 예배도 있지만 왕이 스스로 드리는 예배시간도 있었습니다(겔 46 : 12).

묵상
첫째, 예배드릴 때 열려지는 동향문(겔 46 : 1~12). 동향문(東向門)은 6일 동안에는 닫혀 있었습니다. 그러나 안식일과 월삭에는 열려지는 문이었습니다. 왕이 자원하여 드리는 예배 때에도 동향문은 열렸습니다. 그리고 왕은 흠없는 수양, 양 여섯 마리를 번제물로 드렸습니다. 월삭에는 흠없는 수송아지를 추가하여 정성스럽게 드렸습니다(벧전 1 : 19). 특히 출입의 문 규정에서 들어오는 문과 나가는 문이 구별되었는데 이는 죄인이 의인 되어 나가는 예식과 같았습니다(겔 46 : 9). 둘째, 왕의 재산 처리의 규정(겔 46 : 16~24). 왕의 기업이나 땅은 왕의 자손에게만 주도록 되어 있었습니다. 그의 땅을 자기 부리는 종에게 줄 수 없었습니다. 설령 준다 할지라도 빌려주는 제도(희년)에 해당되었습니다. 반면에 왕의 가족은 백성들의 땅을 자기의 땅으로 귀속시킬 수가 없습니다. 오직 왕은 백성들의 권리와 안전을 보호해 줄 의무가 있으므로 그의 공직기간을 거룩한 예배자의 시간처럼 보내야 되었습니다. 끝으로 에스겔은 성물을 삶는 장소에서 거룩한 시간들을 회상할 수 있었습니다. 거룩한 예물을 삶는 그 시간은 참으로 순례자의 시간이며, 예배자의 거룩성을 느끼는 시간이었습니다.

적용
사랑하는 성도 여러분! 스스로 자원하여 드리는 예배와 그 제물은 동향문을 열게 하는 왕의 시간이었습니다. 우리의 시간 속에 자원하여 드리는 예배시간이 얼마나 할당되어 있습니까? 그리고 우리가 노동으로 빌려주는 시간은 어떻게 되돌아 오며, 권리는 어떻게 보호될까요? 하나님께서는 우리 모두에게 흠많은 부분을 예배의 시간으로 대처하라고 종용하십니다(히 10 : 25). 그러므로 오늘도 다른 시간의 낭비를 막는 마음으로 예배의 시간을 마련하며 권장합시다. ─아멘─

기도
우리 주 예수 그리스도여! 믿음의 영원한 제사를 드리고(히 10 : 10~14), 주의 힘을 덧입고 싶습니다(엡 6 : 10). ─아멘─

| 찬송 · 409 장 | 말씀 · 겔 47 : 1-23 | 년 월 일 |

강물이 이르는 곳

오늘의 요절 겔 47 : 9 ▷ 이 강물이 이르는 곳마다 번성하는 모든 생물이 살고 또 고기가 심히 많으리니 이 물이 흘러 들어가므로 바닷물이 소성함을 얻겠고 이 강이 이르는 각처에 모든 것이 살 것이며

살핌
1. 고난받는 그리스도인이 피할 곳은 어디입니까?(1, 6~12)
2. 강변의 이로움은 무엇일까요?(7, 10)
3. 믿음의 지도, 전도지역의 지도에 무엇을 표시하고 싶습니까?

사랑하는 성도 여러분! 에스겔 47장은 성전에서 흐르는 생명의 강과 그 물이 닿는 곳의 축복과 새 땅의 은혜를 기록하였습니다. 에덴동산에서 시작된 강물은 축복의 통로였습니다. 모든 문화는 강물줄기를 따라서 흥왕하였고, 성경의 은혜 통로 역시 강이었습니다. 그중에서 얍복강(야곱의 기도처)과 요단강(여호수아)은 믿음의 시련장소였습니다. 그리고 에스겔이 특별한 여호와의 환상을 본 곳도 핫데겔 강변이었습니다.

묵상 첫째, 강변은 번성의 장소(겔 47 : 1~12). 에스겔은 강변의 축복을 받은 선지자였습니다. 그는 하나님의 성령에 감동되어 생명의 물이 발원된 곳을 보게 되었습니다. 그곳은 성전 문의 중앙에서 흘러나오는 물이 동으로 흐르다가 제단 남쪽의 오른쪽으로 흐르는 곳이었습니다. 에스겔은 그 물의 깊이를 체험하였습니다. 그리고 그 물을 건너는 은혜를 받았습니다. 그 물은 발목→무릎→허리→헤엄칠 정도의 풍요로운 강물이었습니다. 강변에는 나무가 무성하였고, 물의 능력은 소성의 힘과 번성의 역사가 일어나 모든것이 살아났습니다. 따라서 어부와 같은 일꾼이 나타날 것이며, 강변에 있는 실과가 달마다 열리니 그 잎사귀는 약재료가 되었습니다.
둘째, 강변을 중심한 12지파의 땅 분배(겔 47 : 13~23). 하나님께서 예비하신 생명 강가를 중앙에 두고 모든 땅을 분배하라고 말씀하셨습니다. 땅의 분배 원리는 옛적에 말씀하신 12지파의 경계였습니다. 그 지경계는 물이 흐르는 곳이며, 기업과 농업을 경작할 곳이며 생업이 이루어질 삶의 터전이었습니다. 따라서 하나님께서 주신 터에서 자녀를 낳고 번성하라는 대명령이 내리었습니다.

적용 사랑하는 성도 여러분! 성전에서 흘러내리는 물은 생명과 번성의 물이었습니다. 즉, 구원과 문화사역의 양 날개를 생동감 있게 만드는 물이었습니다. 시들지 않는 강변의 나무는 12달-4계절의 은혜가 있습니다. 성전의 물을 중심하여 생업과 기업의 번성을 기대하십니까? 그곳의 약 재료가 필요하십니까? 그렇다면 오늘도 생수의 강이신 예수님의 복음 영향이 미칠 곳을 찾아봅시다. -아멘-

기도 우리 주 예수 그리스도여! 수정같은 생명 강가에서(계 22 : 1~2), 진실한 일꾼의 교회가 되고 싶습니다(엡 6 : 21~22). -아멘-

찬송 · 492 장   말씀 · 겔 48:1-35   년 월 일

거룩히 구별한 남아있는 땅

| 오늘의 요절 | 겔 48:10 ▷ 이 드리는 거룩한 땅은 제사장에게 돌릴지니 북편으로 장이 이만 오천척이요 서편으로 광이 일만척이요 동편으로 광이 일만척이요 남편으로 장이 이만 오천척이라 그 중앙에 여호와의 성소가 있게 하고

1. 나의 이름이 생명책에 기록되었습니까?(1)
2. 전도가 안되어 복음의 은혜에서 제외되고 남아있는 집은 어디입니까?(18)
3. 나는, 우리 교회는 전도지도가 있습니까?

사랑하는 성도 여러분! 에스겔 48장은 12지파의 땅 분배 원리와 새 땅의 기업과 분깃에 대하여 기록하였습니다. 하나님의 교회가 많이 세워졌으나 남아있는 전도지역이 있고 남겨진 양떼들이 몰려있습니다. 일생에 같은 지역을 살아도 예수 믿으시라는 권면을 당해보지 않은 사람도 있습니다. 에스겔서는 하나님의 특별한 환상으로 시작하여 땅의 정확한 분배의 축복으로 끝이 납니다.

첫째, 모든 지파의 이름대로 나눌 땅(겔 48:1~30). 이스라엘의 땅 분배는 지파에 이름이 들어있어야 참가할 자격이 있습니다. 에스겔서에 나타난 땅의 분배 원리는 여호수아 시대의 땅 분배 원리와는 다릅니다. 예를 들면 가나안 땅의 분배 시기에는 단 지파가 마지막이었으나(수 19:40), 지금은 처음으로 분배된다고 기록되었습니다. 그리고 앗수르 왕에 의해서 포로로 잡혀간 열 지파와 바벨론의 두 지파에게까지 기업의 땅을 분배받습니다. 그리고 각 지파는 인접한 이웃처럼 형성되었고 르우벤 지파는 요단강에서 가깝게 위치하고 있습니다. 이처럼 이름이 있어야 하나님의 지정대로 땅을 차지하게 되었습니다. 둘째, 남아있는 구별의 땅과 삼마의 하나님(겔 48:8~14, 30~35). 유다 지계 다음의 땅은 예물을 드릴 땅이었습니다. 그 땅은 하나님께서 거룩히 구별하며 남긴 땅이었습니다. 그 땅은 사거나 팔 수도 없는 땅이며(겔 48:14), 4각형으로 나뉘어져 있습니다. 그 중앙에는 여호와의 성소가 있었습니다. 특히 거룩히 구별한 땅에 연접하여 있는 남아있는 땅은 공공 업무를 위하여 역사(役事)하는 백성들의 땅이었습니다. 하나님의 세심한 보호 아래 공적인 일을 하는 사람들에게 주시는 땅이었습니다.

사랑하는 성도 여러분! 새로운 성을 사모하십니까? 그곳은 여호와 삼마 성(여호와께서 거기 계시는 곳)입니다. 그 문은 12대문으로 구성되었는데 12지파의 이름을 따서 지어졌습니다. 에스겔과 함께 계셨던 여호와 하나님은 지금도 살아 계십니다. 그러므로 오늘부터라도 남아있는 전도지역을 찾아냅시다. -아멘-

우리 주 예수 그리스도여! 거룩한 참여를 소원하며(히 12:10), 새 하늘과 새 땅을 기다리며, 주의 재림을 소망합니다(계 21:1~2). -아멘-

| 새벽강단 | 개 관 | 구약 5 |

24번책 – 예 레 미 야	1–52
25번책 – 예레미야애가	1–5
26번책 – 에 스 겔	1–48
27번책 – 다 니 엘	**1–12**
28번책 – 호 세 아	1–14
29번책 – 요 엘	1–3
30번책 – 아 모 스	1–9
31번책 – 오 바 댜	1–1
32번책 – 요 나	1–4
33번책 – 미 가	1–7
34번책 – 나 훔	1–3
35번책 – 하 박 국	1–3
36번책 – 스 바 냐	1–3
37번책 – 학 개	1–2
38번책 – 스 가 랴	1–14
39번책 – 말 라 기	1–4

다니엘을 열면서

■ 다니엘의 명칭

다니엘서는 헌신과 충성이 담긴 빛의 책입니다. 어두운 세력에서 밝은 빛을 발하는 빛된 자의 행실과 그 빛을 다루시는 하나님의 섭리가 담긴 책입니다. 또는 미래에 대한 환상의 책이기도 합니다. 다니엘서는 주인공 '다니엘'의 이름(뜻, 하나님은 나의 심판자, 혹은 하나님은 나의 심판)을 따라 붙여졌습니다.

■ 다니엘의 핵심사항

저 자 다니엘은 어렸을 때 바벨론의 포로가 되었습니다. 바벨론에서 포로들중에 귀족과 왕족을 훈련을 시키는 대열에 끼어 훈련을 받으며 자랐습니다. 또한 하나님으로부터 독특한 은사를 받았는데 그것은 미래에 대한 꿈과 환상을 해석하는 달란트입니다. 그는 그의 탁월한 지혜와 신앙심으로 정치와 예언을 지도하는 총리대신으로 늙은 지혜자였습니다. 그가 다니엘을 기록하였습니다.

기록연대 저작년대는 추정하기를 주전 605~570년경입니다. 다니엘 생애의 말기때 기록된 것으로 전해집니다.

기록목적 다니엘서는 두가지 목적을 가집니다. 그중에 ①역사의 주인이신 하나님의 주권을 강하게 나타내며, 바벨론 포로기간부터 메시야이신 예수님의 강림까지 전개될 역사적 사건을 꿈으로 보여 줍니다. 그러한 내용은 하나님의 초월의 능력을 알려주고 있습니다. ②하나님은 역사를 예언으로 보여주시고 그것을 이루셨다는 내용을 보여주고, 종내는 하나님 나라의 도래를 설명하려는 목적이 있습니다.

■ 다니엘의 주제와 요해

다니엘서의 주제는 하나님께서 자기 백성을 위하여 그의 구속게획을 세우시고, 그 계획을 이루시고 있음을 알려주며, 또한 모든 열방의 세계를 주관하시는 역사의 주인이 하나님이심을 주요 주제로 하고 있습니다. 따라서 중심사상은 ①천사의 사상을 가르치고 ②인자(人子)사상(7:13) ③부활사상(12:1~3) ④영원한 안식처, 즉 하나님 나라의 도래사상입니다.

■ 다니엘의 본론에 대하여

'구약의 계시록'과 같은 본서는 앞으로 되어질 역사적 사건을 꿈

---

* 다니엘(하나님의 심판)은 유다와 이스라엘에게 임하신 징계와 표징이었다. 그 가운데 그는 포로가 되었지만 하나님의 다스림과 역사의 미래를 보는 명철과 꿈이 있었다. 따라서 그의 인내와 정치력은 오늘의 우리에게 깊은 연구의 대상이다. 그러므로 다니엘에 계시된 하나님의 신실한 약속은 재림으로 오실 예수님을 기다리는 우리에게 거울이 되고 있다.

과 상징, 예언으로 풀어 나가는 역사서입니다. 다니엘서에 나타난 바벨론, 페르시아, 그리이스, 로마 등의 세상나라는 세태의 변화와 함께 흥망하는데 그 흥망을 주장하는 분이 살아계신 하나님이심을 강조합니다. 그리고 제한된 제국의 존재와는 비교도 안되는 예수 그리스도의 성육신(incarnation)과 그의 나라는 영원 무궁한 나라임을 예언하고 있습니다. 따라서 우리는 본서의 내용을 두 가지로 분류하여 살펴 보겠습니다.

첫째, 다니엘의 포로신앙과 열방세계에 대한 예언(1:1~7:28)
둘째, 이스라엘의 장래에 대한 환상(8:1~12:13)

■ 다니엘의 개요

Ⅰ. 다니엘의 포로신앙과 열방세계에 대한 예언(1:1~7:28)
  - 다니엘의 포로신앙(1:1~21)
  - 느부갓네살 왕이 꾼 꿈 내용과 풀무불 속에 들어간 다니엘의 세 친구(2:1~4:37)
  - 벨사살 왕과 다리오 왕에 대한 환상(5:1~7:28)

Ⅱ. 이스라엘 장래에 대한 환상(8:1~12:13)
  - 다니엘의 꿈-수양, 수염소, 작은 뿔에 대하여(8:1~27)
  - 다니엘의 70이레에 관한 환상(9:1~27)
  - 이스라엘 장래에 관한 다니엘의 각오와 환상의 끝 (10:1~12:13)

■ 다니엘의 핵심적 신앙교훈

사랑하는 형제여! 자매여! 우리는 다니엘서의 교훈에 눈을 돌려야 합니다.

①사랑하는 백성을 징계하시는 하나님 ②포로와 환란, 조롱의 기간 중에도 섭리하시는 위엄과 능력의 하나님을 인식해야 합니다. 그리고 ③어느 곳, 어느 때에도 하나님의 역사가 있으니 신앙의 절개와 지조가 있어야 하며 ④지혜로운 자는 하나님의 오묘하신 계시를 깨달아 무릇 어리석은 자에게 풀어줄 수 있습니다. 또한 ⑤적그리스도는 언제(끝)에는 망합니다. ⑥유한한 권세, 땅의 축복, 땅의 생명임을 깊이 성찰하고 ⑦마지막을 기다리는 겸손한 그리스도인, 지혜있는 그리스도인이 되어야 합니다. 따라서 "하나님의 환상은 사모하는 자에게" "꿈의 해몽은 신앙의 절개가 있는 심지 깊은 그리스도인에게 역사함을 가르쳐 주는 것이 본서의 깊은 은혜와 교훈입니다.

그러므로 죽음의 세계가 찾아와도 부활의 소망(所望)을 가지셔야 됩니다.

■ 다니엘 연대표 ■

B.C
609 여호야김의 유다왕 즉위

605 다니엘이 포로로 잡혀감 (1:1, 2)

597 에스겔이 포로로 잡혀감 (2차 포로)

593 에스겔의 사역 시작

586 남왕국 유다의 함락/ 예레미야의 사역 종결

580 다니엘의 풀무불 (3:19~25)

562 느부갓네살의 사망

550 다니엘의 4짐승 환상 (7:1~8)

539 바벨론 함락 (5:30)

538 다니엘의 사자굴 (6:16~24)

537 1차 귀환 (스룹바벨)

530 다니엘의 사망

찬송 · 342 장   말씀 · 단 1:1-21   년 월 일

하나님께서 뽑으신 네 소년

| 오늘의 요절 | 단 1:17 ▷ 하나님이 이 네 소년에게 지식을 얻게 하시며 모든 학문과 재주에 명철하게 하신외에 다니엘은 또 모든 이상과 몽조를 깨달아 알더라

1. 느부갓네살 왕궁 교육대상의 기준은 무엇입니까?(4)
2. 다니엘과 세 친구의 채식생활의 단호함을 어떻게 생각하십니까?(12, 15)
3. 다니엘과 같은 축복을 현실과 접목시켜 보십시오.(17)

사랑하는 성도 여러분! 다니엘 1장은 포로가 된 다니엘과 하나냐, 미사엘, 아사랴의 신행(信行)에 대하여 기록하였습니다. 다니엘은 어느 왕정하에서도 믿음의 도(道)를 지킨 용기있는 성격의 소유자였습니다. 그는 바벨론 왕궁에서 수종 들 후보생으로 선출되어 그의 친구 세 사람과 함께 왕궁의 교육을 받은 위인이었습니다(단 1:1~3).

묵상 첫째, 역사에 뜻을 세운 소년(단 1:4~7). 다니엘과 세 친구는 흠이 없고 아름다우며, 모든 재주가 통달하였습니다. 그뿐 아니라 지식이 구비하여 학문에 익숙한 소년들이었습니다. 그들을 뽑은 환관장들은 흡족해 하며 그들의 사상과 문화를 바벨론 것으로 바꾸려는 교육과정을 세웠습니다. 심지어 다니엘(하나님의 심판)의 이름을 벨드사살(감춰진 보물을 지키는 자), 하나냐(여호와의 은혜)는 사드락(태양의 영감)으로, 미사엘(하나님은 강하신 분)은 메삭(삭 여신(비너스)에 속한 자)로, 아사랴(여호와는 도움이시라)를 아벳느고(밝게 비치는 불의 종)으로 개명시켰습니다. 그러나 이들은 역사의 뜻을 세운 믿음의 인물이 되었습니다. 둘째, 하나님의 뜻을 믿는 심지 굳은 소년들(단 1:8~16). 사람을 개화시키려는 노력 속에 음식문화도 포함되었습니다. 즉, 다니엘을 비롯한 세 친구에게 우상 음식과 진미와 포도주를 마시게 하려는 것이었습니다. 이에 그들은 단호히 채식을 요구하고 그 결과를 10일동안 시험해 보자고 용기있게 제안하였습니다. 물론, 그 결과는 하나님께서 '믿음의 교리'를 지켰던 다니엘에게 승리를 주셨습니다(단 1:15~16).

적용 사랑하는 성도 여러분! 다니엘은 하나님의 특별한 상을 받았습니다. 모든 재주와 명철 외에 모든 이상과 몽조를 깨달아 알게 하는 것이었습니다. 그리고 이 네 소년은 궁중 교육의 끝에 느부갓네살 왕 앞에 세워졌습니다. 그들은 이방인의 왕에게도 뽑힌바 되어 왕들 앞에서 일하게 되었습니다. 그 평가는 모든 박수와 술객보다는 십배나 나은 줄 알게 되었습니다. 그러므로 오늘도 한번 뜻을 정하였으면 끝까지 밀고 나갑시다. 하나님의 상을 기대하면서 교리를 지킵시다. —아멘—

기도 우리 주 예수 그리스도여! 파견받은 자의 삶(막 6:7~12), 전파하는 일을 하고 싶습니다(빌 1:18). —아멘—

찬송 · 341 장　　　　　말씀 · 단 2 : 1-49　　　　　년　월　일

왕에게 전도하는 다니엘

오늘의 요절　단 2 : 47 ▷ 왕이 대답하여 다니엘에게 이르되 너희 하나님은 참으로 모든 신의 신이시요 모든 왕의 주재시로다 네가 능히 이 은밀한 것을 나타내었으니 네 하나님은 또 은밀한 것을 나타내시는 자시로다

살핌
1. 느부갓네살 왕의 성격은 어떻습니까?(10, 15)
2. 다니엘의 곤경을 지혜롭게 해결하는 방법은 무엇입니까?(20~23)
3. 나와 다니엘의 공통점은 무엇입니까?(47, 49)

사랑하는 성도 여러분! 다니엘 2장은 느부갓네살 왕의 꿈을 해몽하면서 하나님의 생존과 역사를 증거하는 다니엘의 사역을 기록하였습니다. 꿈에서 느꼈던 전도의 비전(vision)을 현실에서 과감히 증거하십니까? 꿈이 희망이며, 소망이며, 바램이라면 전도는 현실의 문제입니다. 다니엘은 왕에게 전도한 배짱의 사나이였습니다. 그가 믿는 하나님은 분명히 살아계셨고 바벨론 제국을 통치하신다고 믿었습니다.

묵상　첫째, 느부갓네살 왕의 꿈(단 2 : 1~13). 느부갓네살 왕은 꿈을 꾸었습니다. 그 나라에는 많은 술사, 박수, 점장이들이 있었습니다. 왕은 그들에게 왕이 꾼 꿈에 대하여 해몽하라고 명령을 하였습니다. 만일 해몽하면 큰 상과 영광을 주겠지만 그렇지 못할 경우에는 모두 처치하겠다고 선언하였습니다. 따라서 다니엘과 그 친구도 위험한 위기에 놓여 있었습니다. 둘째, 느부갓네살 왕의 꿈을 해몽하는 다니엘(단 2 : 14~45). 다니엘은 왕을 설득하여 기한을 정하고 하나님께 기도하였습니다. 그리고 찬양을 하였습니다. 응답을 받은 다니엘은 꿈 해몽을 하겠다고 왕에게 전달하였습니다. 다니엘은 왕이 꾼 꿈의 내용을 말하였습니다. 그 꿈은 우상의 꿈이었는데 느부갓네살의 운명과 전 세계의 미래에 대한 내용이었습니다. 느부갓네살 왕은 금머리요, 다음은 왕만 못한 나라 놋나라요, 그 다음은 철나라요, 그 다음은 철과 놋이 섞인 분열제국이 나타날 것을 예고하였습니다. 그리고 마지막 때에 하나님이 한 나라를 세우시어 영원한 나라가 될 것을 예언한 꿈이었습니다(단 2 : 44).

적용　사랑하는 성도 여러분! 느부갓네살 왕은 감동하였습니다. 다니엘에게 절하였습니다. 그리고 다니엘이 소개하고 전도한 하나님께 대하여 놀라움을 표현하였습니다. 그러므로 모든 박사들의 우두머리로 삼았습니다. 따라서 다니엘은 왕께 청구하여 세 친구를 세워 바벨론의 도를 다스리게 하였고 다니엘은 왕궁에서 왕의 곁에서 살게 되었습니다. 다니엘이 승리했던 비결은 역사의 주관자이신 하나님을 찬양했기 때문입니다. 그러므로 오늘도 곤경을 당할지라도 찬송을 잃지 맙시다. —아멘—

기도　우리 주 예수 그리스도여! 심판을 각오한 전도(히 9 : 27~28), 평안과 믿음을 겸한 사랑을 하고 싶습니다(엡 6 : 23). —아멘—

찬송 · 336장   말씀 · 단 3:1-30   년 월 일

풀무불과 신의 아들

오늘의 요절 단 3:25 ▷ 왕이 또 말하여 가로되 내가 보니 결박되지 아니한 네 사람이 불 가운데로 다니는데 상하지도 아니하였고 그 네째의 모양은 신들의 아들과 같도다 하고

살핌
1. 다니엘의 세 친구가 낙성식에 참여한 이유는 무엇입니까?(12, 17)
2. 풀무불 시련이 어느 정도입니까?(19, 22~23)
3. 내가 교리를 지키지 않는 이유는 무엇이며, 교리생활이 필요할까요?

사랑하는 성도 여러분! 다니엘 3장은 풀무불 속의 사드락, 메삭, 아벳느고, 그리고 신의 아들(메시야)의 나타남을 신앙고백으로 기록하였습니다. 우리의 믿음의 표시는 경배의 활동으로 나타납니다. 다니엘과 세 친구의 환경은 이방 나라의 포로신세였지만 나라와 지경을 초월한 선교적 자세로 현실에 충성을 다하였습니다. 그리고 믿음의 소망을 하나님 나라의 재건에 두었습니다. 그러나 그들에게는 연단과정이 있었습니다.

묵상 첫째, 느부갓네살 왕의 금신상(단 3:1~18). 느부갓네살 왕은 꿈대로 금신상을 세웠습니다. 그리고 모든 관료를 비롯하여 자랑의 잔치에 합당한 방백과 수령들을 초대하였습니다. 그 낙성식에 참여한 모두에게 금신상을 향하여 절하라고 명령하였습니다. 그러나 십계명을 배우고 실행하는 다니엘의 세 친구(사드락, 메삭, 아벳느고)는 금신상에게 절하지 않았으므로 공개적인 참소를 당하였습니다. 왕은 참으로 그들을 아꼈으므로 회유하면서 풀무불의 죽음을 자초하지 말라고 설득하였습니다(단 3:15). 그러나 그들은 단호히 고백하기를 풀무불에서도 구원해 주실 하나님을 믿는다고 말하였습니다. 둘째, 풀무불 속에 나타나신 주님(단 3:19~30). 왕은 격노하였고 다니엘의 세 친구는 풀무불 속에 꽁꽁 묶인 채로 던져졌습니다. 그 때 던지는 사람이 불에 타 죽었습니다. 그렇지만 이미 하나님의 구원은 시작되었습니다. 던져진 풀무불에 세 친구들은 죽지 않았고, 오히려 왕의 눈에는 네 사람으로 보였습니다. 이때 그는 신의 아들을 본 것이었습니다. 주님은 분명히 살아계셨고 세 친구도 살아있음이 확인되었습니다.

적용 사랑하는 성도 여러분! 다니엘의 세 친구는 주님의 보호 아래 머리털 하나도 그을리지 않았습니다. 옷의 빛도 변하지 않았습니다. 할렐루야! 이에 느부갓네살은 하늘의 하나님과 그들의 신앙을 찬양하듯 말하였습니다. 그리고 그들에게 함부로 말하는 사람은 죽음에 처한다고 선언하였습니다. 그러므로 오늘도 시련의 유익을 깨닫고 믿음의 교리를 지킵시다. -아멘-

기도 우리 주 예수 그리스도여! 다니엘의 세 친구처럼 말하고(단 3:18) 주의 거룩한 교리를 지키고 싶습니다(히 18:10). -아멘-

찬송 · 357 장 말씀 · 단 4 : 1-37 년   월   일

느부갓네살 왕의 신앙고백

오늘의 요절 단 4 : 37 ▷ 그러므로 지금 나 느부갓네살이 하늘의 왕을 찬양하며 칭송하며 존경하노니 그의 일이 다 진실하고 그의 행하심이 의로우시므로 무릇 교만하게 행하는 자를 그가 능히 낮추심이니라

1. 왕의 꿈에 나타난 나무의 크기는 어느 정도입니까?(11)
2. 다니엘의 권면은 무엇입니까?(26~27)
3. 내가 찬송이 사라지고, 신앙고백을 하지 않는 것은 이웃의 불행입니까?

사랑하는 성도 여러분! 다니엘 4장은 느부갓네살 왕의 두번째 꿈을 해몽하면서 그의 신앙고백을 기록하였습니다. 신앙고백은 자주 해야 됩니다. 우리의 안일한 마음에 신앙고백의 은혜를 소금치듯이 뿌려야 합니다. 느부갓네살 왕은 평강과 견고한 나라를 소망하였습니다. 그의 조서 내용은 자신의 지배에 대하여 자신만만하였습니다(단 4 : 1~3). 그러나 하나님께서는 그에게 또 꿈을 꾸게 하셨습니다.

첫째, 느부갓네살 왕의 두번째 꿈(단 4 : 4~18). 교만한 마음에 내려진 꿈의 계시는 왕을 두렵게 하였습니다. 그는 한가한 마음으로 침상에 있을 때 커다란 나무의 꿈을 꾸었습니다. 그 나무는 베어지고 그 뿌리는 남아있는 그루터기가 되었습니다. 그리고 짐승의 마음이 예고가 되었습니다. 이것은 저주의 내용이었으니 왕은 다니엘(벨드사살)을 부르게 되었습니다. 그가 다니엘을 부를 때의 표현이 '거룩한 신들의 영이 네 안에 있음'이라고 하였습니다. 이것은 그의 개인적인 고백이었습니다. 둘째, 왕의 찬양과 칭송(단 4 : 19~37). 다니엘은 왕의 꿈에 대하여 놀랐습니다. 그것은 꿈의 내용이 느부갓네살 왕의 수명과 관련있으며 또한 나라의 패망이 예언되었기 때문이었습니다. 이에 다니엘은 왕께 간언하여 왕의 죄악을 속하는 마음으로 가난한 자를 긍휼히 여기라고 말하였습니다. 드디어 느부갓네살 왕은 꿈의 내용을 현실 속에서 하늘의 소리를 꿈대로 들었습니다. 그러므로 느부갓네살 왕은 감사와 존경의 찬미와 찬양을 하였습니다. 하나님의 일이 다 진실하고 그의 행하심이 의로우시므로 무릇 교만하게 행하는 자를 그가 능히 낮추심이라고 고백하였습니다.

사랑하는 성도 여러분! 하나님의 살아계심과 섭리하심을 믿습니까? 마음을 교만하게 키우지 맙시다. 자라는 나무처럼 자기를 과신하는 것은 하나님의 뜻이 아닙니다. 다니엘의 권면처럼 가난한 자를 불쌍히 여기며 복음의 가난함을 개탄합시다. 그러므로 오늘도 찬송과 기도의 눈으로 이웃에게 구체적인 사랑을 연출합시다. 불신자의 불행을 막기 위하여 간언하는 심정으로 실행합시다. ―아멘―

우리 주 예수 그리스도여! 다니엘처럼 말하고(단 4 : 27), 왕처럼 찬양하고 싶습니다(단 4 : 37). ―아멘―

찬송 · 218 장   말씀 · 단 5:1-31   년   월   일

하나님의 글을 해독하라

오늘의 요절   단 5 : 5 ▷ 그 때에 사람의 손가락이 나타나서 왕궁 촛대 맞은편 분벽에 글자를 쓰는데 왕이 그 글자 쓰는 손가락을 본지라

살핌
1. 벨사살 왕의 죄의 목록을 정리하십시오.(2~4)
2. 하나님의 글씨를 어떻게 해석했습니까?(25~28)
3. 내가 성경을 잘 해석하지 못하는 이유는 무엇입니까?

사랑하는 성도 여러분! 다니엘 5장은 벨사살 왕의 최후와 관련된 벽 글씨 - 하나님의 글을 해독하는 다니엘의 용기를 기록하였습니다. 느부갓네살 왕은 사라지고 그의 아들 벨사살이 왕이 되었습니다. 그는 늘 잔치와 향락의 교활함으로 시간을 보내었습니다. 심지어 하나님의 성물들로 하나님을 조롱하듯 거룩한 잔에 술을 부어 마셨습니다.

묵상 첫째, 벨사살 왕의 죄(단 5 : 1~12). 벨사살 왕의 죄는 사치와 향락이었습니다. 그리고 금 · 은 · 동 · 철 · 목(木) · 석(石)으로 만든 우상숭배의 찬양이었습니다. 그때에 하나님의 글씨가 왕궁 벽에 씌어졌던 것입니다. 따라서 왕과 잔치의 여흥에 취해 있던 모든 이들은 큰 징조라고 두려워하였습니다(단 5 : 6). 이에 왕은 이 글씨를 읽는 자에게 세번째 치리자로 세우겠다고 선언하였습니다. 그러나 아무도 해독하지 못하자… 왕은 크게 번민하였습니다. 그때 느부갓네살 왕의 부모(태후)가 벨드사살, 곧 다니엘을 소개하였습니다. 둘째, 벽의 글씨를 해독하는 다니엘(단 5 : 13~31). 다니엘은 벨사살 왕 앞에서 하나님의 글을 해독하였습니다. "메네 메네 데겔 우바르신"의 뜻은 다음과 같습니다. 메네는 "하나님이 이미 왕의 시대를 끝냈다"는 의미이며, 데겔은 "왕이 저울에 달려서 부족하다"는 의미였습니다. 우바르신은 왕의 나라가 분열되어 메대와 바사에게 준다는 뜻이었습니다. 그러므로 벨사살 왕은 그의 선언대로 다니엘을 바벨론의 셋째 치리자로 책봉하였습니다. 이는 마치 요셉의 총리대신 과정과 같았습니다. 그러나 벨사살 왕은 그날 밤에 죽임을 당하였고 메대 사람 다리오가 62세에 왕이 되었습니다.

적용 사랑하는 성도 여러분! 하나님의 저울에 달리는 사람마다… 죽음과 삶의 운명에 놓입니다. 사치와 향락, 그리고 자만의 세월은 죄를 달아 올리는 세월이 됩니다. 또는 지혜없이 시간을 보내어도 공허한 저울에 달릴 것입니다. 우리는 하나님의 심판이 있기 전에 예수님의 십자가에서 하늘의 일과 사람의 일을 해석해야 합니다. 그러므로 오늘도 말씀을 묵상하며 그 뜻을 실행합시다. -아멘-

기도 우리 주 예수 그리스도여! 말씀을 의지하고(시 56 : 4) 주의 진리를 경외하고 싶습니다(시 86 : 11). -아멘-

찬송 · 384 장   말씀 · 단 6:1-28   년   월   일

다리오 왕을 굴복시킨 다니엘

| 오늘의 요절 | 단 6:27 ▷ 그는 구원도 하시며 건져내기도 하시며 하늘에서든지 땅에서든지 이적과 기사를 행하시는 자로서 다니엘을 구원하여 사자의 입에서 벗어나게 하셨음이니라 하였더라

 1. 다리오 왕의 시대에 다니엘의 위치와 권한은 무엇이었습니까?(3~4)
2. 다니엘의 약점은 무엇이었습니까?(10~13)
3. 다니엘을 사랑한 다리오 왕의 인간관계는 나와 어떤 점이 비슷합니까?

사랑하는 성도 여러분! 다니엘 6장은 사자굴 속에 던져진 다니엘의 생존에 놀란 다리오 왕이 무릎꿇은 내용을 기록하였습니다. 믿음의 용사와 같은 다니엘은 사자굴 속에 던져졌으나 그의 믿음은 다리오 왕에게 굴복당하지 않았습니다. 그는 느부갓네살 왕의 시련을 거쳤고, 벨사살 왕의 교활한 정치 속에서도 살아남은 하나님의 유일한 생존자였습니다.

첫째, 다리오 왕의 죄(단 6:1~17). 다리오 왕은 자기 마음대로 방백 120명을 세웠습니다. 그 위에 총리 셋을 두었는데 그 중의 한명이 다니엘입니다. 다니엘은 민첩하고 방백들과 함께 국사를 허물없이 잘 이끌어온 정치가입니다. 그를 고소할 사람은 많았으나 그에게서 허물을 발견할 수가 없었습니다. 그러나 다리오 왕은 자기 외에 다른 신에게 기도하는 것을 금지한 왕이었습니다. 그럼에도 불구하고 다니엘은 그의 습관대로 그의 방 창문을 열어놓고 하루 세번씩 무릎을 꿇고 기도하며 하나님께 감사하였습니다. 이것은 다니엘의 약점이 되었습니다. 그러므로 그는 기도한 죄로 고발을 당하였습니다. 둘째, 사자굴 속에 던져진 다니엘(단 6:18~28). 다리오 왕의 죄는 기도를 금지시킨 것이었습니다. 그뿐 아니라 하나님께서 귀히 쓰시는 다니엘을 사자굴 속에 집어넣은 것도 큰 죄였습니다. 하지만 다니엘은 사자굴 속에서도 밤이 맞도록 기도를 하며 하나님의 도우심을 구하였습니다. 다리오 왕은 다니엘을 사랑하는 마음과 연민의 목소리로 다니엘을 설득하였습니다. 그리고 그의 생존 여부를 궁금해 하였습니다. 그래서 그는 금식을 하였고, 노래를 멈추고, 밤잠을 설쳤습니다.

사랑하는 성도 여러분! 살아계신 하나님께서는 다니엘을 상하지 않도록 사자의 입을 막으셨습니다(단 6:22). 그는 영원한 하나님의 생존자였습니다. 우리는 다리오 왕 같은 인간관계 속에서도 신앙의 교리를 혼란스럽게 엮어서는 아니됩니다. 오로지 하나님의 관할하에 살아가는 인생들은 하나님의 보호를 철저하게 의뢰해야 되지 않겠습니까? 그러므로 오늘도 사탄의 사자굴을 기도로 막읍시다. -아멘-

우리 주 예수 그리스도여! 기도의 습관과(단 6:10) 주의 은혜를 증거하고 싶습니다(단 6:17). -아멘-

찬송 · 424 장   말씀 · 단 7 : 1-28   년 월 일

네 짐승과 하나님의 심판 보좌

오늘의 요절 단 7 : 17~18 ▷ 그 네 큰 짐승은 네 왕이라 세상에 일어날 것이로되 지극히 높으신 자의 성도들이 나라를 얻으리니 그 누림이 영원하고 영원하고 영원하리라

살핌
1. 다니엘이 본 네 짐승을 어떻게 생각하십니까?
2. 적그리스도의 표상은 무엇입니까?(20~22)
3. 내가 진정으로 영원한 일을 위하여 감당해야 될 근심은 무엇입니까?

사랑하는 성도 여러분! 다니엘 7장은 다니엘이 본 네 짐승의 환상과 하나님의 다스림과 심판 보좌 내용을 기록하였습니다. 다니엘은 이상중에 네 짐승을 보았습니다. 그리고 하나님의 다스림과 심판 보좌에 대한 커다란 비전(vision)을 보았습니다.

묵상 첫째, 다니엘이 보았던 네 짐승과 그 의미(단 7 : 1~8). 다니엘이 본 짐승들은 바다에서 나왔습니다. 그 모양은 ①사자, ②곰, ③표범, ④뿔 열 달린 짐승이었습니다. 이 짐승은 역사상 세계대제국을 표상하는 동물들이었습니다. 바벨론은 사자이며, 메대와 페르시아 제국은 곰이며, 그리스 제국은 표범이었습니다. 그리고 열 뿔 달린 짐승은 로마 제국을 의미하였습니다. 둘째, 하나님의 심판 보좌(단 7 : 9~14). 하나님의 보좌는 심판의 상징이었습니다. 그 보좌에는 태초부터 항상 계신 이가 앉아 계셨고 그 옷은 하얀 눈같고, 그 머리털은 깨끗한 양의 털같으며, 그 보좌는 불꽃같았습니다. 그 보좌 주위에서 수종드는 스랍들은 천천이요, 시위대는 만만이었습니다. 그의 앞에는 심판을 베푸는 책들이 펼쳐있고 모든 동물들마다 심판을 기다렸습니다. 주님은 반드시 심판하러 이땅에 오실 것입니다. 셋째, 다니엘의 근심과 번민(단 7 : 15~28). 다니엘은 앞으로 되어질 일들에 대하여 매우 근심하였습니다. 그가 넷째 짐승의 진상을 알려고 하였을 때 더욱 근심하게 되었습니다. 왜냐하면 머리에는 열 뿔이 있고, 뿔마다 눈이 있고, 그 말소리가 성도들의 말과 더불어 싸웠기 때문이었습니다. 다니엘은 핍박받을 성도의 앞날을 생각하고 중심에 번민한 것이었습니다(단 7 : 15).

적용 사랑하는 성도 여러분! 하나님 나라의 권세와 온 천하 열국의 위세가 지극히 높으신 자의 성도들에게 역사되었습니다. 그러므로 하나님의 나라는 더욱 확장되어 오늘의 우리도 영원한 나라의 권세를 체험하게 되었습니다. 그러나 우리에게도 다니엘처럼 중심에 번민이 필요합니다. 왜냐하면 아직도 믿지 않는 사람들이 그리스도인을 조롱하기 때문입니다. 그러므로 오늘도 중심의 열정을 가지고 하나님의 심판을 증거합시다. -아멘-

기도 우리 주 예수 그리스도여! 양심에 거리낌 없는 일을 하며(행 24 : 16) 불신자를 위한 근신의 기도를 주님께 드립니다(단 7 : 15, 28). -아멘-

찬송 · 427 장   말씀 · 단 8:1-27   년   월   일

뿔 염소와 뿔 양의 의미

> **오늘의 요절**   단 8:20~21 ▷ 네가 본 바 두 뿔 가진 수양은 곧 메대와 바사 왕들이요 털이 많은 수염소는 곧 헬라 왕이요 두 눈 사이에 있는 큰 뿔은 곧 그 첫째 왕이요

1. 다니엘의 수양, 수염소, 뿔들의 의미를 이해하셨습니까?
2. 다니엘의 놀람의 장면은 무엇입니까?(11~14)
3. 나와 함께 겨루는 사람은 누구이며 선의의 경쟁자를 어떻게 이길까요?

사랑하는 성도 여러분! 다니엘 8장은 뿔 염소와 뿔 양의 격투 꿈을 꾼 다니엘의 몸살에 대하여 기록하였습니다. 의미있는 꿈을 꾼 경우가 있습니까? 꿈의 내용이 놀라운 일이었기에 어안이 벙벙한 경우가 있습니까? 다니엘은 뿔 염소와 뿔 양의 이상을 본 후에 혼절(魂絶)하였고 놀랐으며 수일동안 앓았다고 기록하였습니다.

첫째, 수양과 수염소의 이상(단 8:1~14). 다니엘은 벨사살 왕 삼년에 특별한 동물의 전투를 목격하였습니다. 그 이상을 본 곳은 올래 강변이었습니다. 즉, 수양의 두 뿔은 메대와 바사 제국을 상징하였고, 수염소는 마케도니아를, 두 눈 사이의 '현저한 뿔'은(단 8:8) 바사 제국을 진멸한(B.C 331년) 알렉산더 대왕의 예표였습니다. 그는 마케도니아의 왕 필립의 아들이었습니다. 그의 용맹은 쉽게… 빠르게 세계 대제국이 되었습니다. 그러나 그의 나라도 훗날에는 네 뿔처럼 갈라지게 될 것이었습니다. 즉, 수리아, 애굽, 아시아, 헬라입니다. 그리고 작은 뿔은 성도들을 박해할 것이며 매일 제사를 제거하고, 하나님의 성소를 헐어버릴 인물이었습니다(단 8:13). 둘째, 다니엘의 근심(단 8:15~27). 다니엘의 근심은 미래의 성도였습니다. 또한 하나님의 백성들을 괴롭힐 작은 뿔이었습니다. 그가 놀라서 땅에 엎드리어 있을 때 가브리엘 천사의 설명을 듣습니다. 그 설명은 헬라 제국의 멸망이며 안티오커스 왕의 잔인함과 궤휼의 예언이었습니다. 그는 참으로 사탄의 사주를 받은 자처럼 비상한 파괴를 행하고 거룩한 백성을 멸절시키려고 죄와 궤휼을 사용할 것이라고 예고되었습니다. 이러한 엄청난 예고를 들은 다니엘은 혼절하였습니다.

사랑하는 성도 여러분! 예언대로 안티오커스는 성도들을 괴롭히는 대사제가 되었고 그후 역사 속으로 사라졌습니다. 미래를 안다는 것은 좋은 일이지만 좋지 않은 미래 내용은 괴로운 일이 됩니다. 사탄은 기승을 부리고 적그리스도는 주의 백성들을 교활하게 핍박할텐데… 우리가 후세들에게 해줄 수 있는 일은 무엇일까요? 그러므로 오늘도 영적 전투와 인내의 훈련 내용이 담긴 서적을 읽읍시다. ㅡ아멘ㅡ

우리 주 예수 그리스도여! 난리가 있기 전에(마 24:7), 환난이 있기 전에 (마 24:21) 복음의 활동을 전개하고 싶습니다. ㅡ아멘ㅡ

찬송·512장   말씀·단 9:1-27   년 월 일

다니엘의 기도

| 오늘의 요절 | 단 9:20 ▷ 내가 이같이 말하여 기도하며 내 죄와 및 내 백성 이스라엘의 죄를 자복하고 내 하나님의 거룩한 산을 위하여 내 하나님 여호와 앞에 간구할 때

 1. 다니엘이 중점으로 기도한 내용을 두 가지로 정리하십시오.
2. 응답의 심부름꾼 천사 이름은 무엇입니까?
3. 금식기도를 언제 하였으며 목적과 응답은 있었습니까?

사랑하는 성도 여러분! 다니엘 9장은 70 이레의 의미와 다니엘의 기도와 그 응답 내용을 기록하였습니다. 다니엘의 깨달음은 서책을 통하여 70년 동안의 포로기간을 알게 되었습니다. 예레미야 선지자의 예언을 확실하게 깨달았습니다. 그러므로 그는 하나님께 중보기도를 올리려고 준비하였습니다(단 9:1~2).

첫째, 다니엘의 금식기도(단 9:3~19). 다니엘의 기도습관은 하루 세번의 기도였습니다. 이상 후의 기도는 대제국의 역사와 민족의 미래도 포함되었습니다. 특히 중요한 것은 그의 자복기도였습니다. 그는 두려운 하나님과 인자를 베푸시는 하나님께 기도하였습니다. 그는 율법의 범죄와 수욕의 세월을 한스럽게 고백하였습니다. 그리고 긍휼과 자비하심이 많은 하나님께 패역함을 고백하였습니다. 그는 포로의 죄와 회복을 기도하였고 귀환을 앙망하였습니다. 또한 지금의 형편을 돌아보아 달라고 애원하였습니다. 주님 자신을 위하여 지체하지 않기를 위하여 기도하였습니다. 둘째, 응답받은 다니엘의 금식기도(단 9:20~27). 다니엘의 기도응답은 가브리엘 천사를 통하여 응답되었습니다. 그는 다니엘에게 지혜와 총명을 주려고 내려왔으며 기도 시작할 즈음에 하나님의 명령이 내려졌다는 내용을 전하였습니다(단 9:22~23). 죄의 용서 기간은 70이레이며(70년×70), 그 기간이 지나면 메시야의 강림이 이루어질 것을 전달하였습니다. 그러나 메시야의 탄생 이후에 있을 핍박 사건도 전해주었습니다(단 8:23). 정확히 그 계산은 언제부터 언제인지는 알 수 없으나 중요한 것은 70년 포로생활이 끝날 것이라는 내용이었습니다.

사랑하는 성도 여러분! 예수님께서는 예언대로 이땅에 강림하셨고 그의 사역을 마치시고(십자가) 하늘로 승천하셨습니다. 이땅에서 우리가 할 일은 무엇일까요? 회개와 중보기도입니다. 곤경과 전쟁의 슬픔 및 기근의 어려움을 호소하는 기도입니다. 기도를 시작할 즈음에 하나님의 응답이 시작됐다는 사실을 믿읍시다. 그러므로 오늘도 우리의 의무는 기도라고 확신하며 기도 내용을 수집합시다. -아멘-

우리 주 예수 그리스도여! 감당할 시험을 주시고(고전 10:13), 그리스도를 본받아 교회의 덕을 세우고 싶습니다(고전 14:12). -아멘-

| 찬송 · 472 장 | 말씀 · 단 10 : 1-21 | 년   월   일 |

힛데겔 강변의 주님

오늘의 요절 단 10 : 4~5 ▷ 정월 이십 사일에 내가 힛데겔이라 하는 큰 강 가에 있었는데 그 때에 내가 눈을 들어 바라본즉 한 사람이 세마포 옷을 입었고 허리에는 우바스 정금 띠를 띠었고

1. 다니엘이 홀로 있는 시간과 장소를 즐겁게 여기는 뜻은 언제부터 정해졌습니까?(11, 단 1 : 8)
2. 다니엘이 받은 큰 은총의 주제는 무엇입니까?(19)
3. 가정에 꼭 필요한 규례는 무엇일까요?

사랑하는 성도 여러분! 다니엘 10장은 힛데겔 강변에 나타나신 하나님의 아들의 은총을 받은 다니엘에 대하여 기록하였습니다. 다니엘은 홀로 있는 시간과 장소를 즐겼습니다. 그는 누구보다도 먼저 미래의 일들을 보았으므로 기도시간이 항상 우선순위였습니다. 그는 전쟁 때에는 슬퍼하며, 좋은 떡과 고기와 포도주를 입에 대지 않았으며 기름을 바르지도 아니한 청렴의 사람이며 관리였습니다(단 10 : 1~3).

첫째, 다니엘이 본 하나님의 아들의 형상(단 10 : 1~9). 다니엘은 힛데겔 강변에서 하나님의 아들에 관한 형상을 보았습니다. 그는 세마포 옷을 입었고, 허리에는 금띠를 둘렀으며, 몸은 황옥같고 얼굴은 번개빛 같고, 그 눈은 횃불같고, 그 팔과 발은 빛난 놋과 같고 말소리는 많은 물소리와 같았습니다(계 1 : 15). 그 이상은 다니엘만 보았고 그의 은혜로 온 몸의 혈기가 온유해졌습니다. 그러므로 그는 하나님의 아들의 모습에서 은총을 덧입는 것이었습니다. 그만이… 홀로 입었다는 사실은 묵상과 기도의 은총이었습니다. 둘째, 다니엘이 받은 은총(단 10 : 10~21). 다니엘은 은총을 크게 받은 사람이었습니다. 그는 하나님 앞에서 스스로 겸비해지려고 뜻을 정한 이후로부터 지금까지 하나님의 은총을 받았습니다. 그리고 비밀과 같은 하나님의 군장(君長) 중 하나인 미카엘의 역할에 대하여 깨닫게 되었습니다. 그뿐 아니라 하나님의 아들이 다니엘의 입술을 만지셨고, 온몸에 힘을 공급하여 주셨습니다. 따라서 그는 은총중에 평안의 은총과 강건의 은총을 받았습니다. 그러므로 그는 두려움 없이 바벨론의 멸망과 헬라 제국의 발흥에 대하여 기록할 수 있었습니다.

사랑하는 성도 여러분! 가족 중에서 누가 강건한 말씀활동과 힘을 의지합니까? 예수님의 참 복음은 은총을 존중히 여기는 사람에게 임하십니다. 다니엘에게 보이셨던 강하고 능력있는 모습은 우리의 믿음에 따라 역사된 것입니다. 그러므로 오늘도 절제요소가 있는 시간을 보내며 거룩한 성일(聖日)을 준비합시다. －아멘－

우리 주 예수 그리스도여! 믿음의 인내생활과(히 10 : 36) 더불어 주님의 모습을 늘 상상하고 싶습니다(계 1 : 15, 단 10 : 5~6). －아멘－

찬송·502장 말씀·단 11:1-27 년 월 일

권력과 땅의 무상함

오늘의 요절 단 11:4 ▷ 그러나 그가 강성할 때에 그 나라가 갈라져 천하 사방에 나누일 것이나 그 자손에게로 돌아가지도 아니할 것이요 또 자기가 주장하던 권세대로도 되지 아니하리니 이는 그 나라가 뽑혀서 이 외의 사람들에게로 돌아갈 것임이니라

살핌
1. 권력의 정의를 내려 보십시오.(3)
2. 권력의 상징은 무엇일까요?(12)
3. 나는 나라의 정치에 관심을 갖고 있습니까?

사랑하는 성도 여러분! 다니엘 11장 1~27절에는 헬라 제국의 발흥과 함께 애굽과 페르시아 제국의 치열한 전쟁 예언을 기록하였습니다. 예수님은 만왕의 왕이셨지만 그의 참된 권력은 자기 목숨을 많은 사람의 대속물로 내어주는 권한이셨습니다. 한 나라의 영화가 덧없음은 모든 제국들이 오래가지 못했다는 사실이 증명합니다.

 첫째, 권력의 분산과 순환(단 11:1~19). 땅을 차지하고 권력을 집약시키던 바사는 세 왕들이 통치하는 것으로 권력이 분산되고 순환되었습니다. 세 왕이 일어났는데 ① 아닥사스다 왕과 ② 에스더와 결혼한 아하수에로 왕과 ③ 히스타스파스의 아들 다리오 왕이었습니다. 그외에 넷째 왕은 80만명의 대군을 지휘하였던 크세르크세스 왕이었습니다. 그러나 그도 헬라의 원정에서 대실패를 경험하였습니다. 또 한편으로는 남방 왕(애굽)과 북방 왕(수리아 제국)의 세력이 흥왕하게 일어나고 있었습니다. 이들은 모두 땅의 권력과 함께 전쟁중에 사라질 운명의 사람들이었습니다. 둘째, 권력은 토색의 산물(단 11:20~27). 권력의 부정적 요소는 이권입니다. 그리고 다른 것을 착취해야 하는 토색과 갈취의 표징입니다. 토색하는 자로 유명한 사람은 안티오커스의 뒤를 이은 왕 셀류커스 필로파터였습니다. 그는 세금을 강제로 징수한 졸부였습니다. 그는 곧 그의 부하(헬리오트루스)에게 독살당하였습니다. 그는 비천한 사람이며 궤휼로 나라를 얻었습니다. 그는 권력의 상징인 군대로 전쟁하다가 죽습니다. 이스라엘을 사이에 두고 시리아와 애굽의 전쟁은 커다란 해악이 되었고 두 나라 역시 패망의 원인이 되었습니다. 그 틈에 헬라 제국은 대제국으로 성장하였습니다.

적용 사랑하는 성도 여러분! 흥망성쇠는 하나님의 손 안에 있는 줄 믿습니까? 나라의 안녕도 하나님의 섭리에 있습니다. 전쟁의 일에 광분한 나라마다 다 망하였습니다. 하나님의 나라를 공격하고 짓밟았던 나라도 망하였습니다. 예수님을 박해하고 조롱했던 제국들의 인물들도 역사 속으로 사라졌습니다. 그러므로 다니엘의 눈으로 미래의 가치관을 예수님의 초점으로 맞춥시다. -아멘-

기도 우리 주 예수 그리스도여! 화해의 식탁에서(단 11:27, 눅 19:5~8), 선한 싸움의 원리를 깨닫고 싶습니다(빌 1:28~30). -아멘-

| 찬송 · 445 장 | 말씀 · 단 11 : 28-45 | 년   월   일 |

도와줄 힘이 없는 권세의 신

오늘의 요절   단 11 : 45 ▷ 그가 장막 궁전을 바다와 영화롭고 거룩한 산 사이에 베풀 것이나 그의 끝이 이르리니 도와 줄 자가 없으리라

살핌
1. 어느 때 믿음이 강해집니까?(31~32)
2. 권력의 교만과 관계있는 구절은 어디입니까?(36, 38)
3. 나의 어려움을 도와줄 사람은 누구입니까?

사랑하는 성도 여러분! 다니엘 11장 28~45절은 기독교를 박해했던 안티오커스 에피파네스에 대한 예언과 그들의 우상과 인본주의를 기록하였습니다. 도와줄 힘이 없는 신(神)을 섬기는 사람들이 있습니다. 정치의 역사를 조사하면 우상문화를 빼놓을 수 없습니다. 참혹한 정치가일수록 우상문화의 앞잡이였습니다.

묵상 첫째, 기독교의 박해자 안티오커스 에피파네스에 대한 예언(단 11 : 28~39). 기독교의 믿음, 하나님의 백성들의 믿음은 핍박과 고난을 받을수록 성장하는 나무와 같습니다. 안티오커스는 애굽 원정에서 많은 재물을 가지고 올 때에 유대인을 약탈하고 조롱하였습니다. 그는 로마 제국과의 협약을 깨뜨린 배반자였습니다(단 11 : 30). 그럴수록 하나님의 백성들은 용맹스러운 믿음이 되었습니다. 그리고 다니엘은 지혜로운 이들의 활동이 은밀하게 진행되어 연단의 기한을 인내하게 되는 장면을 이상중에 확신하였습니다. 특히 안티오커스는 성소와 예배를 업신여길 뿐 아니라 세력의 신을 섬기는 우상 숭배자였습니다. 그러므로 그는 패륜 왕으로… 토색의 치부자 왕으로 전락될 것도 예언되었습니다. 둘째, 다니엘이 미리 본 박해자의 최후(단 11 : 40~45). 안티오커스 에피파네스 왕은 애굽 징벌에서도 승리를 합니다. 기독교인들도 심한 도륙을 당하였습니다. 그렇지만 그의 종말은 매우 간단하게 허물어진 모래성이었습니다. 마카비서에 의하면 그는 파르티아와 아르메니아(Armenia)의 반란을 평정하러 갔다가 병을 얻어 병사하였습니다(외경, 마카비서 6 : 4~16). 따라서 그의 장막 궁전이 바다에 세워지고, 거룩한 산 사이에 세워졌으나 쓸모없는 거품이 되었습니다. 그의 죽음을 도와줄 권력의 신은 허구였습니다(단 11 : 38~39).

적용 사랑하는 성도 여러분! 죽음을 도와줄 분은 우리 주 하나님의 아들 예수님 한 분 뿐이십니다. 그렇다면 우리의 의지와 신뢰는 십자가 아래로 다시 눈을 돌려야 하지 않을까요? 그러므로 오늘도 예수님께 천국생활을 청원합시다. 이웃의 권세를 사랑의 바람으로 날려 버리고 새로운 삶의 방향으로 인도합시다. ―아멘―

기도 우리 주 예수 그리스도여! 고난의 과정을 마치고(벧전 5 : 9), 아버지의 집에 가고 싶습니다(요 14 : 6). ―아멘―

찬송 · 348 장   말씀 · 단 12 : 1-13   년   월   일

많은 사람을 옳은 데로 인도하라

> **오늘의 요절**   단 12 : 3 ▷ 지혜 있는 자는 궁창의 빛과 같이 빛날 것이요 많은 사람을 옳은데로 돌아오게 한 자는 별과 같이 영원토록 비취리라

살핌
1. 지혜 있는 자가 할 일은 무엇입니까?(3)
2. 연단은 무엇이 보장됩니까?(10)
3. 내가 이땅의 마지막까지 반드시 하고 갈 일은 무엇입니까?

사랑하는 성도 여러분! 다니엘 12장(끝)은 구원의 안내와 마지막 때의 대환난의 인내를 예언하며 주의 재림을 기록하였습니다. 평안을 추구하며 세속에 마음을 뺏긴 자마다 예수님의 재림을 기다리지 않습니다. 우리가 끝까지 기도해야 할 일은 요한 사도처럼 '오시기를 기도하는 것'입니다. 다니엘은 마지막 때의 환난에 대하여 천사와 대화를 하였습니다. 그리고 구원의 책에 대하여 깊은 통찰을 실행하였습니다.

묵상 첫째, 환난 때 인도하라(단 12 : 1~4). 하나님의 아들 곧, 예수 그리스도의 민족을 호위하는 대군은 미카엘 군대입니다. 환난 때에는 인내하지 못한 백성들이 타락하고 믿음을 버립니다. 그러나 끝까지 견디는 백성들은 생명책에 기록된 이름대로 구원을 받습니다. 영생과 수욕이 교차되는 때에 지혜를 사모하라고 다니엘은 강조하였습니다. 환난 때의 지혜는 궁창의 빛과 같이 빛날 것이며 많은 사람을 옳은 데로 돌아오게 하는 것이라고 선언하였습니다. 특히 그에게는 하늘의 별(star)과 같은 은혜가 비췰 것이었습니다. 이는 다니엘의 처음과 나중을 칭찬하는 상장문구와 같았습니다. 둘째, 마지막 때까지 인도하라(단 12 : 5~13). 하나님의 천사들은 심부름꾼이자 말씀의 전달자였습니다. 환난의 끝이 어디인지 궁금해했던 세마포의 천사가 하늘의 때에 따라서 정해진 기한을 소개하였습니다. 다니엘 역시 궁금해 합니다. 우리 역시 궁금해 합니다. 하지만 우리는 기다려야 합니다. 연단이 와도 기다려야 합니다. 정결을 위하여 기다려야 합니다. 지혜있는 자는 기다립니다. 매일 기다리며 그 기간까지 기도합니다. 천사는 다니엘에게도 "너는 가서 기다리라"고 권면하였습니다.

적용 사랑하는 성도 여러분! 이땅은 일하는 곳이며 쉬는 곳은 내 주 예수님 계신 곳입니다. 다니엘처럼 굳은 뜻을 정하고 신앙생활을 할 때에 부지런히 하나님의 일을 합시다. 그 일의 종류, 성격, 가치, 한계가 어느 정도일지라도 주의 일을 합시다. 그러므로 오늘도 유다인들이 한여름의 실과를 그리워하듯(계 22 : 1~2) 하늘나라의 실과를 그리워하며 하늘의 생활을 증거합시다. -아멘-

기도 우리 주 예수 그리스도여! 속히 오시옵소서(계 22 : 20~21). 우리는 기다립니다. -아멘-

| 새벽강단 |---| 개 관 |---| 구약 5 |

24번책 - 예 레 미 야 25번책 - 예레미야애가	1-52 1-5
26번책 - 에 스 겔	1-48
27번책 - 다 니 엘	1-12
28번책 - 호 세 아 **29번책 - 요 엘** **30번책 - 아 모 스**	**1-14** **1-3** **1-9**
31번책 - 오 바 댜 32번책 - 요 나 33번책 - 미 가	1-1 1-4 1-7
34번책 - 나 훔 35번책 - 하 박 국 36번책 - 스 바 냐	1-3 1-3 1-3
37번책 - 학 개 38번책 - 스 가 랴 39번책 - 말 라 기	1-2 1-14 1-4

호세아·요엘·아모스를 열면서

■ 호세아·요엘·아모스의 명칭

A. 호세아—호세아서는 불성실한 아내(탕녀)에 관한 책입니다. 히브리 성경은 호세아서를 주인공의 이름을 따라 "호쉐아"(뜻:구원)라고 붙였습니다. 그리고 헬라어 성경은 "오세에"입니다. '호세아'란 이름은 이스라엘의(북왕국) 최후의 왕도 호세아이며 여호수아 이름도 본래 호세아(민 13:16)입니다. 예수님 이름도 히브리어로 음역하면 호세아(왕하 15:30, 17:1)입니다.

B. 요 엘—요엘서는 하나님의 엄하심과 선하심에 관한 책이라고 합니다. 요엘서도 1:1절에서 브두엘의 아들 요엘이라고 하며 본서의 저자도 요엘이라고 합니다. 요엘의 뜻은 "여호와는 하나님이시다"라는 뜻입니다. 요엘은 유다와 예루살렘에서 예언하였습니다. 그는 제사장 직책에 대한 깊은 통찰력이 있어 제사장이었을 것이라고 추정합니다. 그를 '열매선지자' 또는 '오순절의 선지자', '성령의 선지자'라고 별명을 붙였습니다(욜 2:28~29).

C. 아모스—아모스서는 정의로운 사회구현을 외쳤던 내용이 많습니다. 그는 드고아의 한 목자(牧者)이며, 위정자, 부자, 부도덕한 상업행위, 방종, 우상숭배에 대하여 맹렬히 외쳤던 선지자였습니다. 본서는 주인공 '아모스'의 이름을 따라 붙여졌습니다. 아모스의 뜻은 "무거운 짐을 진 자, 짐꾼"입니다.

■ 호세아·요엘·아모스의 핵심사항

저　자　**A. 호세아**—저자는 호세아입니다.
　　　　B. 요 엘—저자는 요엘입니다.
　　　　C. 아모스—저자는 아모스입니다.

기록연대　**A. 호세아**—1:1절대로이며 B.C 755~710년
　　　　B. 요 엘—유다왕 요아스의 시대, B.C 830년 경
　　　　C. 아모스—1:1절대로이며 B.C 8세기 경

기록목적　**A. 호세아**—북방 이스라엘의 패망을 주제로 하며 가정적 비극을 예표로 하여 음란한 아내(북방, 이스라엘)와 사랑의 남편(하나님)의 심정을 기록하려는데 그 목적이 있습니다.
B. 요 엘—여호와의 진노의 날에 이스라엘에 임한 메뚜기 재앙, 가뭄, 가난, 기근을 통한 징계를 설명하고 선택한 백성으로서 책임의식을 강조하며 회개를 촉구하는 것입니다.
C. 아모스—이스라엘에 대한 하나님의 심판입니다. 배교와 방종으로 얼룩진 이스라엘 선민의식을 새롭게 바꾸라고 외치며 새로운 나라에 대한 소망을 갖도록 하였습니다.

■ 호세아·요엘·아모스의 주제와 요해

A. 호세아—호세아서의 주제는 ①북방 이스라엘의 패역하고 부

* 호세아서는 음란한 아내와 진실한 남편의 결혼생활, 음란한 북방 이스라엘과 진실하신 하나님의 사랑을 중점으로 다루고 있다. 요엘서가 주는 교훈에서 죄의 삯은 사망이며, 심령의 진정한 회개와 성령의 사모, 회복의 은혜를 내리시는 하나님의 자비로움을 배울 수 있고, 아모스서를 통해서 우리가 느낄 수 있는 것은 현대의 교회, 정치사회, 경제사회, 연예계의 사치와 타락상으로써 여호와의 심판을 두려워해야 함을 가르치고 있다.

도덕함에도 불구하고 사랑을 주시는 하나님 ②정절을 잃은 아내를 기다리는 남편 ③메시야의 구원을 새벽빛(6:3), 늦은 비(6:3), 이슬(14:3)로 표현하였습니다. 따라서 중심사상은 하나님의 구원하심과 사랑의 지식입니다.

B. 요 엘 — 요엘서의 주제는 ①메뚜기 재앙 — 고난은 죄의 결과 ②회개 — 마음을 찢고 애통하며 인생의 목표를 수정하고 돌아서라 ③여호와의 날 — 진노와 성령의 역사 ④기도생활입니다. 중심사상은 여호와의 날에 임하는 여호와의 의로움과 성령강림의 약속사상입니다.

C. 아모스 — 아모스의 주제는 ①능력과 의(義)의 하나님 심판 ②참된 예배행위 ③엄청난 이스라엘의 죄악들입니다. 따라서 중심사상은 하나님의 공의로움입니다.

■ 호세아·요엘·아모스의 개요

A. 호세아 — Ⅰ. 음란한 아내와 진실한 남편의 결혼생활과
　　　　　　　(1:1~3:5)
　　　　　　Ⅱ. 음란한 북방 이스라엘과 진실하신 하나님의 사랑
　　　　　　　(4:1~13:16)

B. 요　엘 — Ⅰ. 메뚜기 재앙(1:1~20)
　　　　　　Ⅱ. 다가올 여호와의 날(2:1~3:21)

C. 아모스 — Ⅰ. 죄로 인한 하나님의 심판(1:1~2:16 —
　　　　　　　8국의 심판에 대한 하나님의 계획)
　　　　　　Ⅱ. 아모스의 3가지 설교내용(3:1~6:14)
　　　　　　Ⅲ. 아모스의 6가지 환상(7:1~9:15)

■ 호세아·요엘·아모스의 핵심적 신앙교훈

A. 호세아 — A. 호세아에서 얻어야 할 은혜로운 삶의 교훈은 ①사랑과 자비의 하나님을 만나야 하며 ②음란한 신앙생활을 청산할 것 ③사랑의 시련 ④하나님을 모르는 무지한 백성이 되지 말라는 것입니다.

B. 요　엘 — B. 요엘서의 교훈은 ①죄의 삯은 재앙으로 나타나고 ②회개를 하려면 진정한 심령의 회개를 해야 하며 ③여호와의 날을 기다리는 자와 피하려는 자가 신행(信行)으로 나타나며 ④성령을 사모해야 된다는 것 ⑤죄인은 기도하므로 회개의 기회를 얻을 수 있으며 ⑥회복의 은혜를 내리시는 하나님의 자비로움을 배워야 합니다.

C. 아모스 — C. 아모스서의 교훈은 ①하나님의 공의로움과 ②열국 백성을 주관하시는 주권적 하나님 ③참된 영적예배생활을 새롭게 각성할 것 ④추잡하고 복잡한 백성들의 사연과 죄악의 열매들을 거울삼을 것 ⑤하나님의 말씀을 사모해야 될 것 ⑥야웨의 날은 진노의 날, 축복의 날이 될 수 있다는 사실 ⑦체질을 당하는 곡식같은 인생이나 택한 자는 한 알갱이도 떨어지지 않는다는 사실입니다.

■ 호세아·요엘·아모스 연대표 ■

B.C	
835	요엘의 사역 시작/요아스의 유다왕 즉위
814	여호아하스의 이스라엘왕 즉위
796	요엘의 사역 종결
793	요나의 사역시작/여로보암 2세의 이스라엘왕 즉위
760	아모스의 사역 시작
755	아모스의 사역 종결
752	살룸의 반란
746	호세아의 사역 시작
740	이사야의 사역 시작
732	다메섹의 함락
724	호세아의 사역 종결
722	북왕국 이스라엘의 함락

찬송 · 288 장　　　　말씀 · 호 1:1-11　　　　년　월　일

여호와를 떠난 것이 행음(行淫)

오늘의 요절　호 1 : 2 ▷ 여호와께서 비로소 호세아로 말씀하시니라 여호와께서 호세아에게 이르시되 너는 가서 음란한 아내를 취하여 음란한 자식들을 낳으라 이 나라가 여호와를 떠나 크게 행음함이니라

살핌
1. 무엇이 음란한 일인가요?(2)
2. 호세아의 가정을 어떻게 느끼셨습니까?(6~9)
3. 음란의 결과는 무엇입니까?(9)

사랑하는 성도 여러분! 호세아 1장은 브에리의 아들 호세아에게 임한 하나님의 명령, 즉 음란한 아내와의 결혼과 그 회복의 선언 내용을 기록하였습니다. 하나님을 떠난다는 것은 우상숭배를 의미합니다. 이러한 행위를 영적음행(靈的淫行)이라고 정의합니다. 호세아의 이름 뜻이 '구원'입니다. 따라서 그 낱말은 영적음행과 육적음행에 빠져있는 백성들을 구원하시려는 하나님의 뜻이 담겨져 있습니다.

묵상　첫째, 음란한 가정(호 1 : 1~9). 하나님의 가족은 성결해야 합니다. 하지만 하나님의 가정들마다 음란한 기운이 감돌 때 혈통적으로 음란한 성(性)생활을 해왔고, 정치와 종교적으로는 하나님과 바알의 종교의식을 혼합시켰습니다. 그들의 행위는 모든 가정들마다 음란한 행위들을 부끄러움 없이 자행하였습니다. 호세아의 결혼도 예외가 아니듯이… 음란을 상징하는 가정을 만들라는 하나님의 명령을 받습니다. 이스라엘은 음란한 아내(고멜)와 같기 때문에 음부(淫婦)에서 음란한 자식들이 출생합니다. 그들은 이스르엘(하나님의 흩으심)과 로루하마(더 이상의 긍휼을 못받음), 로암미(내 백성이 아님)입니다(호 1 : 9). 둘째, 음란한 가정의 회복(호 1 : 10~11). 음란한 가정은 흩어진 양떼와 같고 긍휼을 잃어버린 하나님의 백성이 될 수 없습니다. 살아계신 하나님(living God)은 이스라엘 자손의 가정들마다 음란한 기운이 사라지기를 바라십니다. 그리고 하나님의 긍휼은 수많은 가정들이 음란하였음을 인정하시면서도 다시 새롭게 회복되기를 바라십니다. 그러나 계속 음행을 회복시키지 않을 경우에는 하나님의 징계(가족의 흩으심)의 채찍을 맞습니다(호 1 : 11).

적용　사랑하는 성도 여러분! 음란의 기운이 만연한 국가정치 · 사회 · 경제 및 심지어 종교까지 침투해 있습니다. 매우 곤욕스러운 환경이 음란한 풍경입니다. 마음을 흩어지게 하며 영적 분위기를 혼란하게 만드는 정서적 음란을 싸워 이겨야 합니다. 예수님의 고귀한 영적 대응자세를 기도하며 구합시다. 그러므로 오늘도 하나님을 떠나지 않는 교회생활을 충실하게 진행시킵시다. -아멘-

기도　우리 주 예수 그리스도여! 신령한 은사(롬 1 : 11)로 상실한 마음을 **회복시키고 싶습니다**(롬 1 : 28~31). -아멘-

찬송 · 440 장　　　　　말씀 · 호 2:1-23　　　　　년　　월　　일

너는 내 백성이라

| 오늘의 요절 | 호 2 : 23 ▷ 내가 나를 위하여 저를 이 땅에 심고 긍휼히 여김을 받지 못하였던 자를 긍휼히 여기며 내 백성 아니었던 자에게 향하여 이르기를 너는 내 백성이라 하리니 저희는 이르기를 주는 내 하나님이시라 하리라 |

1. 호세아의 아내 고멜이 좋아하는 것들은 무엇입니까?(2, 5, 13)
2. 하나님께서 주시는 평안의 내용은 무엇입니까?(18~20)
3. 나에게 깊은 찔림을 주는 단어와 내가 할 주의 일은 무엇입니까?(21~23)

사랑하는 성도 여러분! 호세아 2장은 음란한 자녀들의 사치와 허영을 책망하며 소망의 선언으로 위로하는 내용을 기록하였습니다. 호세아의 부인 - 고멜(끝, 마지막)의 비극은 세상의 풍요를 사랑한 것이었습니다. 그녀는 자녀들에게도 핀잔과 쟁론의 대상이 되었습니다(2). 그녀 자신이 육체의 쾌락을 즐기는 동안 그녀는 발가벗겨진 채로 광야의 목마름 증세에 시달렸습니다. 하나님의 자녀의 신분을 잊은 채….

첫째, 끝없는 욕망의 노예는 고멜이었습니다(호 2 : 1~13). 욕망의 끝은 어디일까요? 깊은 좌절과 실패를 맛보면서도 욕망은 영적이지 못한 채 세속적이며 천박한 쪽으로 흐릅니다. 고멜이 느끼려 했던 욕망의 찰나는 지극히 현세적이었습니다. 그렇기에 그녀가 좋아하며 연애하는 것들, 떡, 물, 양털, 삼, 기름, 새 포도주를 하나님의 긍휼(loving kindness)보다 더 사랑한 것이었습니다. 하나님께서는 그녀의 수치와 벌거벗은 몸을 가려줄 은신처임에도… 그녀는 우상 바알을 위하여 귀고리와 패물을 장식하고… 그윽한 향을 사르며 욕망을 채우려고 시일(時日)을 보내었습니다(호 2 : 13). 둘째, 끝없는 하나님의 설득과 소망의 선언이 있었습니다(호 2 : 14~23). 하나님의 개유(開諭-타이름)와 위로의 권면은 아골 골짜기에 있는 인생들에게 소망의 문입니다. 하나님께서는 인생의 초기부터 사망에 이르기까지 늘 그의 이름을 위하여 새로운 언약과 평화의 선언을 하십니다. 그리고 고멜의 부류들에게서 바알의 이름을 제하시려고 '예수'님의 이름을 알려 주셨습니다. 또한 끝없는 자비와 사랑의 긍휼하심으로 여호와 한 분만의 부요와 약속을 소개하셨습니다.

사랑하는 성도 여러분! '너는 내 백성이라!'고 선언하시는 하나님은 언약과 긍휼의 하나님이십니다. 하나님께서는 우리에게 평안, 영원, 의, 은총, 진실의 의미를 가르쳐 주십니다. 그의 긍휼의 나무는 욕망의 노예들을 십자가로 안내합니다. 그러므로 허욕에 사로잡힌 인생들을 그의 나무 아래 무릎꿇게 하시었습니다. 오늘도 세속의 장신구를 버리고 하나님의 백성으로서의 구원을 사모합시다. -아멘-

우리 주 예수 그리스도여! 음란의 욕망을 버리고(호 2 : 5), 장신구를 버리며(13) 하나님의 긍휼의 나무를 사랑하고 싶습니다(호 1 : 18, 23). -아멘-

찬송 · 212장　　　　말씀 · 호 3:1-5　　　　년　월　일

우리 가정에 없는 것을 찾으라

| 오늘의 요절 |　호 3:5 ▷ 그 후에 저희가 돌아와서 그 하나님 여호와와 그 왕 다윗을 구하고 말일에는 경외하므로 여호와께로 와 그 은총으로 나아가리라

1. 호세아가 아내 고멜을 어떻게 사랑하였습니까?(호 3:2~3)
2. 우리 가정에 없는 것은 무엇입니까?(호 2:4~5)
3. 혹시 나의 사랑은 조건이 있는 사랑이 아닙니까?

사랑하는 성도 여러분! 호세아 3장은 음부된 고멜을 다시 찾는 쓰라림과 이스라엘을 향한 하나님의 은총을 기록하였습니다. 이스라엘 자손들이 하나님을 섬기지 않고 다른 신을 섬길 때에 하나님의 미소를 상상해 보셨습니까? 음부된 고멜이 건포도 떡을 즐기는 멋 때문에 세속의 감정과 욕망의 행위들을 끊지 못할 때 하나님의 미소를 기억해 보셨습니까? 참으로 그녀에게 없는 것을 가르쳐 주시려는 하나님의 미소를….

첫째, 호세아의 가정에 없는 고멜(호 3:1~3). 고멜의 위치는 어머니였습니다. 고멜의 기쁨은 호세아였습니다. 그러나 그녀는 어머니가 아니었고, 아내도 아니었습니다. 오직 그녀는 연애, 음부의 노예였습니다. 그녀는 많은 날동안 다른 사람들과 행음하며 가정을 떠난 이스라엘의 상징이었습니다. 그녀는 사랑의 참된 가치를 느끼지 못하였습니다. 그러나 호세아는 그녀를 다시 은 열 다섯개와 보리 한 호멜 반으로 값주고 사왔으며, 여호와의 사랑을 일깨워 주었습니다. 그는 세상을 사랑하는 여인에게 사랑의 진리를 보여주었습니다. 둘째, 이스라엘의 가정에 없는 사랑의 꿈(호 3:4~5). 선택받은 이스라엘의 가정에는 하나님의 은총이 필요하였습니다. 그들은 하나님 대신에… 왕을 섬기었고, 우상을 섬기는 죄악만 자행하였습니다. 따라서 그들은 포로가 되어 예배를 잃어버린 민족이 될 운명이었습니다. 그러나 그러한 환경이 되어도 이스라엘을 향한 하나님의 사랑은 끊임없이 내려졌습니다. 그러므로 그들에게는 새로운 사랑의 꿈, 은총의 꿈, 다윗시대의 설레임이 가정마다 있을 것을 소망하게 되었습니다(엡 5:21~25).

사랑하는 성도 여러분! 우리의 가정에 없는 것은 무엇입니까? 미소, 꿈, 은총, 예배, 찬송, 재물… 어느 것입니까? 호세아의 수고로 하나님께로 돌아온 고멜은 회개와 사랑을… 그리고 소망을 알게 되었습니다. 그녀가 잃었던 진실한 하나님의 사랑을 다시 받게 되었습니다. 값을 지불한 하나님의 사랑은 예수님이십니다(요 3:16). 그러므로 오늘도 우리 가정에 꼭 필요한 예수님의 사랑을 찬미합시다. ―아멘―

우리 주 예수 그리스도여! 이스라엘의 부정을 용서하신 하나님(호 3:1)의 은총을 받고 싶습니다(호 3:5). ―아멘―

새벽강단 · 호세아 / 159

찬송·11장   말씀·호 4:1-19   년 월 일

깨닫지 못하는 백성

오늘의 요절 호 4:6 ▷ 내 백성이 지식이 없으므로 망하는도다 네가 지식을 버렸으니 나도 너를 버려 내 제사장이 되지 못하게 할 것이요 네가 네 하나님의 율법을 잊었으니 나도 네 자녀들을 잊어버리리라

살핌
1. 우리에게 필요한 것들은 무엇입니까?(1, 4)
2. 우리 교회에서 사라진 은혜의 행사는 무엇입니까?(14, 15)
3. 어떻게 하면 음행, 술의 타락, 풍요의 죄를 멀리할 수 있을까요?(7~9, 11, 19)

사랑하는 성도 여러분! 호세아 4장은 하나님께서 지적하시는 백성들의 망할 조건과 백성들의 음란한 마음에 대하여 기록하였습니다. 호세아 선지자는 하나님을 아는 지식이 없으므로 백성들이 패망하게 된다고 탄식하였습니다. 그렇기에 그는 여호와의 말씀을 듣고 진실과 인애한 하나님을 아는 지식을 얻으라고 강변하였습니다(호 4:1).

 첫째, 하나님께서 지적하시는 백성들의 망할 조건(호 4:1~14). 이스라엘의 백성들에게 꼭 필요한 것이 있습니다. 그것은 ① 진실, ② 인애(仁愛), ③ 하나님을 아는 지식입니다. 그러나 그 필요한 것보다 오히려 저주, 사기, 살인, 투절, 간음과 강포한 행위가 난무하였습니다. 그뿐 아니라 하나님을 버리고 그에 대한 지식도 잊어버리는 범죄자가 득실거렸습니다. 오히려 그들이 삶이 윤택해지고 번성하면 할수록 여호와 앞에서 버젓이 행음하여 그의 율법을 좇기를 그쳤습니다. 이러한 원인의 뿌리에는 ㉠음행과 ㉡묵은 포도주 ㉢산당과 우상제목들이 있었습니다. 이것을 깨닫지 못하는 백성들은 패망할 조건이었습니다. 둘째, 유다는 죄를 범치 말아라(호 4:15~19). 이스라엘의 백성들은 행음의 자식들처럼 살았습니다. 세속의 아름다움에 취하여 딸, 며느리가 행음하고 남자는 창기와 더불어 행음하였습니다. 하나님께서는 유다 민족의 경건을 지적하셨습니다. 그들만큼은 우상의 길갈과 벧아웬으로 가지 말기를 바라셨습니다. 이스라엘의 고집이 완강한 암소처럼 변했을지라도 유다는 어린 양이 되라는 말씀을 하셨습니다. 에브라임이 우상과 연합하여 수치를 느끼지 못할 때 유다는 부끄러워하라는 말씀이었습니다.

적용 사랑하는 성도 여러분! 우리가 발견하고 대처해 나가야 할 패망의 조건들을 찾아봅시다. 하나님을 거부하는 사람들, 도덕적인 타락자들, 환경의 파괴범들, 지도자의 덕성을 버린 사람들, 국가에 밀어닥치는 사고와 큰 재앙들이 어디까지 영향을 미치는가 깨달아야 할 것입니다. 그러므로 오늘도 유다에게 말씀하신 하나님의 메시지를 듣고 남은 진실, 인애, 하나님의 지식을 귀하게 여깁시다. ―아멘―

기도 우리 주 예수 그리스도여! 진실, 인애, 하나님을 아는 지식을 깨달으며(호 4:1, 6), 번성이 주는 위험을 깨닫습니다(호 4:7, 11). ―아멘―

찬송 · 362장   말씀 · 호 5:1-15   년 월 일

하나님의 기다림

오늘의 요절 호 5:15 ▷ 내가 내 곳으로 돌아가서 저희가 그 죄를 뉘우치고 내 얼굴을 구하기까지 기다리리라 저희가 고난을 받을 때에 나를 간절히 구하여 이르기를

1. 인생들이 회개하지 못하는 이유가 있다면… 무엇입니까?(2, 4, 5)
2. 하나님께서는 우리에게 무엇을 바라시며 기다리십니까?(13, 15)
3. 나의 병과 나의 상처는 무엇일까요?

사랑하는 성도 여러분! 호세아 5장은 각 계층별의 범죄와 그에 대한 하나님의 징계 계획에 대하여 기록하였습니다. 하나님의 기다림은 우리의 죄의 고백이며 간절한 용서의 기도입니다(호 5:15). 그러나 제사장들과 왕족들과 이스라엘의 잡류들은 선지자의 음성 듣기를 싫어하였고 오히려 패역과 살륙의 죄에 깊이 빠졌습니다. 그들은 이미 더러워진 행음의 몸이었기에 하나님께로 돌아서려는 자세도 취하지 못하였습니다.

첫째, 하나님의 답답함은 형식적 종교행위 때문입니다(호 5:5~11). 이스라엘은 하나님께 드리는 예배(제사)행위를 음란한 우상(바알)에게 드리는 것같이 몰지각하였습니다. 즉, 여호와를 알지 못하는 까닭은 예배의 규정을 무시하였고, 교만한 마음은 말씀을 알려고 노력하지 않았습니다. 그뿐 아니라 나라의 정책문제도 하나님께 의뢰하지 않고, 사람의 생각과 명령을 따르는 인본주의에 집착하였습니다. 그러므로 정조(貞操)를 잃어버린 여인 - 고멜과 같았습니다. 둘째, 하나님의 징계계획은 기다림이었습니다(호 5:12~15). 호세아 선지자는 하나님의 징계계획을 각 계층과 정조를 잃어버린 인생들에게 선포하였습니다. 그 내용은 ① 자기의 병을 깨달으라 ② 자기의 상처를 치료하라는 것이었습니다. 이러한 병은 스스로 고침 받을 수 없는 영혼의 병입니다. 따라서 하나님의 대언자들을 통하여 말씀으로 치유되어야 하며 세속에 얽히고 긁힌 상처를 낫게 해야 합니다. 그러나 계속 사람의 방법을 사용할 경우에는 심판이 불가피합니다. 즉, ㉠ 썩어지는 좀의 심판, ㉡ 찢기고 물리는 사자 심판, ㉢ 건져낼 자 없는 어두움(절망)의 심판이었습니다.

사랑하는 성도 여러분! 예수께로 돌아서서 그의 십자가 앞에 무릎꿇고 죄를 고백합시다. 우리의 모든 음란행위와 포악과 술수와 사특함을 토설합시다. 하나님께서는 이스라엘의 죄인들이… 고멜과 같은 여인이 하나님의 교회로 돌아와 죄를 뉘우치고 하나님의 자비와 인내의 얼굴을 구하기까지 기다리십니다. 그러므로 오늘도 최후의 심판을 기억하며 고난의 때에 회개합시다(호 5:15). -아멘-

우리 주 예수 그리스도여! 사람의 명령과 행음을 버리고(호 5:4, 11) 주께로 돌아섭니다(호 5:15, 시 52:1~2). -아멘-

찬송 · 215 장   말씀 · 호 6:1-11   년   월   일

하나님의 바램

오늘의 요절 호 6:6 ▷ 나는 인애를 원하고 제사를 원치 아니하며 번제보다 하나님을 아는 것을 원하노라

살핌
1. 호세아는 하나님의 성품을 어떻게 소개하였습니까?(1~2)
2. 우리네 인생이 꼭 해야 할 일은 무엇입니까?(4~6)
3. 나의 예배준비는 어떠하며 혹시 형식적으로 예배에 참여하지 않았습니까?

사랑하는 성도 여러분! 호세아 6장은 치료의 하나님께서 회개를 촉구하시며 하나님의 원하심에 대하여 기록하였습니다. 우리에게 향하신 하나님의 바램은 음탕한 고멜의 심정이 세속에 찢겨지고, 유린당한 상처를 가지고… 여호와께로 돌아오는 것입니다. 그리고 인애를 원하시며 하나님을 아는 것을 원하는 것입니다. 특히 고난을 받을 때에 통렬히 통회하는 마음으로 간구하는 인생들을 기다리시는 것입니다.

묵상 첫째, 우리가 힘써 여호와를 알아야 합니다(호 6:1~3). 이것이 하나님의 바램이요, 우리의 마땅한 의무입니다. 호세아 선지자는 하나님의 사랑과 치유를 강조한 선지자였습니다. 그는 백성들에게 찢어진 상처와 병든 몸으로 주님 앞에 나아가자는 주장을 하였습니다. 그리고 부활의 예언을 교훈으로 들려주었습니다. 즉, "이틀 후에 우리를 살리시며 제 삼일에 우리를 일으키리니 우리가 그 앞에서 살리라"는 말씀이었습니다(요 14:19). 그 메시지는 새벽 빛이었고 고루 내리는 빗소리였으며… 때에 알맞은 비내림이었습니다. 둘째, 우리가 제사와 번제보다 하나님을 사랑하는 마음으로 언약(言約)을 알아야 합니다(호 6:4~11). 하나님을 사랑하지 않는 인생들은 인권을 유린하며, 말씀의 행위들을 지속적으로 실행하지 못합니다. 그들은 선지자들을 쳐 죽이며, 하나님의 말씀을 이윤추구에 사용합니다. 유일하신 하나님의 언약을 파기하듯 선정적인 생활과 행악자들의 소행과 더불어 삽니다(요일 5:10). 따라서 하나님의 사역을 전담했던 제사장들을 죽이는가 하면, 가증한 행음(우상) 숭배자의 역할을 서슴지 않았습니다. 더럽힌 고멜의 정조처럼… 이스라엘은 더러움과 오염의 세월을 보내었던 것이었습니다.

적용 사랑하는 성도 여러분! 음란과 호색과 형식적인 제사행위에서 돌이킵시다. 이 민족이 여호와의 일을 태만히 하지 않도록… 음행하지 않도록 중보기도를 합시다. 이것이 우리에게 향하신 하나님의 바램입니다. 그러므로 오늘도 영적 곤경의 사람을 인애로 찾아봅시다. ―아멘―

기도 우리 주 예수 그리스도여! 치료하소서! 내려 주소서! 하나님 알기를 참으로 소망하고 있습니다(호 6:1, 3, 6). ―아멘―

찬송 · 421 장   말씀 · 호 7:1-16   년   월   일

패망을 부르는 나라

오늘의 요절　호 7:13 ▷ 화 있을진저 저희가 나를 떠나 그릇 갔음이니라 패망할진저 저희가 내게 범죄하였음이니라 내가 저희를 구속하려 하나 저희가 나를 거스려 거짓을 말하고

살핌
1. 에브라임과 사마리아의 병과 죄악은 무엇입니까?(1~7, 제목만)
2. 죄의 예표적 물건과 새는 무엇입니까?(8~9, 11, 14)
3. 나는 그리스도인으로서 이방인에게 어떤 조롱거리를 제공하였습니까?(16)

사랑하는 성도 여러분! 호세아 7장은 하나님의 치료행위 때 드러나는 죄의 깊이와 본심을 뒤집지 않은 전병, 어리석은 비둘기, 속이는 활로 표현하여 기록하였습니다. 이스라엘을 치료하시는 하나님께서는 에브라임의 죄와 사마리아의 악을 선포하셨습니다. 호세아 선지자는 그 악의 정도를 신랄하게 드러내었습니다.

묵상 첫째, 하나님께 부르짖는 자가 하나도 없는 국민의 죄성(호 7:1~7). 하나님을 찬송하지 않는 국민, 하나님께 기도하지 않는 그리스도인, 하나님 앞에서 선행을 하지 않는 백성들은 하나님의 꾸지람을 듣습니다. 에브라임과 사마리아의 죄는 궤사한 생각과 행동들이었습니다. 그들은 도적질과 노략질을 하면서도 그 죄악을 기억하지 않는 망각병이 있었습니다. 거짓과 허례허식의 인간관계가 만연하였고, 달궈진 화덕처럼… 발효(發酵)된 반죽처럼 음란하였습니다. 술을 많이 마시어 술병에 걸리고 술로 매듭지으려는 알콜 중독자가 많았습니다. 따라서 사회의 악이 재판장을 혼미하게 만들었고 기도회가 사라져 버렸습니다(호 7:7). 둘째, 하나님을 향한 교만과 종교의 타락성(호 7:8~16). 하나님을 의지하지 않는 죄는 패망입니다. 인생의 끝이 하나님께 향하지 않고 세상의 세월과 합류하여 자극없는 형식성은 종교인들까지도 안일을 추구하게 되었습니다. 즉, 제사장들과 선지자들의 역할을 쉬며… 왕의 정치도 군사력이 막강한 곳을 향하여 움직였습니다. 그들의 교만성은 여호와께 돌아눕지 못하는 '뒤집지 않는 전병'이었습니다. 그리고 왕들은 백발이 얼룩얼룩할 때까지도 애굽과 앗수르를 향하여 목을 돌린 비둘기였습니다. 그들은 하나님의 구속하심과 보호를 거부한 채 … 침상과 술과 먹을 것에 사로잡혀 지내는 나약한 병약자였습니다. 설령… 하나님을 찾는다 할지라도 그들의 행위는 속이는 활처럼 진솔한 심령이 아니었습니다.

적용 사랑하는 성도 여러분! 나라의 국민성을 심각하게 느끼십니까? 기독교인의 행위가 타종교인들의 조롱거리가 되지 않으려면… 성심(誠心)과 성실(誠實)로 삽시다. 그러므로 오늘도 교회생활과 사회생활을 혼잡시키지 맙시다. -아멘-

기도 우리 주 예수 그리스도여! 바나바처럼 성령과 믿음이 충만하고(행 11:24), 거룩한 산 제사의 생활을 하고 싶습니다(롬 12:1~2). -아멘-

찬송·344장   말씀·호 8:1-14   년 월 일

하나님을 잊으려는 백성들

오늘의 요절 호 8:14 ▷ 이스라엘은 자기를 지은 자를 잊어버리고 전각들을 세웠으며 유다는 견고한 성읍을 많이 쌓았으나 내가 그 고을들에 불을 보내어 그 성들을 삼키게 하리라

살핌
1. 교회와 기관이 건실해지려면 어떤 계명을 지켜야 할까요?(4)
2. 어느 누구와 협약과 관계를 맺을 때는 무엇을 근거로 해야 합니까?(8~12)
3. 나의 믿음의 상징은 무엇이며 주님과 한마음의 표시는 무엇입니까?

사랑하는 성도 여러분! 호세아 8장은 하나님을 고의적으로 잊으려는 백성들을 향하여 폭발한 하나님의 진노와 심판의 원인을 기록하였습니다. 이미 거대한 단체로 성장한 교회와 선교기관들이 모두 하나님의 뜻을 받든다고 생각하십니까? 이스라엘은 이미 선(善)을 잃어버린 이윤추구의 종교나라가 되었습니다. 그들은 율법과 언약의 기본 조항을 의식하지 않은 채 계명없는 무계명(無戒命)의 생활을 진행하였습니다.

묵상 첫째, 종교집단의 심각한 상태는 이윤추구와 권력형이었습니다(호 8:1~7). 고의적으로 교회출석을 거부하거나 몇몇사람을 중심으로 종교단체를 결성하는 사례가 빈번합니다. 이에 대하여 호세아 선지자는 나팔을 붑니다. 이스라엘은 하나님의 뜻과는 정반대의 사람을 왕과 방백으로 세웠고 은, 금과의 거래로 권력의 구조를 세웠습니다. 또는 상징을 만들기 위하여 기금을 거두었고, 참신이 아닌 우상으로 하나님을 빗대었습니다. 이에 하나님께서는 소득없는 경제를 예고하였고, 설령 소출이 있다해도 이방사람의 것이 될 것을 선언하셨습니다(호 8:7). 둘째, 하나님 법을 잊어버린 종교인(호 8:8~14). 그들은 기뻐하지 아니하는 그릇과 같습니다. 그리고 이방과 우상과 연애하는 들나귀와 같습니다. 그들은 재물에 관련하여 권력을 유지하려고 발버둥치지만 하나님의 징계를 당하여 쇠약해질 것이었습니다. 하나님의 법에 어울리지 않는 제단은 아무리 많이 세워도 허물어질 것이었습니다. 특히 그들은 만가지로 기록한 하나님의 율법을 관계없는 것처럼 여기었습니다. 따라서 그들이 세운 전각과 견고한 성읍은 하나님의 뜻이 아님을 멸망의 날에 깨달을 것이었습니다.

적용 사랑하는 성도 여러분! 하나님의 뜻을 받든다는 교회와 기관이 건실하기를 기도합시다. 하나님의 법을 제쳐놓고… 말씀에 근거하지 않은 사회의 법을 내세우는 정치적 무리들을 불쌍히 여깁시다. 그리고 고의적인 편싸움과 비방의 문안들이 교계 신문지상에 오르내리는 오염을 기도합시다. 오늘도 오직 하나님의 법이 존귀하기를 위하여 기도합시다. -아멘-

기도 우리 주 예수 그리스도여! 하나님의 언약과 율법을 사랑하며(호 8:1), 한 마음과 한 입으로 주께 영광돌리고 싶습니다(롬 15:6~7). -아멘-

찬송 · 138 장   말씀 · 호 9 : 1-17   년 월 일

불신자처럼 뛰놀지 말라

오늘의 요절   호 9 : 1 ▷ 이스라엘아 너는 이방 사람처럼 기뻐 뛰놀지 말라 네가 행음하여 네 하나님을 떠나고 각 타작 마당에서 음행의 값을 좋아 하였느니라

살핌
1. 하나님께서 싫어하시는 놀이문화는 무엇일까요?(1, 2)
2. 헌금드리는 이유는 무엇이며, 이스라엘은 어떻게 제물을 드렸습니까?(4)
3. 패역한 행위를 꾸짖지 못하는 선지자의 앞날과 이방문화에 익숙한 백성의 앞날은 어떻게 전개될까요?(6~9, 11, 14, 17)

사랑하는 성도 여러분! 호세아 9장은 심판의 쓰라림과 그 백성들의 부끄러운 언행과 바램을 기록하였습니다. 하나님 앞에서 그리스도인이라고 신앙고백한 후에… 세속적 놀이를 즐겨하지 않았습니까? 이스라엘은 타작마당에서 술을 마시고, 음행의 값을 지불한 퇴폐의 무리였습니다. 따라서 호세아는 하나님의 경고를 전달하였습니다.

첫째, 이방인처럼 살지 말 것(호 9 : 1~9). 하나님을 떠난 신앙인들은 이방인처럼 살게 됩니다. 그들은 세상의 술틀에 맞추어 살려고 값을 지불하며 놀려고 합니다. 그들이 여호와의 땅에 살려는 의욕을 버리고 이방나라를 동경하여 애굽과 앗수르의 음식을 즐겨 찾습니다. 여호와께 드리는 예물도 인색하며, 그 예물을 드리고, 자기들끼리 나누어 먹는 사교제물만 헌물하였습니다. 이런 삶에 대하여 선지자들이 통탄하지 못하였으니 이들의 운명은 멸망, 포로, 찔레와 가시덩굴의 삶이 될 것입니다.
둘째, 부끄러움을 느낄 것(호 9 : 10~17). 하나님을 의식하지 않는 사람들은 부끄러움이 마비되어 살게 됩니다. 이스라엘 민족들은 선민의 신분을 망각하였습니다. 그 옛적의 하나님, 광야의 하나님, 하나님의 첫열매인 그들이 하나님 앞에서 바알의 우상행위를 연모하였기 때문에 부끄러움이 마비될 것이었습니다. 그런 결과는 참된 여호와의 기쁨을 잊어버리고 임신과 출산이 멈추어지며, 태어난 자식들에게는 진노와 재앙이 밀어닥쳐와 생존위험을 깊이 체험하게 될 것이었습니다. 따라서 저들이 임신을 위한 기도와 모유의 유방이 풍족해지기를 기도하여도 응답되지 않을 것이었습니다.

적용 사랑하는 성도 여러분! 심판의 쓰라림은 후손의 멸망입니다. 불신자의 뛰놀음은 이 땅의 끝날까지입니다. 부끄러움을 잊어버린 백성은 멸망합니다. 뻔뻔한 그리스도인, 얼굴이 뜨뜻하면서도 고개를 세상으로 돌리는 그리스도인들을 긍휼히 여깁시다. 특히 교인들의 삶이 하나님의 땅과 법 그리고 복음의 자유 속에서 진행되기를 기도합시다. 오늘도 하나님의 버리심을 두려워합시다(호 9 : 17). -아멘-

기도 우리 주 예수 그리스도여! 구별된 시간, 장소, 예물을 기억하고(호 9 : 1, 4), 좁은 문의 삶을 통과하고 싶습니다(마 7 : 13~14). -아멘-

찬송 · 202장 　　　말씀 · 호 10 : 1-15 　　　년　월　일

두 마음의 묵은 땅을 파라

오늘의 요절　호 10 : 12 ▷ 너희가 자기를 위하여 의를 심고 긍휼을 거두라 지금이 곧 여호와를 찾을 때니 너희 묵은 땅을 기경하라 마침내 여호와께서 임하사 의를 비처럼 너희에게 내리시리라

1. 이스라엘은 어느 때 두 마음을 견고히 먹게 되었습니까?(1~3)
2. 두 마음의 표현은 무엇입니까?(7, 약 1 : 6~8)
3. 나의 묵은 땅은 무엇입니까? 우리 사회의 묵은 땅은 무엇입니까?

사랑하는 성도 여러분! 호세아 10장은 종교와 정치의 타락성과 이중적인 사교술에 대하여 호세아의 답답함을 기록하였습니다. 두 마음의 묵은 땅(호 10 : 12)은 무엇을 의미할까요? 하나님과 재물일까요? 이스라엘은 열매맺는 무성한 포도나무였습니다. 그러나 그들은 열매가 많을수록, 그 땅이 아름다울수록… 제단과 우상숭배의 자만에 빠졌습니다. 그래서 그들은 왕과 여호와까지도 필요없는 세상을 꿈꾸었습니다.

첫째, 두 마음을 품은 이스라엘 백성들(호 10 : 1~8). 한 마음을 창조하신 하나님께서는 유일한 마음으로 한 하나님을 섬기도록 명령하셨습니다. 하나님과 바알 숭배의식은 함께 할 수 없는 제사였습니다. 그것은 헛된 말과 거짓 맹세를 발생시키는 종기와 상처의 고름이었습니다. 따라서 횟수가 거듭될수록 하나님을 두려워하지 않는 타락에 이르렀습니다. 그들의 제물욕심은 없어질 송아지 고기이며, 그들의 경제와 풍요의 산당과 왕들은 거품과 같았습니다(호 10 : 7). 둘째, 묵은 흙덩어리 마음을 깨뜨릴 백성들(호 10 : 9~15). 하나님께서는 이스라엘 백성들에게 자기를 위하여 의(義)를 심고, 긍휼(矜恤)을 거둘 것을 요구하셨습니다. 곡식 밟는 일을 좋아하는 에브라임의 암소처럼 일하기를 바라셨고, 유다가 밭을 갈고 야곱(이스라엘)이 흙덩어리를 깨뜨리며 합력으로 하나님 섬기기를 바라셨습니다. 그러한 기회는 하나님 여호와를 찾을 때에 주어졌습니다. 의를 잠재우고 긍휼을 거두지 못하는 묵은 땅을 기경하는 것이 하나님나라의 백성된 의무요, 축복인 것입니다. 오직 한 마음으로 하나님을 섬기는 자에게는 마침내 여호와께서 의의 비를 내려주실 것입니다. 그러나 이스라엘과 유다는 악을 밭갈고 죄를 거두고, 거짓 열매(우상)를 먹었습니다.

사랑하는 성도 여러분! 하나님 한 분만 믿고 의지합시다. 인생설계와 운행도 하나님께 전폭적으로 의지합시다. 이스라엘과 유다는 새벽이슬처럼 사라질 바알 숭배를 했습니다. 그러므로 오늘의 우리는 새벽이슬같은 세속문화와 더불어 진행되는 신앙행위와 예배형태를 발견해 봅시다. ―아멘―

우리 주 예수 그리스도여! 묵은 땅을 기경하듯 습관을 기경하며(11~12, 고전 5 : 10), 하나님 나라의 유업을 두려움으로 받고 싶습니다(고전 6 : 10). ―아멘―

찬송 · 410장   말씀 · 호 11:1-12   년   월   일

멍에를 벗기는 사랑의 줄

오늘의 요절 호 11:4 ▷ 내가 사람의 줄 곧 사랑의 줄로 저희를 이끌었고 저희에게 대하여 그 목에서 멍에를 벗기는 자 같이 되었으며 저희 앞에 먹을 것을 두었었노라

살핌
1. 인생들이 스스로 쓴 멍에는 무엇들입니까?(2, 5, 12)
2. 하나님께서는 어떤 인생들을 그의 긍휼로 보호하십니까?(9~11)
3. 나의 멍에는 무엇이며, 나는 어떤 긍휼의 은혜를 받았습니까?

사랑하는 성도 여러분! 호세아 11장은 이스라엘에 대한 하나님의 사랑을 표현하였고 긍휼있는 권면내용에 대하여 기록하였습니다. 하나님은 그들을 어렸을 때부터 아들로 성장하기까지 애굽에서 훈련시켰습니다. 그후에 양육된 그들에게 좋은 땅, 가나안 땅을 주어서 다시는 애굽문화와 이방의 문화를 탐닉하지 못하도록 타이르셨습니다. 그러나 그들은 스스로 우상문화의 멍에를 벗어나지 못하였습니다.

묵상 첫째, 하나님의 말씀을 점점 멀리하려는 멍에(호 11:1~7). 이것은 애굽에서의 거룩한 부르심과 거듭난 생활의 진리를 퇴폐화시켰기 때문에 나타나는 현상이었습니다. 하나님께 예배드리는 삶보다는 선지자(주의 종)들의 권면을 비꼬듯이… 바알과 아로새긴 우상 앞에서 분향하였습니다. 따라서 하나님의 답답한 심정은 그들의 걸음(방법)을 다시 고치시었습니다. 그래도 인생들은 풍요를 따라갔으며, 앗수르 제국의 침략으로 포로생활을 하게 되었습니다. 이러한 상황이 찾아와도 인생들은 하나님께로 돌아오지 않았고 일어나서 멍에를 벗겨내려는 기도를 하지 않았습니다. 둘째, 멍에를 벗기는 하나님의 긍휼과 온전함의 불(호 11:8~12). 우상문화와 풍요의 멍에, 고통의 멍에를 벗기는 분은 하나님이십니다. 하나님은 인생들을 아주 버리지 않으십니다. 하나님은 인생들의 멍에와 덫, 그리고 올무에 사로잡혀 있을 때마다 그의 선지자들을 통하여 위로하시고, 힘과 소망을 주셨습니다. 이러한 하나님의 긍휼은 불과 같아서 모든 불의와 불순한 동기의 멍에를 태워버리십니다. 따라서 인생들은 그때마다 진노를 느끼는듯 합니다. 인생들은 사자를 만난듯이 새처럼 떨며, 비둘기처럼 비틀거립니다. 하나님께서는 그들을 온전하신 따스함으로 안아주시며 평안을 주십니다.

적용 사랑하는 성도 여러분! 에브라임의 거짓과 이스라엘의 궤휼과 유다의 불신실(不信實)은 인생들의 멍에줄이었습니다. 하나님께 연결되지 않으려는 인생은 스스로 멍에를 쓰는 자입니다. 그러므로 오늘도 사랑의 거룩하신 하나님, 곧 예수님께 온전한 믿음의 줄을 메어둡시다. -아멘-

기도 우리 주 예수 그리스도여! 거룩하신 주께 마음을 정하고(호 11:12), 멍에를 벗고 싶습니다(호 11:4, 요 4:23~24). -아멘-

찬송·327장   말씀·호 12:1-14   년   월   일

여호와는 그의 기념 칭호

| 오늘의 요절 | 호 12:5 ▷ 저는 만군의 하나님 여호와시라 여호와는 그의 기념 칭호니라 |

1. 에브라임은 어떻게 부자가 되었습니까?(1, 7~8)
2. 선지자들이 하는 일은 무엇입니까?(6, 10)
3. 거짓된 생활의 종말은 무엇입니까?(13~14)

사랑하는 성도 여러분! 호세아 12장은 에브라임의 공허한 계약과 조상들의 믿음의 역사 속에 나타난 극심한 죄에 대하여 기록하였습니다. 하나님 여호와를 위하여 기념된 일을 해 놓으셨습니까? 하나님의 나라를 확장시키기 위하여 어떤 공의로운 일을 하셨으며 인애를 베풀었습니까? 종교의 중심지이며 비옥한 땅의 소산물을 내었던 에브라임은 헛된 일에 바빴으며, 하나님의 뜻과 반대되는 일에 분주한 계약을 맺었습니다.

첫째, 여호와는 항상 바라볼 하나님이십니다(호 12:1~6). 하나님을 외면한 에브라임은 바람을 먹는 인생들이었습니다. 그것은 거짓과 포학을 만들며 앗수르와 계약을 맺고 기름을 애굽에 보내며 살았습니다. 그들은 이스라엘의 과거를 주관하셨던 하나님을 바라보거나 그의 칭호를 부르지 않았습니다. 기도 없는 나라를 향하신 하나님의 진노는 보응의 역사로 나타날 것입니다. 따라서 이스라엘이나 에브라임 족속들은 얍복강의 하나님, 벧엘의 하나님을 잊어서는 안될 것입니다. 오직 하나님의 성호를 찬미하며 그의 인애와 공의를 지키며 참된 의를 실천해야 될 것입니다. 둘째, 여호와는 선지자를 통하여 이상과 비유를 베푸시는 하나님이십니다(호 12:7~14). 선지자들은 불의와 거짓된 일들을 지적하였습니다. 그러나 인생들은 거짓 저울을 사용하는 장사꾼처럼 사취행위를 하였습니다. 그들은 그런 수단과 방법으로 부자인 척하였으나 하나님 앞에서는 거짓의 수고와 불의(不義)의 죄인이었습니다. 이때마다 하나님께서는 죄를 지적하는 선지자, 여호와의 이름을 찬양고무시키는 말씀의 종들을 보내시었습니다. 이런 보호운동이 인생들에게는 헛일이 되었습니다.

사랑하는 성도 여러분! 에브라임은 하나님의 기념 칭호를 격하시킨 죄를 지었습니다. 즉, 하나님의 이름과 기적과 이상과 비유를 깨닫지 못한 몰지각의 죄를 지었습니다. 우리는 불의로 부자가 되려는 근성을 버려야 합니다. 우리의 거짓 수고는 극심한 수치를 몰고 올 태풍과 벼락을 맞습니다. 그러므로 오늘도 선지 말씀을 사랑하며 예수님을 찬양합시다. -아멘-

우리 주 예수 그리스도여! 세상을 보며 헛된 바람을 품지 않고(호 12:1, 엡 4:25) 하나님의 이상을 사랑하고 싶습니다(호 12:10, 빌 2:5). -아멘-

찬송 · 474 장   말씀 · 호 13:1-16   년 월 일

쉽게 사라지는 이슬

오늘의 요절   호 13:3 ▷ 이러므로 저희는 아침 구름 같으며 쉽게 사라지는 이슬 같으며 타작 마당에서 광풍에 날리우는 쭉정이 같으며 굴뚝에서 나가는 연기 같으리라

1. 에브라임이 의지하는 이슬은 무엇입니까?(1~3)
2. 죄의 반복은 어떤 싫증을 줍니까?(7~8)
3. 하나님을 대적하면 어떤 결과를 얻게 됩니까?(14~16)

사랑하는 성도 여러분! 호세아 13장은 구원의 주, 도움의 하나님을 대적하였던 죄인들의 운명에 대하여 기록하였습니다. 복음은 영원한 은혜의 소리입니다. 그러나 쉽게 사라지는 이슬은 사특한 바람의 소리이며 에브라임의 우상을 만드는 망치와 끌의 소리였습니다. 이스라엘과 에브라임의 행위는 참으로 역겨운 송아지 우상의 입맞춤이었으며, 광풍에 날리는 쭉정이, 보기 싫은 광경을 상징하는 굴뚝연기였습니다(호 13:3).

첫째, 쉽게 사라지는 이슬은 인생입니다(호 13:1~8). 이슬같은 인생들이 자기를 높여서 구름같이 되어도 광풍으로 몰아치면 사라지는 이슬이 됩니다. 이스라엘과 에브라임은 아침에 잠깐 보이는 아침 구름이었습니다. 이 죄의 인생들을 보호하고 인도하며 구원할 분은 오직 하나님 여호와이셨습니다. 애굽 땅에서부터 지금까지 권고하며 배부르게 하였어도 그들은 교만하여 하나님을 잊었습니다. 그런 인생들은 곰과 사자에게 찢겨 죽을 운명과 같았습니다. 그래도 하나님께서는 그들을 사랑하셨으니… 우리의 생각이 짧음을 느끼며 고개가 숙여집니다. 둘째, 이슬같은 인생들이 하나님을 대적하였습니다(호 13:9~16). 하나님은 도움의 주님, 구원의 구세주, 죄인을 속량하시는 여호와이십니다. 그런데 이스라엘은 하나님을 대적하였습니다. 그들이 왕을 구하고 방백을 구한 후로부터 그들은 여호와의 도움을 잊어버렸습니다. 그들은 불의를 덮어두었고 죄를 저장하였습니다. 따라서 하나님의 진노가 해산하는 여인이 힘겹게 낳은 자식에게 임하였습니다. 그러므로 인생들이 하나님을 대항하듯이 자식을 더욱 사랑하고… 물질의 풍요를 더 사랑하면 그것은 이슬처럼 날아가며 구름처럼 사라질 것입니다.

사랑하는 성도 여러분! 이슬처럼 사라질 인생이 무엇을 의지하겠습니까? 잠깐 있을 행복입니까? 영화로운 순간입니까? 쾌락입니까? 하나님을 대항하듯이 살아가시렵니까? 하나님의 아들 예수 그리스도의 구속을 가치없게 만들지 맙시다. 그러므로 오늘도 사심을 버리고 마음의 편함을 간직합시다. -아멘-

우리 주 예수 그리스도여! 자만, 교만, 배부름의 안일을 버리고(호 13:6), 주의 구원을 간증하고 싶습니다(갈 6:13). -아멘-

찬송 · 331 장　　　말씀 · 호 14:1-9　　　년　월　일

하나님께서 하실 일

오늘의 요절　호 14:4 ▷ 내가 저희의 패역을 고치고 즐거이 저희를 사랑하리니 나의 진노가 저에게서 떠났음이니라

살핌
1. 나는 호세아 선지자의 사역을 어떻게 이해하며 결론을 맺으려 합니까?(1)
2. 하나님의 진정한 축복은 무엇일까요?(4~)
3. 진정으로 나에게 필요한 은혜의 열매는 무엇일까요?(9)

사랑하는 성도 여러분! 호세아 14장은 하나님께서 죄인들이 돌아올 경우에 약속하신 축복의 내용들에 대하여 구체적으로 기록하였습니다. 썩은 나무에서도 새순이 돋고 벼랑 끝 바위 틈바구니에서도 꽃은 핍니다. 호세아가 절망적인 상태의 이스라엘과 에브라임을 향하여 노래하였던 제목은 "돌아오라 여호와께로"였습니다. 불의한 여인이여! 불법의 행악자여! 돌아오라는 주제는 끊임없이 외쳐질 주의 복음(福音)입니다.

묵상　첫째, '돌아오라'는 긍휼의 메시지를 선포하시는 하나님(호 14:1~3). 호세아 선지자는 긍휼의 하나님, 자비의 여호와, 쓰라림과 진노의 성품을 가지신 하나님을 소개하였습니다. 음란한 죄인, 행악의 성품을 가진 자식들, 불의, 불법, 불선을 자행하는 교만자들, 병약하여 상처받은 연약자들까지도 돌아와서 죄를 고백하라고 권면하시는 하나님이십니다. 잘사는 나라-앗수르를 의지하는 무리들에게도 헛된 이슬의 일이라고 지적하시면서 하나님 여호와께로 돌아와야 된다고 선지자를 통하여 말씀하셨습니다. 고아와 과부를 불쌍히 여기듯 그네들을 긍휼(loving kindness)히 여기신다고 선포하셨습니다. 둘째, 말로 다할 수 없는 축복을 선포하시는 하나님(호 14:4~9). 하나님의 선포는 변하시는 그림자도 없습니다. 하나님께서 하실 일은 모두 구원이며 영원한 것이었습니다. 즉, 패역을 고치시고, 즐거이 사랑하는 일, 은혜의 이슬로 백합화를 피게 하며, 백향목과 같은 뿌리를 주시어 번성한 가지, 풍요의 열매를 맺게 하실 것이 하나님께서 하실 일이었습니다. 하나님의 하시는 일로 말미암아 이스라엘과 에브라임은 우상과 상관없는 삶을 살 것이며, 참된 인생의 열매를 얻게 될 것이었습니다. 이는 우리 주 예수 그리스도의 구속의 열매를 뜻하는 메시야의 의미였습니다.

적용　사랑하는 성도 여러분! 순종의 의미는 지혜입니다. 총명한 그리스도인들은 하나님께서 하실 일과 내 자신이 순종해야 할 일이 무엇인지 깨달을 것입니다. 이 일은 오직 정직한 인생이 깨달을 것이며 주 하나님께 소망을 둔 백성이 행할 것입니다. 그러므로 오늘도 호세아 선지자의 사역을 깊이 묵상합시다. -아멘-

기도　우리 주 예수 그리스도여! 택함의 은혜와(요 15:16) 성령의 9가지 열매와 (갈 5:22~23) 긍휼을 얻은 자가 되고 싶습니다(벧전 2:10). -아멘-

찬송 · 337 장   말씀 · 욜 1:1-20   년   월   일

여호와의 날이 오기 전에

오늘의 요절   욜 1:15 ▷ 오호라 그 날이여 여호와의 날이 가까왔나니 곧 멸망 같이 전능자에게로서 이르리로다

1. 회개해야 할 계층은 누구이며 그들의 죄는 무엇입니까?(2, 5, 11, 13)
2. 가난과 기근은 어느 때에 찾아옵니까?(15)
3. 우리 경제가 약해지는 이유는 무엇입니까?(19~20)

사랑하는 성도 여러분! 요엘 1장은 여호와의 날 - 재앙의 메뚜기가 날아오기 전에 각 계층의 회개를 촉구하는 내용을 기록하였습니다. 시대의 죄악을 생각하면서 금식을 작정해 보셨습니까? 브두엘의 아들 요엘(여호와는 그의 하나님)은 하나님의 날이 오기 전에 통회자복하라고 권면하였습니다. 그의 음성은 임박한 심판의 날을 의식하고 다급한 목청을 돋구었습니다. 그의 목청이 '메뚜기 재앙'을 강하게 표현하였습니다.

첫째, 통회자복해야 할 계층의 대상들(욜 1:1~12). 요엘 선지자는 오랜 경험의 늙은이들과 취하고 연락하는 인생들에게 메뚜기 재앙을 예고하였습니다. 특히 농부(포도원, 무화과나무 재배자들)에게도 물의 마름을 예고하였습니다. 재앙의 상태는 비참하였습니다. 황충의 상태처럼… 팟종이→메뚜기→늣이 갈아 먹어치우는 양과 그 대상이 엄청났습니다. 이것은 가난이었습니다. 또한 열방의 침략으로 기근을 당하여 나무껍질을 벗겨먹는 수치의 세월이 찾아올 것이었습니다. 밭은 황무하고 토지가 메말라 소제물과 전제물이 끊어지고 농부들이 소산물이 없는 이유로 통탄하게 될 것이었습니다. 둘째, 제사장들이 해야 할 일(욜 1:13~20). 여호와의 날이 오기 전에 제사장들이 해야 할 일은 금식을 선포하고 굵은 베를 묶고 여호와께 부르짖어야 합니다. 그들이 직접 제물이 되어 밤낮을 가리지 말고 멸망의 주 여호와께 부르짖어야 합니다. 요엘 선지자는 그 이유를 식물이 끊어졌고, 하나님의 전에 기쁨으로 드리던 제물이 없으니 즐거움이 없기 때문이라고 강조하였습니다. 씨는 썩었고 창고는 비워졌고, 생축은 탄식하고, 소떼와 양떼까지 피곤에 쩔었으니 금식하며 회개할 것을 강조하였습니다.

사랑하는 성도 여러분! 불과 같은 더위는 계속되고 비는 오지 않을 때에 메뚜기떼의 출현은 간담을 녹이는 광경이었습니다. 나라의 기근 · 재앙이 겹칠 때마다 아무런 의식없이 지내는 정치 · 종교계가 있다면 곧 기근의 결과를 보게 됩니다. 이 시대의 요엘 선지자는 늙은이와 취한자들, 제사장들에게 회개를 촉구해야 합니다. 그러므로 오늘도 죄악에 헐떡거리는 인생들을 그리스도 예수께로 인도합시다. ─아멘─

우리 주 예수 그리스도여! 염려없는 하루(마 6:26, 30), 전도의 하루(막 1:38), 속죄의 하루를 만들고 싶습니다(요일 1:8~9). ─아멘─

찬송 · 169장　　　　　말씀 · 욜 2:1-32　　　　년　월　일

마음을 찢어라

오늘의 요절　욜 2:13 ▷ 너희는 옷을 찢지 말고 마음을 찢고 너희 하나님 여호와께로 돌아올지어다 그는 은혜로우시며 자비로우시며 노하기를 더디하시며 인애가 크시사 뜻을 돌이켜 재앙을 내리지 아니하시나니

살핌
1. 여호와의 날은 어떤 날입니까?(2, 11)
2. 그 날이 오기 전에 인생들이 해야 할 일은 무엇일까요?(13, 17)
3. 진정한 회개의 결과는 무엇입니까?(18, 26~27)

사랑하는 성도 여러분! 요엘 2장은 잊을 수 없는 여호와의 날이 오기 전에 회개하며 하나님께서 약속하신 성령에 대하여 기록하였습니다. 하나님은 요엘을 통하여 '여호와의 날'을 선포하였습니다. 그 날은 모든 민족들에게 잊을 수 없는 날이 될 것이었기에 매우 심각성을 던져줍니다. 선과 악의 대결이 치열하듯 재앙의 날은 캄캄하고 빽빽한 구름의 날이 될 것이었습니다.

묵상 첫째, 진정한 회개를 하라(욜 2:12~17). 마음은 신앙의 자리입니다. 마음을 찢는 것은 잘못된 신앙의 외식을 찢으라는 촉구의 메시지였습니다. 그 비참하고 상한 심령으로 여호와께 돌아오는 것은 마음의 돌이킴입니다. 개인적인 각성 운동은 가정과 사회를 맑고 밝게 만드는 은혜로운 행실입니다. 형제를 미워하는 것은 죄입니다. 욕심이 먹구름이라면 물러가기를 위하여 기도해야 될 것입니다. 계획적인 죄, 의도적인 죄를 짓지 않았을지라도… 죄는 상한 냄새이며 죄를 품고 있는 것은 악취를 품어내는 행위와 같습니다. 둘째, 하나님의 긍휼을 소망하라(욜 2:18~27). 하나님의 긍휼은 인생들에게 '복'으로 표현됩니다. 예수님을 믿는 것이 하나님의 긍휼을 얻는 신행(信行)입니다. 요엘이 소개한 하나님의 긍휼은 진정한 회개자에게 임재하시는 은혜이며 선물이었습니다. 그 선물은 '복'이었습니다. 세 가지로 정리하면, ①풍요의 약속이었습니다(욜 2:19). ②국방의 평안이었습니다(욜 2:20). 즉, 환경의 든든함이었습니다. ③회복의 언약이었습니다(욜 2:23~25). 이처럼 긍휼의 하나님이 우리의 하나님이시며 이스라엘의 하나님이십니다. 그러므로 그의 이름을 찬양하며 수치없는 날을 기도해야 할 것입니다(욜 2:27).

적용 사랑하는 성도 여러분! 죄는 수치의 선물을 안겨줍니다. 그러나 성령, 곧 하나님의 사랑을 받으면 모든 계층까지 새로운 이상을 소망합니다. 요엘이 선언한 여호와의 날이 긍휼과 소망의 날이 됩니다. 성령의 사람은 하나님의 사람이며, 긍휼의 사람입니다. 그러므로 오늘도 회개하며 성령의 마음을 지킵시다. －아멘－

기도 우리 주 예수 그리스도여! 진정한 회개의 영과(마 4:17) 하나님의 긍휼을 소망하며(마 7:7) 성령의 선물을 양식으로 삼겠습니다(요 4:32~34). －아멘－

찬송 · 397 장　　　말씀 · 욜 3:1-21　　　년　월　일

여호와는 백성의 피난처

오늘의 요절　욜 3:16 ▷ 나 여호와가 시온에서 부르짖고 예루살렘에서 목소리를 발하리니 하늘과 땅이 진동되리로다 그러나 나 여호와는 내 백성의 피난처, 이스라엘 자손의 산성이 되리로다

1. 이방인들의 죄를 세 가지로 정리하십시오.(2~8)
2. 하나님의 백성들이 새롭게 해야 될 재결단의 요소는 무엇입니까?(9~13)
3. 유다의 회복은 언제 이루어집니까?(16~20)

사랑하는 성도 여러분! 요엘 3장은 열국을 향한 심판 속에서도 백성들의 유일한 피난처가 되심과 영원한 유다에 대하여 기록하였습니다. 모든 것의 끝에는 세 종류의 은혜가 있습니다. 재림, 심판, 회복(부활)의 은혜입니다. 어떤 형태의 죄인이라도 십자가의 곁으로… 예수님의 사랑 안으로 돌아와야 참된 평안을 누릴 수 있습니다. 만일 여호와의 날, 심판의 날까지 돌아오지 않으면 심판의 결과가 비참할 것입니다.

첫째, 불신자, 불신의 나라에 대한 심판(욜 3:2~8). 요엘은 이방나라에 대한 하나님의 심판을 강조하였습니다. 그들의 죄는 ① 하나님께 대한 불신이며, ② 하나님의 땅을 분열시킨 죄이며, ③ 하나님의 백성들을 흩어서 혼잡하게 만든 죄입니다. 따라서 윤리와 도덕을 혼잡하게 한 죄의 나라가 되었고, 인권을 무시하고 매매한 배신의 책임이 따르게 되었습니다. 그러므로 하나님의 백성들은 주 안에서 하나가 되기를 사모하며, 회복의 노력을 경주해야 되지 않겠습니까?(딛 2:14, 롬 12:11). 둘째, 용기있는 신앙의 출발과 목적지(욜 3:9~21). 용기있는 신앙의 출발은 재도전입니다. 신앙의 무장은 재도전의 준비과정입니다. 유다의 포로귀환은 신앙생활의 재출발이었습니다. 그들의 재출발은 불신자의 나라(이방인)를 향한 도전이며, 하나님의 나라를 회복시키려는 열의의 출발이었습니다. 그 출발의 목적지는 여호와 하나님의 피난처입니다. 새 예루살렘입니다. 이스라엘 자손이 머무를 산성입니다. 옥토와 기름이 흐르는 참 복락의 땅입니다(욜 3:18).

사랑하는 성도 여러분! 십자가는 믿는 백성의 피난처입니다. 한정된 기쁨이 영원을 사모할 때 예수님을 찾아야 하듯이… 유다 백성들은 하나님 여호와를 피난처로 삼았습니다. 요엘은 신앙의 재도전을 시급하게 전하였습니다. 유다의 회복이 시급한 것처럼 우리의 신앙생활의 활력도 시급하지 않습니까? 교회의 참 모습을 회복시켜, 예수 그리스도의 진리 곧 사랑의 형상을 우리 속에서 부활시켜야 할 것입니다. 그러므로 오늘도 작은 도전을 불신자에게 해 봅시다. 초인종을 누릅시다. -아멘-

우리 주 예수 그리스도여! 회복의 은혜와(마 19:28~30) 성소의 청결을 위한(마 21:12~17) 기도를 드립니다(마 21:22). -아멘-

찬송 · 206 장   말씀 · 암 1:1-15   년   월   일

드고아의 작은 선지자 아모스

> **오늘의 요절** 암 1 : 2 ▷ 저가 가로되 여호와께서 시온에서부터 부르짖으시며 예루살렘에서부터 음성을 발하시리니 목자의 초장이 애통하며 갈멜산 꼭대기가 마르리로다

살핌
1. 아모스는 어떤 인물입니까?(본문 중에서)
2. 전도는 어떤 심정으로 해야 합니까?
3. 죄 중에서 가장 극심한 죄는 무엇이라고 생각하십니까?

사랑하는 성도 여러분! 아모스 1장은 웃시야 시대에 드고아의 목자 아모스가 다메섹 · 가사 · 두로 · 에돔 · 암몬이 당할 하나님의 징계에 대하여 기록하였습니다. 정의로운 사회를 구현시켜 보려는 사람들은 아모스서를 읽어야 합니다. 왜냐하면 그는 채찍 든 예수님의 모습을 느끼게 해주며 양심과 하나님의 공의를 나타내려는 행동을 서슴지 않았고 낙심과 낙망의 수렁에 빠져있는 백성들을 영적으로 끌어올려 놓았기 때문입니다.

묵상
첫째, 애통과 목마름으로 시작된 선지활동(암 1 : 1~2). 여호와 하나님의 심정을 표현하는 아모스 선지자는 울부짖는 사자처럼 갈증과 애통함이 섞여 있었습니다(마 5 : 4, 암 1 : 2). 그것의 이유는 몇 나라의 몇 가지 죄악행위 때문이었습니다. 죄악행위를 보시는 주님의 심정으로 아모스는 안타까움의 행동을 시작하였습니다. 하나님의 백성들이 지켜야 할 계명과 율법의 준수는 사라졌습니다. 잔악한 행위와 위선으로 가득찬 나라들은 늘어가고 있었습니다. 아모스-그가 이런 때에 침묵한다면… 하나님의 사람이 아닐 것입니다. 우리가 복음의 침묵을 지킨다면 주의 백성이 아닐 것입니다. 나팔을 불듯이 아모스의 활동은 시작되었습니다. 둘째, 아모스가 지적하는 서너가지 죄(암 1 : 3~15). 죄를 깨닫게 하시는 분은 성령의 하나님이십니다. 이렇듯이 죄를 지적해 주시는 분은 스승이시며, 참된 형제요, 자매입니다. 아모스는 ① 다메섹의 죄가 잔악한 인권탄압으로 커졌음을 지적하였습니다(1 : 3). ② 가사의 죄는 노예제도, 인신매매 행위였습니다(1 : 6). ③ 두로의 죄는 계약의 불이행과 같은 불성실과 포로매매 행위였습니다. ④ 에돔의 죄는 분쟁과 원수맺음의 죄였습니다(1 : 11). ⑤ 암몬의 죄는 살상, 살인의 죄였습니다.

적용
사랑하는 성도 여러분! 이들의 죄는 현대사회의 국가와 민족 중에서도 발생됩니다. 우리는 아모스처럼 죄를 지적할 뿐만 아니라 온화하고 유순한 하나님의 성품을 선물로 받아야 합니다. 사랑의 은사가 없는 한… 죄들은 사라지지 않을 것입니다. 그러므로 오늘도 서로의 죄와 허물을 고백하며 작은 친절을 나눕시다. -아멘-

기도
우리 주 예수 그리스도여! 주님을 보고 기뻐하며(마 2 : 10), 세례 요한처럼 외치며(마 3 : 2), 주의 팔복(마 5 : 3~12)을 받고 싶습니다. -아멘-

찬송 · 333장   말씀 · 암 2:1-16   년 월 일

서너 가지의 죄의 목록

오늘의 요절 암 2 : 12 ▷ 그러나 너희가 나시르 사람으로 포도주를 마시게 하며 또 선지자에게 명하여 예언하지 말라 하였느니라

살핌
1. 죄가 형성하는 부정적인 심리 형태는 무엇입니까?(2, 9)
2. 모압과 유다, 이스라엘 민족이 저지른 죄의 공통점은 무엇입니까?
3. 우리가 거부하지 않고 순응해야 할 진리는 무엇입니까?

사랑하는 성도 여러분! 아모스 2장은 모압과 유다 그리고 이스라엘과 아모리 백성들의 죄의 목록에 대하여 하나님의 심판이 있음을 기록하였습니다. 죄의 무게가 곡식단을 가득히 실은 수레의 무게쯤 된다고 느끼십니까? 아모스의 고뇌는 절망으로 부터 시작되어 소망의 외침으로 분노하였습니다. 그는 어느 민족 누구에게나 있는 서너 가지의 죄의 목록 때문에 더욱 개혁적인 태도로 선지활동을 하였습니다.

첫째, 모압과 유다와 이스라엘의 죄 (암 2 : 1~8). 모압의 죄는 잘못되고 공정하지 못한 재판이었습니다. 그들은 정서가 불안하였고, 개인의 치부에만 혈안이 된 졸부들이었습니다. 이런 죄가 유다에는 없었을까요? 하나님의 백성들은 율법이 모든 공의의 기준인데… 그들은 율법을 멸시하였습니다. 그들도 예외없이 가난한 백성들을 착취하였고, 고리대금업으로, 창녀제도로 가진 자의 향락을 즐기었습니다 (암 2 : 6~8). 둘째, 하나님의 서운하심과 백성들이 느끼는 죄의 무게 (암 2 : 9~16). 하나님의 따스하신 배려를 잊는 백성은 배은망덕한 파렴치한입니다. 그러한 백향목 같은 교만으로 뿌리 썩는 줄 모르는 백성은 반드시 징벌을 당하거나 심판을 맞이하게 됩니다. 이 필연적 심판은 죄의 무게와 같습니다. 염려로 온 밤을 뜬 눈으로 지새우듯이 죄로 인한 고뇌는 고독과 중압감으로 한 세월을 보냅니다. 안전을 위하여 서로의 이기심을 내세우고… 향락을 위하여 여자와 술을 마시며… 외식을 위하여 선지자를 세우는 죄는 짐수레를 등에 지는 행위와 같습니다. 용사도, 강한 사람도, 장정도, 군사도 예외없이 하나님의 다스림을 피할 수가 없듯이 죄의 형벌과 심판은 모면할 수 없습니다.

적용 사랑하는 성도 여러분! 예수님의 구속사역이 없는 한 개인들이 가지고 있는 죄의 짐은 해결될 수 없으며 구원의 참 즐거움을 느낄 수 없습니다. 하나님의 긍휼있는 심판을 사모한다면 예수님의 십자가와 그의 보혈의 공로를 거부하지 않아야 합니다. 오직 겸손의 연필로 죄의 목록을 지워야 합니다. 그러므로 오늘도 낙심의 짐들을 예수님께 벗어드립시다. —아멘—

기도 우리 주 예수 그리스도여! 사랑의 용기로(고전 13 : 2), 겸손의 음성을 들으며(요 10 : 27) 믿음의 용사가 되고 싶습니다(막 16 : 15). —아멘—

찬송 · 313 장   말씀 · 암 3:1-15   년   월   일

너희만 알았나니…

| 오늘의 요절 | 암 3:2 ▷ 내가 땅의 모든 족속 중에 너희만 알았나니 그러므로 내가 너희 모든 죄악을 너희에게 보응하리라 하셨나니

살핌
1. 선택과 부르심은 언제부터 예정하셨습니까?(엡 1:4~5)
2. 아모스가 비평하는 삶은 어떤 계층입니까?(암 3:2, 10)
3. 타락과 안일한 양심의 근거는 어디서 찾을 수 있습니까?(12, 15)

사랑하는 성도 여러분! 아모스 3장은 사치와 안일의 선민들에게 양심의 호소를 하는 선지자의 탄식과 질문을 기록하였습니다. 아모스 선지자는 유일하신 하나님의 독특한 선택하심의 은혜를 설교하였습니다. 그 위대하신 섭리를 망각하면 어김없이 하나님의 징계와 채찍을 맞았습니다(암 3:1, 히 12:5~6).

묵상 첫째, 하나님의 질문은 경고의 채찍입니다(암 3:2~8). 하나님의 질문은 인생을 살리고, 생기있게 만드는 활력이었습니다. 하나님께서는 이스라엘 백성만 알았다고 선언하셨으므로 그의 사랑을 증명하셨습니다. 이토록 사랑의 하나님께서 부르짖는 증언은 인생들이 '생기'있게 생활하라는 촉구의 외침이셨습니다. 즉, ① 하나 되었느냐? ② 경고의 소리를 들었느냐? ③ 진리를 외쳤느냐? ④ 재앙이 무엇인지 아느냐? ⑤ 언제 심판이 시작되는 줄 아느냐? ⑥ 하나님의 나팔이 무엇인지 아느냐? ⑦ 왜 선지자를 보낸 줄 아느냐? ⑧ 하나님의 소리가 두렵지 아니하냐? ⑨ 선지자의 예언이 하나님의 소리로 듣지 못하느냐? 둘째, 풍요로운 삶은 선민의식을 망각시킵니다(암 3:9~15). 풍요한 물질적 삶은 영적 기근을 몰고 옵니다. 아모스 선지자는 그의 설교를 통하여 부유한 삶의 부패성을 지적하였습니다. 그들은 요란한 파티의 삶과 포학과 겁탈을 쌓는 불법의 사람들이었습니다. 그 풍요로운 물질로 어눌하고 연약한 자의 삶을 약탈하였습니다. 그들의 침상과 밥상에서 그 증거를 찾아내시는 하나님께서 풍요한 삶의 부패성을 지적하셨습니다. 즉, 여름 궁과 겨울 궁을 건축하여 부요를 자랑했으나 그것은 부패의 성(城)이 되었습니다(암 3:15).

적용 사랑하는 성도 여러분! 둔화된 양심은 풍요로운 물질적 삶의 부산물이며, 노폐물이었습니다. 이러한 때에 하나님의 질문에 답변할 자료가 있습니까? 안일한 삶의 태도는 하나님의 나라에서 채찍을 맞으려는 것와 같습니다. 설교와 성경말씀을 들을 때 더럽혀진 양심은 감각을… 방향을… 목적을 찾게 됩니다. 그러므로 오늘도 예수 백성으로서의 자긍심으로 영적 풍요를 위한 질문과 답변을 정리합시다. ─아멘─

기도 우리 주 예수 그리스도여! 두려워하며 믿지 않고(요 14:1), 더 큰 사랑을 위하여(요 15:13) 주의 택함을 지키겠습니다(요 15:19). ─아멘─

찬송 · 331 장   말씀 · 암 4:1-13   년 월 일

하나님 만나기를 예비하라

오늘의 요절 암 4:12 ▷ 그러므로 이스라엘아 내가 이와 같이 네게 행하리라 내가 이것을 네게 행하리니 이스라엘아 네 하나님 만나기를 예비하라

살핌
1. 바산의 암소들이 선행을 행하지 못하는 이유는 무엇입니까?(1)
2. 교회의 외식은 무엇이며 어느 때 기도해야 합니까?(4, 6, 8)
3. 하나님 만나기를 어떻게 예비해야 합니까?(12~13, 벧전 1:13~16)

사랑하는 성도 여러분! 아모스 4장은 이스라엘을 향하신 하나님의 징계선언과 그 형태와 시기에 대하여 기록하였습니다. 죄인들은 하나님 만나기를 두려워하나 믿음있는 죄인들은 하나님의 사랑과 긍휼의 심판이 오기를 예비할 것입니다. 특히 외식적이고 허례허식같은 종교생활의 영위자들에게는 주일(主日)이 괴롭겠지만 사모의 영들을 가진 성도들은 주의 날에 아모스의 참된 설교를 듣게 될 것입니다.

묵상 첫째, 바산의 암소들(암 4:1~3). 사치와 허영을 채우려는 부녀자들을 '암소'로 비유하였습니다. 그들의 죄는 가난한 자를 업신여긴 죄이며 거룩함을 잊어버린 죄입니다. 생명을 살리는 일보다 재산의 증식에 혈안이 된 갈고리 같은 인생들은 '바산의 암소'로 비유되었습니다. 과연 이런 여인들이 하나님을 만나려고 예비할까요? 둘째, 비틀거리는 하나님의 백성들(암 4:4~11). 아모스 선지자는 벧엘과 길갈과 브엘세바에서 생활하는 백성들의 삶을 비틀거리는 삶으로 정리하였습니다. 그들이 하나님의 백성이라고 자처하면서도 외식과 타협의 삶을 꾸려가는 모습이 한심스러웠습니다. 형식적인 제물과 십일조들이 그 증거입니다. 그리고 생활이 궁핍하고, 양식이 떨어져도 여호와께 입을 열어 구하지 않은 것입니다. 풍재와 깜부기로… 염병으로 인생들이 죽어도 여호와께 기도하지 않았습니다. 그런즉, 소돔과 고모라 성읍의 무너짐처럼… 불과 지진의 재앙이 있을 것이라고 예언되었습니다. 우리는 어떻습니까? 세상이 재앙과 기근… 폭동 사태로 혼탁해져도 기도를 합니까?

적용 사랑하는 성도 여러분! 예수님께서는 반드시 재림하십니다. 그의 재림은 분명하나 비틀거리는 인생이 되어 목적과 목표의식을 잃지 않았습니까? 하나님 만나기를 예비하셨습니까? 바람에 휘청거리며 이 산에서… 저 산으로 옮겨다니는 허망의 사람처럼 살고 있다면… 우리는 창조주 하나님께서 열고 계시는 아침의 햇살이 가득한 창을 열 수가 없습니다. 그러므로 오늘도 정신을 차리고 열성으로 준비되는 삶을 꾸려봅시다. —아멘—

기도 우리 주 예수 그리스도여! 참된 지혜를 사모하며(약 3:13), 하나님과의 화평을 위하여 선을 행하겠습니다(약 3:18). —아멘—

찬송 · 521장   말씀 · 암 5:1-27   년 월 일

찾으라 그리하면 살리라

> **오늘의 요절** 암 5 : 4 ▷ 여호와께서 이스라엘 족속에게 이르시기를 너희는 나를 찾으라 그리하면 살리라

살핌
1. 나의 영혼이 잃어버린 영적 습관과 주장은 무엇입니까?
2. 하나님께서 무엇을 찾으라고 강조하시고, 그 결과는 무엇입니까?(4,6,14,24)
3. 믿음의 그루터기가 살 수 있는 최소한의 활동은 무엇이 있습니까?

사랑하는 성도 여러분! 아모스 5장은 아모스의 애가이며 그루터기 생명들이 살 수 있는 길을 제시하는 내용이 기록되었습니다. 아모스 선지자는 애달픈 노래 -애가- 를 부르는 지경의 설교를 하였습니다. 그 노래의 주제는 "찾으라! 그리하면 살리라! 여호와를 찾으라 그리하면 살리라 너희는 살기 위하여 선을 구하고 악을 구하지 말지라"는 내용이었습니다(암 5 : 4, 6, 14).

묵상 첫째, 어느 때에 하나님을 찾을 것인가?(암 5 : 1~13) 처녀를 빼앗기고, 넘어졌을 때… 사람이 없을 때… 고독할 때… 여호와를 찾아야 합니다. 하나님 계신 곳은 벧엘도 아니며 브엘세바도 아닙니다. 오직 공법이 살아 있고, 정의가 살아 있는 곳에 하나님의 임재가 약속되었습니다. 따라서 온 우주만물을 지으신 여호와의 살아계심을 믿는 자는 무소부재(無所不在)의 하나님을 부르는 기도를 해야 합니다. 그들은 위선을 버리고 참된 삶을 살기 위하여 악한 때일수록 기도하며 하나님을 찾을 것입니다. 둘째, 어떻게 하나님을 사랑하며 찾아야 하는가?(암 5 : 14~26) 오직 영원한 삶을 추구하는 이들은 예수 그리스도의 구속의 은총을 믿습니다. 그들은 선에 속하며 선하신 목자의 가르침대로 기도의 선행과 여호와의 날을 사모할 것입니다. 악에 속하여 사는 인생들이 맞이할 심판은 눈물이며 애곡의 참상뿐입니다. 곧 어두움의 날이며, 의와 악이 분리되는 날입니다. 이 피할 수 없는 여호와의 날은 소망의 끝날입니다. 노래도 끝이 나고 춤추는 음악도 사라질 그 날은 여호와의 날입니다.

적용 사랑하는 성도 여러분! 사랑의 선행은 믿음의 기초로부터 출발됩니다. 여호와의 날에는 그 출발과 신행의 결과를 맞이하게 됩니다. 공법과 율법과 사랑을 잃어버린 우상숭배자와 배교자 및 안일한 백성들은 심판의 두려움을 맛보게 될 것입니다. 그러므로 영원한 생명이신 예수님을 찾읍시다. 곧 죽음의 결과를 맞이하기 전에 내 영혼의 참된 정의를 찾읍시다. 오직 선을 사랑하며 하나님의 공법과 율례와 법도와 사랑을 실현합시다. -아멘-

기도 우리 주 예수 그리스도여! 찾고, 구하고, 두드리는 생명의 길을 열어 주옵소서(마 7 : 7, 암 5 : 4, 14). -아멘-

찬송 · 202장　　　말씀 · 암 6:1-14　　　년　월　일

시온에서 안일(安逸)한 백성들

오늘의 요절　암 6:6 ▷ 화 있을진저 시온에서 안일한 자와 사마리아 산에서 마음이 든든한 자 곧 열국 중 우승하여 유명하므로 이스라엘 족속이 따르는 자들이여

1. 이스라엘 족속은 어떤 계층을 따랐습니까?(1)
2. 왜 그리스도인들도 안일하고 편한 삶을 즐겁게 여길까요?(4~7)
3. 가장 허무를 많이 느끼는 시간은 언제입니까?

사랑하는 성도 여러분! 아모스 6장은 지배계급층의 백성들이 하루를 살아가는 안일과 이기주의 형태의 활동에 대한 결과를 기록하였습니다. 규모있으며, 절서있으며 차분한 시간계획을 세우고 생활하십니까? 아니면 평범하게 되는 시간에 맞추어 임기응변의 시간을 보내셨습니까? 아모스 선지자는 하나님의 음성을 전하였습니다.

첫째, 하나님의 화(禍)를 받을 계층들(암 6:1~11). 믿음생활의 이기주의와 쾌락주의자는 반드시 화를 받습니다. 시온(번화함)에서 안일함을 찾는 사람과 사마리아 산에서 마음이 든든한 사람과 유명한 사람을 따르는 계층은 하나님의 노여움을 받습니다. 하나님의 날을 선포하여도 듣지 않는 계층은 안일함과 취미생활을 과도하게 즐기는 사람들이었습니다. 그들의 종교는 수단에 불과하였고 참된 목적의 생활이 아니었습니다. 그들의 하루 생활은 침상에서 식사하고 노래와 향연으로 이어졌습니다(암 6:4~7). 진한 포도주와 악기연주가 만군의 여호와 하나님의 진노를 자극하였습니다. 그러므로 하나님의 노여움이 야곱 자손의 집과 성읍의 사람들에게 내려졌습니다(암 6:11). 즉, 지진으로 역사된 것이었습니다. 둘째, 허무한 것을 기뻐하는 계층들(암 6:12~14). 용맹을 자랑하며 전승을 과신하는 말탄 용사들은 하나님의 책망을 듣습니다. 그 책망은 하나님께 영광을 돌리지 않은 죄입니다. 하나님의 힘을 소개하거나 간증하지 않고 사람의 힘과 연합된 승리를 노래하였기 때문에 안일한 자만이 죄를 지은 것입니다. 그러므로 아모스는 하나님의 공의로운 법보다… 하나님의 정의 열매를 허무한 것으로 포장한 계층들은 다른 나라의 포로가 될 것이라고 예언하였습니다.

사랑하는 성도 여러분! 시간의 활용은 사랑의 기술이며, 하나님의 자녀다운 복음적 행동이 됩니다. 안일함은 파멸의 노래이며 악기의 연주입니다. 그리고 사람을 의지하고 든든해하지 맙시다. 오직 하나님의 엄위하신 힘을 받아 하나님의 사랑을 전도합시다. 하나님의 독생자 예수 그리스도의 십자가와 그의 선물인 성령의 찬송만이 우리를 안일한 시간의 습관에서 자유롭게 할 것입니다. －아멘－

우리 주 예수 그리스도여! 성령의 법이(롬 8:2) 육신에 있는 자들을 굴복시킬 것을 믿습니다(롬 8:7~8). －아멘－

찬송 · 327장　　　　　말씀 · 암 7:1-17　　　　년　　월　　일

아모스의 환상과 그의 사명

> **오늘의 요절**　암 7:15 ▷ 양떼를 따를 때에 여호와께서 나를 데려다가 내게 이르시기를 가서 내 백성 이스라엘에게 예언하라 하셨나니

살핌
1. 아모스의 기도는 응답됩니까? 나의 기도는 응답됩니까?(3, 5)
2. 연약하거나 담대하지 못한 이유는 무엇입니까?(10, 12~13)
3. 그러나 아모스의 참된 의식은 무엇입니까?(15)

사랑하는 성도 여러분! 아모스 7장은 아모스가 본 황충 · 불 · 다림줄의 환상과 선지활동을 방해하는 제사장 아마샤에 대하여 기록하였습니다. 아모스 선지자는 여호와께서 주신 환상을 보았으며, 자신의 사명수행 중에 있을 어려움과 방해를 의식하였습니다. 그러나 그는 예견된 환상을 담대하게 진행시킨 소망의 사람이었습니다(암 7:15).

묵상
첫째, 황충의 환상(암 7:1~3). 아모스가 본 황충의 환상은 재앙이며 기근이 있는 미래였습니다. 작은 황충이 새로 움이 돋기 시작한 풀을 다 먹었으니 열매가 없다는 뜻입니다. 따라서 지극히 작은 죄를 소홀히 여기는 것은 황충을 키우는 것과 같습니다. 중요한 것은 아모스의 청원기도에 의하여 하나님께서 뜻을 돌이 켰다는 부분(암 7:3)입니다. 둘째, 불(火)의 환상(암 7:4~6). 아모스가 본 불의 환상은 심판의 '불'이었습니다. 작은 불이 큰 바다와 산을 삼킨다고 기록되었으니 극심한 혼란과 죽음이 연상되었습니다. 그러나 이때에도 아모스는 야곱의 미약함을 하나님께 기도하였습니다. 이러한 선지자적인 기도와 청원은 응답되어 하나님께서 뜻을 돌이키셨습니다. 따라서 복음의 종들이 드리는 기도는 역사하는 힘이 강합니다(약 5:15~16). 셋째, 다림줄의 환상(암 7:7~9). 다림줄은 모든 건물을 재어보는 '중심줄'입니다. 아모스는 이스라엘의 산업과 건물 및 역사를 재어보시는 분이 여호와 하나님이심을 증언한 것입니다. 그 증언은 하나님의 척도에 어긋나는 백성이 이스라엘이라는 뜻이었습니다. 그러므로 분열되고 금이 갈 것이 예언되었습니다.

적용
사랑하는 성도 여러분! 아모스는 목자요, 뽕나무를 배양하는 광작식(廣作式) 농업가였습니다. 그는 하나님의 사명을 받아 예언하였습니다. 따라서 그를 모함하는 '아마샤'같은 무리도 있었습니다. 아마샤의 방해가 있을지라도 아모스는 도망가지 않았으며 여호와의 예언을 계속하였습니다. 따라서 아마샤는 저주를 받았습니다. 그의 아내가 창기가 되고 그의 자녀들은 칼로 죽임을 당하였습니다. 그러므로 오늘도 사명의 뜻 – 사랑의 선언을 계속 진행합시다. – 아멘 –

기도
우리 주 예수 그리스도여! 연약한 우리 가족을 긍휼히 여기시고(암 7:2, 5), 사명을 수행하게 하옵소서(계 19:8). – 아멘 –

찬송 · 332 장   말씀 · 암 8:1-14   년   월   일

말씀을 듣지 못한 기갈

오늘의 요절 암 8:11 ▷ 주 여호와께서 가라사대 보라 날이 이를지라 내가 기근을 땅에 보내리니 양식이 없어 주림이 아니며 물이 없어 갈함이 아니요 여호와의 말씀을 듣지 못한 기갈이라

살핌
1. 여름 실과가 주는 영적의미는 무엇입니까?(1~3)
2. 교인들의 삶이 핍절되고 허탈해하는 이유를 적어 보세요.(4~10)
3. 기갈들린 영혼들이 해야 할 영적은혜의 성취생활은 무엇입니까?(11~14)

사랑하는 성도 여러분! 아모스 8장은 여름실과 한 광주리의 환상과 백성들을 착취하는 죄악에 대한 보응으로 말씀의 기갈이 있을 것을 기록하였습니다. 아모스는 하나님께서 배설하신 말씀을 환상과 실제를 통하여 깨달았습니다. 그 환상은 '여름 실과 한 광주리' 였습니다. 그것은 죄의 열매이며, 하나님께서 인생들에게서 얻으신 죄악 덩어리였습니다. 따라서 용서받을 수 없는 죄의 덩어리를 곳곳에 버리신다는 뜻이었습니다.

묵상 첫째, 영적 양식을 구해야 됩니다(암 8:4~10). 화려한 여름 과일은 먹을 수가 없는 과일입니다. 먹지 못해서 버려질 과일이 여름 실과입니다. 인생들은 선행의 열매가 없었으며 사랑의 열매가 없었습니다. 궁핍과 가난을 싫어하였기에 풍요한 물질의 삶을 살았습니다. 그러므로 이기적인 육욕 때문에… 저울을 속이며, 형제의 약점을 빌미로 저당잡았습니다. 그 뿐 아니라 눈물이 없는 강팍한 삶을 지냈습니다. 그 결과는 하나님의 진노를 받게 되었습니다. 그러므로 하나님께서 대낮(백주-白晝)에 캄캄함을 주었고 대머리(수치)와 애통의 영적 곤고함을 체험하게 만드셨습니다. 둘째, 영적 양식은 말씀을 듣는 것입니다(암 8:11~14). 기근은 물질적인 기근보다도… 영적 기근이 더욱 무서운 재앙입니다. 버려진 음식은 많아서 쓰레기가 가득하지만 하나님의 말씀은 버릴 것이 없습니다. 먹으면 먹을수록… 들으면 들을수록 생활의 생동감이 넘치며 노래하게 됩니다. 그렇다면 이 말씀은 무엇입니까? 그 말씀은 사랑의 말씀이며 곧 복음(福音)입니다. 사람을 주눅들게 만드는 율례, 법도, 규례, 규칙, 규정이 아니라 시공간과 질서를 초월하는 사랑의 복음입니다.

적용 사랑하는 성도 여러분! 말세에는 여호와의 말씀을 구하려고 동서남북을 헤매이게 됩니다. 소망과 사랑이 담긴 메시지를 듣고 싶어하며 믿음의 견고함으로 정신적 피곤을 해갈시켜 줄 영생수의 말씀이 필요합니다. 그 말씀만이 생존의 역동감을 느끼게 합니다. 그러므로 사랑의 말씀-곧 성경말씀을 듣는 것은 하나님과 내 영혼의 첫 만남입니다(롬 10:17). 오늘도 듣는 자세를 취합시다. -아멘-

기도 우리 주 예수 그리스도여! 자기 의를 버리고(롬 10:3), 성숙된 믿음으로 좋은 사랑의 소식을 전하고 싶습니다(롬 10:15). -아멘-

찬송 · 367장   　　말씀 · 암 9:1-15   　　년　월　일

무너진 천막을 일으키고

> **오늘의 요절**   암 9:11 ▷ 그 날에 내가 다윗의 무너진 천막을 일으키고 그 틈을 막으며 그 퇴락한 것을 일으켜서 옛적과 같이 세우고

살핌
1. 하나님께서 바라시는 이스라엘 민족의 생활은 무엇입니까?(1)
2. 아모스는 이스라엘이 어떤 방향으로 나아가기를 소망하였을까요?(5, 6, 9)
3. 미래의 축복을 가지기 위해 믿음으로 해야 할 일은 무엇입니까?(11~15)

사랑하는 성도 여러분! 아모스 9장은 부숴지는 문설주 환상과 하나님의 자비와 회복의 선언 내용을 기록하였습니다. 무거운 짐을 진 자와 자기와의 싸움에서 버티다 쓰러진 사람을 '포기의 사람'이라고 말합니다. 아모스 선지자는 지금까지 견디어온 다윗의 문설주가 무너지는 환상을 보았습니다. 그것은 왕권의 붕괴이며, 종교의 붕괴이며, 성전의 붕괴를 뜻하였습니다. 개인적으로는 소망이 사라졌다는 표현입니다.

묵상 첫째, 무너진 현실을 바로 봅시다(암 9:1~6). 기둥 머리가 무너졌으니… 곧 정치, 종교적인 우두머리의 퇴락을 뜻합니다. 그 책임이 온 무리에게 떨어졌습니다. 따라서 흩어진다 하여도 책임의 무게는 죽음과 같았습니다. 즉, 전쟁의 패망은 죽음입니다. 인생의 항전에서 포기는 죽음의 선고입니다. 그러므로 무너진 복의 기둥을 바로 봅시다(암 9:4). 땅의 기둥은 무너졌지만 만군의 여호와 하나님의 전은 하늘에 세워졌습니다. 여호와 하나님의 위대하심은 땅의 현실을 좌우합니다. 따라서 하나님의 위대하심을 찬송하며 자기의 기둥을 '여호와'라고 고백합시다. 둘째, 잊었던 과거의 은혜를 돌아봅시다(암 9:7~10). 이스라엘의 과거는 흩어짐에서 모으시는 하나님의 방법과 그 목적이었습니다. 하나님의 선민이었지만 많은 시련의 체질(흩으면서도 알곡을 모으는 추수방법)을 당하는 민족이 이스라엘입니다. 하나님께서 알곡을 고르시는 시간 속에 이스라엘은 시련과 체질을 당하였습니다. 그러나 야곱의 집은 '온전히' 멸망시키지 않았습니다. 그러므로 남은 소망의 믿음을 골라내 봅시다(암 9:9).

적용 사랑하는 성도 여러분! 하나님께서는 다윗의 무너진 천막을 일으키시고 그 틈을 막으며… 그 퇴락한 것을 일으켜 옛적과 같이 세우시겠다고 선언하셨습니다. 또한 그의 이름으로 모이는 곳곳마다 기업을 얻게 하시겠다고 언약하시었습니다. 그뿐 아니라 새로운 경작의 은혜와 땅의 생기를 회복시켜 주시겠다고 언약하시었습니다. 이스라엘 민족은 포로생활 후에 본토로 다시 이주해 왔습니다. 그러므로 오늘도 포기하지 말고 재도전하여 믿음으로 재활동을 전개합시다. ―아멘―

기도 우리 주 예수 그리스도여! 좁은 문의 길을 다시 찾고(마 7:13), 안심하고 (마 9:2), 영생의 일을 하겠습니다(요 17:2~3). ―아멘―

| 새벽강단 | 개 관 | 구약 5 |

24번책 - 예 레 미 야	1-52	
25번책 - 예레미야애가	1-5	
26번책 - 에 스 겔	1-48	
27번책 - 다 니 엘	1-12	
28번책 - 호 세 아	1-14	
29번책 - 요 엘	1-3	
30번책 - 아 모 스	1-9	
31번책 - 오 바 댜	**1-1**	
32번책 - 요 나	**1-4**	
33번책 - 미 가	**1-7**	
34번책 - 나 훔	1-3	
35번책 - 하 박 국	1-3	
36번책 - 스 바 냐	1-3	
37번책 - 학 개	1-2	
38번책 - 스 가 랴	1-14	
39번책 - 말 라 기	1-4	

오바댜·요나·미가서를 열면서

■ 오바댜·요나·미가의 명칭

A. 오바댜−오바댜서는 예언서 중에 가장 짧은 책입니다. 우리는 이 책을 가볍게 보지 맙시다. 여호와 나라를 대적했던 에돔에 대한 심판의 책이기 때문입니다. 전체 21절의 내용에서도 오묘하신 하나님의 이름이 있습니다. 오바댜서는 '오바드야(야웨의 종, 여호와의 종)'라고 부릅니다.

B. 요 나−히브리성경의 이름은 '요나(비둘기)'입니다. 70인 성경은 '요나스(Jonas)'라고 붙였습니다. 또한 하나님의 자비와 은혜 연장의 책입니다.

C. 미 가−히브리성경은 '미카(누가 여호와와 같을까?)'입니다. 70인 성경은 '미카예후'라고 붙였습니다(7 : 18절 참고할 것). 그리고 심판과 영광의 책입니다.

■ 오바댜·요나·미가의 핵심사항

저 자

A. 오바댜−저자는 오바댜입니다. 요세푸스는 그를 열왕기상 18 : 3~4절에 나타난 오바댜와 동일 인물로 봅니다. 즉, 아합 왕의 행정직을 맡았던 자입니다.

B. 요 나−저자는 갈릴리의 가드헤벨 출신이며, 아밋대의 아들인 요나입니다. 그는 열왕기하 14 : 25절에 나타난 아밋대의 아들입니다.

C. 미 가−저자는 농촌빈민의 출신(유다)으로서 남북 양국을 향하여 예언활동을 하였던 '미카'입니다. 이사야가 예루살렘의 귀족출신, 호세아는 부유한 농민, 아모스는 낙농업자, 목자이었지만 미가는 가난한 소작농 출신이었습니다.

기록목적

A. 오바댜−①에돔의 곤경, 잔혹스런 행위의 파멸을 다루었으며 ②에돔의 교만과 자기신뢰의 허물을 벗기고 ③에돔의 멸망을 선포하며, 이스라엘의 부강을 예언함이 기록 목적입니다.

B. 요 나−①하나님의 선교적 사랑 ②요나의 사건을 부활의 예표로 함(메시야의 죽음) ③선민의식의 완고한 편협심과 고집스런 민족주의를 깨뜨림 ④자비로운 하나님을 알려주고 ⑤심판을 철회하고 은혜를 연장시켜 준다는 내용이 목적입니다.

C. 미가−①부유한 계층이 평민들에게 행하였던 오만한 죄들에 대하여 심판을 선언하는 것을 알려 주려는데 그 목적이 있습니다. ②행악자들을 눈감아 주는 부류들(제사장, 예언자)을 향하여 맹렬한 비난의 소리를 기록하였습니다.

■ 오바댜·요나·미가의 주제와 요해

A. 오바댜−중심주제는 '에돔의 멸망'입니다. 기록의 동기도 '에돔의 교만'이며 핵심요절이 10절의 내용입니다. '네 형제 야곱에게

---

* 오바댜서는 형제우애가 없는 것이 커다란 죄악임을 우리에게 가르쳐 주며, 요나서에서는 선민의식을 가진 이스라엘의 불성실, 불순종에 대하여 기록하고 있다. 그리고 미가서에서는 불신과 불의가 만연된 사회상과 종교지도자들의 타락한 모습이 묘사되고 있는데 공통적인 교훈은 '하나님의 사랑'이며, '택한 백성과 이방인을 사랑하시는 인자의 하나님'이시다.

행한 포학을 인하여 수욕을 입고 영원히 멸절되리라.' 따라서 중심사상은 '열국을 심판하시는 하나님'입니다. 그리고 '하나님(야웨)나라가 올 것을 확신하는 사상'입니다.

　B. 요 나－중심주제는 '하나님의 전 세계적 선교와 통치섭리' 그리고 '구원계획'입니다. 니느웨성의 극심한 악함에도 불구하고 요나를 파송시키는 하나님의 자비하심이 깔려 있습니다. 유대민족의 사상은 ①배타적 민족주의를 다룬 성경은 학개, 요엘, 에스더서 ②보편적 세계 선교주의를 다룬 성경은 이사야서, 요나서, 룻기서입니다. 따라서 요나서의 중심사상은 열방세계에 대한 이스라엘의 사명과 메시야의 죽음과 부활사상입니다. 요나를 개인적으로 볼 때 그는 불순종의 선지자로 불려집니다.

　C. 미 가－중심주제는 ①사마리아와 예루살렘에 대한 심판 ② 국가적 죄악들 ③정치, 종교지도자들의 죄악들 그리고 남은 백성들에게 주는 약속의 언약입니다. 따라서 중심사상은 ①유대 사회의 빈민계층의 대변사상 ②메시야 탄생의 예언과 그 장소 ③평화의 메시야 왕국사상입니다. 특히 '하나님의 기준'에 대하여 강조하였습니다.

■ 오바댜·요나·미가의 본론에 대하여

　A. 오바댜－오바댜의 예언내용은 에돔 족속(에서에게서 나온 족속, 창 36 : 1)에 대한 제한된 내용입니다. 그러나 그 족속에 대한 멸망이유와 심판의 이유는 전세계 모든 민족에게 적용되어집니다.

　B. 요 나－요나서를 해석하는 방법을 4가지로 말씀드리면 ① 전설적 해석방법 ②비유적 해설방법 ③풍유적 해석방법 ④역사적 해석방법입니다. 요나서의 내용은 선민의식을 가진 이스라엘의 불성실, 불순종에 대하여 기록한 것입니다.

　C. 미 가－미가서를 기록할 때 그 당시의 역사적 배경은 사회적으로 불신과 불의가 만연되었고 종교 지도자들이 타락한 사회로 그려져 있었습니다. 그러므로 본 미가서의 주요내용은 심판으로 얼룩지고 작은 귀퉁이에 남은 구원과 하나님의 은혜의 소리가 있습니다.

■ 오바댜·요나·미가의 핵심적 신앙교훈

　A. 오바댜－오바댜에서는 ①형제 우애가 없는 것은 커다란 죄악임을 배우고 ②교만은 패망의 선봉임을 깨달아야 됩니다.

　B. 요 나－요나서에서는 ①하나님 사랑의 보편성과 ②이스라엘의 사명(신자의 사명)을 각성하고 ③기도와 회개의 필요성을 배우십시오. 그리고 사역자의 순종자세와 우리 주님의 대속적 사건의 예표를 기억하시기 바랍니다.

　C. 미 가－미가서에서는 ①가난한 자를 업신여기지 말 것과 ②메시야의(재림) 탄생을 감사할 것, 그리고 ③은혜로운 승리의 생활을 사모할 것을 교훈하고 있습니다.

　따라서 공통적인 교훈은 '하나님의 사랑'입니다. 또한 '택한 백성과 이방인을 사랑하시는 인자의 하나님'입니다.

■ 오바댜·요나·미가서 연대표 ■

B.C	
793	여로보암 2세의 이스라엘 왕 즉위 / 요나의 사역 시작
790	웃시야의 유다 왕 즉위
760	아모스의 사역 시작
759 (?)	요나의 니느웨 전도(3 : 1～10)
753	요나의 사역 종결
751	요담의 유다왕 즉위
740	미가의 사역 시작 / 이사야의 사역 시작
722	북왕국 이스라엘의 함락 미가의 예언 성취(1 : 6, 7)
701	산헤립의 예루살렘 포위
695	미가의 사역 종결
586	예루살렘 함락 / 오바댜의 사역 시작
583	오바댜의 사역 종결

찬송 · 278 장　　　　말씀 · 옵 1 : 1-21　　　　년　월　일

중심(中心)의 교만이 패망의 원인

오늘의 요절　옵 1 : 3 ▷ 바위 틈에 거하며 높은 곳에 사는 자여 네가 중심에 이르기를 누가 능히 나를 땅에 끌어내리겠느냐 하니 너의 중심의 교만이 너를 속였도다

 1. 형제 사랑을 실천하지 못하는 이유는 중심의 교만 때문이 아닙니까?(3)
2. 에돔의 형편과 야곱족속의 형편은 어떠했습니까?(4, 6, 11)
3. 지금까지 내 형제의 구원을 위하여 행한 일을 적어봅시다.(15, 18, 21)

사랑하는 성도 여러분! 오바댜 1장은 에돔에 대한 심판예고와 형제의 곤경에 대한 방관과 교만의 결과에 대하여 기록하였습니다. '에돔'은 야곱의 형제민족입니다. 에돔은 '에서'의 땅으로서 '세일'이라고 불렸습니다. '오바댜'는 '여호와의 종'이라는 이름 뜻을 가진 자로서 묵시중에 받은 여호와의 말씀을 '에돔'을 향하여 선포하였습니다. 그의 짧은(1~21절) 말씀 중에는 형제 사랑과 친인척 전도의 중요성을 교훈하고 있습니다.

묵상 첫째, 에돔의 형편(옵 1 : 1~9). 에돔 사람들은 중심에 교만과 육체의 호전성(好戰性)을 가지고 있었습니다(창 27 : 40). 우상숭배로 기상을 드높이었고(대하 25 : 14~20) 복수심에 불타서 늘 쉽게 분을 내는 사람들의 특성을 지녔습니다(1절). 그리고 야곱족속과의 불화를 노골적으로 드러냈으며 항상 전투예비생활을 하였습니다. 따라서 높은 바위와 산성(山城)을 쌓고 탐욕과 가치있는 보물이 엉켜져 함정을 파놓는 인간관계가 심하였습니다. 그러므로 정직함보다는 권모술수에 능하였지만 참된 지혜(약 3 : 17)는 없었습니다. 둘째, 에돔이 심판받는 이유(옵 1 : 10~14). 야곱민족에게 반감을 가지고 있는 에돔민족은 야곱-이스라엘의 잘됨에 대하여 질투하였고, 어려움에 대하여 조롱과 핀잔 및 이방인들과 합세하여 판단하였습니다. 즉, 예루살렘의 수난을 방관하였고 재앙의 날과 패망의 날에 기뻐하였습니다. 하나님께서는 형제의 어려움을 방관하는 사람들에게 환난을 주시겠다고 선언하셨습니다. 이것이 심판의 이유였습니다.

적용 사랑하는 성도 여러분! 형제와 일가친족의 구원을… 어려움을 방관하지 맙시다(딤전 5 : 8). 천하만국을 벌하시는 그 날에 동일한 지역이 아닐지라도 심판은 우주적이며 예외의 민족이 없습니다. 예수님께서는 심판의 참상을 양과 염소로 비유하셨습니다. 형제 사랑을 하지 않는 자가 과연 양일까요? 그러므로 오늘도 구원의 문제에 세심한 관심을 베풀어 봅시다(옵 1 : 21, 요일 4 : 20). -아멘-

기도 우리 주 예수 그리스도여! 행함과 보응의 원리를 깨닫고(옵 1 : 15), 심판의 절박한 심정으로(마 25 : 40, 46) 형제를 사랑하겠습니다(마 28 : 10, 20).
-아멘-

찬송 · 319 장   말씀 · 욘 1:1-17   년   월   일

뜻대로 행하시는 하나님

오늘의 요절 욘 1:14 ▷ 무리가 여호와께 부르짖어 가로되 여호와여 구하고 구하오니 이 사람의 생명 까닭에 우리를 멸망시키지 마옵소서 무죄한 피를 우리에게 돌리지 마옵소서 주 여호와께서는 주의 뜻대로 행하심이니이다 하고

살핌
1. 하나님 아버지의 뜻은 무엇입니까?(2)
2. 그의 뜻은 누구를 통하여 이루시려고 작정하셨습니까?(9, 12, 17)
3. 사명자를 위해 내가 해야 될 일을 선원들에게서 찾아 보십시오.(13~16)

사랑하는 성도 여러분! 요나 1장은 불순종으로 하나님의 사역을 거부한 요나에게 임하게 되는 환란의 파도를 기록하였습니다. 사랑이 많으신 하나님은 우리의 아버지이시며 우리는 그를 경외하는 백성입니다. 주 여호와께서는 주의 뜻대로 행하시는 권능(權能)의 하나님이십니다. 아밋대(하나님의 진리)의 아들 요나(비둘기)는 '하나님의 전도명령'을 거부한 인물이었습니다. 따라서 그는 사명을 거부한 선지자가 되었습니다.

묵상 첫째, 하나님께서 '가라'는 곳과 요나가 가는 곳(욘 1:1~4). 하나님의 명령은 곧 사명이니 순종해야 합니다. 하나님께서 가라는 곳은 니느웨(합의(合意) - 함의 손자 니므롯이 세운 성이며 앗수르 제국의 도시)였습니다. 그곳을 향한 하나님의 명령은 ① 일어나라 ② 가라 ③ 외치라(회개 촉구)였습니다(마 28:18, 욘 1:2). 그러나 마음에 반감이 많은 요나는 '하나님의 낯'을 피하여 '다시스'로 가는 배를 탔습니다. 그러므로 그는 풍랑을 만났습니다. 따라서 그와 함께 탄 무리들도 함께 역경의 파도를 만난 것이었습니다. 둘째, 요나의 뜻(자신의 뜻) 때문에 어려움을 당하는 사람들(욘 1:5~16). 요나의 뜻은 문제의 원인이었습니다. 즉 자기의 의를 세우려는 개인적인 안락의 편견이었습니다. 그 때문에 시련은 그의 주위에 있는 사공과 승선객에게 영향이 미친 것이었습니다. 요나는 자신의 신앙양심에서 우러나오는 고백을 하였습니다. "나는 히브리 사람이요, 바다와 육지를 지으신 하늘의 하나님 여호와를 경외하는 자로다." 요나는 죽기를 자청하였습니다. 그의 뜻이 죽음까지 몰고간 것이었습니다. 그러므로 요나는 선원들의 합의(니느웨)에 의하여 바다에 던져졌습니다.

적용 사랑하는 성도 여러분! 차라리… 죽기를 택한 요나의 뜻이 있을지라도 하나님 아버지의 뜻은 '구원'에 있습니다. 죽음도… 지옥도 함부로 선택할 수 없는 인생입니다(요 6:37). 하나님 아버지는 바다에 던져진 요나를 큰 물고기 뱃속에서 삼일삼야(三日三夜)를 지내게 하셨습니다. 그러므로 오늘도 예수님의 발등상인 교회의 뜻에 순종합시다(엡 3:10~11). -아멘-

기도 우리 주 예수 그리스도여! 은혜의 선물을 따라 복음의 일꾼이 되고(엡 3:7), 주신 사명을 감당하고 싶습니다(욘 1:2). -아멘-

찬송 · 484 장   말씀 · 욘 2 : 1-10   년   월   일

요나의 회개하는 목소리

| 오늘의 요절 | 욘 2 : 9 ▷ 나는 감사하는 목소리로 주께 제사를 드리며 나의 서원을 주께 갚겠나이다 구원은 여호와께로서 말미암나이다 하니라

 1. 요나의 감사기도의 큰 주제는 무엇입니까?(6, 9)
2. 요나와 니느웨 백성을 구원시키려는 하나님의 열심과 사랑을 느끼십니까?
3. 하나님께서 예수님을 이 땅에 보내신 뜻은?(요 3 : 16, 요일 3 : 14~16)

사랑하는 성도 여러분! 요나 2장은 물고기 뱃속에서 회개하는 요나의 간청과 감사의 목소리를 기록하였습니다. 하나님 아버지께서는 생사화복(生死禍福)을 주장하십니다. 따라서 죽음과 사는 문제보다도 하나님의 나라와 그의 의(義)를 받들어 경외해야 마땅히 그의 백성으로, 그의 자녀로 인정받을 것입니다(마 6 : 33, 요 1 : 12, 요 4 : 23). 아밋대의 아들 요나는 큰 물결과 큰 물고기 뱃속에서도 죽지 않았습니다.

첫째, 요나는 구원을 받았습니다(욘 2 : 1~6). 요나는 어디에서 구원을 받았습니까? 그 곳은 물고기 뱃속이며, 고난의 환경이었습니다. 따라서 요나의 기도 소리는 죽은 자의 거주지(스올-롬 10 : 7)에서, 구덩이에서 부르짖는 통곡소리였습니다. 자기의 뜻 때문에 얻은 환경이었으나 하나님께서는 그를 사랑하셨습니다. 그 때문에 주께서는 요나에게 바다 깊음 속에서와 큰 파도 및 큰 물결 속에서도 그가 소생할 힘의 기도를 시키셨습니다. 그러므로 요나는 그의 기도에서 "내가 주의 목전에서 쫓겨났을지라도 다시 주의 성전을 바라보겠다"(욘 1 : 4)고 소망하였습니다. 둘째, 요나의 회개하는 기도 소리가 주의 성전에 이르렀습니다(욘 2 : 7~9). 요나의 기도 소리는 구덩이에 빠져서 기도했던 요셉의 소리와 형태는 같으나 그 내용은 다릅니다. 요나는 자기의 뜻대로 고집피운 불순종의 뱃속이지만, 요셉은 자신의 뜻과는 다른, 형들에 의한 구덩이였습니다(창 37 : 18~28). 두 사람의 기도는 모두 응답되었고 구원의 감사와 찬송을 드렸습니다. 요나는 영육이 피곤할 정도로 기도를 하였습니다. 그는 여호와의 생존하심과 응답이 하늘의 성전에 울릴 것을 믿었습니다(욘 2 : 9, 요 15 : 16).

사랑하는 성도 여러분! 요나처럼 회개합시다. 요나의 회개하는 목소리는 ① 확신과 (2) ② 재도전의 용기와 (3) ③ 소망의 믿음이 꽉 찼습니다. 그의 정직한 기도 제물은 ㉠ 감사 ㉡ 참회 ㉢ 서원이었습니다. 그 결과로 여호와께서는 부활과 같은 삶을 허락하셨습니다. 거듭난 것입니다. 그 물고기가 요나를 뱃속에서 토해낸 것입니다. 그러므로 오늘도 요나처럼 다시 성전을 바라보며 기도합시다. -아멘-

우리 주 예수 그리스도여! 대속의 은혜를 감사하며(요일 2 : 2), 죄사함을 믿으며(요일 1 : 8~10), 요나처럼 다시 기도하겠습니다(욘 2 : 4, 9). -아멘-

찬송·265장   말씀·욘 3:1-10   년 월 일

특별기도를 하라

오늘의 요절 욘 3:8 ▷ 사람이든지 짐승이든지 다 굵은 베를 입을 것이요 힘써 여호와께 부르짖을 것이며 각기 악한 길과 손으로 행한 강포에서 떠날 것이라

살핌
1. 요나의 사명은 무엇입니까?(3)
2. 요나가 말씀을 선포할 때 니느웨 사람들은 어떻게 순종하였습니까?(5, 8)
3. 니느웨 백성들과 우리를 향한 뜻은 무엇일까요?(9, 눅 15:7, 17:4)

사랑하는 성도 여러분! 요나 3장은 니느웨의 심판 선언과 백성들의 참회금식기도에 대하여 기록하였습니다. 하나님의 이 세상을 향하신 뜻(섭리)은 주 예수 그리스도를 통한 구원입니다(마 20:28). 심판이 아니라 사랑의 형상을 회복시키며 하나님을 섬기게 하는 것입니다(요 3:17, 요일 4:16). 요나를 구원시키신 하나님은 니느웨를 구원시키려는 작정을 하셨습니다. 하나님의 작정은 은혜와 자비의 사랑이었습니다.

묵상 첫째, 다시 사명을 받은 요나(욘 3:1~4). 중생(重生)의 체험을 한 요나는 하나님의 명령에 순종하였습니다. 하나님의 명령은 ① 일어나라 ② 니느웨로 가라 ③ 명령대로 선포하라입니다. 따라서 요나는 말씀대로 일어났고, 설교를 위한 출발을 단행하였습니다. 그의 걸음은 삼일 길이었습니다. 그는 하룻 길을 걸으며 외쳤습니다. "사십일이 지나면 니느웨(합의)가 무너진다." 둘째, 니느웨 백성들의 특별기도(욘 3:5~9). 하나님의 주권적인 명령은 어느 민족 누구나 순종을 해야 합니다. 니느웨 백성들은 요나의 선포를 마음으로 믿고 금식을 선포하였습니다. 그들은 굵은 베옷을 입은 채 니느웨 왕의 명령을 따랐습니다. 그의 명령은 ① 힘써 여호와께 부르짖을 것이며 ② 각기 악한 길과 손으로 행한 강포에서 떠날 것이었습니다. 순종의 행동은 소망을 가진 것이었습니다. 따라서 그 소망은 권능이 있습니다. 그들은 한결같이 '하나님의 뜻'을 믿었습니다. 그들의 기도는 하나님께서 진노를 그치시고 우리로 멸망치 않게 하시리라!는 심령부흥을 일으켰습니다. 이토록 이방인 니느웨 백성들은 하나님께 회개를 하며 그들에게 향하신 진노의 불길을 회개의 눈물로 껐습니다.

적용 사랑하는 성도 여러분! 하나님 아버지는 감찰의 하나님이십니다. 하나님께서는 회개의 영을 주시고 회개의 응답을 내리시는 죄사함의 은혜를 주시는 긍휼의 하나님이십니다. 하나님의 사랑은 요나의 사명을 부활시키고, 니느웨 백성들을 죄악에서 돌이키도록 역사하셨습니다. 그러므로 오늘도 특별한 마음으로 특별서원 기도를 하나님께 드립시다. -아멘-

기도 우리 주 예수 그리스도여! 금식의 힘을 믿으며(욘 3:7, 10), 권능의 기적을 순종하고(마 8:28~34), 십자가를 지겠습니다(마 10:38). -아멘-

190 / 새벽강단·요나

찬송 · 464 장　　　　말씀 · 욘 4:1-11　　　　년　월　일

하나님께서 아끼는 것들

> **오늘의 요절**　욘 4:11 ▷ 하물며 이 큰 성읍 니느웨에는 좌우를 분변치 못하는 자가 십이만 여명이요 육축도 많이 있나니 내가 아끼는 것이 어찌 합당치 아니하냐

살핌
1. 하나님께서 아끼시는 것은 무엇입니까?(마 6:26~30)
2. 요나의 생명에 대한 '포기'에 대하여 어떻게 생각하십니까?(3, 8~9)
3. 하나님의 성품에 대하여 적어 보십시오.

사랑하는 성도 여러분! 요나 4장은 요나의 불평이 하나님의 성품에 녹아지며 그가 아끼시는 것들의 합당한 이유를 기록하였습니다. 주님께서 가장 아끼는 것은 '목숨'이라고 하셨습니다. 목숨은 의복보다, 꽃보다, 새보다 중요한 천하의 생명입니다(마 6:26~30). 요나 선지자가 아끼는 것들과 하나님께서 아끼는 것들은 서로 다릅니다. 요나는 니느웨 백성들의 회개운동이 싫었고, 스스로의 의로움 때문에 분개하였습니다.

묵상
첫째, 요나의 포기는 죄였습니다(욘 4:1~3). 요나는 하나님께 구원받은 환경을 망각하였습니다. 그의 구원에 대한 확신은 이기적이며, 인본주의적이며, 편협한 성격이 낳은 국수주의였습니다. 자국의 이익을 위한 처세를 서슴지 않는 정치와 같았습니다. 요나는 하나님의 은혜, 자비, 인내, 인애의 섭리를 체득하였습니다. 그럼에도 불구하고 니느웨 백성들에게 내리신 은총에 대하여 불쾌함을 노출시켰고, 심지어 죽기를 자청하였습니다. 하나님께서는 요나와 니느웨 백성을 포기하지 않으셨는데 … 요나는 포기한 것이었습니다. 둘째, 하나님의 사랑은 포기할 수 없는 생명이었습니다(욘 4:4~11). 요나의 포기는 꾸짖음의 요건이 되었습니다. 그럼에도 하나님께서는 요나에게 생명의 교훈을 계속하셨습니다. 그것은 박넝쿨의 교훈입니다. 요나는 자기를 위하여 처소를 예비하고 성읍의 결론을 보고 싶은 오기를 부렸습니다. 요나는 박넝쿨로 그늘을 삼았습니다. 그러나 그 박넝쿨은 벌레 한 마리에 의하여 시들었습니다. 요나는 하나님의 뜨거운 동풍을 쬐었기에 정신이 혼미해졌습니다. 요나는 또 죽기를 자청하는 포기의 말을 하였습니다. "사는 것보다 죽는 것이 내게 낫습니다."

적용
사랑하는 성도 여러분! 요나의 각성을 위하고, 니느웨의 백성들을 위하여 하나님은 박넝쿨을 사용하시고 벌레를 사용하시었습니다. 그것들은 하나님의 아끼시는 것들이었습니다. 그 박넝쿨을 아끼시는 하나님께서는 좌우를 분변치 못하는 니느웨 백성 12만명을 아끼셨으며 육축도 아끼셨습니다. 그러므로 오늘도 구원을 위한 허비를 생명을 위한 허비라고 고백합시다. -아멘-

기도
우리 주 예수 그리스도여! 생명을 살리는 일을 하고(마 12:50), 씨뿌리는 사람이 되겠습니다. -아멘-

찬송 · 394 장   말씀 · 미 1:1-16   년   월   일

허물과 수치를 가려라

오늘의 요절 미 1:5 ▷ 이는 다 야곱의 허물을 인함이요 이스라엘 족속의 죄를 인함이라 야곱의 허물이 무엇이뇨 사마리아가 아니뇨 유다의 산당이 무엇이뇨 예루살렘이 아니뇨

살핌
1. 심판과 멸망의 원인은 무엇입니까?(5)
2. 수치의 근본은 무엇일까요?(7, 11, 13)
3. 결국 사마리아와 유다, 예루살렘 백성이 어떻게 된다고 예언합니까?(14~16)

사랑하는 성도 여러분! 미가 1장은 야곱의 허물과 이스라엘 족속의 죄를 지적하며 여호와의 영광이 미치는 지역을 기록하였습니다. 이스라엘과 사마리아는 범죄한 나라요, 허물많은 백성이었습니다. 이들은 만군의 여호와께 교만함과 성도덕과 사술과 우상의 죄를 지었습니다. 이에 하나님께서는 모레셋 사람 '미가(누가 여호와와 같은가)'를 통하여 수치를 무릅쓰고라도 회개를 하라!고 권고하셨습니다.

묵상 첫째, 사마리아의 허물과 수치(미 1:2~7). 미가는 요담 왕, 아하스 왕, 히스기야 왕 시대까지 선지자 활동을 하였습니다. 그는 '묵시(묵상중에 본 초현실의 미래상)'에 대하여 자세히 들을 것을 전제하였습니다. 무엇보다 먼저 여호와께서 그 처소에서 나오실 때 일어나는 현상에 대하여 강조하였습니다. 그의 강조점은 백성들의 '교만함'이 낮아지고 녹아질 것을 반복하였습니다. 그리고 우상을 위하는 '음란함'과 생활의 방탕과 같은 '기생질'에 대하여 노하신 하나님을 소개하였습니다. 특히 '기생의 값'이라 말함은 전쟁과 범죄의 협약으로 전리품의 분배와 죄악과 더불어 살았다는 것입니다. 둘째, 여호와의 영광이 미치는 지역(미 1:8~16). 여호와 하나님께서 친히 나오셔서 심판하실 때에 그 영향이 미치는 지역은 전세계적입니다. 미가 선지자는 사마리아 범죄와 그 영향이 미치는 지역을 경고하였습니다. 그 지역은 동일한 교만성, 음란성, 수치심 없는 기생충의 생활을 본받는 곳이었습니다. 따라서 유다와 예루살렘은 이미 그 상처가 고칠 수 없는 정도로 부패되었고, 가드와 베들레아브라 및 사빌(아름다움)의 모든 백성들이 수치의 벗은 몸으로 포로가 될 것이 예언되었습니다. 사아난(이동한다)의 백성들이 꼼짝 못하고 심판을 받게 될 것도 예언되었습니다.

적용 사랑하는 성도 여러분! 죄의 영향과 오염은 걷잡을 수 없는 불에 기름을 붓는 현상과 같습니다. 나쁘고 못된 죄와 욕은 곧잘 흉내를 냅니다. 또한 죄의 회개 행위는 성결한 불을 가지고 토해낸 죄들을 씻는 것과 같습니다. 그러므로 오늘도 허물진 오염과 수치를 고백하여 여호와의 영광을 빛으로 받읍시다. —아멘—

기도 우리 주 예수 그리스도여! 죄가 사망 안에서 왕노릇하지 않게(롬 5:21), 죄의 종노릇을 근절하게 힘과 고백의 은사를 주옵소서(롬 6:6, 23). —아멘—

찬송·432장   말씀·미 2:1-13   년 월 일

이스라엘의 남은 양떼

오늘의 요절 미 2:12 ▷ 야곱아 내가 정녕히 너희 무리를 다 모으며 내가 정녕히 이스라엘의 남은 자를 모으고 그들을 한 처소에 두기를 보스라 양떼 같게 하며 초장의 양떼 같게 하리니 그들의 인수가 많으므로 소리가 크게 들릴 것이며

1. 하나님의 계획과 사람의 계획에는 어떤 차이점이 있습니까?(1~2, 창 6:5)
2. 참목자와 거짓목자의 같은점과 다른점은 무엇입니까?(6,11, 요 10:11~12)
3. 하나님께서 소망을 주신 메시지가 담겨있는 구절은 어디입니까?

사랑하는 성도 여러분! 미가 2장은 민족지도자들의 폭정과 탐심을 심판하고 이스라엘의 남은 양떼를 모으시는 하나님을 기록하였습니다. 썩어 없어진 듯한 선한 진리는 아직도 살아있으며 사라진 듯한 하나님의 은혜는 아직도 곳곳의 말씀 속에서 운동하고 있습니다. 그렇지만 사람의 계획에는 늘 악성이 따라다니므로 결국 그들의 경영이… 이익과 명분에 있습니다. 즉, '하나님께 영광'을 돌리지 않는 계획이 많습니다.

첫째, 침상에서 악을 꾀하며 간사(奸詐)를 경영하는 무리들(미 2:1~5). 이스라엘의 지도자들은 하나님께 위임받은 청지기들이었습니다. 하지만 역사를 거듭하면서 그들은 다윗과 같은 중심이 사라지고, 솔로몬 같은 선한 지혜를 사용하지 않았습니다. 오히려 그들은 악정과 폭정으로 백성들을 못살게 굴며 죄악과 기생하도록 유도하는 정치·종교집단이 되었습니다. 이에 하나님께서는 이러한 족속들에게 재앙을 내리기로 계획하셨습니다. 그러므로 하나님의 재앙의 때에 민족들이 부를 노래는 '슬픈 애가'가 될 것이었습니다. 둘째, 미가 선지자의 예언을 비평하는 거짓 예언자의 무리들(미 2:6~11). 미가는 하나님께서 내리시려는 재앙의 예언을 전달하는 하나님의 종이었습니다. 그러나 그의 예언을 막거나 훼방하는 무리들은 평안을 예언하였습니다. 극한 대립으로 하나님을 성급하신 분으로 취급하는 무리들은 거짓 선지자들이었습니다. 심지어 피난의 무리들에게서 의복과 물건을 빼앗는 패역한 대적들이 활개를 쳤습니다. 따라서 그들끼리의 안일과 평화를 조장하였고 하나님의 계획을 무시하였습니다. 그들은 포도주와 독주 마시는 자들에게 예언하는 거짓 술수자들이었습니다.

사랑하는 성도 여러분! 하나님께서는 그의 재앙을 내리시는 반면에 그의 택하시고 사랑하시는 양떼들을 모으셨습니다. 그리고 주께서는 그의 남은 양떼들을 이끄시고 주의 성문으로 돌아올 것이라고 소망을 주셨습니다. 따라서 우리는 하나님의 사랑 속에 담긴 긍휼의 소리를 들어봅시다. 징계와 채찍 속에 담겨 있는 그의 음성을 들어봅시다(히 12:12~13). -아멘-

우리 주 예수 그리스도여! 이웃과 참된 것을 말하고(엡 5:25), 하나님의 성령을 근심하게 하지 않는(엡 5:30) 찬송을 하고 싶습니다(계 19:5). -아멘-

찬송 · 447장   말씀 · 미 3:1-12   년 월 일

하나님의 공의(公義)를 잃지 말라

오늘의 요절   미 3:1 ▷ 내가 또 이르노니 야곱의 두령들과 이스라엘 족속의 치리자들아 청컨대 들으라 공의는 너희의 알 것이 아니냐

살핌
1. 공의를 잊은 무리들의 악행을 제목만 적으세요.
2. 미가의 관점과 현재의 정치, 법관, 제사장들의 견해가 다른 이유는?(5,8,11)
3. 성경의 본문을 설교하지 않는 것에 대하여 어떻게 생각하십니까?(6, 11)

사랑하는 성도 여러분! 미가 3장은 민족 지도자들의 경영 상태와 공의와 균등한 법 집행을 잃은 무리와 예언자들에 대하여 기록하였습니다. 민족을 지도하는 지배계급들이 공의를 실현시키지 못한다면… 하나님의 징계와 벌을 받습니다. 미가 선지자는 민족의 두령과 치리자들의 공의와 그들의 윤리성을 비판하는 메시지를 선포하였습니다. 그의 솔직한 표현은 '양무리된 백성을 잡아 먹는다'고 외쳤습니다(미 3:1~3).

묵상   첫째, 공의(公義)를 잊은 무리들(미 3:1~8). 어느 누구도 하나님의 공평하심을 굽게 할 수 없습니다. 그러나 그의 공의를 앎에도 불구하고 망각하는 무리들이 있었습니다. 정치 경제가 잔인할 정도로(미 3:3) 악하였고, 백성을 유혹하는 선지자는 헛된 평강을 외쳤습니다. 그들의 설교는 허공을 칠 뿐이며, 이상과 미래를 볼 수 없는 흑암의 술객행위를 반복하였습니다. 그러나 미가 선지자는 여호와의 신으로 권능과 공의와 재능으로 사명을 다할 것을 외쳤습니다. 둘째, 사명을 잃은 지도자들(미 3:9~12). 하나님께 위임받은 사명은 하나님의 뜻(율법과 복음)을 정직하게 외치는 사랑입니다. 사랑을 잃고, 사명을 수행하는 지도자들은 하나님의 공의와 정직을 굽게 하였습니다. 재판장은 뇌물을 먹고, 제사장은 삯을 위하여 교훈하며, 선지자들은 돈을 위하여 점(占)치는 술수를 자행하였습니다. 그러면서도 그들은 한결같이 오히려 "여호와를 의뢰한다."든지… 또는 "재앙이 우리에게 임하지 않을 것이다. 왜냐하면 여호와께서 우리 중에 계시기 때문이다."라고 원리를 설명하였습니다. 하나님께서 말씀하신 성경의 본문을 직접 풀이하지 않고, 사회교육적인 방법론과 원리의 적용을 가르친다면… 그들도 동일한 죄악을 범하는 것이 됩니다.

적용   사랑하는 성도 여러분! 하나님의 공의를 잊거나… 잃어버리면 허무한 영혼과 육체가 될 것입니다. 가옥은 허물어지며 땅은 황무하여질 것입니다. 미가 선지자의 예언은 그대로 이루어졌습니다. 그러므로 오늘도 하나님 앞에서의 공의로움과 정직을 사랑하는 주의 가족이 됩시다. -아멘-

기도   우리 주 예수 그리스도여! 안식일의 주인이 되시고(마 12:8), 선행의 주로 섬기고(요 5:29) 생명의 일을 하겠습니다(요 6:29). -아멘-

찬송 · 20 장   말씀 · 미 4:1-13   년   월   일

여호와의 이름으로 모이라

오늘의 요절 　미 4:2 ▷ 곧 많은 이방이 가며 이르기를 오라 우리가 여호와의 산에 올라가서 야곱의 하나님의 전에 이르자 그가 그 도로 우리에게 가르치실 것이라 우리가 그 길로 행하리라 하리니 이는 율법이 시온에서부터 나올 것이요 여호와의 말씀이 예루살렘에서부터 나올 것임이라

살핌
1. 우리가 얻고 싶은 자유와 미가 선지자가 소개하는 자유는 무엇입니까?(2~4)
2. 하나님께로 돌아오는 백성의 상태는 어떻습니까?(6~8, 고전 1:26~31)
3. 감사의 제목들을 적으세요.

사랑하는 성도 여러분! 미가 4장은 여호와의 이름으로 얻는 참 자유와 평화, 그리고 바벨론 포로의 귀환을 예언하는 내용을 기록하였습니다. 미가 선지자는 흥분과 감사의 목소리로 소망이 담긴 메시지를 선포하였습니다.

첫째, 그는 여호와의 이름으로 참된 자유의 가르침을 선포하였습니다(미 4: 1~5). 주 예수님의 재림 때에는 모든 민족이 그의 이름 앞에 모일 것입니다. 미가 선지자는 이방에 있던 백성들과 이방인들이 여호와의 산으로 모일 것을 믿었습니다. 따라서 하나님의 전에 모여 지금까지의 모든 인생의 연단과정에 대하여 배우고 깨닫게 될 것을 강조하였습니다. 비로서 율법과 행함의 무지에서 벗어나게 된다는 뜻입니다. 또한 다시는 전쟁을 준비하거나 연습하지도 않을 것이며, 식량문제로 궁핍해질 수 없는 나라를 소개하였습니다. 불안과 공포로부터의 자유를 얻은 백성들과 이방인들이 하나님 여호와의 이름으로 영원히 행할 것이라고 미래에 대한 비전(Vision)을 제시하였습니다. 둘째, 예루살렘의 나라는 참 평화의 나라가 될 것을 선포하였습니다. 평화의 나라로 돌아올 사람은 포로된 자들입니다. 절룩거리는 사람과 쫓겨난 사람들, 환난받게 했던 사람들이 여호와의 나라로 돌아올 것입니다. 하나님께서는 그들을 용사로 만드시고 그의 나라를 온전하게 처리하여 강하고 영원한 나라로 만드실 것입니다. 셋째, 하나님의 나라가 있기 전에 해산하는 여인의 아픔이 있을 것을 가르쳤습니다. 그것은 바벨론의 포로생활이었습니다. 따라서 영광이 있기 전에 겪어야 할 시련의 당연성을 강조하였습니다. 참으로 그들은 바벨론 제국 — 이방 나라의 시련과 연단 뒤에는 귀환의 기쁨과 참된 아버지의 나라에 대한 감사를 깨달았을 것입니다(미 4:12).

적용 사랑하는 성도 여러분! 여호와께서는 주 예수님의 이름으로 모이는 교회를 사랑하십니다. 우리의 모임은 주께서 곡식단을 타작마당에 모음같이 하셨습니다. 그러므로 오늘은 지금까지의 삶 속에서 얻은 영적 은혜의 재물을 온 땅의 대주재(大主宰)께 돌립시다(미 4:13). —아멘—

기도 우리 주 예수 그리스도여! 신실하고 참된 사랑의 진리와(요일 5:20), 선지자들의 영의 활동을(계 22:6) 감사하며 주님을 기다립니다. —아멘—

찬송 · 172 장   말씀 · 미 5:1-15   년   월   일

다스릴 자가 다시 오시는 날

오늘의 요절 미 5:2 ▷ 베들레헴 에브라다야 너는 유다 족속 중에 작을지라도 이스라엘을 다스릴 자가 네게서 내게로 나올 것이라 그의 근본은 상고에 태초에니라

1. 메시야를 기다리는 신앙입니까?(2)
2. 베들레헴의 뜻이 무엇이며 예수님의 근본은 어느 때입니까?
3. 메시야를 기다리는 방법은 무엇일까요?(10)

사랑하는 성도 여러분! 미가 5장은 유다의 업신여김 속에서 탄생하실 그리스도의 날과 그의 백성들이 버려야 할 것을 기록하였습니다. 미가 선지자는 베들레헴 에브라다 지역이 탄생지임을 예언하였습니다. 그의 예언은 마태복음 1장 6절에서 이루어졌습니다.

첫째, 우리를 다스릴 자는 상고(上古)에 태초의 근본이신 예수님이십니다(미 5:2~9). 미가 선지자는 메시야(예수님)의 탄생을 확신하였습니다. 미가 선지자는 메시야께서 이스라엘을 다스릴 것이며 그의 사역은 '창대하심과 평강'이라고 소개하였습니다(미 5:5). 따라서 그가 그의 백성을 열국에서 모을 것이라고 소망의 예언을 하였습니다. 주께서 그들을 모으시는 이유는 그들을 사람이나 강국을 의지하지 않고 여호와께서 내리시는 이슬비와 단비를 기다리듯 메시야를 기다렸기 때문이었습니다(미 5:7). 따라서 오늘의 기독교인들도 예수님의 재림을 기다려야 하지 않을까요? 둘째, 메시야께서 임재하시는 날에 징계받는 사람들은 누구일까요?(미 5:10~15) 그들은 전쟁을 즐기며 높이 쌓은 성에서 교만하게 행동했던 패역의 무리들입니다. 그리고 민심의 두려움을 빌미로 복술을 행하며 점을 치던 인생들입니다. 또한 우상과 관련된 장신구 제조자들과 우상을 섬기던 무리들입니다. 그뿐 아니라 음란히 여기던 아세라의 우상과 미인과 미녀의 교태스러움을 자랑하던 무리들입니다. 그러므로 그들이 심판을 견디지 못하고 의인의 성읍에서 살 수 없는 결과를 맛보게 될 것입니다.

사랑하는 성도 여러분! 예수님의 탄생을… 축하하는 성탄절을 기다리십니까? 예수님의 재림을 기다리십니까? 그가 오시면 이 땅의 영혼과 육체들의 기쁨이 창대해질 것입니다. 주를 믿는 무리들마다 평강과 평화의 노래가 울려퍼질 것입니다. 따라서 죄인들이 회개하며 악인들이 과거를 통분히 여길 것입니다. 그러므로 하나님의 진노와 분함을 당하기 전에 주 예수님의 이름 앞에 청종하는 나라와 민족과 가정이 됩시다. -아멘-

우리 주 예수 그리스도여! 주의 은혜를 이슬비 기다리듯… 흰눈을 기다리듯 기다리며(미 5:7), 주님을 변함없이 사랑하고 싶습니다(엡 6:24). -아멘-

찬송·361장　　　말씀·미 6:1-16　　　년　월　일

여호와께서 네게 구하시는 것

오늘의 요절　미 6:8 ▷ 사람아 주께서 선한 것이 무엇임을 네게 보이셨나니 여호와께서 네게 구하시는 것이 오직 공의를 행하며 인자를 사랑하며 겸손히 네 하나님과 함께 행하는 것이 아니냐

1. 하나님께서 나의 개인의 삶을 어떻게 변화시키셨습니까?(3)
2. 하나님께서 인생들에게 원하시는 성품과 행동은 무엇입니까?(6~8)
3. 인생들이 만족을 누리지 못하는 이유를 아십니까?(14~15)

사랑하는 성도 여러분! 미가 6장은 여호와께서 행하신 공의와 구속의 행적을 재차 가르치면서 이스라엘의 죄악에 대하여 기록하였습니다. 하나님께서는 미가 선지자를 통하여 그의 배려하시는 변론을 긍휼의 심정으로 말씀하셨습니다. 그 말씀 속에서 그가 무엇을 우리에게 구하시는지를 발견하는 것은 의무이며, 사명입니다.

첫째, 내 백성아 내가 무엇을 네게 행하였느냐?(미 6:1~8) 하나님 여호와께서 자기 백성과 변론하십니다(사 1:18). 하나님께서 이스라엘 백성들에게 행하신 구속의 여정은 출애굽의 속량부터였습니다. 모세와 아론 등 선지자들을 보내어 계속적으로 구원과 보호를 하셨는데 이스라엘은 그것을 망각하였습니다. 따라서 하나님께서는 너희들이 얼마나 겸손히 하나님과의 동행하는 삶을 추구하였느냐?고 질문하셨습니다. 즉, 이 사람아 주께서 선한 것이 무엇이며 공의와 인자하심이 무엇인줄 염려하며 구했느냐?는 질문입니다. 둘째, 주의 이름을 경외함으로 완전한 지혜를 얻으라(미 6:9~16). 하나님 여호와께서 정하신 회초리의 징계는 주께서 정하신 것이므로 … 순종하는 것이 지혜입니다. 그리고 지혜롭지 못한 사람은 여호와의 이름을 경외하기 보다는 세속의 재물을 탐합니다. 그들은 불의와 부적당한 함량을 속이는 저울을 가졌습니다. 따라서 그들은 부정으로 축재하여도 늘 부족할 것이며 그것으로 포식하여도 만족함을 얻지 못할 것이라고 강조되었습니다. 설령 그들이 축적해 놓은 재물이 귀중하다면 숨겨 놓아도 강탈당할 것이라고 강조되었습니다. 그뿐 아니라 씨를 뿌려도 소출이 적어 세월이 갈수록 수확의 기쁨이 사라질 것이라고 예언되었습니다(미 6:15).

사랑하는 성도 여러분! 여호와께서 나에게 구하시는 공의와 인자한 사랑을 겸손히 실천합시다. 그리고 하나님께 드릴 것을 드리면서 헌신의 초월을 경험합시다. 희생없는 예배행위를 단절시킵시다. 그러므로 악한 아합의 습관을 버리고 주 예수님의 심성을 닮읍시다. 그의 마음은 온유와 겸손의 사랑입니다. 오늘도 사랑을 실천합시다. -아멘-

우리 주 예수 그리스도여! 내 온 몸과 마음을 의의 병기로 드리며(롬 6:13), 죄에서 해방되어 의의 종이 되고 싶습니다(롬 6:18). -아멘-

찬송 · 343 장   말씀 · 미 7:1-20   년   월   일

사모(思慕)하시는 처음 익은 무화과

오늘의 요절 미 7:1 ▷ 재앙이로다 나여 나는 여름 실과를 딴 후와 포도를 거둔 후 같아서 먹을 송이가 없으며 내 마음에 사모하는 처음 익은 무화과가 없도다

1. 하나님께서 사모하시는 처음 익은 무화과 열매는 누구를 뜻할까요?(1, 20)
2. 경솔한 사람이 자주 범하는 입술의 죄는 누구와 함께 맺습니까?(5~6)
3. 미가 선지자가 소개하는 하나님의 성품을 적어 보세요.(7, 18~20)

사랑하는 성도 여러분! 미가 7(끝)장은 하나님의 탄식과 같은 안타까움과 부패된 인생들을 반드시 회복시킬 기도의 내용을 기록하였습니다. 하나님의 마음에 사모하는 처음 익은 무화과는 누구를 가리킬까요? 믿음의 조상 아브라함, 순종의 사람 이삭, 기도의 사람 야곱, 승리의 사람 요셉을 뜻하지 않을까요? 또한 모세와 다윗과 같은 겸손의 사람이 하나님께서 기준하시는 정직자이며 선인(善人)이 아닐까요? 미가서의 주제가 '겸손'이듯이 겸손한 사람이 처음 익은 무화과 나무일 것입니다.

묵상 첫째, 겸손하지 못한 인생들(미 7:1~6). 겸손은 존귀의 앞잡이입니다. '욥'처럼 고난을 감내하는 '의'의 사람은 하나님께서 찾으시는 처음 익은 무화과 나무의 열매입니다. 겸손하지 못한 인생들은 바리새파 교인과 같고, 사두개인과 다름없습니다. 그들은 손으로 악행하며, 뇌물과 마음에 악한 사욕이 서로 연락(連絡)을 취합니다. 그러므로 미가 선지자는 하나님만을 믿으며 겸손하라!는 뜻으로 이웃과 친구 및 아내가 원수일 때가 있다고 선포하였습니다(미 7:6, 마 10:21~22). 둘째, 하나님을 사모하는 인생들(미 7:7~20). 미가 선지자는 겸손의 선언과 사모하는 믿음의 서원을 선포하였습니다. 하나님을 우러러 보며 그의 구원을 바라는 열심이 승리할 것을 권면하였습니다. 설익은 여름실과와 같은 인생들이 저를 범죄한 것을 회개할 것도 권면하였습니다. 그러한 인생들은 하나님의 긍휼의 심판과 광명의 빛으로 인도하심을 받게 될 것이라고 비전을 제시하였습니다. 따라서 하나님을 사모하는 겸손의 사람, 곧 회개의 사람들에게는 대적이 물러날 것이며, 지경을 넓혀줄 것입니다. 그러므로 주의 지팡이의 인도로 그들은 옛날과 같이 주께로 돌아와서 주를 경외할 것입니다(미 7:17).

적용 사랑하는 성도 여러분! 겸손하지 못한 인생들은 반드시 심판을 받습니다. 미가 선지자가 자신있게 전하듯이 하나님과 같은 신(神)이 어디 있겠습니까? 그러므로 오늘도 죄악을 사해 주시며 허물을 넘기시고 인애를 기뻐하셔서 노를 항상 품지 않으시는 하나님의 사랑(긍휼)을 받읍시다(미 7:18~20) -아멘-

기도 우리 주 예수 그리스도여! 나의 믿음밭에 하나님의 용서, 긍휼, 성실, 인애 열매가 맺혀지기를 사모합니다(갈 5:22, 미 7:18~20). -아멘-

| 새벽강단 | | 개 관 | | 구약 5 |

24번책 - 예레미야	1-52
25번책 - 예레미야애가	1-5
26번책 - 에스겔	1-48
27번책 - 다니엘	1-12
28번책 - 호세아	1-14
29번책 - 요엘	1-3
30번책 - 아모스	1-9
31번책 - 오바댜	1-1
32번책 - 요나	1-4
33번책 - 미가	1-7
34번책 - 나훔	1-3
35번책 - 하박국	1-3
36번책 - 스바냐	1-3
37번책 - 학개	1-2
38번책 - 스가랴	1-14
39번책 - 말라기	1-4

나훔·하박국·스바냐를 열면서

■ 나훔·하박국·스바냐의 명칭

　A. 나　홈 — 나훔서는 사악함과 형벌에 관한 책입니다. 히브리어 성경에서는 선지자의 이름을 따라 '나훔(위로, 연민의 뜻)'이라고 하였으며 70인 성경에서는 '나움'이라고 붙였습니다.
　B. 하박국 — 하박국서는 섭리와 비밀의 책, 또는 철학의 책입니다. 히브리어 성경은 선지자의 이름을 따라 '하박국(포옹한다, 꼭 붙잡다)'이라고 하였습니다. 그리고 70인 성경에서는 '암바쿡'이라고 붙였습니다.
　C. 스바냐 — 스바냐서는 세계적 심판의 책, 경이적 심판의 책입니다. 히브리어 성경에서는 '세판냐(여호와가 그를 감추셨다)'라고 부르며, 70인 성경에서는 '소포니아스'라고 붙였습니다.

■ 나훔·하박국·스바냐의 핵심사항

저　자
　A. 나　홈 — 선지자 '나훔'에 대해서는 고향이 '엘고스'라는 것 밖에는 자료가 없습니다. 나훔서의 저자는 나훔입니다.
　B. 하박국 — 선지자 '하박국'을 추정하기는 성전 성가대원이었거나 레위인이었을 것이라고 생각됩니다. 하박국서의 저자는 하박국입니다.
　C. 스바냐 — 선지자 '스바냐'는 상류사회의 왕족출신(1:1)이었으며, 직선적인 선지자였습니다. 스바냐서는 스바냐가 저자입니다.

기록연대
　A. 나　홈 — B.C 621~612년 사이로 추정됩니다.
　B. 하박국 — B.C 612~605년 사이로 추정됩니다.
　C. 스바냐 — B.C 600~630년 사이로 추정됩니다.

기록목적
　A. 나　홈 — ①니느웨의 처절한 운명과 치욕을 다루었으며 ②국가와 개인이 죄를 범하면 하나님은 그에 대하여 심판하십니다. 우리는 대항할 만한 자격이 없음을 알려줍니다.
　B. 하박국 — ①의로운 자의 고통을 통한 하나님의 훈련의 한 방법이며 ②악은 스스로 자멸을 가져온다는 사실과 ③믿음은 생명의 조건, 즉 신앙(믿음)은 운명을 결정합니다.
　C. 스바냐 — ①죄지은 백성에게 자비와 용서를 베푸십니다. ②심판의 목적은 정화적 차원이며 ③유다와 열방의 심판과 축복을 가르쳐 주기 위함입니다.

■ 나훔·하박국·스바냐의 주제와 요해

　A. 나　홈 — 중심주제는 '니느웨성에 대한 심판'입니다. 니느웨 도

---

* 나훔서는 요나서의 후편과도 같은 '니느웨 성에 대한 심판'을 선포하고 있으며, 성의 멸망 원인은 죄악 때문이라고 기록하고 있다. 하박국서는 믿음이 좋은 성도가 하나님께 질문하는 내용으로 가득하며, 하나님의 답변은 '의인은 믿음으로 말미암아 살리라'이다. 끝으로 스바냐서에 흐르는 중요내용은 여호와의 날에 임할 심판에 대한 경고와 여호와의 날에 임할 구원이다. 오직 의인은 믿음으로만 구원하게 하소서!

시의 멸망을 선포하지만 흐르는 뜻은 하나님의 백성을 질투하는 무리들의 종말을 가르쳐 줍니다. 따라서 중심사상은 ①복수하시는 하나님 ②편협한 민족주의사상 ③하나님은 모든 나라의 주(主)입니다.

B. 하박국 — 중심주제는 '신앙적 갈등과 믿음의 승리'입니다. 하박국서의 주제 ①유다의 종교 지도자들과 세상권력을 잡은 위정자들의 부패에 대한 신랄한 비판 ②갈대아 백성을 징벌의 도구로 사용 ③자만한 백성들의 정죄함과 ④고통과 의문의 고난 ⑤오직 의인은 믿음으로 말미암아 살리라(2:4)입니다. 따라서 중심사상은 ①하나님의 진정한 의(義)문제 ②현실적인 악인의 부흥 ③의인의 고난과 고통의 이유에 대한 해답 ④하나님의 응답방법입니다.

C. 스바냐 — 중심주제는 '여호와의 날에 임할 심판과 구원'입니다. 따라서 중심사상은 ①심판의 원인은 바알신, 밀곰(Milkom)숭배의 심판 ②심판의 범위는 전 세계적 심판 ③남은 자의 사상 ④심판의 때와 방법이 신앙인과 이방인이 비교가 된다는 사상입니다.

■ 나훔·하박국·스바냐의 개요

A. 나 훔 — Ⅰ. 니느웨 성의 멸망 경고(1:1~15)
　　　　　Ⅱ. 니느웨 성의 진멸상태(2:1~13)
　　　　　Ⅲ. 니느웨 성이 멸망당하게 된 원인(3:1~19)

B. 하박국 — Ⅰ. 하박국 선지자의 첫번째 외침과 질문 — 고발
　　　　　　(1:1~11)
　　　　　Ⅱ. 하박국 선지자와 두번째 외침과 도전
　　　　　　(1:12~2:20)
　　　　　Ⅲ. 하박국 선지자의 찬양과 부흥을 위한 세번째 기도
　　　　　　(3:1~19)

C. 스바냐 — Ⅰ. 여호와의 날에 임할 심판(1:1~3:8)
　　　　　Ⅱ. 여호와의 날에 임할 구원(3:9~20)

■ 나훔·하박국·스바냐의 핵심적 신앙교훈

A. 나 훔 — 나훔에서는 ①죄와 회개 그리고 지옥의 참상을 배워야 합니다. ②죄와 포학, 강포, 음란, 우상숭배에 대하여는 반드시 보응하시는 하나님이 지금도 살아 계심을 믿어야 합니다.

B. 하박국 — 하박국에서는 ①하나님은 기도에 응답하시고 ②고난과 고난의 이유는 자신에게 있으며 ③하나님의 기준에 맞는 의(義)를 가르쳐 줍니다.

C. 스바냐 — 스바냐에서는 ①급박한 심판에서도 구원의 은총이 역사됨을 소망하며 ②죄인들에게, 죄의 나라에 임하는 심판의 원인, 때, 범위, 방법은 주님께서 정하시고 ③회개할 기회를 주시니 ④끝날까지 여호와의 구원을 사모해야 됨을 가르쳐 줍니다.

■ 나훔·하박국·스바냐 연대표 ■

B.C	
697	므낫세의 유다왕 즉위
640	요시야의 유다왕 즉위/ 나훔, 스바냐의 사역 시작
630	스바냐의 사역 종결
627	예레미야의 사역 시작(유다)
622	요시야 왕의 종교 개혁
612	니느웨의 함락/ 나훔의 예언 성취(2, 3장)
608	하박국의 사역 시작(유다)
605	바벨론의 1차 침입(1차 포로)
597	바벨론의 2차 침입(2차 포로)/ 하박국의 사역 종결
586	남왕국 유다의 함락/ 스바냐의 예언 성취(1:8~18)/ 하박국의 예언 성취(1:5~11)

찬송·253장　　　　　말씀·나 1:1-15　　　　　년　　월　　일

니느웨를 향한 하나님의 경고

오늘의 요절　나 1:2 ▷ 여호와는 투기하시며 보복하시는 하나님이시니라 여호와는 보복하시며 진노하시되 자기를 거스리는 자에게 보복하시며 자기를 대적하는 자에게 진노를 품으시며

살핌　1. 나훔의 이름 뜻과 그의 메시지 주제는 무엇입니까?(1~3)
2. 니느웨 백성들이 유다에게 범한 죄는 어떠한 특성이 있습니까?(9~11)
3. 니느웨 백성들이 어떤 자부심을 가지고 유다 백성들을 괴롭혔습니까?(12)

사랑하는 성도 여러분! 나훔 1장은 니느웨 성에 대한 하나님의 보복과 유다의 행할 규범에 대하여 기록하였습니다. 나훔의 이름 뜻(긍휼, 자비, 위로자, 연민)이 말해주듯이 니느웨 성은 하나님의 긍휼이 요청되는 성이었습니다. 나훔은 엘고스 사람으로서 하나님께서 보여주신 묵시를 니느웨를 향하여 거침없이 선포하였습니다.

묵상　첫째, 투기하시며 보복하시는 하나님의 진노를 받게 된 니느웨 성(나훔 1: 2~8). 니느웨 성이 하나님의 진노 앞에 놓여 있었습니다. '요나'의 메시지 때에는 권고와 기한이 있었지만 나훔서의 메시지는 즉각적인 하나님의 조치가 있었습니다. 니느웨의 백성들은 하나님의 성품에 대하여 무지(無知)하였습니다. 따라서 나훔 선지자는 하나님의 성품을 대비시키며 설명하였습니다. 죄악에 대한 하나님의 성품은 투기와 보복으로, 진노하심의 권능과 회리와 광풍으로 나타났습니다. 그러나 의로움으로 그를 의뢰하는 자에 대한 하나님의 성품은 노하기를 더디하시며, 선하시며, 환난 날에 산성이 되셔서 그의 대적들을 범람한 물로 몰아내시는 분으로 나타났습니다. 둘째, 니느웨 성이 유다 백성에게 범한 죄와 징벌(나훔 1:9~13). 니느웨 성은 선을 행할 기회를 잃었습니다. 그들은 요나의 경고가 지나가면 됐다는 안도감에 젖어서 옛 습관의 죄를 도모하였습니다. 즉, 그들은 유다 백성들의 환경에 악의 영향을 주었고, 가시덤불과 같은 죄악으로 상처를 입혔습니다. 그뿐 아니라 그들의 막강한 군사력과 강건함을 자랑하며 그것이 최고인 줄 착각하였습니다. 그러므로 나훔 선지자는 의롭게 살려는 자들의 고통과 괴로움을 덜어주시고 죄악의 멍에와 결박을 끊어주실 하나님을 선포하였습니다(나 1:12~13).

적용　사랑하는 성도 여러분! 죄인의 집에는 긍휼의 하나님이 필요합니다. 행악자의 집은 하나님의 긍휼의 심판을 거부하므로 멸절의 형벌을 받습니다. 그러므로 오늘도 시편 1편의 복있는 자가 되어, 서원의 약속과 제물이 되어 복음의 아름다운 소식을 전합시다(나 1:15). -아멘-

기도　우리 주 예수 그리스도여! 영혼의 지도자가 되시어(마 23:10), 자기를 낮추는 생활을 하게 하옵소서(마 23:12, 엡 5:19~21). -아멘-

찬송 · 423 장   말씀 · 나 2:1-13   년   월   일

파괴되는 니느웨 성과 하나님의 원수

> **오늘의 요절** 나 2:13 ▷ 만군의 여호와의 말씀에 내가 네 대적이 되어 너의 병거들을 살라 연기가 되게 하고 너의 젊은 사자들을 칼로 멸할 것이며 내가 또 너의 노략한 것을 땅에서 끊으리니 너의 파견자의 목소리가 다시는 들리지 아니하리라 하셨느니라

1. 하나님의 심판과 공의의 철퇴를 피할 인생이 있습니까?(2~3)
2. 하나님의 대적들이 받는 마지막 날의 수치를 대변하는 구절은?(7, 10)
3. 하나님의 음성은 어떻게 듣는 것이 효과적입니까?(13)

사랑하는 성도 여러분! 나훔 2장은 바벨론 왕이 앗수르를 공격할 때 파괴되는 니느웨 성이 하나님과 원수되었기 때문임을 기록하였습니다. 하나님의 원수는 파멸과 죽음과 수치입니다. 니느웨 성의 자만심(나 1:12)은 바벨론 왕의 철퇴를 맞았습니다. 그들의 철퇴는 하나님의 심부름이었습니다.

묵상 첫째, 처참한 멸망의 모습(나 2:1~7). 전쟁의 혼란 속에서 하나님의 구속하심은 살아 있었습니다. 처참한 멸망의 틈바구니에서도 나훔의 메시지는 산 소망의 노래였습니다. 니느웨 성을 쳐들어 올 용사들은 중무장을 하였고 병력의 이동소리는 니느웨 백성들의 간담을 서늘하게 만드는 위용이 있었습니다. 말들은 미친 듯이 달려오고 말 탄 용사들의 움직임은 횃불같고 빠르기가 번개같았습니다. 따라서 순식간에 성문이 열려지고 왕궁은 불에 탔습니다. 그러므로 왕후가 벌거벗은 몸으로 끌려가며 그 모든 시녀들이 가슴을 치며 비둘기같이 슬피 울었습니다(나 2:7). 둘째, 흩어지며 살 길을 찾으려는 여호와의 대적들(나 2:8~13). 니느웨 백성의 부귀와 영화는 '노략과 늑탈'로 이루어졌습니다. 그들의 저축과 아름다운 생활기구들은 다른 나라에서 빼앗아 온 것들이었습니다. 이제 그들이 그 모든 것들과 집들을 버리고 살 길을 찾으러 피난하나 공허와 허무감에 사로잡혀 낙담의 길에서 쓰러졌습니다. 그들의 무릎과 허리는 힘을 쓰지 못하고 그들의 얼굴은 빛을 잃은 모습이 되었습니다. 한때는 앗수르 제국이 수사자 같고 암사자 같아서 탈취물로 살았으며 그들의 구멍에 먹을 것을 채웠으나 이제는 그 힘이 다 사라진 것입니다(나 2:12).

적용 사랑하는 성도 여러분! 만군의 여호와의 말씀을 대적하면 선민과 이방인도 능히 벌을 모면하지 못하였습니다. 하나님을 대적하는 무리들은 순식간에 멸망될 것이라고 나훔 선지자는 강조하였습니다(나 2:13). 그러므로 오늘도 하나님의 파견자 되신 예수의 복음을 순종합시다. 주 예수께서 긍휼의 마음으로 우리의 영혼을 위로할 때, 안위할 때 감사와 회개의 제목들을 미리 내어 놓읍시다(롬 2:5). -아멘-

기도 우리 주 예수 그리스도여! 하나님은 참되시고 사람은 다 거짓됨을 고백하며 (롬 3:5), 그리스도의 것이 된 진리를 감사드립니다(고전 3:23). -아멘-

| 찬송 · 366 장 | 말씀 · 나 3:1-19 | 년 월 일 |

강포가 떠나지 않은 니느웨 성

> **오늘의 요절** 나 3:1 ▷ 화 있을진저 피 성이여 그 속에서는 궤휼과 강포가 가득하며 늑탈이 떠나지 아니하는도다

살핌
1. 니느웨 성의 멸망 이유는 무엇입니까?(1, 4~5)
2. 그렇다면 마술과 음행은 같은 죄로 볼 수 있습니까?
3. 참된 경건의 순종을 하려면 무엇을 조심해야 되겠습니까?(6, 16~18)

사랑하는 성도 여러분! 나훔 3장은 니느웨 성이 멸망될 수밖에 없는 이유와 회복불능의 사실을 기록하였습니다. 니느웨 성의 멸망 이유를 한마디로 표현하면 불경건함과 궤휼과 강포, 그리고 늑탈(勒奪-폭력이나 위력으로 빼앗음)이었습니다. 즉, 피로 세운 성의 백성들이 이웃나라의 피를 음식으로 삼은 것이었습니다(나 3:1).

묵상 첫째, 음행을 자극하는 마술의 나라가 받는 하나님의 심판(나 3:2~7). 니느웨 성은 침략자들의 공격을 받고 전멸되다시피 죽었습니다(나 3:3). 그토록 순식간에 망하는 이유는 마술처럼 순식간에 모든 인생들을 속였기 때문입니다. 마술의 주인된 아리따운 기생이 음행으로 열국을 미혹하였습니다. 즉, 치마를 걷어서 부끄러운 곳을 보이게 할 뿐 아니라 가증하고 더러운 것들로 구경거리를 주었습니다. 따라서 여호와께서도 그들을 대적들에게 능욕거리로 던져주었고 만신창이가 되어 애곡하도록 방치하셨습니다. 그러므로 그들은 어느 누구에게서도 위로를 받을 수 없는 가련한 인생이 되게 하셨습니다. 둘째, 나라의 회복이 불능한 니느웨 성의 장래(나 3:8~19). 니느웨 성의 장래는 흑암이었습니다. 그 왕은 흩어진 백성들을 모을 힘이 없습니다. 그들의 멸망은 애굽의 요새지-노아몬(테베)-보다 나은 것이 못되었습니다. 나훔 선지자는 니느웨 백성의 멸망은 더 비참하다는 것입니다. 수많은 포로들, 어린아이들의 죽음, 귀족과 대인들의 결박된 모습이 흔들기만 하면 떨어지는 무화과 나무의 열매와 같은 신세였습니다. 용맹스럽던 장정들도 여인같아졌고, 수많은 재벌과 군장성과 관리들이 메뚜기 떼처럼 옮겨다닐 신세가 되었습니다(나 3:17).

적용 사랑하는 성도 여러분! 니느웨 성을 쌓은 무리의 제국 앗수르 왕에게는 목자도 없고 귀족도 없습니다. 따라서 백성들을 모집하고 치료를 담당할 위인도 없습니다. 오히려 그들의 망함을 즐거워하고 박수치는 민족이 더욱 많았습니다. 우리에게는 우리를 치료하시며 인도하실 참 목자 예수님이 살아계십니다. 그러므로 오늘도 구원의 필연성에 감사드리며 악의 영향과 싸워 이깁시다(나 3:19). -아멘-

기도 우리 주 예수 그리스도여! 참 목자가 되시고(요 10:11, 14), 경건한 지혜를 사랑으로 실현하고 싶습니다(벧후 3:3, 7). -아멘-

찬송 · 353 장   말씀 · 합 1:1-17   년 월 일

하박국의 질문과 하나님의 답변

오늘의 요절 합 1:3 ▷ 어찌하여 나로 간악을 보게 하시며 패역을 목도하게 하시나이까 대저 겁탈과 강포가 내 앞에 있고 변론과 분쟁이 일어났나이다

1. 하박국의 이름 뜻은 무엇입니까?
2. 우리가 볼 수 없는 불의의 종류를 3가지만 적으세요.(2~4)
3. 법의 실현과 정의구현에 따르는 아픔은 무엇일까요?(6~7, 14)

사랑하는 성도 여러분! 하박국 1장은 유다의 범죄에 대한 하박국의 논고와 하나님의 치리 이유에 대하여 문답형식으로 기록하였습니다. 하박국은 요시야의 시대에 예언한 선지자였습니다. 그는 의로움과 하나님께 대한 미움에 꽉찬 선지자였습니다. 그가 납득되지 않는 의문이 있었으니 그것은 "어찌하여 불의와 간악이 선한 의를 이기고 의가 고통을 당해야 되는가?"라는 의문이었습니다.

묵상 첫째, 유다의 죄악을 시급히 벌하시지 않는 이유가 무엇일까요?(합 1:1~11). 하박국의 질문은 철학적인 질문이었습니다. 그가 포용할 수 없는 것은 '불의'였습니다. 그리고 인생들의 '패역, 강포, 공의의 불시행'을 어느 때까지 보고 있어야 되느냐?는 자기변민이었습니다. 즉 악인이 없으면… 의인의 세상이 되지 않겠느냐?는 이분법적 질문이었습니다. 이에 하나님의 응답은 매우 간결하였습니다. "갈대아 백성들을 사용하시어 징벌하시겠다" 즉, 갈대아 바벨론 제국을 회초리로 사용하시겠다는 뜻이었습니다. 따라서 하나님께서는 바벨론 제국도 함께 징벌될 것이라고 섭리의 응답을 하셨습니다(합 1:10). 둘째, 왜 바벨론을 사용하시어 징벌을 하십니까?(합 1:12~17) 하박국 선지자는 창조주 하나님의 위대함을 예찬하였습니다. 그리고 그는 하나님의 성품에 대하여 말씀하였습니다. 주의 정결함과 불의를 보지 못하시는 의로움과 궤휼을 방관하지 않으심을 믿었습니다. 따라서 그는 바다의 어족과 같고, 낚시꾼 같은 민족의 야욕꾼-바벨론을 사용하십니까? 라고 질문하였습니다. 열국의 살륙자 같은 그들이 과연 정의의 집행자인지 의문이 갔던 것입니다. 따라서 그들은 풍성한 삶을 누리나 그 상황 속에서 의인도 함께 고통을 당한다는 의문이었습니다(약 1:9~10).

적용 사랑하는 성도 여러분! 주 예수님 때문에… 교회생활 때문에 일어나는 의문이 많습니다. 그 의문이 우리를 낙심하게 만들 수도 있습니다. 하지만 하나님의 인내 속에 포용된 인생들의 죄악을 생각해 봅시다. 그리고 교만한 자를 물리치시고 겸손한 자에게 은혜를 주시는 하나님을 믿으면서 응답을 받읍시다(약 4:6). -아멘-

기도 우리 주 예수 그리스도여! 마귀와 불의에 대하여 싸우되 하나님께 순복하며 (약 4:7), 오래 참음의 본을 받고 싶습니다(약 5:10). -아멘-

찬송 · 500장   말씀 · 합 2:1-20   년   월   일

의인은 그 믿음으로 살리라

오늘의 요절   합 2:4 ▷ 보라 그의 마음은 교만하며 그의 속에서 정직하지 못하니라 그러나 의인은 그 믿음으로 말미암아 살리라

살핌
1. 하박국 2장의 핵심 주제요절을 외우십시오. 나의 결단은?(1~4)
2. 하나님의 영광을 생각하지 않고 술을 마시며 장신구를 달 수 있습니까?
3. 인생들은 주의 뜻에 어떤 태도를 가져야 합니까?(20)

사랑하는 성도 여러분! 하박국 2장은 하나님의 구속사역에 대한 기다림의 원리와 바벨론의 멸망 이유에 대하여 기록하였습니다. 하나님께서는 하박국의 열심을 보셨습니다. 그는 성루에 올라서서 하나님께서 무엇이라고 응답하실지 기다리고 바라보았습니다. 그의 소망적인 질문은 늘 응답되었습니다.

묵상
첫째, 하나님의 응답은 '기다리라'였습니다(합 2:1~3). 하박국 선지자는 "기다리라!"는 메시지를 믿음으로 포용하였습니다. 그는 하나님께서 말씀하신 그대로 비록 더딜지라도 기다리라!는 메시지를 기록판에 새기며 믿었습니다. 반드시 세상의 악인은… 하나님의 대적이 징벌되리라는 확신을 가졌습니다. 둘째, 의인은 믿음으로 살며 정직을 행하는 자는 안전하리라(합 2:4~20). 주께서는 바벨론 제국의 민족성에 대하여 설명하셨습니다. 그들은 부정직하며, 교만이 높으며, 욕심을 음부처럼 넓히니 족한 줄을 모르는 민족들이었습니다. 바벨론 제국도 피로 세운 나라가 되었습니다. 따라서 그들이 불모로 잡은 나라가 영원하지 않고, 불의의 이득을 취한 것이 합당치 못하다고 영혼이 부르짖으며… 담장의 돌과 들보가 떠들 것이 예언되었습니다. 그리고 '피'로 성읍을 건설하며 불의의 방법으로 성곽을 건축하는 무리들도 화를 입게 될 것이라고 강조하였습니다. 또한 여호와의 영광을 가리거나 인정하지 못하는 인생들도 반드시 수치를 당할 것이라고 예언하였습니다. 술로 배부르며, 술잔을 돌리며 하나님의 영광을 욕되게 한 자들은 응보될 것이라고 선포하셨습니다. 특별히 주목할 사항은 우상에게… 우상제조자에게… 나무와 돌을 믿는 무리들이 혼란의 소리를 지를 때마다 하나님 여호와께서 징벌하시겠다고 응답하셨습니다(합 2:18~19).

적용
사랑하는 성도 여러분! 세속의 환경이 어떤 영향을 줄지라도 오직 의인은 믿음으로 삽시다. 하나님께서는 성전에 계시고 살아계십니다. 살아계신 하나님께 기도하며 그의 지고하시고 밝으신 뜻을 현명하게 순종합시다. 견딜 수 있는 믿음의 인도하심을 따릅시다. 잠잠히 그의 응답을 기다립시다. -아멘-

기도
우리 주 예수 그리스도여! 정직과 믿음의 기다림을 식물로 삼고(합 2:4), 복음의 의를 전하며 살고 싶습니다(롬 1:15, 17). -아멘-

찬송 · 488장   말씀 · 합 3:1-19   년   월   일

부흥을 위하여 기도하라

| 오늘의 요절 | 합 3:17~18 ▷ 비록 무화과나무가 무성치 못하며 포도나무에 열매가 없으며 감람나무에 소출이 없으며 밭에 식물이 없으며 우리에 양이 없으며 외양간에 소가 없을지라도 나는 여호와를 인하여 즐거워하며 나의 구원의 하나님을 인하여 기뻐하리라

 1. 하박국의 기도를 현실과 맞추어 할 수 있다면 몇절을 근거로 하시겠습니까?
2. 하나님의 열심과 열광이 느껴지는 구절은 어디입니까?(2, 8, 13)
3. 하박국은 어떻게 살기를 작정하며 기도와 노래를 불렀습니까?(18~19)

사랑하는 성도 여러분! 하박국 3장은 하박국의 심오한 기도 내용이 부흥을 비롯한 창조와 구원의 기쁨에 대하여 기록하였습니다. 야곱의 얍복강 기도는 철야기도를 부활시키며 아브라함의 기도는 인생여정을 의뢰하는 기도였습니다. 그리고 엘리야의 기도는 삶과 죽음을 선택하는 결단의 산기도였습니다. 하박국의 기도는 시기오놋(뜻, 실수함을 의미)에 맞추어서 열광적으로 찬양하는 기도였습니다.

첫째, 하박국의 기도는 부흥과 긍휼을 소망하는 기도였습니다(합 3:2~15). 그는 진노 중에라도 의인을 긍휼히 여기시는 하나님께 부흥을 탄원하였습니다. 그는 거룩하신 하나님의 영광이 온 세계에 둘러 있으며 그 광명이 천하만민에게 비추고 있음을 찬양하였습니다. 하나님의 직접적인 다스림은 악인을 소멸시키기에 합당하시며 천지를 창조하신 능력으로 열국을 다스리는 섭리하심에 경외심의 기도가 창수처럼 터져나왔습니다. 그 속에서도 주께서는 주의 백성을 구원하시려고 심판의 철퇴를 사용하셨으니 하박국은 목적있는 주의 행사를 찬미한 것이었습니다. 둘째, 주 여호와는 구원의 힘이라고 찬미하였습니다(합 3:16~19). 하박국은 바벨론을 통하여 징치하신다는 소문을 노래할 때 그의 창자가 흔들렸고 입술이 떨린다고 고백하였습니다. 의롭게 살려는 자에게 찾아올 경작물의 시련과 축산물의 과다에 의지하지 않을 것을 다짐하였습니다. 그러므로 앞으로의 생활은 여호와를 즐거워하며 구원하실 여호와를 힘으로 믿겠다고 서원하였습니다. 그리고 낙심되어 주저앉지 않고 오히려 사슴처럼 힘차게 살며 하나님의 힘으로 높은 꿈과 비전(Vision)을 갖겠다고 노래하였습니다.

사랑하는 성도 여러분! 항상 기뻐하십시다. 쉬지 말고 기뻐합시다. 범사에 감사하십시다. 이는 주 예수님께서 우리에게 소망하시는 기도입니다(빌 4:4~7). 하박국의 기도는 결론이 행복과 소망으로 끝이 났습니다. 그러므로 오늘도 하루와 한달을 기쁘게 정리하는 평강의 은총을 주께로부터 받읍시다. -아멘-

우리 주 예수 그리스도여! 가난과 환경을 탓하지 않고(합 3:7~18), 기쁨과 평강의 주의 일을 열광적으로 하고 싶습니다(합 3:2, 빌 2:18, 4:1, 4, 10, 18~19). -아멘-

찬송 · 262 장   말씀 · 습 1:1-18   년   월   일

진리의 나팔

오늘의 요절 습 1:15~16 ▷ 그 날은 분노의 날이요 환난과 고통의 날이요 황무와 패괴의 날이요 캄캄하고 어두운 날이요 구름과 흑암의 날이요 나팔을 불어 경고하며 견고한 성읍을 치며 높은 망대를 치는 날이로다

살핌
1. 누가 여호와의 날을 두려워할까요?(4~6)
2. 하나님께 드려야 할 제사는 어떤 제사입니까?(7)
3. 성령의 나팔소리를 듣지 않으려는 대상은 누구입니까?(12, 16~17)

사랑하는 성도 여러분! 스바냐 1장은 선지자의 족보와 진멸의 여호와께서 경고하시는 심판적 나팔에 대하여 기록하였습니다. 하나님을 배반하고 좇지 아니한 인생들과 여호와를 찾지도 아니하며 구하지도 아니하는 이웃들에게 진리의 나팔을 불으셨습니까? 스바냐(뜻, 하나님이 숨기시다)처럼 '여호와의 날'을 소개하였습니까? 혹시, 우리는 견고한 성읍과 같으며 높은 망대와 같은 심령을 향하여 부르짖지 못하는 벙어리 제자가 아닌지요?

묵상 첫째, 여호와의 날은 멸절의 날 (습 1:1~6). 스바냐 선지자는 '여호와의 날'을 부드럽게 소개하지 않았습니다. 그가 받은 계시의 말씀은 '멸절'이었습니다. 그 대상은 짐승들과 악인들이었습니다. 악인들은 바알우상 숭배자들과 그 제사장들이었습니다. 그리고 하늘의 일월성신(日月星神)에게 경배하는 무리와 말감(바벨론의 머리되는 神)에게 맹세하는 자들이었습니다. 이들은 여호와를 배반하였고, 좇지 아니한 배역의 무리였습니다. 여호와를 찾지도 아니하며 구하지도 아니하였으니 마땅히 멸절될 대상들이었습니다. 따라서 스바냐 선지자는 이들을 향하여 '여호와의 날'을 외쳤던 것입니다. 둘째, 여호와의 날이 오기 전에 준비할 것 (습 1:7~18). 스바냐 선지자는 멸절당하기 전에 경고받은 나팔을 불었습니다. 그 소리는 희생의 참상이었습니다. 그들은 죽음의 길이 예비된 지배계급의 자손들과 착취자들이었습니다. 그리고 백성들의 마음을 안일하게 만드는 설교자들이었습니다. 이들이 준비해야 할 것은 죽음과 황무함과 기근의 참상이었습니다. 그리고 회개와 애곡이었습니다.

적용 사랑하는 성도 여러분! 우리 주 예수 그리스도의 복음의 나팔소리는 생명의 소리입니다. 이 거룩한 음성을 외쳐야 합니다. 고난이 찾아와도 소경처럼 더듬거리는 인생들에게 복음의 나팔을 불어주어야 합니다. 우리가 소리치지 아니할 때 … 듣지 못한 기갈증의 사람들이 죽음을 맞이합니다. 그러므로 오늘도 여호와께 범죄한 무리들을 향하여 성령의 음성을 전해줍시다. -아멘-

기도 우리 주 예수 그리스도여! 나팔소리같은 성령의 음성을(계 1:10), 생명을 다하여 염려없이(마 6:34) 전하고 싶습니다(습 1:16). -아멘-

찬송 · 334 장   말씀 · 습 2:1-15   년   월   일

기쁨을 잃기 전에…

오늘의 요절   습 2:3 ▷ 여호와의 규례를 지키는 세상의 모든 겸손한 자들아 너희는 여호와를 찾으며 공의와 겸손을 구하라 너희가 혹시 여호와의 분노의 날에 숨김을 얻으리라

살핌
1. 새롭게 활성화시켜야 할 영적활동은 무엇입니까?(3)
2. 하나님의 목양방법을 말하십시오.(4~7)
3. 주께서 주신 기쁨을 훼방하는 것은 무엇입니까?(8~11)

사랑하는 성도 여러분! 스바냐 2장은 여호와의 날이 오기 전에 그의 공의와 겸손을 경배하라는 내용을 기록하였습니다. 예수 그리스도의 재림의 날은 믿는 자에게는 기쁨이요, 불신하는 자에게는 삶의 기쁨과 소망을 영원히 잃어버리는 날입니다. 그 날이 오기 전에 안타까운 마음으로 불신의 무리들에게 재림하실 예수님을 선교해야 할 것입니다.

 첫째, 여호와를 찾으며 공의와 겸손을 구하라(습 2:1~3). 스바냐 선지자는 다급한 심정으로 백성들의 살 길을 예언하였습니다. 그것은 창조주 하나님께 대하여 부끄러워하며 죄를 토설하는 방법이었습니다. 이 토설의 모임은 여호와의 명령이 시행되기 전에, 여호와의 분노가 임하기 전에 이루어져야 할 구원의 요청이었습니다. 그러므로 하나님의 살아계심과 공의로움과 겸손을 찾는 길만이 참 기쁨을 얻는 것이었습니다. 둘째, 양떼를 먹이라(습 2:4~7). 스바냐 선지자는 하나님의 목양(牧羊)을 소개하였습니다. 하나님께서는 양떼를 괴롭히는 열방들을 쫓아내시며, 잡초를 뽑듯이 뽑아버리셨습니다. 초장으로 인도하시고 목자의 움과 양떼를 수리하셨습니다. 그리고 양떼를 먹이셨습니다. 그 먹이시는 방법은 말씀으로 권면하시는 음성이었습니다. 따라서 그 음성을 듣는 자마다 여호와의 은혜로 기쁨을 되찾을 것입니다. 셋째, 여호와의 목양터전으로 나와서 경배하라(습 2:8~15). 스바냐 선지자는 이방 사람들의 훼방과 비난의 소리를 경계하라고 말씀하셨습니다. 유다의 주변국가들은 스스로 자만하고, 하나님의 목양의 경계를 침범하였습니다. 따라서 그들에게는 소금구덩이의 징벌과 황무함이 찾아올 것이었습니다. 그러므로 교만한 무리들의 훼방을 초월하여 각기 처소에서 나와서 여호와께 경배하라고 말씀하였습니다.

적용 사랑하는 성도 여러분! 혼자만이 즐겁고 기쁜 성(城)에서 염려없이 지낸다고 장담할 수 없습니다. 풍요한 터전이라고 자랑하지 맙시다. 오직 영원한 기쁨의 처소는 주님과 함께하는 곳입니다. 그러므로 오늘도 열방의 안락한 터전보다는 여호와의 목양터에서 찬송을 부릅시다. ─아멘─

기도 우리 주 예수 그리스도여! 죄인의 수치심을 가려주시고(습 2:1), 목양의 터에서(습 2:6) 찬송과 경배를 기쁨으로 드리겠습니다. ─아멘─

찬송 · 277장   말씀 · 습 3:1-20   년 월 일

여호와의 이름

오늘의 요절 습 3:9 ▷ 그 때에 내가 열방의 입술을 깨끗케 하여 그들로 다 나 여호와의 이름을 부르며 일심으로 섬기게 하리니

살핌
1. 예루살렘의 심판은 어느 곳과 어느 계층입니까?(1~7)
2. 여호와의 날에 얻게 될 은혜의 소리를 세 가지만 정리하십시오.(9~13)
3. 내가 가장 듣고 싶어하는 소리는 무엇입니까?(17, 20)

사랑하는 성도 여러분! 스바냐 3장은 구원을 베푸실 전능하신 하나님 여호와의 이름을 부르며 기쁨으로 기다리라는 내용을 기록하였습니다. 하나님 아버지의 아들-독생자이신 예수 그리스도-의 이름을 찬송할 때마다 한마음이 되십니까? 패역하고 더러운 곳, 포학한 성읍을 만날지라도 여호와의 이름을 의탁하면 보호받을 수 있다고 믿습니까? 천하 만민 중에서 명성과 칭찬을 얻을 이름은 오직 '예수'이며, 구원 얻을만한 이름도 오직 '예수님' 뿐입니다(습 3:9, 20, 마 1:21, 행 4:12).

묵상 첫째, 누가 여호와의 이름을 불러야 하는가?(습 3:1~7) 스바냐 선지자는 구원을 베푸실 전능하신 하나님 여호와의 이름을 부르라고 강조하였습니다. 그들은 패역과 더러움과 포학한 성읍의 백성들이었습니다. 그들은 하나님의 명령과 교훈을 받지도 아니할 뿐만 아니라 여호와를 의뢰하지 않고 그에게로 가까이 나아오지 않는 무리였습니다. 방백들, 재판장들, 선지자들이 자행한 포학함과 더러운 예배와 경솔한 간사함을 회개하려면 여호와의 이름을 불러야 했습니다. 그들이 부지런히 그 모든 행위를 회개해야 여호와의 날에 임할 하나님의 분한(忿恨)과 진노를 면하게 될 것이었습니다(습 3:8). 둘째, 여호와의 이름을 부르는 자에게 주실 기쁨의 소리(습 3:9~20). 그 소리는 구원의 선언과 보호의 언약이었습니다. 스바냐 선지자는 여호와의 날에 임하게 되는 언약의 소리를 기쁨으로 정리하여 전하였습니다. 주의 이름을 부르는 자들의 찬송은 깨끗한 제물이 되었습니다. 따라서 그들의 수치심이 사라지고, 교만을 잃어버린 이스라엘의 남은 자들은 전심으로 기뻐하고 즐거워할 것이었습니다. 그 옛날의 곤고하고 가난한 백성들이 이제는 여호와 하나님과 함께 살게 될 것이었습니다. 근심과 괴로움의 시절들이 사라지고 사랑의 즐거움을 나누게 될 것이었습니다.

적용 사랑하는 성도 여러분! 오늘보다는 내일을… 지옥보다는 천국을… 불신보다는 신뢰심을 구합시다. 예수-그 이름은 우리의 구원이며 평안입니다. 그러므로 성 삼위 일체의 하나님께 회개의 제물과 찬송의 기쁨을 산제물로 드립시다. -아멘-

기도 우리 주 예수 그리스도여! 여호와의 이름이 필요한 곳(습 3:1, 7), 불러야 할 민족, 필요한 사랑의 이름을 나누고 싶습니다(습 3:20). -아멘-

| 새벽강단 | 개 관 | 구약 5 |

24번책 – 예 레 미 야 25번책 – 예레미야애가	1–52 1–5
26번책 – 에 스 겔	1–48
27번책 – 다 니 엘	1–12
28번책 – 호 세 아 29번책 – 요 엘 30번책 – 아 모 스	1–14 1–3 1–9
31번책 – 오 바 댜 32번책 – 요 나 33번책 – 미 가	1–1 1–4 1–7
34번책 – 나 훔 35번책 – 하 박 국 36번책 – 스 바 냐	1–3 1–3 1–3
37번책 – 학 개 38번책 – 스 가 랴 39번책 – 말 라 기	1–2 1–14 1–4

학개·스가랴·말라기를 열면서

■ 학개·스가랴·말라기의 명칭

A. 학 개 - 학개서는 성전건축에 관한 책입니다. 그리고 본서는 예언자 '학가이'(축제, 잔치, 나의 기쁜 향연)'의 이름을 따랐습니다.

B. 스가랴 - 스가랴서는 미래에 관한 책입니다. 그리고 본서는 예언자 '스가랴(여호와께서 기억하는 자)'의 이름을 따라서 붙여진 이름입니다.

C. 말라기 - 말라기서는 꾸짖음과 소망의 책입니다. 또한 십일조에 관한 책입니다. 그리고 본서는 예언자 '마르아키(나의 사자, 여호와의 사자)'의 이름을 따라서 붙여진 이름입니다.

■ 학개·스가랴·말라기의 핵심사항

저 자
A. 학 개 - 본서의 저자는 학개입니다. 그는 선지자 스가랴와 총독 스룹바벨과 같은 시대에 활동하던 선지자입니다(1:12, 13, 2:1, 20).

B. 스가랴 - 본서의 저자는 '스가랴'입니다(1:1, 7, 7:1). 그는 '베레갸의 아들이요, 잇도의 손자'라고 소개됩니다.

C. 말라기 - 본서의 저자는 '말라기'입니다(1:1). 그는 메시야가 오시기까지 예언한 최후의 선지자입니다. 즉, 구약시대와 신약시대를 잇는 교량의 역할이 그의 사역이었으며 이스라엘에 계시한 하나님의 마지막 메신저였습니다.

기록연대
A. 학 개 - 기록연대는 페르시아 왕 다리오 1세(B.C 522~485)가 팔레스틴을 통치하던 시기입니다.
B. 스가랴 - 기록연대는 주전 480년쯤으로 추정됩니다.
C. 말라기 - 기록연대는 주전 435년경.

기록목적
A. 학 개 - ①일어나 성전을 재건하라는 것을 알려 주고
②포로에서 돌아온 백성들의 안일함을 책망
③새로운 용기와 격려를 주기 위한 것입니다.
B. 스가랴 - ①포로에서 돌아온 자들의 성결한 생활 요구
②성전건축을 위한 위로와 성공을 목적
③미래에 대한 소망을 갖도록 하기 위한 것입니다.
C. 말라기 - ①이스라엘이 하나님으로부터 받은 특별한 은혜를 가르쳐 주고
②이스라엘 백성이 스스로 타락한 현상을 변론식으로 기록하였습니다. 따라서 회개를 요청하는 것이 본서의 진정한 목적입니다.

---

* 학개서는 성전건축에 관한 책으로서 일어나 성전을 재건하라는 것을 알려주며, 하나님에 대한 예배생활이 모든 삶의 우선임을 보여준다. 스가랴서가 주는 교훈은 성결한 교회와 교인이 되어야 하며 메시야의 나라를 사모하고, 그의 미래에 대한 확신의 필요이다. 특히 여덟 가지의 메시야 왕국에 대한 환상은 소망을 갖게 해 준다. 말라기서는 성전재건 후에 찾아온 이스라엘 백성의 예배생활 및 하나님께 대한 무성의와 포로생활에서 발생된 혼음문제와 경제생활을 지적하는 내용을 통하여 마음을 하나님 아버지께로 돌이키라고 교훈한다.

■ 학개·스가랴·말라기의 주제와 요해

A. 학 개 — ①성전을 재건하자! 따라서 중심사상은 하나님께 대한 예배생활이 모든 삶의 우선입니다. 그리하면 축복과 번영이 오리라는 사상

B. 스가랴 — ①성결한 생활을 하자! ②회개하자! 따라서 본서의 중심사상은 ①메시야를 통한 참 성결과 ②그의 통치하는 나라의 기다림 사상

C. 말라기 — ①만군의 여호와 하나님의 공의로운 다스림을 믿어라! 따라서 중심사상은 ①하나님의 사랑 ②제사장, 백성들에 대한 책망의 하나님 ③십일조 사상입니다. ④여호와께 돌아오라는 부성적인 하나님 사상입니다.

■ 학개·스가랴·말라기의 개요

A. 학 개 — Ⅰ. 성전재건을 하라!는 하나님의 명령(1:1~15)
　　　　Ⅱ. 성전재건을 하면 어떤 결과가 올 것인가? (2:1~9)
　　　　Ⅲ. 정결한 제물의 생활을 하게 되면 복이 임한다는 메세지(2:10~19)
　　　　Ⅳ. 스룹바벨에 대한 미래의 축복의 메세지 (2:20~23)

B. 스가랴 — Ⅰ. 회개 요청과 여덟가지 메시야 왕국에 대한 환상 (1:1~6:8)
　　　　Ⅱ. 금식문제와 이스라엘 회복에 대한 메세지 (7:1~8:23)
　　　　Ⅲ. 메시야 왕국에 대한 예언(9:1~14:21)

C. 말라기 — Ⅰ. 이스라엘 백성들을 향하였던 하나님의 사랑 (1:1~5)
　　　　Ⅱ. 이스라엘 백성들에 대한 하나님의 진노 (1:6~3:15)
　　　　Ⅲ. 여호와를 경외하고 그의 이름을 경외하는 자들의 소망(3:16~4:6)

■ 학개·스가랴·말라기의 핵심적 신앙교훈

A. 학 개 — ①성전건축에 대한 나의 선입견을 수정해야 하며 ②자신의 소유를 살피므로 영적성전에 대한 건축도 가르칩니다.

B. 스가랴 — ①성결한 교회와 교인이 되어야 하며 ②메시야의 나라를 늘 사모해야 함을 교훈합니다. ③미래에 대한 확신이 필요합니다.

C. 말라기 — ①하나님께 대한 사랑의 행위를 확립하고 ②뚜렷한 결혼관에 대하여 ③헌금생활에 대한 새로운 인식이 필요하고 ④진정한 겸손으로 주님의 날을 사모해야 된다고 교훈합니다.

■ 학개·스가랴·말라기 연대표 ■

B.C	
586	예루살렘 함락
539	고레스의 바벨론 점령
538	고레스의 1차 귀환조서
537	1차 귀환 (스룹바벨)
536	성전 재건작업 1차 시작
520	학개·스가랴의 사역 시작/ 성전 재건작업 재개
516	제2성전 완공/ 스가랴의 사역 (9~14장)
475	스가랴의 사역 종결
465	아닥사스다 Ⅰ의 바사 통치
458	2차 귀환 (에스라)
444	3차 귀환 (느헤미야)
435	말라기의 사역 시작

찬송 · 353 장   말씀 · 학 1:1-15   년   월   일

여호와의 성전

오늘의 요절   학 1:8 ▷ 너희는 산에 올라가서 나무를 가져다가 전을 건축하라 그리하면 내가 그로 인하여 기뻐하고 또 영광을 얻으리라 나 여호와가 말하였느니라

1. 학개가 소개하는 성전건축의 시기는 언제였습니까?(5~6)
2. 산업과 수입이 줄어드는 원인을 어디에서 찾아야 합니까?
3. 12절이 주는 감동의 단어를 적으십시오.

사랑하는 성도 여러분! 학개 1장은 성전재건의 말씀과 살아 움직이는 말씀의 힘을 받는 백성들의 뜻을 기록하였습니다. 하나님의 명령은 학개 선지자를 통하여 '여호와의 성전을 건축할 시기'에 대한 내용이었습니다. 성전건축의 시기는… 재건시기는 언제일까요? 말씀과 찬송 및 기도를 사랑하는 사람들마다 성전을 사모합니다.

첫째, 성전건축의 지면에 따른 징벌(학 1:1~11). 학개 선지자는 성전건축의 시기에 대하여 느긋한 입장의 백성들에게 여호와의 명령을 다급하게 직설적으로 표현하였습니다. 즉, 성전 건축할 시기가 늦었으며, 하나님의 전이 황폐하고 초라함에도 불구하고 개인들의 집 장만과 개축을 서둘렀다는 말씀이었습니다. 따라서 그 결과는 핍절과 기근의 연속이라고 설명하였습니다. 마치 전대(지갑)에 구멍이 뚫린 것과 같은 현상이 찾아올 것이었습니다(학 1:6). '그러므로 너희는 산에 올라가서 나무를 가져다가 성전을 건축하라 그리하면 그 일로 인하여 여호와께서 기뻐할 것이며 또 영광을 얻으실 것이라'고 말씀하였습니다(학 1:8). 만일 그리하지 않을 경우에는 모든 수입의 요소가 줄어들 것이며 산업이 핍절해질 것이라고 예언하였습니다(학 1:10). 둘째, 백성의 마음을 감동시키는 말씀(학 1:12~15). 학개 선지자의 설득력있는 말씀과 호소력이 있는 예언의 설교는 백성들의 마음을 감동시켰습니다. 백성들은 학개의 목소리에서 여호와의 목소리를 들었고, 선지자 학개의 말을 청종하기로 결의하였습니다. 그 결의의 이유는 하나님 여호와께서 학개 선지자를 그들에게 보낸 것이라고 믿었기 때문이었습니다. 그러므로 선지자 학개는 여호와의 명을 의지하여 여호와께서 백성들과 함께하심을 선포하였습니다(학 1:3).

사랑하는 성도 여러분! 하나님께서 주시는 감동을 순종합시다. 하나님의 설교는 백성의 마음을 감동시켰습니다. 그러므로 그들은 곧 와서 하나님의 성전 역사(役事)를 시작하였습니다. 오늘도 말씀의 힘을 믿고, 성전의 필요성을 느낍시다. —아멘—

우리 주 예수 그리스도여! 성전건축의 비전과, 시기와 방법의 말씀을 순종하고 싶습니다(학 1:4, 12). —아멘—

찬송 · 245장   말씀 · 학 2:1-9   년 월 일

나중 영광

| 오늘의 요절 | 학 2:9 ▷ 이 전의 나중 영광이 이전 영광보다 크리라 만군의 여호와의 말이니라 내가 이곳에 평강을 주리라 만군의 여호와의 말이니라 |

살핌
1. '스스로 굳세게 할지어다'의 메시지는 몇 번 강조되었습니까?(4)
2. 왜 두려워하지 말아야 합니까?(5)
3. 성전건축 중에 무엇을 두려워했으며 하나님의 언약은 무엇입니까?(8~9)

사랑하는 성도 여러분! 학개 2장 1~9절은 개축된 성전이 하늘의 성전보다 못하지만 개축한 기쁨이 크리라는 내용을 기록하였습니다. 선지자 학개가 전달한 하나님의 명령은 즉각적인 순종으로 실현되어 진행되었습니다. 이러한 와중에 제2차로 임한 여호와의 말씀은 '나중 영광이 크리라!'는 소망의 메시지였습니다.

첫째, 스스로 굳세게 하라(학 2:1~4). 하나님 여호와께서는 학개 선지자를 통하여 말씀하셨습니다. 그 말씀의 내용은 "스스로 굳세게 하라!" "스스로 굳세게 하여 일할지어다"였습니다. 이 뜻은 성전재건의 계속을 격려하는 메시지이며, 끊임없는 용기와 담대한 인내를 촉구하는 권고였습니다. 이 메시지는 유다 총독 스룹바벨과 여호사닥의 아들 대제사장 여호수아와 함께 사역하는 백성들에게 전달되었습니다. 그리고 확약한 말씀은 "내가 너희와 함께 하노라!"는 선언이었습니다. 따라서 좌절과 절망 및 포기는 불순종이 됩니다. 둘째, 나중 영광이 이전 영광보다 크리라(학 2:5~9). 하나님 여호와께서는 나중영광의 소망을 강조하셨습니다. 하나님께서는 애굽의 탈출부터 지금까지 언약의 말씀과 그의 성신으로 보호하셨습니다. 우리와 함께 머무르시는 하나님의 성신을 믿을 때에 두려움이 사라집니다. 하나님의 다스림이 천하만국이신데 믿음의 백성들이 두려워할 이유가 없다는 것입니다. 그뿐 아니라 금도 하나님의 것이요, 은도 하나님의 것이라고 선언하셨으니 삶의 경제적인 영화도 하나님의 권세 안에 있음을 깨달아야 되었습니다. 따라서 학개 선지자는 성전건축의 인적문제와 재정문제에 대하여 두려워하지 말라는 것이었습니다.

적용 사랑하는 성도 여러분! 학개 선지자가 외쳤던 외부적 성전은 개축되었습니다. 그러나 우리 심령의 성전은 친히 성전되신 예수님의 성품으로 건축되었습니까?(벧후 1:4) 평강을 주리라고 선언하신 말씀을 의심하는 자들은 이후에 다시 오실 예수님의 영광을 참기쁨으로 맞이할 수 없습니다. 그러므로 오늘도 심령의 전을 깨끗하게 할 것이며 주의 재림영광을 기다립시다. —아멘—

기도 우리 주 예수 그리스도여! 굳셈으로(학 2:4) 두려움의 요소를 물리치고 (5), 평강의 심령으로(9) 재림영광을 기다리겠습니다(계 22:7). —아멘—

찬송 · 414 장   말씀 · 학 2:10-23   년   월   일

우리가 받을 복

오늘의 요절   학 2:19 ▷ 곡식 종자가 오히려 창고에 있느냐 포도나무, 무화과나무, 석류나무, 감람나무에 열매가 맺지 못하였었느니라 그러나 오늘부터는 내가 너희에게 복을 주리라

살핌
1. 부정한 것과 그 대상은 무엇입니까?(12~14)
2. 경건한 삶이 청결한 삶이라면… 나는 어느 때부터 믿음의 성(聖)스러움이 퇴색되었습니까?(18)
3. 하나님께서 나에게 들려주시는 거룩한 음성은 무엇입니까?(19하, 23)

사랑하는 성도 여러분! 학개 2장 10~23절은 다리오 왕 때 학개에게 임한 미래에 임할 복의 맺음에 대하여 기록하였습니다. 우리가 받은 복은 영생의 말씀이신 예수님이십니다. 예수님께서 약속하신 '영생'의 복은 하나님 나라의 친백성이 되어 주와 함께 영원히 살 은혜입니다. 학개 선지자는 그의 세번째 메시지에서 하나님께로부터 내려오는 미래에 받을 복에 대하여 강조하였습니다. 그의 설교는 문답식이었습니다.

묵상 첫째, 오늘부터는 내가 너희에게 복을 주리라(학 2:10~19). 학개 선지자는 전통적인 율법에 대하여 제사장에게 질문하였습니다. 즉, 재물과 제사장이 깨끗하냐? 그 정답은 ① 거룩한 성물(聖物)이라고 지정된 것들이 더럽혀졌으며(학 2:12) ② 거룩한 제사장이 부정했다는 말씀이었습니다(학 2:13). 따라서 백성들도 나라들도 다함께 부정하며, 그들이 했던 일도 부정했다는 뜻입니다. 그러므로 과거에 추수를 했지만 흉작이었습니다. 그러나 이제… 오늘부터는 맺지 못한 열매도 맺을 뿐 아니라 여호와께서 복을 주신다는 언약의 말씀을 하셨습니다. 둘째, 내가 너를 택하였음이니라(학 2:20~23). 예수님께서도 말씀하셨습니다. "너희가 나를 택한 것이 아니요, 내가 너희를 택하여 세웠나니…"(요 15:16). 학개 선지자의 마지막 메시지는 '택함의 축복'이었습니다. "내가 너를 취하고 너로 인(印)을 삼는다"는 뜻은 선택한 백성의 보호와 안전의 보증인을 삼는다는 것입니다. 유다 총독 스룹바벨은 권위의 상징이었습니다. 따라서 모든 권세를 가지고 담대한 마음으로 하나님의 선택하심을 믿으라고 강조하였습니다. 그러므로 믿음은 축복 중의 축복입니다.

적용 사랑하는 성도 여러분! 하나님의 성전건축은 축복이었습니다. 믿음의 성전재건도 복이었습니다. 천국을 소망하는 열심도 주 하나님께서 주신 우리의 복입니다. 그러므로 오늘도 예수님께서 우리를 택하시고, 우리로 하여금 복의 열매인 선교와 전도의 열심을 갖게 하시는 뜻을 감사합시다. ―아멘―

기도 우리 주 예수 그리스도여! 거룩한 삶을 사모하며(학 2:14) 주의 복과(학 2:19) 택함의 은혜를 늘 감사합시다(학 2:23). ―아멘―

찬송 · 330 장 　　　　말씀 · 슥 1:1-6 　　　　년　월　일

열조를 본받지 말라

오늘의 요절 　슥 1:4 ▷ 너희 열조를 본받지 말라 옛적 선지자들이 그들에게 외쳐 가로되 만군의 여호와께서 말씀하시기를 너희가 악한 길, 악한 행실을 떠나서 돌아오라 하셨다 하나 그들이 듣지 않고 내게 귀를 기울이지 아니하였느니라 나 여호와의 말이니라

살핌
1. 이스라엘 열조의 고난의 원인은 무엇입니까?
2. 하나님께서 나에게 바라시는 태도를 두 가지로 요약하십시오.
3. 내가 고쳐야 할 방법과 습관은 예수님을 닮으려는 것입니까?

사랑하는 성도 여러분! 스가랴 1장 1~6절은 다리오 왕 2년에 스가랴에 임한 회개의 촉구와 돌아설 것에 대하여 기록하였습니다. 스가랴의 뜻은 '여호와를 기억함'입니다. 그러므로 열조의 하나님께서 왜? 조상들에게 진노하셨는지… 그 뜻을 헤아려 봅시다. 더불어 하나님의 음성을 들어봅시다.

묵상 첫째, 너희는 내게로 돌아오라(슥 1:1~3). 여호와 하나님께서 모든 백성들의 열조(列祖)에게 진노하신 이유가 무엇일까요? 그것은 여호와께로 돌아오지 않는 삶이기 때문이었습니다. 그러므로 스가랴 선지자를 통하여 하나님께서 말씀하십니다. "돌아오라!" "여호와께로 돌아오라!" 그리하면 하나님 여호와께서 진노를 멈추시고 함께하신다고 말씀하셨습니다. 이토록 심령의 회개를 촉구하신 이유는 옛 조상들처럼 죄악을 반복하지 말라는 뜻이 담겨있습니다. 그러므로 회개하는 자들은 회복과 위로의 음성을 듣게 될 것입니다. 둘째, 너희는 열조의 행실을 본받지 말라(슥 1:4~6). 이스라엘의 백성들이 포로생활을 하게 된 이유는 무엇일까요? 그것은 여호와를 배반하고 옛적 선지자들이 전하는 메시지에 귀를 기울이지 않았기 때문이었습니다. 선지자들이 '악한 길과 악한 행실에서 떠나라'는 외침의 소리를 외면하고 거부한 결과는 이방 바벨론 제국의 포로신세였습니다. 그들이 악한 길을 고집스럽게 걸었고, 악한 행실로 식물을 삼았기에 여호와의 징벌을 받는 것이었습니다. 그들이 여호와의 음성을 듣지 않았으므로 그들에게는 죽음과 궁핍이 찾아왔습니다. 그 선지자들도 죽었고 열조도 없는 이때에 열조의 행실을 답습한다면… 여호와의 진노가 임한다는 것이 스가랴 선지자의 전제였습니다.

적용 사랑하는 성도 여러분! 우리의 길대로 걸어가지 말아야 하며, 우리의 행위대로 습관을 형성하지 맙시다. 여호와의 말씀에 귀를 기울이며, 믿음의 선친들이 행하였던 순종의 행위를 본받읍시다. 그러므로 오늘도 예수님을 본받으려는 귀를 기울이는 복음의 사람이 됩시다(빌 2:5). －아멘－

기도 우리 주 예수 그리스도여! 심령과 행실을 주께로 향하고(슥 1:3), 같은 사랑으로 옛것을 버리고 싶습니다(슥 1:4). －아멘－

찬송 · 444 장   말씀 · 슥 1:7-17   년   월   일

홍마 탄 사람의 말씀

오늘의 요절 슥 1:17 ▷ 다시 외쳐 이르기를 만군의 여호와의 말씀에 나의 성읍들이 넘치도록 다시 풍부할 것이라 여호와가 다시 시온을 안위하며 다시 예루살렘을 택하리라 하셨다 하라

1. 하나님의 위로가 필요한 사람은 누구일까요?
2. 지금도 여호와의 사자가 우리를 관찰하고 계심을 믿습니까?
3. 우리가 기다려야 할 하나님의 위로와 안위의 말씀은 언제 어디서 역사될까요?

사랑하는 성도 여러분! 스가랴 1장 7~17절의 말씀은 ① 홍마 탄 사람의 환상으로서 위로의 메시지를 기록하였습니다. 이스라엘의 후손들은 과거 노예와 포로시절의 역사에 대하여 위로받기를 소망하였습니다. 그리고 성전재건의 어려움과 갈등에 대하여 위로받기를 기도하였습니다. 따라서 하나님께서는 스가랴 선지자에게 홍마(紅馬)-붉은 말-탄 사람의 환상을 보여주셨습니다(슥 1:8). 그 환상의 뜻은 무엇일까요?

첫째, 여호와께서 땅에 두루 다니라고 보내신 자들(슥 1:7~11). 이들은 하나님의 사자들이었습니다. 특히 온 세계속의 이스라엘을 그리고 예루살렘과 시온을 살피었던 감찰의 사자들이었습니다. 그들은 홍마와 자마(慈馬)와 백마(白馬)를 탔습니다. 그 중에 홍마 탄 사람이 화석류 나무(이스라엘을 상징) 사이에서 여호와의 사자에게 온 땅의 감찰보고를 드렸습니다. 그 내용은 '온 땅이 평안하여 정온하다'는 것이었습니다. 이 뜻은 포로된 이스라엘 백성들이 불안한 세월을 보내는 반면에, 이방의 제국 백성들은 평안하여 안정을 누리고 있다는 내용이었습니다. 둘째, 선한 말씀과 위로의 말씀으로 응답하시는 여호와 하나님(슥 1:12~17). 여호와의 사자는 만군의 여호와께 이스라엘의 형편에 대하여 간구하였습니다. 즉, 포로생활의 70년을 탄원하였습니다. 긍휼의 하나님께서 예루살렘과 시온을 향한 진노를 거두시겠다는 위로의 메시지를 선포하시었습니다. 따라서 백성들을 예루살렘에 귀환시킨 것은 하나님의 긍휼하심 때문이었습니다. 그리고 성전재건은 위로의 회복과 상징이 될 것이라는 환상의 교훈을 준 것이었습니다.

사랑하는 성도 여러분! 성전재건은 위로의 상징입니다. 안위와 풍부함을 소망하는 터전입니다. 즉, 여호와 하나님께서 다시 예루살렘을 택하셨다는 증거의 산물이었습니다. 그렇습니다. 세상 사는 동안에 진정한 위로의 음성을 듣게 되는 곳은 교회의 강단이며, 말씀입니다. 즉, 기록된 계시의 말씀을 통하여 '다시' 안위함을 얻게 됩니다. 그러므로 오늘도 풍부한 위로의 말씀을 이웃에게 들려 줍시다. -아멘-

우리 주 예수 그리스도여! 영적인 걸인, 가난한 자, 눈먼 자, 장애인들을 다시 회복시키고 싶습니다(요 9:1~11). -아멘-

찬송 · 428 장   말씀 · 슥 1:18-21   년   월   일

공장(工匠) 네 명의 환상

오늘의 요절 슥 1 : 21 ▷ 내가 가로되 그들이 무엇하러 왔나이까 하매 대답하여 가라사대 그 뿔들이 유다를 헤쳐서 사람으로 능히 머리를 들지 못하게 하매 이 공장들이 와서 그것들을 두렵게 하고 이전에 뿔들을 들어 유다 땅을 헤친 열국의 뿔을 떨어치려 하느니라 하시더라

살핌
1. 뿔의 의미와 함께 적용되는 성격과 동물을 말씀하십시오.
2. 두려움을 주는 문제는 무엇입니까?
3. 예수님의 말씀으로 두려움을 없앤 사건이 있습니까? 그 뒤의 용맹은?

사랑하는 성도 여러분! 스가랴 1장 18~21절의 말씀은 유다와 예루살렘의 두려운 뿔(열국)이 ②공장인들에 의해 분쇄되는 내용을 기록하였습니다. 유다와 예루살렘의 백성들은 늘 외세의 침략에 대하여 두려움을 안고 살았습니다. 그들은 강대국들의 왕들과 타협을 하면서도 만왕의 왕이신 하나님께는 그들의 사정과 짐을 내려놓거나 묻지 않았습니다. 그들이 정작 두려워한 것은 네 뿔이었습니다. 이것이 스가랴의 둘째 환상에 나타난 것입니다. 그 의미는 무엇일까요?

첫째, 네 뿔의 의미(슥 1 : 18~19). '뿔'은 힘과 권력과 왕을 상징합니다. 이 뿔은 북쪽 이스라엘과 남쪽 유다, 그리고 예루살렘과 시온을 위협한 세력의 나라들을 상징하였습니다. 이 뿔들을 향하여 그들이 대적하였지만 결국 뿔의 공격을 받아서 크게 상처를 입었습니다. 전쟁과 포로와 기근과 죽음이 연속될 때마다 이스라엘과 유다의 백성들은 열국으로 흩어져 살게 되었습니다. 즉, 뿔의 공격을 피하여 달아났으나 열방에서 노예가 되었고 상처난 인생들은 여호와를 배반하거나 돌아오지 않았던 것입니다. 따라서 하나님께서는 스가랴 선지자를 통하여 이스라엘의 두려움을 알려주신 것이 네 뿔의 환상의 의미였습니다. 둘째, 공장(工匠) 네 명의 의미(슥 1 : 20~21). 하나님께서는 이스라엘과 유다의 두려움을 없애줄 공장-기술자-네 명을 보내 주셨습니다. 두려움에 떨고 있는 인생들을 안정시키려는 하나님의 뜻이 계셨습니다. 따라서 공장 네 명은 이스라엘과 유다를 공격한 네 뿔을 능히 제거할 하나님의 기술자들이었습니다. 문명의 발달이 더욱 잘 된 나라가 새로운 무기와 방법으로 바벨론 제국을 멸절시키리라는 예언과 같은 환상이었습니다.

적용 사랑하는 성도 여러분! 우리에겐 어떤 뿔이 있습니까? 사람을 두렵게 하며 유쾌한 심령을 불쾌하게 만드는 적들은 악한 영들입니다. 이때마다 여호와 하나님께 기도합시다. 예수님의 말씀검으로 두려움의 뿔들을 잘라 버립시다. 그러므로 오늘도 승리의 기술자가 됩시다. —아멘—

기도 우리 주 예수 그리스도여! 두려움과 수치심을 잃어버린 심령들에게 복음의 능력으로 대처하고 싶습니다(슥 1 : 21). —아멘—

찬송 · 425장　　　　말씀 · 슥 2:1-13　　　　년　월　일

척량줄을 잡은 자의 환상

오늘의 요절　슥 2:11 ▷ 그 날에 많은 나라가 여호와께 속하여 내 백성이 될 것이요 나는 네 가운데 거하리라 네가 만군의 여호와께서 나를 네게 보내신줄 알리라

1. 하나님의 교회를 섬기는 기준은 무엇일까요?
2. 개척교회를 세우시는 뜻을 어떻게 생각합니까?
3. 나의 결점은 무엇입니까?

사랑하는 성도 여러분! 스가랴 2장은 ③ 척량줄 잡은 자의 계시이며 메시지는 많은 나라의 선교비전에 대하여 기록하였습니다. 하나님의 척도에 맞는 삶이란 무엇일까요? 그것은 말씀의 척도이며 말씀으로 얻게 되는 풍성한 삶이며, 영광의 삶입니다. 스가랴 선지자는 척량(尺量)줄을 잡은 사람의 환상을 보았습니다. 그 의미는 무엇일까요?

묵상 첫째, 예루살렘을 척량하는 의미(슥 2:1~5). 척량줄을 잡은 사람은 예루살렘의 재건을 준비하는 분이었습니다. 척량줄 환상은 흩어져 살던 포로들이 돌아와서 함께 살게 될 예루살렘의 성전과 촌락을 재건하는 분이 계셨음을 깨닫게 하는 환상이었습니다. 사람과 사람이 어울려 살고 육축과 먹을 것이 풍성할 미래에 따른 설계자가 바로 하나님이셨습니다. 이러한 일은 회복의 운동으로 나타났습니다. 그렇기에 스가랴 선지자는 환상의 교훈이 하나님의 기준에 맞는 성전재건이라고 강조하는 것이 되었습니다. 둘째, 여호와 앞에서 잠잠한 이유(슥 2:6~13). 유다와 이스라엘 백성들은 여호와 앞에서 바람같이 사방으로 흩어져 살았습니다. 그러나 이제는 그들이 사는 나라에 임할 진노를 피하여 여호와의 성으로 돌아와야 되었습니다. 그의 백성들이 돌아올 때에 방해하는 무리가 있다면 하나님께 대항하는 결과가 되었습니다. 그러므로 하나님의 눈동자 속에서 벗어나지 않고 여호와의 손에 인도되는 백성들은 참된 기쁨을 찬양하며 감사의 고백을 하게 되었습니다. 따라서 그 결과는 온 세계의 많은 민족이 하나님께 속하여 여호와의 백성이 될 것이었습니다. 이는 이방의 포로생활 기간이 곧 선교기간이었음을 뜻하는 교훈을 얻게 하였습니다. 그러므로 포로생활에 대하여 혈기있게 질문하는 자들은 여호와의 뜻 앞에 잠잠해야 할 것입니다.

적용 사랑하는 성도 여러분! 만사의 진행과 그 계획은 여호와의 성소에서 일어납니다. 즉 하나님께서 섭리하시는 범위 안에서 삶의 회복과 기쁨이 있으며, 교회선교의 소망도 있습니다. 그러므로 오늘도 예수님의 피값으로 사신 교회의 소망이 무엇인지를 발견해 봅시다. -아멘-

기도 우리 주 예수 그리스도여! 섭리에 순종하고(슥 2:2), 교회에 소속하여 선교의 비전을 품고 진행하겠습니다(슥 2:13, 마 28:18~20). -아멘-

찬송 · 196장   말씀 · 슥 3:1-10   년   월   일

아름다운 옷을 입은 여호수아

| 오늘의 요절 | 슥 3:4 ▷ 여호와께서 자기 앞에 선 자들에게 명하사 그 더러운 옷을 벗기라 하시고 또 여호수아에게 이르시되 내가 네 죄과를 제하여 버렸으니 네게 아름다운 옷을 입히리라 하시기로

1. 더러운 옷을 입은 대제사장 여호수아는 누구를 상징하였습니까?
2. 그리스도를 예표하는 예언의 낱말을 아는대로 쓰세요.
3. 내가 교회로 초대해야 할 사람은 누구입니까?

사랑하는 성도 여러분! 스가랴 3장은 ④ 대제사장 여호수아의 더러운 옷을 갈아입히는 계시로서 장차 완성될 주의 나라 생활에 대하여 기록하였습니다. 스가랴 선지자는 하나님께서 다스리시는 나라에 대한 환상을 보았습니다. 환상 속에서 보여진 대제사장 여호수아의 더러운 옷은 이스라엘의 죄를 상징하였습니다.

첫째, 더러운 옷을 벗기고 아름다운 옷을 갈아입히시는 하나님(슥 3:1~5). 하나님의 긍휼을 시샘내는 사단은 늘 더러운 옷에 대하여 공격하였습니다. 이러한 사단의 행위에 대하여 여호와께서는 사단을 책망하셨습니다. 그뿐 아니라 불에서 꺼낸 그슬린 나무와 같은 이스라엘을 불쌍히 여기셨습니다. 그리고 죄악 가운데 더럽혀진 대제사장 여호수아의 옷을 벗겨 주셨습니다. 스스로 벗을 수 없는 더러운 옷을 주의 사자를 통하여 벗겨 주셨습니다. 이러한 '벗김'은 하나님께서 이스라엘의 죄과와… 멍에에서 해방시켜 주시는 '사유하심'의 순서였습니다. 그뿐 아니라 하나님께서 정한 관을 대제사장 머리에 씌워 주셨습니다. 이렇게 모든 과정을 중보하시는 분이 그리스도 — 곧 메시야이십니다. 둘째, 그리스도의 완전하신 속죄의 날을 선포하신 하나님(슥 3:6~10). 구약의 의식제도는 그리스도의 예표이며 모형이었습니다. 여호와의 사자가 여호수아에게 증거하는 내용은 그리스도의 나라에 초대되어질 백성들을 소개한 것이었습니다. 즉, 하나님의 도를 준행하며 그의 율례를 지키면 거룩한 사람들의 곁을 왕래하게 될 것이라고 가르쳐 주었습니다. 따라서 하나님께서 보내신 예표의 사람들은 제사장들이었습니다. 그리고 하나님의 새순은 그리스도를 뜻합니다.

사랑하는 성도 여러분! 이 땅의 죄악을 하루에 제하실 분은 예수님이십니다. 십자가의 죽음은 모든 죄악을 제하는 속죄일입니다. 그러므로 그의 속죄하심의 교리를 믿는 자마다 포도나무와 무화과나무 아래로 초대될 것입니다. 스가랴 선지자는 현세의 성전재건에 대한 비전과 아울러 평화와 번영의 나라 — 메시야의 나라 — 를 환상 속에서 미리 본 것입니다. 오늘도 깨끗한 행실의 나라를 묵상합시다. — 아멘 —

우리 주 예수 그리스도여! 깨끗한 행실(계 19:8), 깨끗한 옷(슥 3:4), 깨끗한 나라에 초대받은 것을 감사드립니다(슥 3:10). — 아멘 —

찬송 · 466 장   말씀 · 슥 4:1-14   년   월   일

순금 등대와 두 감람나무

오늘의 요절   슥 4 : 10 ▷ 작은 일의 날이라고 멸시하는 자가 누구냐 이 일곱은 온 세상에 두루 행하는 여호와의 눈이라 다림줄이 스룹바벨의 손에 있음을 보고 기뻐하리라

살핌
1. 순금 등대의 의미는 무엇입니까?
2. 두 감람나무의 존재와 그 의미를 아십니까?
3. 교회의 존재와 역할에 대한 나의 소망을 적으세요.

사랑하는 성도 여러분! 스가랴 4장은 ⑤ 일곱 순금 등대와 두 감람나무의 계시로서 은총과 여호와 눈과 그의 신(神)에 대하여 기록하였습니다. 순금 등대는 교회의 예표적 상징물이라고 해석합니다. 따라서 스가랴 선지자는 다섯번째의 환상 속에서 현대의 교회 모습까지 미리 보았습니다. 그는 순금으로 만든 등대 꼭대기에 주발같은 기름통과 일곱 등잔이 일곱 관에 연결되어있는 등대를 보았습니다. 그 의미는 무엇일까요?

묵상 첫째, 순금 등대의 의미(슥 4 : 1~10). 순금 등대의 좌우 곁에는 두 감람나무가 있었습니다. 순금 등대가 제 역할을 하기 위해서는 두 감람나무에서 공급하는 기름이 필요한 것입니다. 순금 등대가 스가랴 시대의 성전을 뜻하고, 예수 그리스도의 나라가 임하면 교회의 상징입니다. 즉, 순금 등대는 신약시대의 교회입니다. 따라서 교회의 존재는 인간의 힘으로도 되지 아니하며 능력으로 되지 아니하고 오직 하나님의 성령으로 그 역할을 하게 됩니다. 따라서 두 감람나무의 은총으로 등대가 빛을 발할 것이며, 지도자의 다림줄에 의하여 그 등대는 계속 존재할 것입니다. 그러므로 하나님께서 명령하신 성전재건과 교회의 존립을 작은 일이라고 멸시하면 큰 죄를 짓는 것입니다. 둘째, 등대 좌우의 두 감람나무의 의미(슥 4 : 11~14). 스가랴 선지자는 확연하게 바라본 등대 좌우의 두 감람나무의 뜻이 궁금하였습니다. 그 감람나무에서 금 기름을 흘려보내어 순금 등대의 관에 공급하고 있었기 때문에 더욱 궁금한 것이었습니다. 이 의미는 기름부음 받고, 발리운 자 둘이란 뜻이었습니다. 하나님께로부터 기름부음을 받을 자는 왕과 제사장 뿐입니다. 따라서 스가랴 시대의 왕권과 제사장권이 회복되고 더 나아가서는 그리스도의 왕권과 제사장권이 존재할 것이라고 설명됩니다.

적용 사랑하는 성도 여러분! 하나님의 교회는 성령의 공급과 그리스도의 말씀과 성도들의 빛된 생활이 함께하여야 선을 이룹니다. 즉, 구속사역의 완성이 되기까지 믿음의 권세를 손에 쥐고 입술로 그 의미를 기도하여야 할 것입니다. 오늘도 교회를 다스리는 성령의 은총을 기다립시다. ─아멘─

기도 우리 주 예수 그리스도여! 빛과 소금의 역할을 깨달으며 주의 거룩한 말씀을 듣고 순종하겠습니다(슥 4 : 6, 10). ─아멘─

찬송 · 163 장   말씀 · 슥 5:1-4   년   월   일

날아가는 두루마리

오늘의 요절   슥 5:3 ▷ 그가 내게 이르되 이는 온 지면에 두루 행하는 저주라 무릇 도적질하는 자는 그 이편 글대로 끊쳐지고 무릇 맹세하는 자는 그 저편 글대로 끊쳐지리라

살핌
1. 우리의 눈은 무엇을 자주 보아야 합니까?
2. 성경말씀을 두려워하는 직업의 부류는 무엇입니까?
3. 나의 행위의 기준은 보다 성경적입니까?

사랑하는 성도 여러분! 스가랴 5장 1~4절의 말씀은 ⑥ 날아가는 두루마리의 저주로 진멸될 도적질과 거짓 맹세에 대하여 기록하였습니다. 예언의 말씀을 읽는 자와 듣는 자들과 그 가운데 기록한 것을 지키는 자들이 복이 있는 사람들입니다(계 1:3). 스가랴 선지자가 보았던 여섯번째의 환상은 '날아가는 두루마리'였습니다. 여기에서 '두루마리'란 책입니다. 그 책의 의미는 무엇일까요?

묵상 첫째, 날아가는 두루마리 책의 크기(슥 5:1~2). 날아가는 환상은 시공간을 초월하는 뜻입니다. 그런데 책의 길이가 20규빗이요(55cm×20), 넓이가 10규빗이었으니 어마어마한 책이었습니다. 이렇게 큰 책의 환상을 보여주신 뜻은 하나님의 관찰이 크다는 뜻이었습니다. 즉, 백성들의 모든 행위와 심사를 관찰하시고 기록하였던 것입니다. 특히 스가랴가 현실문제에 대하여 이 말씀을 적용하면 성전재건을 방해하는 세력들의 죄악들이 모두 기록되었다는 뜻입니다. 둘째, 두루마리에 적힌 글(슥 5:3~4). 두루마리에 적힌 내용은 '저주'였습니다. 이 저주는 누구에게 적용될까요? 무릇 도적질하는 사람과 거짓맹세하는 사람들이 저주의 대상이었습니다. 날아다니는 두루마리의 글은 심판의 규정이었습니다. 따라서 하나님의 말씀 앞에서 축복받을 사람과 저주받을 사람이 분류될 때에, 날아가는 두루마리는 저주받을 대상들에게 적용되는 규정이었습니다. 특히, 하나님의 이름으로 맹세하는 자들이 맹세를 지키지 않았습니다. 즉, 스가랴 시대의 백성들이 하나님의 역사를 거들겠다고 맹세했음에도 불구하고, 그럴듯한 거짓말로 맹세를 지키지 않았습니다.

적용 사랑하는 성도 여러분! 말씀 앞에서 진실하고 솔직한 영혼이 됩시다. 하나님의 일을 중단했다면 다시 시작하여 헛맹세가 되지 않도록 합시다. 끊임없는 말씀 중심의 삶이 되어야 날아가는 두루마리의 저주를 면하게 됩니다. 우리 주 예수 그리스도의 말씀을 즉각적으로 순종하는 행함의 믿음은 산(生) 믿음입니다. 그러므로 오늘도 말씀의 목표(구원)를 잃지 맙시다. —아멘—

기도 우리 주 예수 그리스도여! 하나님 중심, 성경 중심, 교회 중심으로 경건의 목표를 이루고 싶습니다(골 1:24). —아멘—

찬송 · 193장   말씀 · 슥 5:5-11   년   월   일

에바 속의 두 여인과 그 의미

| 오늘의 요절 | 슥 5:11 ▷ 내게 이르되 그들이 시날 땅으로 가서 그를 위하여 집을 지으려 함이니라 준공되면 그가 제 처소에 머물게 되리라 하더라

1. 죄의 정의를 내려 보십시오.
2. 죄의 오염이 심한 지역을 조사하십시오.
3. 하나님의 성전과 교육관이 필요한 이유는 무엇입니까?

사랑하는 성도 여러분! 스가랴 5장 5~11절의 말씀은 ⑦ 죄악을 측정하는 에바 속의 두 여인이 뿌린 죄를 옮기는 심판에 대하여 기록하였습니다. 열매없는 어두움의 일은 죄이며, 죄의 삯은 사망입니다(롬 6:23). 스가랴가 본 일곱번째의 환상은 죄의 끝과 오염의 범위와 기한이었습니다.

묵상 첫째, 에바와 여인과 죄의 오염도(슥 5:5~8). 스가랴 선지자는 죄악을 상징하는 여인을 보았습니다. 에바(유대 용량의 한 단위-22ℓ)는 죄의 모양이 담기는 나라의 표현입니다. 따라서 온 땅의 모양이 '에바'이니 온 땅에 죄가 없는 곳이 없다는 뜻입니다. 그 에바 가운데 여인이 앉았으니 곧 죄는 음란성이 있으며 은밀하고 어두운 가운데 이루어진다고 봅니다. '납'은 무게를 측정하는 단위의 덩어리인데 납 한 조각이 들렸다는 것은 죄악의 무게가 있다는 뜻입니다. 그러므로 에바 끝까지 죄악이 차면 심판이 불가피하다는 뜻입니다. 둘째, 옮겨가는 에바와 두 여인의 처소(슥 5:9~11). 이 뜻은 해석이 여러 갈래가 될 수 있습니다. 에바가 죄의 용량을 측정하는 기구이기에 그 죄가 관영하면 시날 땅으로 옮겨진다는 뜻으로 해석할 수 있습니다. 또한 이방인들이 이스라엘로 옮겨왔던 이방종교(우상숭배)도 본산지로 돌아갈 것이라고 본 것입니다. 즉, 하나님의 성전이 완전히 건축되면 이방문화의 죄가 사라지거나 본산지로 옮겨가서 그들의 우상집을 짓게 될 것이라는 것입니다. 그러므로 이 일의 역사는 하나님의 심부름꾼들이 주관하고 죄악의 예표적인 두 여인들도 본적지로 옮겨갈 것이 예언되었습니다.

적용 사랑하는 성도 여러분! 죄를 측량하는 기구는 에바와 같은 그릇이며 저울의 추입니다. 죄처럼 음란한 것과 은밀한 어두움의 일을 없애야 합니다. 죄의 집을 짓는 것보다 하나님의 거룩한 처소를 예비하고 준공시키려는 기도는 거룩한 일입니다. 좋은 성전에서 많은 죄인들을 교화시키고 새로운 삶-곧 우리 주 예수 그리스도와의 삶을 소개합시다. 그러므로 오늘도 죄보다는 예수님의 일을 준공시킵시다. —아멘—

기도 우리 주 예수 그리스도여! 그리스도 복음에 합당한 생활(빌 1:27), 새 생활을 계속하여 새 사람이 되고 싶습니다(골 3:10). —아멘—

찬송 · 272 장   말씀 · 슥 6:1-8   년   월   일

하늘의 네 병거(兵車)의 바람

| 오늘의 요절 | 슥 6:5 ▷ 천사가 대답하여 가로되 이는 하늘의 네 바람인데 온 세상의 주 앞에 모셨다가 나가는 것이라 하더라

살핌
1. 죄의 색은 어떤 색일까요?
2. 주의 사역을 올바르게 수행하는 자세가 있다면 2가지로 대답하십시오.
3. 주의 마음을 시원하게 하며 교회가 즐거운 일은 어떤 일일까요?(8)

사랑하는 성도 여러분! 스가랴 6장 1~8절의 말씀은 ⑧ 하늘의 네 병거와 그의 바람 역할에 대하여 기록하였습니다. 하나님의 교회나… 모든 생활인들에게 거치는 인생이 되지 않으려면, 그 모든 일에 자기 유익을 구하지 말고 많은 사람의 유익을 구해야 합니다. 그러므로 모두 구원을 얻게 해야 됩니다. 스가랴가 본 여덟번째의 환상 속에는 하나님의 일을 수종드는 하늘의 네 병거와 네 말이 나옵니다. 그 의미는 무엇일까요?

묵상 첫째, 홍마, 흑마, 백마, 어룽지고 건장한 말의 병거(슥 6:1~5). 이것은 스가랴 선지자가 본 네 말의 색입니다. 이는 죄악이 가득한 뜻으로 그 색상은 주홍색→흑색→백색→얼룩색 등으로 상징하였습니다. 이 말들은 두 산 사이에서 나왔는데 두 산은 예루살렘 근처의 모리아 산과 감람산을 뜻합니다. 이는 하나님의 일이 예루살렘으로부터 시작되었다는 뜻이며, 하나님의 관심도 예루살렘의 성전에 있다는 뜻입니다. 따라서 스가랴 선지자는 예루살렘 성전을 건축하는 것이 합당하다고 보는 것입니다. 이 말들은 하늘의 네 바람인데 하나님의 섭리가 진행될 때마다 신속한 수종을 든다는 뜻입니다. 즉, 온 세상의 일을 주관하시는 주 앞에서 섬기다가 4방으로 흩어질 준비가 됐다는 뜻입니다. 둘째, 죄악이 가득찬 곳을 향한 흑마와 백마(슥 6:6~8). 흑마는 북편 땅으로 갔으니 곧 바벨론이었습니다. 또한 백마가 함께 갔으니 바벨론 제국은 메데 페르시아 제국에 의하여 멸망될 것이었습니다. 스가랴의 환상은 이루어졌습니다. 그러나 건장한 말의 환상은 온 세상을 두루 다니는 하나님의 대리 사역자였습니다. 즉, 이 세상의 죄악을 하나님께 보고하는 전령이었습니다.

적용 사랑하는 성도 여러분! 북방의 보고는 여호와의 사자 곧, 메시야의 마음을 시원하게 만들었습니다. 우리의 전도보고는 주의 사자의 마음을 시원하게 만든다는 뜻입니다. 4방으로 흩어져 죄인들을 예수 그리스도께로 안내하여 돌아오게 하는 전령의 역할은 복받는 일입니다. 그리고 온 교회의 마음을 시원하게 만드는 사역입니다. 그러므로 오늘도 시원한 사역자가 됩시다. -아멘-

기도 우리 주 예수 그리스도여! 답답한 일을 버리고(고후 10:3~4), 시원한 주의 사역을(갈 6:9~10) 대리 사역하겠습니다(슥 6:4, 6). -아멘-

| 찬송 · 209 장 | 말씀 · 슥 6:9-15 | 년 월 일 |

상징적인 여호수아의 대관식

[오늘의 요절] 슥 6:13 ▷ 그가 여호와의 전을 건축하고 영광도 얻고 그 위에 앉아서 다스릴 것이요 또 제사장이 자기 위에 있으리니 이 두 사이에 평화의 의논이 있으리라 하셨다 하고

1. 헌금에 대하여 인색합니까? 왜 건축해야 합니까?
2. 건축헌금을 걷은 사람의 이름 뜻은 무엇입니까?(성품을 나타내는 이름)
3. 건축헌금을 얼마나 드렸고 몇 년을 작정하셨습니까?(건축 후의 기쁨은?)

사랑하는 성도 여러분! 스가랴 6장 9~15절의 말씀은 ⑨번째의 환상으로서 메시야의 예표가 되는 여호수아의 대관식을 상징적으로 기록하였습니다. 스가랴 선지자는 상징적인 여호수아의 대관식 환상을 보았습니다. 이는 성전재건 후에 있을 기쁨의 시간이며… 더 나아가서는 메시야의 초림과 재림에 있을 대관식 환상이었습니다.

첫째, 바벨론에서부터 돌아온 네 사람(슥 6:9~10). 스가랴의 환상은 좀더 구체적으로 진행되어 그가 본 실제인물의 이름이 나왔습니다. 이는 네 사람인데 ① 헬대와 ② 도비야와 ③ 여다야, ④ 스바냐의 아들 요시아입니다. 헬대의 이름 뜻은 '건장하다'입니다. 도비야는 '선하다'입니다. 여다야는 '하나님이 아신다'입니다. 요시아는 '하나님이 세우신다'는 뜻입니다. 따라서 바벨론에서 귀환한 백성들 중에는 아직도 건강한 사람들이 있으며, 선한 마음의 소유자들이 있다는 뜻입니다. 그리고 백성들의 마음을 하나님께서 아시고 반드시 하나님께서 성전을 세우신다는 뜻으로 해석됩니다. 그러므로 그들의 임무는 성전재건의 모든 비용을 수금하는 임무를 수행하였습니다. 둘째, 면류관을 쓴 여호수아(슥 6:11~15). 하나님의 뜻 가운데 세워진 네 사람은 대관식에 준비된 인물이었습니다. 그들이 거둔 은과 금은 성전재건과 여호수아가 쓸 면류관을 마련하였습니다. 이 대관식의 면류관은 장차 오실 메시야-곧 '순'이라고 이름하는 예수님께서 쓰실 가시면류관을 예표하였습니다. 그리고 장차 오실 예수 그리스도의 면류관을 소망하게 만드는 환상이었습니다. 그가 건축하고 다스릴 나라와 보좌의 영광은 평화의 상징이 될 것입니다. 따라서 성전 건축은 여호와의 기념전이며 상징입니다.

사랑하는 성도 여러분! 하나님의 성전 짓는 것이 소망이 되었습니까? 스가랴 선지자는 계속 그의 환상 속에서 성전건축의 필요성과 방법 및 목적 등을 보았습니다. 우리의 믿음의 성전에서 얻게 될 영광을 하나님께 돌립시다. 그러므로 오늘도 오실 예수 그리스도의 기념된 뜻을 오해하지 맙시다. -아멘-

우리 주 예수 그리스도여! 성전을 사랑하고(슥 6:12), 말씀을 청종하여(슥 6:15) 등불 든 그리스도인이 되겠습니다. -아멘-

찬송·377장　　　　말씀·슥 7:1-14　　　　년　월　일

하나님을 위하여 금식하라

오늘의 요절　슥 7:5 ▷ 온 땅의 백성과 제사장들에게 이르라 너희가 칠십년 동안 오월과 칠월에 금식하고 애통하였거니와 그 금식이 나를 위하여, 나를 위하여 한 것이냐

1. 전통적인 금식은 어느 때에 하였습니까?(3~7)
2. 하나님께서 요구하시는 금식기도의 요소는 무엇입니까?
3. 예수님께서 가르치신 금식기도의 방법은 무엇입니까?(마 6:16~18)

사랑하는 성도 여러분! 스가랴 7장은 하나님께 꾸중듣는 금식 행위와 진정한 금식과 경건의 행위들에 대하여 기록하였습니다. 금식은 개인의 성격이나 고집으로 진행되어서는 아니될 것입니다. 오직 금식의 목적은 하나님을 위한 금식이어야 할 것입니다(슥 7:5). 이스라엘 백성들은 연례중에 금식일과 주기를 설정하여 억지 울음과 금식을 단행하였습니다.

첫째, 과거의 금식방법(슥 7:1~7). 이스라엘 백성들은 70년 동안의 포로생활의 기간 중에 네 가지 금식을 하였습니다. ① 느부갓네살 왕이 예루살렘을 점령한 날(7월 17일), ② 느부사라단이 예루살렘에 불을 지른 것이 억울해서 금식을 하고(8월 9일), ③ 학살의 날(렘 41:10)에 금식하고(10월 3일), ④ 느부갓네살 왕이 예루살렘을 포위하기 시작한 후 열번째 달인 개벳월(오늘의 1월 10일)에 금식하였습니다. 이런 방법은 슬픈 날의 기념금식이었습니다. 이 생활금식을 갑자기 바꾸어야 되느냐?의 질문은 하나님의 책망을 받았습니다. "그 금식이 나를 위하여 한 것이냐?(슥 7:5)" 둘째, 하나님께서 요구하시는 금식과 경건행위(슥 7:8~14). 인애와 긍휼이 없는 금식은 외식입니다. 하나님께서는 이미 백성들에게 진실한 재판과 인애와 긍휼의 베품을 강조하셨습니다. 그리고 소득이 약한 과부와 고아와 나그네와 궁핍한 자에게 사랑을 베풀라는 뜻이 계셨습니다. 그러나 백성들이 청종하기를 싫어하였고 마음이 금강석처럼 강퍅하였습니다. 그뿐 아니라 이전 선지자를 빙자하여 새롭게 보내신 선지자의 말씀을 듣지 않았습니다. 그러므로 금식하며 기도할지라도 하나님께서는 듣지 않으시겠다고 말씀하셨습니다(슥 7:13).

사랑하는 성도 여러분! 하나님의 말씀-곧 예수님께서는 금식기도가 외식행위와 같아서는 아니된다고 가르치셨습니다(마 6:5). 그러므로 진정한 금식은 이웃을 사랑하는 마음과 하나님의 나라의 의(義)를 위하여 단행하여야 합니다. 오늘도 희생적인 금식을 단행함으로 주의 축복과 응답을 소망합시다. -아멘-

우리 주 예수 그리스도여! 은밀한 자선과(마 6:1), 골방의 기도와(마 6:6), 하나님을 위한 금식기도를 드립니다(슥 6:5). -아멘-

| 찬송 · 305 장 | 말씀 · 슥 8 : 1-23 | 년 월 일 |

여호와께서 말씀하신 새 날

오늘의 요절 슥 8 : 11~12 ▷ 만군의 여호와가 말하노니 이제는 내가 이 남은 백성을 대하기를 전일과 같이 아니할 것인즉 곧 평안한 추수를 얻을 것이라 포도나무가 열매를 맺으며 땅이 산물을 내며 하늘은 이슬을 내리리니 내가 이 남은 백성으로 이 모든 것을 누리게 하리라

살핌
1. 하나님의 성품을 적어 보십시오. (8, 19)
2. 새 날의 변화를 적어 보십시오.
3. 무엇을 구하고 찾아야 될까요?

사랑하는 성도 여러분! 스가랴 8장은 만군의 여호와께서 말씀하신 예루살렘의 미래와 새 날이 오기 전까지의 삶에 대하여 기록하였습니다. 예수님이 다스리시는 영원한 그 나라는 언제 올까요? 그에 따른 인내와 소망의 기다림이 말씀의 은혜로 강건해질 것입니다. 스가랴 선지자는 금식을 질문한 백성들의 해답과 같은 여호와의 새 날을 전달하였습니다.

묵상 첫째, 성실과 정의의 하나님(슥 8 : 1~8). 만군의 여호와 하나님께서는 시온의 전부를 사랑하십니다. 또한 하나님께서 성전을 짓고 좌정하시어 온 백성을 다스릴 그 나라가 되면 모든 생활이 회복될 것입니다. 왜냐하면 예루살렘이 진리의 성읍이 되고, 여호와의 성산이 있기 때문에 숱한 계층의 사람들이 구원의 평안을 누리게 될 것이기 때문입니다. 따라서 하나님께서는 먼 나라에 흩어져 있는 이스라엘의 백성들까지도 사랑하신다는 뜻이 전달되었습니다. 둘째, 전일(前日)과 같지 아니하신 하나님(슥 8 : 9~13). 하나님의 다스림이 전일과 같지 않다고 선언하셨습니다. 그러므로 새로운 선지자들이 전하는 이 말을 들을 때에 스스로 심령을 견고히 하라고 권하였습니다. 전에는 궁핍하였으나 이제는 평안한 추수로 말미암아 구원과 축복을 경험하게 될 것이었습니다. 그러므로 손을 견고히 하여 범죄하지 말고, 전날의 한숨을 소망으로 바꾸어야 합니다(슥 7 : 13). 셋째, 진실과 화평을 사랑하시는 하나님(슥 7 : 14~23). 하나님의 성품의 대명사는 사랑입니다. 그 사랑의 요소에는 기쁨과 즐거움과 희락이 있습니다. 따라서 새 날에는 세계각국의 민족들이 여호와의 은혜를 찾고 구할 것입니다(슥 8 : 21). 그들이 고백하기를 하나님의 함께하심과 행함들에 대하여 예찬할 것이었습니다. 그 말씀들은 이제 훤히 거울로 보는 듯 합니다.

적용 사랑하는 성도 여러분! 새 날이 오면 금식일은 희락의 절기입니다. 진실없는 나라는 사회의 소문이 빠르고 덕을 이루지 못합니다. 그러므로 오늘도 주 예수 그리스도와 함께 가는 이웃과 가정을 꾸며 봅시다(슥 8 : 23). ─아멘─

기도 우리 주 예수 그리스도여! 하나님의 성실과 정의, 사랑의 하나님, 진실로 화평의 새 날을 기다리겠습니다. ─아멘─

찬송 · 367 장   말씀 · 슥 9:1-8   년   월   일

여호와를 우러러 보라

오늘의 요절 슥 9:1 ▷ 여호와의 말씀의 경고가 하드락 땅에 임하며 다메섹에 머물리니 세상 사람과 이스라엘 모든 지파의 눈이 여호와를 우러러 봄이니라

살핌
1. 나라마다 무엇을 의지하였습니까?(두로와 시돈, 가사와 아스글론)
2. 타인의 아픔을 가볍게 취급하는 습관이 있습니까?
3. 여호와의 눈을 의식하면서 주의 일을 행하셨습니까?

사랑하는 성도 여러분! 스가랴 9장 1~8절의 말씀은 하나님께서 이스라엘의 모든 지파를 보호하시는 뜻과 알렉산더 대왕의 수리아 정복을 예언한 내용에 대하여 기록하였습니다. 자기를 부인하는 것은 자기의 집념보다는 하나님의 의를 이루기 위하여 십자가를 바라보는 것입니다. 스가랴 선지자는 계속 하나님의 다스림과 축복의 과정을 경고하고 있습니다. 즉, 이방의 하드락과 다메섹 등이 무너질 것을 예언하였습니다.

묵상 첫째, 여호와를 우러러 보는 모든 지파의 눈(슥 9:1~4). 하나님께서 경고하시는 대상들의 눈은 놀라는 눈이지만, 하나님의 은혜를 입는 이스라엘의 모든 지파들은 여호와를 우러러 보는 눈이 될 것이었습니다. 그 경고의 나라는 하드락과 다메섹이었습니다. 그뿐 아니라 하맛과 두로와 넓은 시돈이었습니다. 특히 이스라엘의 눈들이 다시 열리는 것은 여호와께 회개를 하였기 때문입니다. 그러나 시돈 땅은 넓은 것을 자랑하여 교만하였고, 두로는 자기의 보장이 되는 건축으로 자만하였으며 은금재물을 의지하였으므로 주의 징벌을 받게 되었습니다. 따라서 하나님 여호와의 섭리를 찬양하며 감사하지 않는 나라마다 징벌을 면치 못할 것입니다. 둘째, 여호와의 눈 앞에서 범죄한 나라들의 운명(슥 9:5~8). 여호와의 불꽃같은 눈을 의식하지 않는 나라의 운명은 곧 멸망입니다. 그 나라이름을 열거하면 다음과 같습니다. 즉, 진노의 불로 다 스러지고 왕래가 사라질 나라 이름은 아스글론, 에그론, 가사, 아스돗, 블레셋이었습니다. 이 민족들의 생활은 소망이 끊겨지게 될 것이고, 왕권이 사라지며, 교만한 인생들을 방문할 사람들이 사라질 것입니다. 그러므로 그들도 유다와 이스라엘이 겪은 고난을 겪게 될 것이며 포학한 섭정의 희생물이 될 것이었습니다.

적용 사랑하는 성도 여러분! 하나님의 눈을 의식하십시오. 두려움과 경외의 대상이신 여호와의 눈을 의식하지 않는 나라와 민족마다 커다란 경고와 징계를 당합니다. 그러므로 오늘도 예수님의 다스림을 기다리며 교회의 일과 선교적 사명을 온전하게 이루어 나갑시다. -아멘-

기도 우리 주 예수 그리스도여! 경고를 경솔히 여기지 않고(슥 9:1), 말씀의 경외심과 더불어 주의 눈을 의식하겠습니다(슥 9:8). -아멘-

찬송 · 434 장   말씀 · 슥 9:9-17   년   월   일

겸손과 화평의 왕 – 메시야

오늘의 요절 슥 9:9 ▷ 시온의 딸아 크게 기뻐할지어다 예루살렘의 딸아 즐거이 부를지어다 보라 네 왕이 네게 임하나니 그는 공의로우며 구원을 베풀며 겸손하여서 나귀를 타나니 나귀의 작은 것 곧 나귀새끼니라

살핌
1. 시온과 예루살렘의 딸들이 크게 기뻐해야 할 이유는 무엇입니까?
2. 메시야의 성품을 특징지어 표현해 보십시오.
3. 메시야의 강림의 목적과 재림의 목적은 무엇입니까?

사랑하는 성도 여러분! 스가랴 9장 9~17절의 말씀은 메시야의 도래에 관련된 예언으로서 겸손과 화평의 왕 메시야에 대하여 기록하였습니다. 예수님의 탄생은 우리에게 참 소망이 되셨으며 구원의 기쁨이 되었습니다. 스가랴 선지자는 겸손의 왕이 예루살렘에 입성하실 모습을 미리 본 선지자입니다(렘 23:5, 눅 19:38).

 첫째, 나귀를 타신 겸손의 왕(슥 9:9~9). 메시야는 나귀를 타신 겸손의 왕이시며 공의와 구원을 베푸실 그리스도이십니다. 그 모습을 본 시온의 딸들이 기뻐하는 이유는 연약한 시온이며, 작은 나라이지만 메시야께서 예루살렘으로 임재하셨기 때문이었습니다. 그는 비록 나귀를 타셨지만… 이것은 겸손의 상징입니다. 그러나 병거와 활도 그의 힘 앞에서는 필요가 없습니다. 그는 화평으로 이방 사람들에게 전할 것이며 그의 정사와 권세는 온 세계에 이를 것입니다. 그렇습니다. 우리 주 예수 그리스도의 복음은 땅 끝까지 전달되어지고 있습니다. 복음은 화평입니다. 그러므로 어느 나라도 그의 사랑과 겸손의 복음을 거부할 수 없습니다. 둘째, 언약의 피로 증거하시는 왕(슥 9:11~17). 우리 주 예수 그리스도께서 흘리신 십자가의 보혈은 사랑의 보혈입니다. 이 피가 물 없는 구덩이에 갇힌 자들을 구원하셨습니다. 그리고 소망을 품었던 인생들에게 참된 보장(保障)이 되셨습니다. 그의 갚으심은 옛날이나 오늘이나 동일하므로 시대와 역사를 초월하여 피의 댓가로 구원이 보장되었습니다. 따라서 어떤 전쟁 용사의 칼보다 나으며, 안전한 약속이 되는 왕이십니다. 그러므로 메시야는 그의 피를 흘려도 목자가 자기 양떼를 구원하시기 위한 과정이었음을 교훈하였습니다.

적용 사랑하는 성도 여러분! 예수님만 계시면 만족한다는 나라와 민족들이 많아졌습니다. 참으로 예수님을 화평의 왕으로 섬기고, 겸손의 왕으로 경배합니다. 그뿐 아니라 스가랴 선지자가 기뻐한 것처럼 오늘의 우리도 그의 형통과 아름다움을 찬송합니다. 그러므로 오늘 예수님의 탄생기념일을 처녀처럼, 새 포도주를 담는 심정으로 준비합시다. -아멘-

기도 우리 주 예수 그리스도여! 우리 곁에 오셔서 우리의 왕이 되시고, 우리를 형통케 하사 찬송을 받으소서! -아멘-

찬송 · 164 장   말씀 · 슥 10 : 1-12   년   월   일

기쁨의 주가 되시는 참 목자 — 왕

오늘의 요절　슥 10 : 7 ▷ 에브라임이 용사 같아서 포도주를 마심 같이 마음이 즐거울 것이요 그 자손은 보고 기뻐하며 여호와를 인하여 마음에 즐거워하리라

살핌
1. 참 목자가 하는 일은 무엇입니까?
2. 메시야는 어느 지파에서 친히 나왔습니까?
3. 누구의 이름으로 교회에 모이며 어떤 원리를 이용해야 할까요?

사랑하는 성도 여러분! 스가랴 10장은 메시야의 오심과 그의 다스림이 참 목자와 양으로 비유되었고 왕되신 메시야의 위용에 대하여 기록하였습니다. 세상의 일들 중에 가장 기쁜 일은 이 나라에 태어나 이 나라의 말로 주 예수님을 찬송하고 메시야의 나라를 소망하는 것입니다. 기쁨을 잃어버린 인생들에게 기쁨의 주가 되시는 참 목자—왕을 소개하는 스가랴의 즐거움을 추억합시다.

 첫째, 참 목자가 하시는 일(슥 10 : 1~7). 목자의 할 일은 목양(牧羊)입니다. 목자가 주께서 맡기신 양떼들을 돌보고 양육하며 보호하는 일을 목양이라고 합니다. 여호와 하나님은 이스라엘의 참 목자이셨습니다. 그러므로 그들에게 때를 따라 비를 내려 주셨고 허탄하고 거짓것을 퍼뜨려서 양떼의 마음을 혼란케 하는 것들을 진멸하셨습니다. 주께서는 전쟁의 소용돌이 속에서도 그들을 보호하셨고 친히 모퉁이의 돌(도움의 돌)이 되셨습니다. 그뿐 아니라 대적들과 싸워 주셨습니다. 그리고 하나님께서는 유다 족속을 견고하게 하시며 요셉 족속을 구원하시는 긍휼을 베푸셨습니다. 결론으로 유다 족속에서 메시야가 나올 것을 예언하셨습니다. 에브라임의 모든 후손 지파와 더불어 기뻐할 것이었습니다. 둘째, 참 목자의 이름으로 모일 것이 예언되었습니다(슥 10 : 8~12). 참 목자는 그의 양떼들을 불러 모으십니다. 이것은 하나님의 독생자 예수님의 이름으로 구속하실 예언입니다. 따라서 메시야의 이름으로 번성할 것이며 원방에서 그의 생존하심을 알고 모여들 것입니다. 스가랴 선지자는 이 위대한 메시야의 이름 앞에 굴복할 나라와 제국들을 미리 보았습니다. 그러므로 애굽과 앗수르 제국의 멸망을 예언하였습니다.

적용 사랑하는 성도 여러분! 여호와의 이름을 의지하십니까? 예수님의 이름으로 참 용기를 얻으셨습니까? 견고한 재림 예수의 신앙이 있다면 그를 참 목자로 믿고 따라야 합니다. 여호와의 이름으로 모이고 흩어지는 곳이 곧, 교회입니다. 그러므로 오늘도 교회에 등록한 모든 이들을 축하해 주며 기쁨의 꽃을 선물합시다. —아멘—

기도 우리 주 예수 그리스도여! 항상 선을 쫓고, 항상 기뻐하며, 쉬지 않고 기도하며, 범사에 감사하겠습니다(살전 5 : 15~18). —아멘—

찬송 · 335 장   말씀 · 슥 11 : 1-17   년   월   일

오실 메시야의 목자 사역

오늘의 요절 슥 11 : 7 ▷ 내가 이 잡힐 양떼를 먹이니 참으로 가련한 양이라 내가 이에 막대기 둘을 취하여 하나는 은총이라 하며 하나는 연락이라 하고 양떼를 먹일새

살핌
1. 예수님께서 지내셨던 30년의 생애는 어떤 환경이었습니까?
2. 예수님은 어떠한 형편의 양떼들에게 복음을 전하셨습니까?
3. 교회의 타락현상은 어떻게 측정해야 할까요?(15~17)

사랑하는 성도 여러분! 스가랴 11장은 오실 메시야이셨던 예수님께서 이루실 지상 사역과 배척받으실 예언을 기록하였습니다. 이스라엘은 예수님을 배척하였습니다. 이 땅의 백성들을 죄에서 구속하시기 위하여 오신 예수님을 십자가에 못박았습니다. 예수님을 향한 음모는 스가랴 선지자의 말씀 안에서 확연하게 기록되었습니다.

첫째, 목자의 곡하는 소리(슥 11 : 1~3). 목자의 곡하는 소리가 들리는 이유는 유다 나라가 로마 정권에 의하여 무너졌기 때문입니다. 영화로웠던 양떼들의 시절은 지나가고 사자와 같은 폭정에 시달릴 것이기에 목자-예수님-는 안타까워 하셨습니다. 그러므로 목자의 출현은 초라할 수밖에 없었습니다. 실제로 예수님 당시에 이스라엘이 로마의 폭정에 시달렸습니다. 둘째, 목자가 먹일 양은 잡힐 양떼들(슥 11 : 4~14). 잡힐 양떼란 목자의 보호를 배척하는 양떼들, 불신하는 양떼들입니다. 로마 시대에는 양떼를 사고 팔듯이 유대인을 사고 파는 노예제도가 성하였습니다. 예수님께서는 은총과 연락의 막대기로 이들 앞에 섰습니다. 그러나 은총을 거부하는 양떼들은 서로 송사하고, 내란으로 시끄러운 현장에서 패망의 낙심으로 지내었습니다. 심지어 그들은 은 삼십에 목자를 파는 패역함을 나타내었습니다. 그러므로 하나님의 은총이 끊어지고, 형제와 형제의 의가 성립되지 않는 패륜의 시대가 찾아왔습니다. 셋째, 악한 목자가 꾸미는 목장(슥 11 : 15~17). 스가랴 선지자는 선한 목자 되신 메시야의 배척과 함께 악한 목자의 활동에 대해서 미리 환상을 보았습니다. 그 목자는 무관심으로 없어진 자를 찾지도 아니하고, 상하고 병든 자를 돌아보지 않는 거짓 목자입니다. 로마와 타협된 제사장 무리들이 욕심과 잔인함으로 이스라엘 양떼들을 목양하였습니다.

적용 사랑하는 성도 여러분! 양떼를 버린 못된 목자는 칼에 죽임을 당합니다. 그의 육체가 쇠약해지고, 그의 눈이 어두워져 세상에서의 분별됨이 사라집니다. 그러므로 오늘도 참 목자 되신 예수님의 은총과 연락의 인도하심을 따라갑시다.
-아멘-

기도 우리 주 예수 그리스도여! 주의 음성을 듣고(요 10 : 27), 거짓 목자의 행위들을 관찰하겠습니다(슥 11 : 16). -아멘-

찬송 · 93장　　　　말씀 · 슥 12 : 1-14　　　　년　　월　　일

간구하는 심령의 은총

오늘의 요절　슥 12 : 10 ▷ 내가 다윗의 집과 예루살렘 거민에게 은총과 간구하는 심령을 부어 주리니 그들이 그 찌른바 그를 바라보고 그를 위하여 애통하기를 독자를 위하여 애통하듯 하며 그를 위하여 통곡하기를 장자를 위하여 통곡하듯 하리로다

　1. 유다 백성들이 힘을 얻은 이유는 무엇입니까?
　　　 2. 삶의 힘과 생동감은 누가 줍니까?
　　　 3. 은총과 간구하는 심령은 누가 줍니까?

사랑하는 성도 여러분! 스가랴 12장은 메시야의 초림으로 힘을 얻는 예루살렘의 백성들이 여호와께 간구하여 심령의 은총을 받음에 대하여 기록하였습니다. 예수님의 출현은 유대 민족에게 큰 힘이 되었습니다. 잃었던 메시야 사상을 새롭게 떠올리며 심령을 지으신 하나님께 간구하는 자세를 갖게 되었습니다. 스가랴 선지자는 다가오는 시대의 난리들을 환상과 말씀 속에서 깨닫지만 12장의 말씀에서는 힘과 생동감을 느낍니다.

묵상　첫째, 여호와 하나님의 은총은 심령의 힘입니다(슥 12 : 1~9). 여호와 하나님은 경고와 능력의 하나님이십니다. 곧 여호와 하나님은 하늘을 지으시고 땅을 창조하신 창조주이십니다. 그뿐 아니라 사람의 심령을 지으셨습니다. 따라서 예루살렘의 백성들이 로마의 적들에 의해 사면에 우겨쌈을 당하여도 심령을 새롭게 할 예수님을 만나면 힘을 공급받게 되었습니다. 그들의 심령이 근심스러워 돌과 같은 무게를 느낄지라도 여호와의 은총을 받으면 생동감이 넘쳤습니다. 그러므로 유다의 모든 방백과 두목들이 예수님께 거는 메시야의 기대는 다분히 정치적이었습니다. 그러나 그들이 중요하게 여기지 않은 것이 예수님을 메시야로 믿지 않았던 과오입니다. 둘째, 예루살렘에 내려진 은총과 간구하는 심령은 복입니다(슥 12 : 10~14). 하나님 여호와께 간구하는 심령은 영적인 축복을 사모하는 자들입니다. 예루살렘은 교회의 상징입니다. 교회에 주시는 은총과 간구하는 심령은 하나님의 커다란 선물이며 복입니다. 그러므로 주의 이름으로 기도하는 사람마다 그들이 찌른 메시야를 바라보고 통곡할 것이었습니다. 그의 죽음을 보고 독자를 잃은 어머니처럼 울 것입니다. 이러한 애통함은 회개의 복입니다. 애통하는 자에게는 복이 있습니다.

적용　사랑하는 성도 여러분! 각기 가족대로 여호와께 간구하는 심령의 은총을 받읍시다. 기도를 잃어버린 가족들이 있습니다. 주 예수의 이름으로 구하지 않는 것이 곧 죄입니다. 그러므로 오늘도 죄를 회개하며, 강건한 심령을 위하여 기도운동을 합시다. -아멘-

기도　우리 주 예수 그리스도여! 믿음으로 구하고 의심하지 않으며(약 1 : 6), 기도로 힘을 얻고 싶습니다(슥 12 : 5, 10). -아멘-

찬송 · 373 장 　　　　말씀 · 슥 13 : 1-9 　　　　년　월　일

사랑을 위한 정결한 믿음

> **오늘의 요절**　슥 13 : 9 ▷ 내가 그 삼분지 일을 불 가운데 던져 은 같이 연단하며 금 같이 시험할 것이라 그들이 내 이름을 부르리니 내가 들을 것이며 나는 말하기를 이는 내 백성이라 할 것이요 그들은 말하기를 여호와는 내 하나님이시라 하리라

살핌
1. 우리 가정에서, 사회에서 없애야 할 우상은 무엇입니까?
2. 예수님께서 재림하시면 누가 가장 부끄러워할까요?
3. 왜 연단과 시험이 찾아올까요?

사랑하는 성도 여러분! 스가랴 13장은 예루살렘을 정화시키는 하나님의 의지와 그리스도의 죽음을 통한 사랑의 믿음을 기록하였습니다. 주님을 사랑할 때 시련이 있습니다. 정결하고 정화의 과정을 가진 자들이 사랑의 청결함을 고백할 수 있습니다. 그렇다면 사랑의 시련과 같은 정화는 무엇일까요? 그것은 십자가의 보혈로 이루어진 샘입니다(요 7 : 38). 즉 그 샘에서 흐르는 피로 죄와 더러움을 씻게 됩니다.

묵상
첫째, 예루살렘의 우상을 없애는 일은 정화의 과정이었습니다(슥 13 : 1~6). 죄와 더러움을 가져다 준 우상은 마땅히 없애야 할 죄였습니다. 하지만 그 어느 누구도 그 정화과정을 이끌어 볼 위인이 없었습니다. 오직 메시야이신 예수님의 출현만이 그 과정을 이끄실 수 있었습니다. 그래야 거짓 선지자와 사귀를 물리칠 수 있습니다. 그리고 여호와의 이름을 빙자하여 거짓말을 하는 헛된 몽상가들을 몰아낼 수 있습니다. 그러므로 예수님의 나타나심으로 말미암아 사람들의 종이 된 거짓 선지자들이 목숨을 유지하기 위하여 거짓말로 신분을 속이게 됩니다. 둘째, 정결한 믿음을 위하여 치루어야 할 신앙은 죽음이었습니다(슥 13 : 7~9). 그 날에는 그리스도를 따르는 자들이 죽음을 피하여야 합니다. 메시야께서 잡히시어 십자가의 죽임을 맞이한 후에 일어날 사건을 예표한 환상입니다. 목자의 죽음으로 흩어지는 양떼들이 연약한 믿음으로 시련을 겪게 될 것이었습니다. 그들은 불 가운데 던져진 은 같이 연단을 받았습니다. 그리고 금이 시련끝에 얻은 영광의 이름 - 예수 - 아래 그의 백성이 되었습니다. 그러므로 스가랴 선지자는 하나님의 친 백성이 겪는 시련은 사랑을 위한 정결한 믿음의 형성과정이라고 교훈하였습니다.

적용
사랑하는 성도 여러분! 예수님의 친 백성이라고 고백하십니까? 여호와 하나님께서 시련과 연단의 과정을 주셨다고 고백하십니까? 예수는 그리스도의 죽음을 통하여 우리에 대한 하나님의 사랑을 확증하셨습니다. 그러므로 오늘도 죄와 더러움을 씻기 위하여 겪게 될 시련을 끝까지 견디어 봅시다. ─아멘─

기도
우리 주 예수 그리스도여! 회개의 심령으로(슥 13 : 1) 형제 사랑을 하고(요일 3 : 14~17), 사랑이신 청결을 유지하고 싶습니다(슥 13 : 9, 요일 5 : 8). ─아멘─

찬송 · 114장　　　　　말씀 · 슥 14:1-21　　　　　년　월　일

천하의 왕이 다스릴 나라

오늘의 요절　슥 14:9 ▷ 여호와께서 천하의 왕이 되시리니 그 날에는 여호와께서 홀로 하나이실 것이요 그 이름이 홀로 하나이실 것이며

1. 여호와의 날에 대한 특징을 쓰십시오.
2. 여호와의 날에 받을 최고의 은총은 무엇일까요?
3. 내가 사는 동안에 이 땅에서 없애고 싶은 문화와 풍속 행사는 무엇입니까?

사랑하는 성도 여러분! 스가랴 14장은 여호와의 날에 천하만국을 다스릴 메시야의 왕권과 성결한 모습의 메시야 왕국에 대하여 기록하였습니다. 스가랴 선지자는 기나긴 환상의 여정 끝에 14장의 여호와의 날에 벅찬 감격을 가지고 기록하였습니다. 본문에서 천하만국을 다스릴 왕 만군의 여호와께 숭배할 것을 요청하였습니다.

첫째, 믿음의 투쟁으로 얻은 영광의 나라입니다(슥 14:1~11). 예루살렘의 영광은 투쟁의 영광이며 상처와 눈물이 얼룩진 영광입니다. 수많은 세월 속에 예루살렘은 약탈을 당하였고 수모와 수난을 겪었습니다. 예루살렘이 교회의 상징으로 해석될 때는 교회의 영광은 믿음의 투쟁으로 얻은 영광입니다. 예수님은 채찍에 찢기시고, 침뱉음을 받으셨으며, 모욕과 천대를 받으셨습니다. 그의 겸손과 평화의 승리는 지금 온 세계에서 그의 이름을 찬양하는 것으로 증거가 되었습니다. 참으로 그의 승리는 친히 대적과 싸우시어 얻으신 생명의 승리입니다. 둘째, 홀로 하나이신 하나님의 나라(슥 14:9~15). 하나님은 유일한 왕이십니다. 그의 독생자 예수님의 나라에서는 저주와 술수와 거짓이 살 수 없습니다. 하나님의 나라가 오기 전에는 반드시 심판이 있습니다. 그들은 모두 하나님을 향한 대적자들과 불신자들이며, 미움과 다툼으로 살인의 피를 흘린 자들입니다. 그리고 부귀와 영화를 목적하여 부패한 백성들입니다. 그들은 하나님의 나라가 임하면 재앙을 받습니다(슥 14:15). 셋째, 여호와의 주권이 회복된 나라(슥 14:16~21). 하나님의 주권에 대하여 도전하던 시대는 이제 지나갔습니다. 이제는 여호와 왕께 숭배하고 성결한 심령으로 성물(聖物)을 드릴 것입니다. 그러므로 회복된 주의 은혜를 찬양하게 될 것입니다.

사랑하는 성도 여러분! 하나님의 나라는 믿음과 하나님과 그의 주권이 회복된 곳입니다. 불경건이 사라지고 성결한 주의 백성들이 주의 거룩한 음성을 듣는 나라가 하나님의 나라입니다. 그 날을 기다리며 끝까지 인내하며 기도합시다.
－아멘－

우리 주 예수 그리스도여! 믿음의 나라, 예수님의 나라, 사랑의 나라가 임하기를 기도합니다(슥 14:8, 11, 16). －아멘－

찬송 · 122 장　　　　　말씀 · 말 1:1-5　　　　　년　월　일

내가 너희를 사랑하였노라

> **오늘의 요절**　말 1 : 2 ▷ 여호와께서 가라사대 내가 너희를 사랑하였노라 하나 너희는 이르기를 주께서 어떻게 우리를 사랑하셨나이까 하는도다 나 여호와가 말하노라 에서는 야곱의 형이 아니냐 그러나 내가 야곱을 사랑하였고

살핌
1. 사랑의 음성을 듣지 못한 사람들이 내뱉는 원망의 소리는 무엇입니까?
2. 하나님의 사랑을 확증시키는 사건이 있었습니까?
3. 선택하심을 확실히 믿게 된 때는 언제이며 왜입니까?

사랑하는 성도 여러분! 말라기 1장 1~5절의 말씀은 여호와께서 말라기 선지자를 통하여 그의 사랑은 크고, 영원하다는 사실을 기록하였습니다. 유대인들은 포로였으나 이제는 자유인이 되었습니다. 그러나 성전을 보수하고 재건한 그들의 생활이 문제였습니다. 그렇게 열성스럽던 예배의식이 이방인의 영향 때문에 나태함과 변명의 세월을 보내었습니다. 그럼에도 불구하고 하나님께서는 이스라엘을 사랑하셨습니다.

묵상
첫째, 하나님의 사랑은 무조건적이며 선택적 사랑이십니다(말 1 : 1~3). 말라기 선지자는 제사장들과 백성들의 하나님의 사랑에 대한 의심을 지적하며 경고하였습니다. 하나님의 언약적 사랑은 야곱의 행위에 있지 않았으며, 오히려 하나님의 자기 사랑이 강하였음을 강조하였습니다. 그러나 이스라엘의 자손들은 하나님을 원망하며 의심하는 말을 거침없이 내뱉었습니다. 그러나 하나님께서는 끝없는 인내심으로 야곱의 자손들을 설득하셨습니다. 즉, 야곱을 선택한 것은 그의 무조건적인 은혜에 의한 선택이었다고 설명하셨습니다. 에서의 풍성함보다는 야곱을 더욱 사랑하신 하나님의 심정을 설명하셨습니다. 이러한 사랑을 거부한 이스라엘의 자손들이 경고를 받은 것입니다. 둘째, 하나님의 사랑은 영원한 특성이 있습니다(말 1 : 4~5). 하나님께서 에돔의 형편보다는 항상 야곱의 후손들에게 깊은 관심을 기울이셨습니다. 그 시간은 단회적인 시간이 아니며, 창세전에 선택하신 영원한 섭리의 사랑이었습니다. 그러므로 하나님의 사랑은 영영한 사랑이며 온 세계에서도 그의 사랑을 믿게 될 것입니다. 그렇습니다. 하나님의 사랑이 아니면 영영한 진노 아래 머무르게 될 야곱의 후손들이었지만, 언약의 사랑을 끝까지 이루어 나가시는 하나님의 뜻에 감사와 찬송을 드립시다.

적용
사랑하는 성도 여러분! 우리가 하나님을 깊이 사랑하지 못하였음을 회개합시다. 주께서 우리의 심령과 연약한 육체를 선택하여 주심을 깊이 감사드립시다. 그러므로 오늘도 독생자를 아낌없이 이 땅 위에 보내주신 하나님의 사랑을 찬송으로 보답합시다. 온 땅 위에 그의 사랑이 머무르기를 두손 모아 예찬합시다. －아멘－

기도
우리 주 예수 그리스도여! 탄생과(마 2 : 11) 사랑과(요 3 : 16), 구속의 은혜를 감사드립니다(엡 1 : 4). －아멘－

찬송 · 215장   말씀 · 말 1:6-14   년   월   일

사랑을 잃었던 성직자들의 죄

오늘의 요절 말 1:13 ▷ 만군의 여호와가 이르노라 너희가 또 말하기를 이 일이 얼마나 번폐스러운고 하며 코웃음하고 토색한 물건과 저는 것, 병든 것을 가져왔느니라 너희가 이같이 헌물을 가져오니 내가 그것을 너희 손에서 받겠느냐 여호와의 말이니라

살핌
1. 제사장들의 죄는 무엇입니까?
2. 말라기 1:2절과 6절, 7절의 말은 누가 한 말입니까?
3. 진정한 제물은 무엇일까요?(8, 13)

사랑하는 성도 여러분! 말라기 1장 6~14절은 하나님께 대한 사랑을 잃고 경망스러운 제물을 준비하는 제사장들의 죄에 대하여 기록하였습니다. 이스라엘의 백성들은 하나님께 대하여 노골적인 불경건생활을 자행하였습니다. 온전하지 못한 생각으로 형식과 술수에 능숙한 백성들이 되어 참된 성직자의 길을 포기하였습니다. 이들이 그럴듯한 변명을 하나님 앞에 늘어놓았습니다.

묵상 첫째, 성직자들의 불경건한 생활과 예배(말 1:6~10). 성직자들은 제사장들입니다. 그들은 하나님께 직접적인 책망을 듣습니다. "내 이름을 멸시하는 제사장아!" 이들에게 분노하신 뜻은 다음과 같습니다. 부자관계로 보나… 주종관계로 보더라도 하나님을 두려워해야 마땅한데 이들은 경외심이 없었고 경배의 사랑도 없었습니다. 따라서 더러운 떡으로 제단의 제물을 삼았고, 경멸의 태도로 눈먼 생축과 병든 것을 제물로 삼았습니다. 그러면서도 기도할 때마다 긍휼히 여겨달라고 말하나 하나님께서는 외면하시겠다고 말씀하셨습니다. 이토록 불경건한 심령은 기도 응답을 받을 수 없습니다. 둘째, 이방인들의 경건한 생활과 영광받으실 이름(말 1:11~14). 이스라엘의 불경건한 제사장의 삶은 그들의 삶을 핍절하게 만드는 불행이 되었습니다. 말라기 선지자는 대비시키듯이 이방인들의 경건함과 제사, 그리고 여호와의 이름이 영광스럽게 될 것을 예언하였습니다. 즉, 해뜨는 곳에서부터 해지는 곳까지의 이방 민족들이 주의 이름으로 모여서 분향하며 깨끗한 제물을 드리게 된다는 뜻입니다. 그럼에도 불구하고 이스라엘의 성직자들은 제단과 제물 준비가 번폐스럽다-지겹다-고 투덜거렸습니다. 그들은 코웃음을 치며 토색한 물건과 저는 것으로 헌물을 가져왔습니다.

적용 사랑하는 성도 여러분! 헌금과 헌물 및 예배의 준비는 사랑으로 합시다. 하나님께 대한 소홀함과 퉁명스러운 태도의 예배는 저주를 받을 수 있습니다. 예수님의 가르침대로 예배하는 자들은 신령과 진정으로 드려야 합니다. 그러므로 오늘도 회개에 합당한 제물을 드리는 태도를 가집시다. -아멘-

기도 우리 주 예수 그리스도여! 예배의 참석과(요 4:23), 모임의 성실성으로 목양의 사명을 감당하고 싶습니다(말 1:11). -아멘-

찬송 · 195장   말씀 · 말 2:1-9   년   월   일

사랑의 정도(正道)에서 떠난 사람들

오늘의 요절 말 2:9 ▷ 너희가 내 도를 지키지 아니하고 율법을 행할 때에 사람에게 편벽되이 하였으므로 나도 너희로 모든 백성 앞에 멸시와 천대를 당하게 하였느니라 하시니라

살핌
1. 제사장들이 버림을 당한 이유는 무엇입니까?(2)
2. 하나님의 언약은 무엇이었습니까?(5)
3. 나는 지금까지 몇명이나 복음을 가르치고 제자로 삼았습니까?

사랑하는 성도 여러분! 말라기 2장 1~9절 말씀은 여호와의 이름을 망령되이 일컬으며 레위의 언약을 무시하고 정도를 벗어난 내용을 기록하였습니다. 하나님의 언약은 생명과 평강입니다. 하나님을 사랑하는 자마다 그의 정도(正道)를 떠나지 않으려고 합니다. 그러나 말라기 선지자는 제사장들이 만군의 여호와의 명령에서 떠났다고 지적하였습니다. 그뿐만 아니라 그들 때문에 많은 사람들이 율법을 떠났다고 책망하였습니다.

묵상 첫째, 여호와의 이름을 영화롭게 하지 아니한 제사장들(말 2:1~3). 하나님께로부터 받은 거룩한 직분자는 제사장이었습니다. 그들이 여호와의 이름으로 일을 하면서도 만군의 여호와를 마음에 두지 않았습니다. 그들이 받은 저주는 버림을 당하는 것입니다. 그 버림은 그들이 활동을 할지라도 열매를 맺지 못한다는 뜻입니다. 또한 주께서는 절기의 희생제물의 똥을 그들의 얼굴에 바를 것이라고 말씀하셨습니다. 이것은 그들이 수치와 모욕을 당한다는 뜻입니다. 둘째, 불의와 더불어 화평을 버린 제사장들(말 2:4~9). 하나님께서는 레위 지파와 '생명과 평강의 언약'을 맺으셨습니다. 하나님께서 그 언약을 주신 목적은 언약을 중심으로 살며, 여호와를 경외하게 하려는 것이었습니다. 따라서 진리를 사랑하고, 불의를 미워하는 삶을 백성들에게 가르치는 것이 제사장들의 사명이었습니다. 그러나 이제는 그들이 불의와 더불어 화평하고, 많은 백성들을 정직하게 교육하지 못하였습니다. 그리고 그들은 백성들과 더불어 입술로 범죄하였고, 율법을 행할 때에 공의를 선행하지 못하였습니다. 그러므로 여호와 하나님께서는 제사장들에게 멸시와 천대를 당하도록 징벌하셨습니다(말 2:9).

적용 사랑하는 성도 여러분! 직분자의 삶은 매우 공의로워야 하고 생명력이 있어야 합니다. 그러므로 잘 감당하는 자에게는 생명과 평강의 복이 내려집니다. 우리 주 예수님께서 우리에게 사명을 주신 목적이 있습니다. 그것은 하늘과 땅의 권세를 가지신 주께서 우리에게 분부한 모든 것을 가르치고 제자를 삼으라!는 것입니다(마 28:18~20). 오늘도 우리와 함께 계시는 예수의 사랑을 전합시다. -아멘-

기도 우리 주 예수 그리스도여! 제자의 생활(말 2:8), 제자를 가르치며(마 11:28), 제자들 앞의 모범된 삶이 되고 싶습니다(마 16:24~25). -아멘-

찬송 · 210 장   말씀 · 말 2:10-17   년 월 일

여호와의 사랑하시는 그 성결

| 오늘의 요절 | 말 2:11 ▷ 유다는 궤사를 행하였고 이스라엘과 예루살렘 중에서는 가증한 일을 행하였으며 유다는 여호와의 사랑하시는 그 성결을 욕되게 하여 이방 신의 딸과 결혼하였으니

1. 하나님의 성결을 잃어버린 자에게 내려지는 징벌은 무엇입니까?(12)
2. 여호와 하나님 앞에서 궤사한 일은 무엇입니까?(14, 16)
3. 하나님께서 정하신 결혼의 참 목적을 아십니까?(15)

사랑하는 성도 여러분! 말라기 2장 10~17절의 말씀은 배교행위와 같은 혼혈 혼음과 성결한 사랑을 욕되게 하는 이혼의 괴로움에 대하여 기록하였습니다. 말라기 선지자는 민족의 동질성을 잃어버린 죄에 대하여 지적하였습니다. 그 민족의 동질성은 한 하나님 안에서 한 아버지의 핏줄이라는 것입니다.

첫째, 여호와께서 가르쳐 주신 성결한 결혼(말 2:10~12). 결혼은 성결을 전제로 진행합니다. 성결한 신랑과 신부의 결합은 축복받은 결혼입니다. 그 성결의 요소는 영과 육의 순결이 포함되어 있으며 거짓과 불법 및 이기심에 의한 유익이 내포되지 않았습니다. 하나님께서는 유일하게 선택적 사랑과 무조건적 사랑을 가르치셨습니다. 그 사랑 속에는 성결함과 거룩성이 포함되었습니다. 이스라엘 민족에게는 바벨론의 포로생활 중에 얻은 아내들이 있었는데 그들의 결혼은 혼혈결혼이었습니다. 따라서 경건한 가정이 솔로몬의 애정행각처럼 변하였습니다. 하나님께서는 이러한 사랑을 궤사한 사랑(육욕중심)이라고 책망하시는 것입니다. 둘째, 이스라엘 백성들의 이혼과 배교행위(말 2:13~17). 유다 백성들은 궤사한 결혼과 이혼을 자행하였습니다. 그리고 이스라엘 백성들은 가증한 일―곧 배교행위를 행하였습니다. 즉, 우상을 숭배하였고 그 숭배자의 여인과 혼음하였던 것입니다. 특히 결혼의 맹약을 깨뜨리고 어려서 취한 아내를 버린 죄가 엄중하였습니다. 참으로 주께서 결혼시킨 목적은 경건한 자손을 얻기 위함이었습니다. 이는 하나님의 영이 직접 행하셔도 되었으나 인생들에게 이 행복한 기회를 주었는데 모두 망령된 행실을 한 것입니다.

사랑하는 성도 여러분! 말라기 선지자는 여호와의 성결을 강조하였습니다. 그리고 경건한 생활의 첫 걸음은 부부의 경건, 가족 및 형제간의 경건한 성결이었습니다. 경건하지 않은 가정은 하나님을 괴로우시게 합니다. 하나님께서 미워하시는 것은 이혼, 아내 학대, 아내 배신입니다. 그러므로 오늘도 젊어서 얻은 아내, 서약한 아내, 1남1녀의 결혼목적을 사랑으로 진행합시다(말 2:15). ―아멘―

우리 주 예수 그리스도여! 부모 사랑, 아내 사랑, 자녀 사랑, 형제 사랑의 명령을 늘 순종하고 싶습니다(엡 5:31~6:4). ―아멘―

찬송 · 361장   말씀 · 말 3:1-18   년   월   일

여호와를 사랑으로 섬겼는가?

오늘의 요절 말 3:18 ▷ 그 때에 너희가 돌아와서 의인과 악인이며 하나님을 섬기는 자와 섬기지 아니하는 자를 분별하리라

1. 십일조와 헌물은 어떠한 제물입니까?(3)
2. 십일조의 규례가 변역될 수 없는 이유는 무엇입니까?(6, 7~12)
3. 하나님께서 특별한 소유를 삼으시는 기준은 무엇입니까?(13~18)

사랑하는 성도 여러분! 말라기 3장은 여호와를 사모하는 사자의 예비와 십일조 생활과 중심의 교만에 대한 심판을 기록하였습니다. 말라기 선지자는 백성들이 하나님을 사랑했다면… 십일조와 헌물을 제대로 드렸을 것이라고 말씀하였습니다. 말라기 선지자는 십일조를 강조한 대표적 선지자입니다.

묵상 첫째, 십일조와 헌물의 규례는 변역(變易)할 수 없는 진리(말 3:1~6). 말라기 선지서는 구약의 끝책입니다. 따라서 이 말씀이 곧 심판전야의 책이 됩니다. 말라기 선지자는 십일조와 헌물의 규례에서 변역－바꿀 수 없는 진리로 선포합니다. 이제는 주께서 홀연히 주의 사자를 보내어 심판하시겠다고 말씀하셨습니다. 그러므로 메시야를 가르쳐주실 것이라고 결론지었습니다. 헌물은 전통적이며, 순결한 것이 그 특성이며 제물의 특징입니다(말 3:4~5). 둘째, 불성실한 십일조와 헌물의 생활(말 3:7~12). 하나님을 사랑하는 자들은 십일조와 헌물을 깨끗하게 드릴 것입니다. 십일조는 하나님의 제물입니다. 십일조와 헌물을 드리지 않는 사람은 하나님께 대한 사랑도 없을 뿐 아니라 오히려 하나님의 것을 도적질한 죄에 해당됩니다(말 3:8). 그러므로 하나님께서는 3장 10절에서 약속을 하셨습니다. 십일조는 물질의 풍요와 복을 받는 것이며 양식을 쌓는 것이라고 약속하셨습니다. 그러나 만일 본문의 이스라엘 민족처럼… 불성실한 십일조를 할 경우에는 황충의 재앙과 토지의 소산물이 적게 될 것입니다. 그러므로 교만은 복이 아니며 하나님을 섬기는 요소가 아닙니다(말 3:13~15). 오직 하나님을 경외하는 자와 여호와의 이름을 존중히 생각하는 자들이 복이 있습니다.

적용 사랑하는 성도 여러분! 우리는 하나님의 특별한 소유가 됩시다(말 3:17). 그리고 특별한 소유물을 주께 드립시다. 하나님의 아낌없는 사랑을 받읍시다. 참으로 성 삼위 하나님을 사랑합시다. 그러므로 섬기는 자의 사랑과 십일조와 헌물의 규례를 정리합시다. －아멘－

기도 우리 주 예수 그리스도여! 주의 길을 예비하고, 불성실한 십일조 생활과 교만한 삶을 미워하며 섬기는 소유물이 되고 싶습니다. －아멘－

찬송·460장   말씀·말 4:1-6   년 월 일

의로운 해 치료의 광선 예수여!

오늘의 요절 말 4:2 ▷ 내 이름을 경외하는 너희에게는 의로운 해가 떠올라서 치료하는 광선을 발하리니 너희가 나가서 외양간에서 나온 송아지 같이 뛰리라

1. 극렬한 풀무불의 위력을 아는 대로 적으세요.
2. 예수님의 이름을 경외해야 하는 이유는 무엇입니까?
3. 구약의 말씀(929장)을 온전히 묵상하며 읽으셨습니까?

사랑하는 성도 여러분! 말라기 4장은 구약의 끝장으로서 이스라엘을 위한 사랑의 율례와 법도를 요약하고 예수의 구원을 예언하고 종말의 날을 기록하였습니다. 의로운 해(太陽)이시며, 치료의 광선(光線)이신 예수님의 재림을 기다리십니까? 말라기 선지자처럼 '극렬한 풀무불같은 심판의 날'과 '여호와의 크고 두려운 날'을 전파하셨습니까? 우리는 예수의 날이 오기 전에 회개해야 되지 않겠습니까?

묵상 첫째, 극렬한 풀무불같은 날(말 4:1~3). 마음이 금강석처럼 굳어진 사람들에게 필요한 성령의 불은 무엇일까요? 그 불은 강퍅한 마음을 녹일 수 있는 극렬한 풀무불입니다. 그 불이 닿으면 교만과 악의 근원(根源)이 없어집니다. 즉, 악의 심성과 교만의 가지가 불에 타 없어집니다. 따라서 불살라진 심령의 밭에 복음의 씨가 떨어져 새싹, 새순과 같은 믿음이 자랄 것입니다. 말라기 선지자가 전하였던 풀무불은 예수의 영이었습니다. 그의 영이 닿는 곳마다, 회개가 터졌습니다. 그의 말씀이 머무는 곳으로 죄인이 돌아왔습니다. 그러므로 예수님은 '의로운 해'가 되시어, 치료하는 광선으로 그의 백성들의 심령을 새롭게 하신 것입니다. 그러므로 예수님을 만난 자마다 외양간 나온 송아지처럼 구원의 기쁨을 찬양할 것입니다. 둘째, 하나님의 율례와 법도에 따라 돌이키는 날(말 4:4~6). 복(福) 있는 사람은 악인의 꾀를 좇지 아니하고, 죄인의 길에 서지 아니하며 오직 여호와의 율법을 주야로 묵상하는 사람입니다. 그런즉, 예수님의 사랑법-십자가의 사랑-을 기억하고 주께로 심령을 돌이켜야 합니다. 여호와의 크고 두려운 날이 이르기 전에 온 가족이 복음으로 구원받아야 합니다. 만일 그들이 돌아오지 않으면 의인들이 모인 자리에 들어올 수 없습니다. 오직 그들에게는 저주의 자리만 예비되었습니다.

적용 사랑하는 성도 여러분! 회개합시다(마 3:2). 돌이킵시다(말 4:6). 복음으로 심령을 회복시킵시다. 오직 예수님의 이름으로 구원받읍시다(마 9:12~13). 하나님의 나라에서 영원히 삽시다. 할렐루야! -아멘-

기도 우리 주 예수 그리스도여! 회개의 눈물과 상처받은 심령과 불안한 염려들을 구원의 기쁨으로 치료받았습니다. -아멘-

새벽강단 6 〈예레미야~말라기〉

1판 1쇄 발행 2001. 09. 25.
1판 8쇄 발행 2016. 03. 10.

엮은이 윤도중
펴낸이 박성숙
펴낸곳 도서출판 예루살렘
주소 (10252) 경기도 고양시 일산동구 설문동 706-64
전화 | 팩스 031)976-8972, 8973 | 031)976-8974
이메일 jerusalem80@naver.com
출판등록 1980년 5월 24일(제 16-75호)

ISBN 978-89-7210-314-1 03230
책값 뒤표지에 있습니다.

ⓒ 이 출판물은 저작권법에 의해 보호를 받는 저작물이므로
무단 전재와 복제를 할 수 없습니다.

도서출판 예루살렘은 하나님을 사랑하며 하나님 말씀대로 순종하며 살기를 원하는
청소년, 성도, 목회자들을 문서로 섬기며 이를 위하여 기도하며 정성을 다하여
모든 사역과 책을 기획, 편집, 출판하고 있습니다.

오직 성령이 너희에게 임하시면 너희가 권능을 받고
예루살렘과 온 유대와 사마리아와 땅끝까지 이르러 내 증인이 되리라(행 1:8)

• 설교사전 시리즈 •

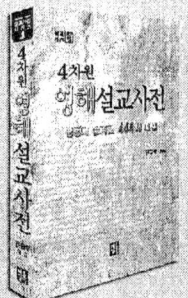

설교사전시리즈 ❶
4차원 영해설교사전
편집부 엮음

444편의 설교가 가나다라 순으로 정리되어 필요한 내용을 뽑아 쓸 수가 있으며, 책을 펼친 한 면에 설교가 한 편씩 들어가도록 편집하였다. 신구약 성경에서 네 가지와 연관된 것만 뽑았으며, 각각 다른 4개의 대지가 관계 성경 구절과 함께 명시되어 있다.

설교사전시리즈 ❷ ❸
새설교사전 상/하
윤도중 편저

각 주제별 가나다라 순으로 총 500여편의 설교가 들어있다. 한 편의 설교마다 각종 십계명, 예화, 해설, 명상 등의 자료들이 충분하게 들어가 있기 때문에 풍성한 설교를 도와줄 것이다.

설교사전시리즈 ❹ ❺
주제별용어설교사전 상/하
편집부 엮음

이 책은 성경에 나타난 용어를 풀이하여 설교에 도움이 되도록 기획된 설교사전이다. 주제별로 나누어진 설교 제목과 본문을 기본 틀로 하여 다양하게 설교에 활용할 수 있도록 많은 자료와 용어 해설이 들어가 있다.

설교사전시리즈 ❻ ❼
성경인명설교사전 상/하
편집부 엮음

이 책은 성경에 기록된 성경 인물 가운데 성도들에게 신앙적 귀감이 되거나 경계로 삼아야 할 인물을 엄선하여 기획된 설교사전이다. 상권은 121명에 대한 핵심설교 428편, 하권은 85명에 대한 핵심설교 428편으로 구성되어 있으며, 각종 설교자료의 노하우를 총망라한 대작으로 평가되고 있다.